Mark Benecke, geboren 1970, ist eine gefragte
Kapazität auf dem Gebiet der Kriminalbiologe und
forensischen Entomologie (der Insektenkunde im Dienst der
Gerichtsmedizin). Er lebt und arbeitet in Köln.
Mehr erfahren Sie unter: www.benecke.com

MARK BENECKE

MORDSPUREN

Neue spektakuläre Kriminalfälle –
erzählt vom bekanntesten Kriminalbiologen
der Welt

BASTEI LÜBBE TASCHENBUCH
Band 60618

1. Auflage: August 2009

Vollständige Taschenbuchausgabe
der im Gustav Lübbe Verlag erschienenen Hardcoverausgabe

Bastei Lübbe Taschenbücher und Gustav Lübbe Verlag
in der Verlagsgruppe Lübbe

Copyright © 2007 by Verlagsgruppe Lübbe GmbH & Co. KG,
Bergisch Gladbach

Textredaktion: Werner Wahls, Köln
Register: Heike Rosbach, Nürnberg
Titelbild: © Guido Krebs
Umschlaggestaltung: Gisela Kullowatz
Seite 5: Radierung »Die Gärtnerin« – © Michael Hutter, Köln
Der Text »Ein fast perfekter Mord: Tod auf dem Inka-Pfad« (S. 282—321)
stammt von Josef Wilfing.
Autor und Verlag danken für die freundlicherweise
erteilte Abdruckgenehmigung
Satz: Kremerdruck GmbH, Lindlar
Autorenfoto: © Andreas Biesenbach
Gesetzt aus der ITC Giovanni Oldstyle Book
Druck und Verarbeitung: CPI – Ebner & Spiegel, Ulm
Printed in Germany
ISBN 978-3-404-60618-4

Sie finden uns im Internet unter
www. luebbe.de
Bitte beachten Sie auch: www.lesejury.de

Der Preis dieses Bandes versteht sich einschließlich
der gesetzlichen Mehrwertsteuer.

In Erinnerung an Francois Gayot de Pitaval (1673–1743),
Georg Wilhelm Heinrich Häring (»Willibald Alexis«,
1798 –1871) und Julius Eduard Hitzig (1780–1849)

»Warum nur, warum muss alles so sein?
Warum nur? Warum?«
                                        Udo Jürgens

INHALT

VORWORT

Sie halten den dritten Teil meiner kleinen kriminalistischen Reihe in der Hand. In *Mordmethoden* geht es um spannende und vertrackte Ermittlungen, *Dem Täter auf der Spur* berichtet von Blut, Sperma und Insekten auf Leichen. Nun mache ich den letzten Schritt und verwische die Grenzen zwischen Gut und Böse ein wenig.

Denn was bedeutet es, wenn ein Millionen Jahre alter Stein, der als Türstopper diente, einen Mann ins Gefängnis bringt – der Verurteilte aber bis heute eisenhart seine Unschuld beteuert? Ist es möglich, dass ein verzweifelter Programmierer ausgerechnet in einem Wald, der mit turtelnden Pärchen gefüllt ist, einen Selbstmord begeht? Darf ein pädophiler Sadist, der über dreihundert Jungen totgefoltert hat, freigelassen werden und ein Leben als vorbildlicher Christ führen? Und soll man seinem toten Verwandten wirklich den Kopf abschneiden?

Diese neuen Fälle sind also eher für jene Hartgesottenen, die sich an den Rand des Randes trauen – dorthin, wo unser Gefühl rebelliert und die Weisheit ins Schleudern kommt. Es geht deswegen nicht nur um Morde, sondern auch um eine Vergewaltigung mit Langzeitwirkung und den bizarren Betrug der »Goldprinzessin«.

Dort, wo Originaltexte die Herangehensweise der Beteiligten beziehungsweise die Denkweise der Täter besser widerspiegeln als meine eigenen Worte, habe ich teils längere Zitate eingefügt. Eine typisch polizeiliche Sicht nimmt dabei beispielsweise der Ermittler des Inka-Pfades ein, während der angebliche Fahrradunfall (der ein Mord ist) eher mit rechtsmedizinischem Blick gelöst wird. Wieder anders, nämlich ohne

Sachbeweise, dafür aber mit Leib und Seele, kämpft der Strafverteidiger im Gartenhäuschen-Fall für seinen Mandanten.

Welches Urteil in den folgenden Fällen gerecht ist, über-
lasse ich dabei Ihrer Entscheidung. Nicht nur bei den Vampiren und Kannibalen bin ich auf Ihre Meinung gespannt...

Und falls es Sie einmal gruseln sollte, beruhigen Sie sich
einfach mit der alten Kriminalistenregel, die auch als Hesse-
Zitat in diesem Buch auftaucht: »Wer das Helle verstehen will,
sollte das Dunkle kennen.«

Viel Spaß beim Lesen und Tüfteln!

Köln, Medellín und Marrakesch, im Frühjahr 2007
Mark Benecke

DANK

Paul Moor, Armin Mätzler und Rolf Bossi haben sich Zeit genommen, über Jürgen Bartsch zu sprechen, den sie gut kannten. Der Herausgeber der *Magischen Welt*, Wittus Witt, suchte einige der Illusionstricks Bartschs heraus. Es gibt außer ihm wohl niemanden, der die betreffenden Trickbezeichnungen so schnell entschlüsseln kann. Dres. Laumen (Amtsgericht Köln) und Stahlschmidt (Staatsarchiv Nordrhein-Westfalen) sowie die Mitarbeiter des KK 11 Polizeipräsidium (PP) Köln und Saskia Reibe haben mir dabei geholfen, die Originalakten im Fall Bartsch in Ruhe durchzuarbeiten.

Luis Alfredo Garavito und seine Schwester, das Cuerpo Técnico aus Armenia und Pastor Didier Amariles sprechen mit mir in Kolumbien seit vielen Jahren über eine der schwersten Serientaten des 20. Jahrhunderts. Miguel Rodriguez, Anna Zabeck, Kristina Baumjohann, Claudia Zapata, Amira Sierra, Melissa Kitszanaweh Castro Muñoz und Markus Streckenbach halfen bei der Aufarbeitung der Dokumente und Aufzeichnungen in diesem Fall. Stefan Pollak druckte unseren dazugehörenden Fallbericht als Erster im *Archiv für Kriminologie*, einer der ältesten noch erscheinenden Zeitschriften Deutschlands, ab.

Susanne Opalka und Olaf Jahn haben die sehr aufwendigen Recherchen in der Sache Petroll/AUBIS mit endloser Geduld betrieben und mir freundlicherweise erlaubt, auf ihre Ermittlungen in diesem Fall zuzugreifen.

Kriminaloberrat Wilfling (Polizei München) hat einen dem Fall Petroll genau entgegengesetzt verlaufenden Fall beigesteuert, wofür ich ihm sehr herzlich danke.

Merci auch an Dirk-Boris Rödel, der mich auf die Ge-

schichte *Rashomon* hingewiesen hat. Diese Erzählung und
der danach gedrehte Film waren die entscheidende Inspira-
tion, als ich überlegte, welchen Dreh ich dem hier vorliegenden Buch geben sollte.

Ohne die eindrucksvollen Texte von Gabriele Goettle wäre
es mir schwerer gefallen, den Bericht über die Vergewaltigung
ohne triefende Schwere aufzuzeichnen. Frater Mordor danke
ich für den Hinweis auf den indianischen Wendigo. Michael
Hutter hat wie schon beim letzten Mal ein hervorragendes
Frontispiz gezeichnet und mir einen Hinweis ebenfalls zum
Wendigo – allerdings bei Lovecraft – gegeben. Jörg Fuß er-
rechnete netterweise die Vollmondphase im Fall der Brisbaner
Vampirkillerinnen. Hans-Jürgen Barthelmeh war wie immer
der Schutzengel des studentischen Nachwuchses und machte
sich neben seelischem Beistand auch durch spendierte Essen,
Tatortausrüstungen und vieles mehr verdient.

Meine Klienten bewundere ich dafür, dass sie manchmal
mit viel Mut ihr bisheriges Weltbild infrage gestellt haben,
wenn sich Tatsachen auftaten, von denen sie lieber nie erfahren hätten. Die Wahrheit ist leider eine eiskalte Geliebte, und
ich danke ihnen, dass sie mich trotz dieser Erkenntnis gebeten
haben, ihre Fälle hier darzustellen. Aus Platzgründen konnte
ich das leider nicht tun, verspreche aber, es in einer eigenen
Veröffentlichung nachzuholen.

Bei Recherchen in den Subkulturen habe ich beobachtet,
dass die Menschen dort ein schärferes Auge haben als diejenigen, die glauben, über Nerds, Punks, Nebelgeister, Streicher
und X-Men urteilen zu können. Danke für euer Vertrauen und
die Einsicht, dass ihr nicht nur Schwächen, sondern ebenso
viele Stärken habt, die andere nicht haben.

Zuletzt ein Gruß an das Team des deutschen EBM Radio,
das mir die Schreibklausuren erheblich versüßte, wenn nicht
überhaupt erst ermöglichte.

1. VAMPIRVERBRECHEN, KANNIBALEN UND EINE VERGEWALTIGUNG

»Didn't you know? Truth is always more terrible than fiction.«

Mirror Queen (aus dem Film *Brothers Grimm*)

Was schmeckt genauso gut wie Menschenfleisch? Roher Thunfisch. Das wäre ein schöner Witz aus der Selbsthilfegruppe für moderne Kannibalen – wenn die Wirklichkeit ihn nicht schon längst eingeholt hätte. Aus den Notizen von Issei Sagawa, Juni 1981:

»Sie ist die schönste Frau, die ich je gesehen habe. Ich habe sie zu mir nach Hause eingeladen, zu einem japanischen Abendessen. Sie nimmt an. Nach dem Essen bitte ich sie, mein Lieblingsgedicht aus dem deutschen Expressionismus vorzulesen. Als sie geht, kann ich sie noch immer riechen – dort, wo sie es auf dem Bett gelesen hat. Ich lecke die Stäbchen und Teller, die sie benutzt hat, ab. Mein Verlangen ist so groß, ich will die Frau essen. So wird sie für immer ein Teil von mir sein.«

Als die schöne Frau bei Issei erneut ein Gedicht vorliest, erschießt er sie. Das Blut sickert ununterbrochen aus ihrem Kopf. Während er seine Freundin zerschneidet, wundert sich der Menschenesser über das erstaunlich körnige Aussehen der Unterhaut-Fettschicht (»sieht aus wie Grieß«), gräbt aber schließlich doch noch vernünftiges Muskelfleisch darunter hervor:

»Es hat keinen Geruch und keinen Geschmack und zerfließt in meinem Mund wie ein perfektes Stück Thunfisch. Ich schaue ihr in die Augen und sage: ›Du bist lecker!‹«

Danach fotografiert er die Leiche mit der weißen Haut, schläft mit ihr und verspeist ein Stück ihrer Lende – dieses Mal nicht roh, sondern gebraten und mit etwas Senf und Salz verfeinert. Als Serviette benutzt er den Slip seines Opfers. Etwas Kultur muss sein.

Auf den Geschmack gekommen, widmet sich der Kannibale nun den Brüsten des Opfers. Sie sind ihm aber zu fettig, weshalb er als Nächstes Teile der Oberschenkel verspeist. Am nächsten Tag will er die Leiche vollends zerstückeln, in Koffer verpacken und in einem See versenken. Doch er wird abgelenkt:

»Als ich gerade in die Wade schneide, will ich sie auch kosten. Unter dem Fett ist sie ganz zart. Später schaue ich in den Spiegel und stelle fest, dass mein Gesicht mit Fett verschmiert ist.«

Abb. 1: Der Kannibale Issei Sagawa im Jahr 1992. Er tötete in Paris seine Freundin, als sie Gedichte vorlas, und aß das Fleisch teils roh. Nach nur kurzer Inhaftierung in Frankreich wurde er an Japan ausgeliefert und kam dort aufgrund des Einflusses seines Vaters schnell wieder frei. Er schrieb unter anderem Artikel für ein Feinschmecker-Magazin.

(Foto: Hashimoto Noboru/Corbis Sygma)

Da mittlerweile die Leichenstarre voll ausgeprägt ist, gibt es allerdings Probleme: »Den Kiefer kann ich nicht öffnen, aber meine Finger passen zwischen ihre Zähne. Ich schneide ihre Zunge ab und stecke sie mir in den Mund. Sie ist zäh: Ich sehe im Spiegel, wie ihre Zunge mit meiner verwunden ist. Ich versuche, meinen Mund zu schließen, dabei rutscht ihre Zunge heraus. Also ziehe ich die Haut ab und esse das Fleisch.«

So geht es Körperteil für Körperteil weiter, bis nach vierundzwanzig Stunden die Schmeißfliegen lästig werden. »Nun begreife ich, dass ich meine Freundin verloren habe – so wie ein Kind ein Spielzeug kaputt gemacht hat. Die Fliegen machen es mir deutlich.«

Ein paar Fleischstücke bewahrt Issei im Kühlschrank auf, um sie in den kommenden Tagen, erneut mit der bewährten Senf-Salz-Marinade, zu braten. Zufrieden notiert er: »Das Fleisch wird von Tag zu Tag weicher, süßer und schmackhafter.« Metzger und Steakhäuser nennen diesen Effekt »abhängen«, Kriminalbiologen kennen ihn als Fäulnis: Das Gewebe zersetzt sich bei der Lagerung und wird dabei tatsächlich weicher und »zarter«.

Der steinreiche Vater paukt Issei schon nach fünfzehn Monaten aus der Psychiatrie frei. Seither schrieb Sohnemann sechs Bücher und arbeitete gelegentlich als Kritiker für ein Feinschmecker-Magazin. Reue holt den Human-Gourmet bis heute nicht ein, immerhin aber die Einsicht, dass damals etwas schiefgelaufen ist:

»Es tut mir furchtbar leid, sie getötet zu haben. Darum habe ich mein kannibalisches Verbrechen nicht wiederholt. Ich trinke heute lieber den Urin meiner Partner, anstatt ihr Fleisch zu essen. Wenn man ein schönes weißes Mädchen kochen könnte, ohne es zu töten, würde ich allerdings gerne dabei sein.«

Die Zeiten haben sich geändert, und mittlerweile gehören Kannibalen, wenngleich nach wie vor eine seltene Spezies, zum kriminalistisch Erwartbaren. Armin Meiwes ist der im Moment in Deutschland bekannteste von ihnen, doch es gibt in Wirklichkeit eine lange Tradition von Menschen, die andere Menschen essen.

Der verkauzte Karl Denke aus Münsterberg (heute: Ziębice, Polen) ist so ein Beispiel. Seine Familie erinnerte sich nur daran, dass er maulfaul und ein schlechter Schüler war (vgl. mein Buch *Mordmethoden*, S. 302–324). Bei der letzten Familienfeier, die der bärtige Mann besucht hatte, verspeiste er wortlos einen Riesenteller mit Fleisch und ließ die verdutzte Runde dann allein. Ansonsten war Denke beliebt, weil er herumstromernden Menschen eine Herberge bot. Als eines Tages einer von ihnen nach Münsterberg rannte und behauptete, Vater Denke habe ihm eine Hacke über den Schädel ziehen wollen, glaubte ihm daher kein Mensch. Erst ein Blick in Denkes Küche bestätigte die Aussage: in Sahne gekochte Gesäßmuskeln, Zähne in einer Geldtasche, Schnürsenkel aus Menschenhaut. Bei seiner Verhaftung trug Denke Hosenträger aus Leder, in denen man die mumifizierten Brustwarzen der Opfer noch erkennen konnte. Die damaligen Kollegen schlugen daraufhin in den ordentlich geführten Schlachtlisten Denkes nach: »Fünfundzwanzig Zentner und neunundsiebzig Pfund Menschenfleisch« hatte der schweigsame Kannibale erschlachtet.

Anders als Issei hat Denke nie geredet. Im kleinen Gefängnis im Rathaus von Münsterberg erhängte er sich kurzerhand mit seinem Taschentuch. Das einzige vernünftige Foto von ihm zeigt ihn mit gefalteten Händen im Sarg liegend.

Wie es sich für ein Monster gehört, brachte Denke nicht nur Tod, sondern auch Unglück über die Stadt: Der Dosenrhabarber, eine wichtige Einnahmequelle für Münsterberg, war von Stund an unverkäuflich, weil die Legende besagte, die rote Farbe des Gemüses stamme von auf die Felder verspritztem Menschenblut. Auch die Brotkörbe, ein weiteres Münsterberger Produkt, wurden zu Ladenhütern. Man fürchtete, sie seien mit Menschenhaut zusammengeflochten worden.

Wenige Jahre zuvor hatte der – heute viel bekanntere – Fritz Haarmann ebenfalls eine vermutlich kannibalische Tatserie hingelegt. Die von ihm auf der Straße und im Bahnhof aufgegabelten »Puppenjungs« tötete er nach eigenen Angaben durch Bisse in den Hals. Hielt man ihm vor, dass das kaum möglich sei, wurde er weinerlich und beharrte darauf, die Opfer totgebissen zu haben. Ihre zerlegten Körper hat Haarmann wahrscheinlich verkauft. Um die Kundinnen (und sich) zu schonen, lieferte er dazu bei der gerichtspsychiatrischen Befragung aber keine Details.

Eine hartgesottene Horrorfigur war Haarmann nicht; er gab noch nicht einmal zu, das Fleisch der Opfer als Nahrungsmittel »vertickt«, geschweige denn, es selbst gegessen zu haben. Die Polizei versuchte daher, ihn weichzukochen, indem man in seine Zelle auf ein unerreichbares Brettchen den Schädel eines seiner Opfer stellte. Hinein kam eine Kerze, die jede Nacht entzündet wurde und ein schauriges Flackern durch die Zelle warf. Der Psychotrick machte Haarmann tatsächlich zu schaffen: Er bat um einen (lebenden) Jungen, den man in seine Zelle führen solle, damit seine Kopfschmerzen endlich verschwänden.

Es gibt noch viele andere vergessene Kannibalen. Joachim Kroll aus dem Ruhrgebiet flog beispielsweise erst auf, als er 1976 mit den Eingeweiden eines kleinen Mädchens versehentlich das Etagenklo verstopfte. Bei der anschließenden Wohnungsdurchsuchung fischte man aus einer Gemüsesuppe auf seinem Herd die Hände des vermissten Kindes.

Alle diese Verbrechen sind so grauenhaft, dass man sie keinem normalen Menschen, sondern bloß Verrückten zutrauen möchte. Doch leider sind viele der kannibalischen Serientäter verdächtig normal – meist sogar im Übermaß angepasst und ruhig. Das erzeugt Unwohlsein, denn derartige Eigenschaften sind in Deutschland eigentlich durchaus erwünscht. Wenn dann das Publikum im Gericht einem Verbrecher jede nur denkbare Folter wünscht, wird klar, wie dünn die blutige

Linie ist, die Täter von Zuschauern trennt. Besonders verblüffend ist, dass die Forderungen aus der letzten Zuschauerreihe
oft die Fantasien und Handlungen der Täter übertreffen. Doch
dass der Wunsch, den Täter lebend zu rösten oder ihm die
Haut abzuziehen, dieselbe Güte hat wie das, was auch der Täter umgesetzt hat, gestehen sich die schaurigen Zuschauer und
Zuschauerinnen natürlich nicht ein.

Es gibt noch eine letzte Art von Kannibalen. Sie handeln in
der Hoffnung, einen Vampir zur Ruhe zu bringen, und müssen
dazu auch schon mal das Herz ihres verstorbenen Verwandten
aus der Leiche schneiden. Damit soll das Herz des rastlosen
Toten als Sitz der Liebe dahin gelangen, wohin es sich sehnt:
zu den noch lebenden Angehörigen. Wo der fleischfressende
Mörder also aus einem antisozialen Zwang handelt, der ihn
zutiefst einsam macht, bemühen sich die dörflichen Herzens-
esser um Zusammenhalt und Frieden.

Der letzte mir bekannte Fall einer Vampir Enterdigung fand
im Jahr 2005 statt. Wie Sie an diesem und den folgenden Fällen erkennen werden, ist die Grenze zwischen Liebe und Wahn
so dünn wie ein sterbendes Äderchen – und manchmal genügt
ein (fehlender) Herzschlag, um aus Liebe ein Schlachtfest werden zu lassen.

Vampirverbrechen

Nicht nur in Südosteuropa werden Leichen enterdigt, weil
sie angeblich Vampire sind. Auch im protestantischen Preußen gab es solche Vorfälle. Sie kamen sogar mehrfach vor Gericht und wurden damit offizielle »Vampirverbrechen«. Um
das Jahr 1870 wurde die grausige Welle besonders heftig. Teils
schnitten die besorgten Verwandten ihren toten Angehörigen schon in der Leichenhalle den Kopf ab, um sie nicht
hinterher erst mühselig ausgraben zu müssen. Dazu schlich
man sich meist nachts in die Halle, erledigte das Ritual und

schloss den Sarg hernach wieder »ordnungsgemäß«. Denn Ordnung musste sein in Preußen – auch bei der Köpfung der Verwandten.

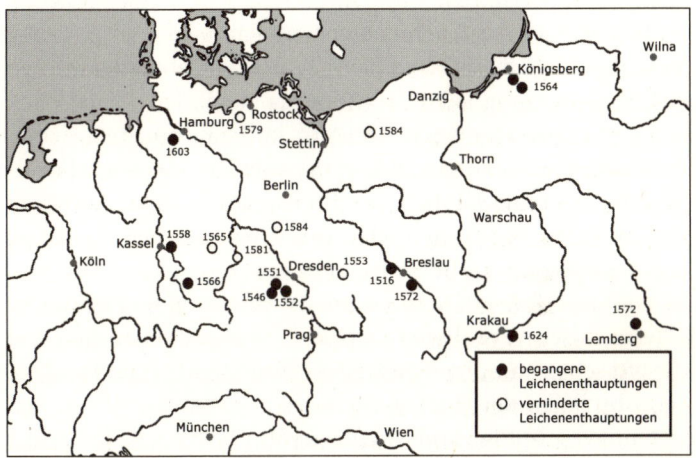

Abb. 2: Leichenenthauptungen kamen auch im deutschsprachigen Raum vor, teils aus Furcht vor Nachzehrern, teils weil man glaubte, die Toten könnten Vampire sein oder werden.   (Abb. L. Fuß/M. Benecke nach Th. Schürmann)

Dass moderne Menschen derart von einem alten Aberglauben angesteckt wurden, lag vor allem daran, dass die Geschichten über Vampirleichen aus dem südöstlichen Europa nicht nur durch Zeitungsberichte bekannt, sondern auch durch glaubhafte Beobachtungen verwissenschaftlicht und sozusagen mit einem Wahrheitssiegel versehen worden waren. Das bewirkten besonders die beiden Abhandlungen von Christoph Friedrich Demelius und vom Diakon Michael Ranft aus Leipzig. Die Buchtitel waren so gut gewählt, dass schon sie allein sich in das Gedächtnis fraßen: Ranfts *Tractat von dem Kauen und Schmatzen der Todten in Gräbern – worin die wahre Beschaffenheit derer Hungarischen Vampyrs und Blut-Sauger gezeigt, auch alle von dieser Materie bißher zum Vorschein gekommene Schrifften recensiret werden* erschien auf Lateinisch 1725 und auf

Deutsch 1734; Demelius' *Aktenmäßige und Umständliche Relation von denen Vampiren oder Menschen-Saugern, welche sich in diesem und vorigen Jahren im Königreich Serbien hervür gethan* erschien im Jahr 1732.

Das »Kauen und Schmatzen« in Ranfts Buchtitel bezog sich ursprünglich auf den Glauben an Nachzehrer. Das waren streng genommen keine Vampire, da sie anderen Menschen keinen Schaden zufügten, sondern im Grab nur ihr Leichentuch oder Teile des eigenen Körpers aufaßen, was zunächst als gruselig, aber unschädlich galt. Zudem konnte man den Toten Steine, Münzen, Zitronen oder Ähnliches zwischen die Zähne legen, sodass sie das Beißen sein ließen.

Nun war aber ein Mann namens Peter Plogojowitz in den österreichisch verwalteten Gebieten Serbiens verstorben, der die typischen Vampirzeichen zeigte: wachsende Haare und Nägel, Abschälen der Haut, Bluten des Körpers. Ranft bemühte sich um vernünftige Erklärungen dafür. Da er aber wie Calmet (siehe S. 25–27) davon überzeugt war, dass zumindest Gott die Toten durchaus auferstehen lassen könne, und da er auch an das nur allmähliche Absterben von Körperteilen glaubte, halfen seine teils doppeldeutigen Erläuterungen nicht gegen den Glauben an Gruseliges. Einzelne Gewebe hätten eben ein Eigenleben und könnten sich auch nach dem Tod noch weiter aktiv verändern, darunter Haut und Haare.

Da man zugleich allgemein glaubte, dass das unterirdische Gewurschtel den noch Lebenden magisch die Kraft raube und krank machen könne, riet Ranft, obwohl er nicht wirklich an Untote glaubte, für den Notfall zum Äußersten. Man sollte sich zunächst einmal mit den Verstorbenen versöhnen, sodass diese keinen Grimm mehr hätten, und sich im Übrigen über das Kauen und Schmatzen keine Gedanken machen, wenn man es doch einmal vernahm. Wem das nicht half, so Ranft, der sollte den Körper eben ausgraben und den schädlichen Wirkungen »durch völlige Vernichtung ein Ende bereiten«.

Acten-mäßige
und
Umständliche
RELATION
von denen
VAMPIRen
oder
Menschen-
Saugern,
Welche sich in diesem und vorigen Jahren, im
Königreich Servien herfür gethan.
Nebst einen Raisonnement darüber
und einen
Hand - Schreiben eines Officiers,
des Printz - Alexandrischen Regiments,
aus
Medvedia in Servien.
an einen berühmten Doctorem der Universität
LEIPZIG.

Gedruckt 1732. und zu finden bey Augusto Martini,
Buchhändl. auf dem alten Neumarckt an der Ecke des
Gewand-Gäßgens

Abb. 3: Diese Arbeit mit dem offiziellen Bericht über die angeblich unver-
westen Leichen im serbischen Medvegya vom Januar 1732 trug stark dazu bei,
dass sich der Vampirglaube in Europa dauerhaft verbreitete.

(Repro: M. Benecke)

Es ist schwer zu sagen, ob der Glaube ans Nachzehren vor allem durch – gar nicht so seltene – Bestattungen von Scheintoten gespeist wurde oder durch das einmalige Schmatzen, das jede Leiche von sich geben kann, wenn der Unterkiefer mit Lösung der Leichenstarre nach unten kippt. Der Glaube an Nachzehrer war in Mitteleuropa jedenfalls weit verbreitet, hatte aber mit Vampiren zunächst nichts zu tun.

Ab 1732 häuften sich aber im deutschsprachigen Raum die Berichte über sich nicht zersetzende Leichen – auch durch die Fallsammlungen von Calmet und Ranft – derart, dass sich die verschiedenen Arten von Geistern, Nachzehrern und Untoten zur bis heute kraftvollsten Variante, den Vampiren, verdichteten. *Dracula* von Bram Stoker ist ein spätes Produkt dieser Berichte aus dem 18. Jahrhundert: Der Roman erschien erst hundertfünfzig Jahre später – 1897 auf Englisch und 1908 auf Deutsch. Stoker hatte sich unter anderem von dem legendenumwobenen Herrscher der Walachei, Vlad Ţepeş III. Drăculea, auch Vlad der Pfähler, inspirieren lassen.

Dem Vampirglauben half vor allem, dass es von Ärzten und offiziellen Stellen bestätigte Berichte gab, die bewiesen, dass ein Verstorbener ein Vampir war. Dadurch wurde der Volksglaube an Vampire amtlich.

Die erste dieser offiziellen Untersuchungen fand 1725 statt. Der Kameraldirektor Frombald berichtete in einem Brief an die Behörden in Wien, dass er in Kisovola (Kisiljevo) die Leiche von Peter Plogojowitz gesehen habe, die bei der Enterdigung so aussah:
 – Der Körper, außer der abgefallenen Nase, war ganz frisch;
 – Haare und Bart, auch die Fingernägel, waren gewachsen;
 – die alte Haut war etwas weißlich und schälte sich ab,
   darunter war eine neue Haut zu sehen;
 – und im Mund war frisches Blut.

Frombald selbst gab keine Erklärung für diesen Zustand des Toten. Da Plogojowitz aber zuvor aus dem Grab gestiegen und einen Mitbürger getötet haben soll, bezog sich die Untersuchung sehr deutlich auf einen Fall von Untotsein. Trotzdem landete der Bericht erst einmal bei den Akten und versank dort.

Ende 1731 wiederholte sich das Geschehen, dieses Mal in Medvegya. Ausgesandt wurde der Arzt Glaser, der entgegen seinen Erwartungen keinerlei Hinweise auf eine Seuche oder Krankheit im Dorf entdecken konnte. Die Bewohner waren überzeugt, dass die dreizehn Todesfälle der letzten Zeit auf das Konto von blutsaugenden Vampiren gegangen waren.

Als Glaser trotz seiner Zweifel die Gräber öffnen ließ, war er verblüfft – die Leichen waren tatsächlich viel weniger verwest, als er es für normal hielt. Der Mund der Leichen stand offen, das Blut war hell und frisch, die Leiber waren aufgebläht – typische Vampirzeichen.

Tatsächlich sehen aber viele Tote so aus, denn es handelt sich um übliche postmortale, also nach dem Tod auftretende Erscheinungen. Glaser kommentierte hingegen, dass ihm die Sache suspekt vorkomme – zwar je nach Leiche und deren Zustand mal mehr, mal weniger, aber doch durchweg mit dem Bericht zu entnehmendem deutlichem Unbehagen.

Da Glaser zudem offiziell anfragte, ob die Leichen nun »rituell behandelt« – also geköpft – werden dürften, um das »Malum abzuwenden«, wurde sicherheitshalber eine zweite Untersuchung angeordnet. Diese wurde für behördliche Verhältnisse sehr schnell, nämlich nur drei Wochen später, durchgeführt. Die neue, vom Regimentsfeldscherer Johann Flückinger abgehaltene Leichenschau derselben Toten brachte dem Vampirglauben in Mitteleuropa dann den Durchbruch. Flückinger stellte erneut Vampirzeichen, darunter flüssiges Blut und mangelnde Zersetzung, fest. Er erlaubte daher die Tötung der Leichen:

»Nach geschehener Visitation sind den Vampiren durch die anwesenden Zigeuner die Köpfe heruntergeschlagen, samt den Körpern verbrannt, die Asche in den Fluss Morova geworfen und die (anderen, also ›normalen‹) verwesenden Leiber in ihre vorherigen Gräber gelegt worden.«

Diese Geschichte – bestätigt und protokolliert von zwei Ärzten und von der Obrigkeit abgesegnet – schaffte es natürlich sofort in die Zeitungen beziehungsweise Flugblätter. So begann der moderne Vampirglaube in Europa.

Wäre Flückinger nicht ein Feldarzt (Feldscherer) gewesen, der unter anderem die Offiziere rasieren und die Soldaten zur Ader lassen musste, sondern in der Beschau von Leichen ausgebildet, so hätte er sich wohl weniger gewundert. Die »sicheren« Vampirzeichen, die er zu erblicken glaubte, sind nämlich allesamt durch normale Fäulnisvorgänge zu erklären. Die scheinbar »geringe Verwesung« ist in Erdgräbern beispielsweise völlig normal, wenn keine Fliegeneier mit der Leiche vergraben wurden oder es recht kalt ist. Es kann vorkommen, dass Leichen noch nach Wochen im Erdgrab »unzersetzt« erscheinen. Und die Blähung, meist als »Vollsaufen« oder »Fressen« der Leiche angesehen, entsteht durch das von Fäulnisbakterien gebildete Gas. Da dabei auch das gesamte Gesicht aufgebläht wird, ist der Eindruck, die tote Person sei auf einmal feist geworden, durchaus verständlich (siehe auch folgenden Abschnitt).

Calmets Vampirbuch

Eigentlich focht der französische Benediktinerabt Augustin Calmet (1672–1757) mit flammendem Schwert gegen allen Unsinn, der ihm entgegentrat. Zum Glauben an Vampire befand er beispielsweise, dass die »Einbildung derjenigen, welche glauben, sie hören die Todten in ihren Gräbern schmatzen wie ein Schwein, etwas so Einfältiges und Kindisches ist, dass es nicht einmal eine Widerlegung verdient«.

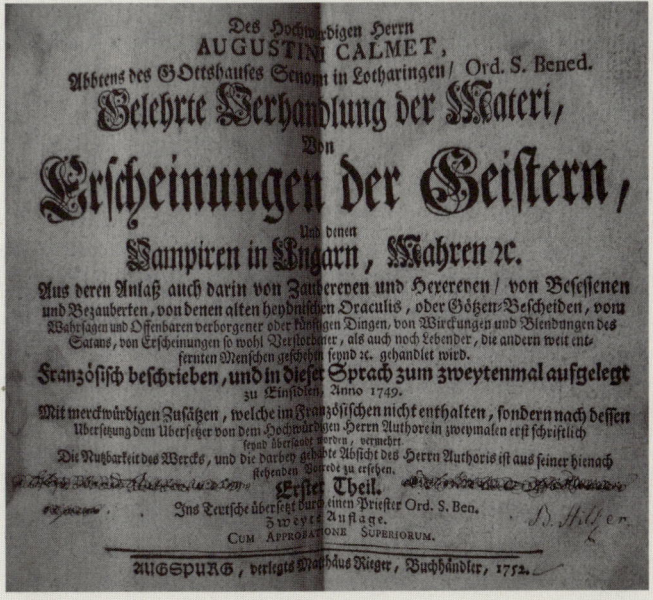

Abb. 4: Eines der einflussreichsten Bücher über Vampire, »der Calmet«, erschien »*cum approbatione superiore*« – mit päpstlichem und königlichem Einverständnis. Der Mönch begründete die Existenz von Vampiren, an die er selbst nicht recht glauben konnte, mit der Allmacht Gottes.

(Foto: M. Benecke)

Zum Glück hinderten ihn aber weder seine große persönliche Bescheidenheit (er lehnte sogar den ihm vom Papst angebotenen Bischofstitel ab) noch seine Zweifel am Übersinnlichen daran, »sensationelle« Vampir-, Marien- und Geistererscheinungen aus allen ihm zugänglichen Quellen und Zeiten zu sammeln und aufzuschreiben.

Diese Zusammenstellung war für ihn wohl eher eine Fingerübung, da er als Klosterchef, Autor eines bekannten dreiundzwanzigbändigen Kommentars zum Alten und Neuen Testament (erschienen in erster Auflage zwischen 1707 und 1716) sowie zahlreicher Bibelauslegungen, die ins Deutsche, Niederländische, Italienische und Englische übersetzt wurden, wohl ein echter Workaholic war.

Calmets *Erscheinungen der Geister* (siehe Abb. 4, S. 25) erhielten im Januar 1746 nicht nur den Segen der Kirche, sondern auch der Pariser königlichen Buchzensur. Sogleich trat der Text seinen Weg in die Nachbarländer an: Schon 1752 war beispielsweise in Augsburg die zweite Auflage der deutschen Übersetzung »mit merckwürdigen Zusätzen, welche im Französischen nicht enthalten« waren, als zweibändiges Werk in Umlauf.

Calmet fragte sich darin vor allem, was Geister überhaupt an- und umtrieb. Denn es war theologisch kaum einzusehen, warum Gott es zuließ oder befahl, dass Seelen und ihre Erscheinungen auf der Erde wandeln. Denn das Fegefeuer, in dem die Toten sich tummeln, fand doch wohl nicht mitten unter uns statt.

Daran, dass es Spuk gab, zweifelte allerdings niemand: Man durfte im damaligen Paris sogar einen Pachtvertrag lösen, wenn Seelen von Verstorbenen im Haus umgingen. Also ertüftelte Calmet eine Erklärung, die alle bekannten Tatsachen unter einen Hut brachte:

Geister, die zweifellos auftraten, bewiesen nach Calmet die Macht Gottes ganz direkt. Denn Menschen konnten nicht aus eigener Kraft aus dem Grab steigen. Aber auch Engel und Teufel hatten nicht die Macht, Tote zu erwecken: »Nein fürwahr! Ohne Befehl oder Zulassung Gottes kann solches niemals geschehen!« Gott selbst holte also hin und wieder Seelen und Körper aus der Erde. Warum er das tat, dafür hatte allerdings auch Calmet keine Erklärung.

Diese Gedankenkette mit dem Nachweis von Untoten und deren Bezug zu Gott ist übrigens ein schönes Beispiel für Sachverständigenfehler: Das Gutachten ist logisch, die Grundannahmen sind aber falsch …

Pfählen und »sichere« Vampirzeichen

Der Historiker und Balkanologe Peter Mario Kreuter hat in
alten Berichten eine interessante Erklärung dafür gefunden,
warum ein Vampir gepfählt werden muss. Denn, wie schon
angedeutet, den Zusammenhang zwischen Vlad dem Pfähler,
dem Regenten der Walachei (eigentlich Vlad Ţepeş III. Drăculea, um 1431–1476, bekannt für seine Grausamkeit), und Vampiren gibt es erst seit Bram Stoker. Es war aber schon lange
vor Erscheinen des Romans üblich, Untote zu durchlöchern.

Abb. 5: Es gibt zwei Arten von Pfählungen. Vlad der Pfähler führte die hier
dargestellte Methode nicht durch, sondern pfählte die Opfer (Soldaten,
Steuersünder) längs durch den Körper. Hier ist die Pfählungsart zu sehen, die
gegen angebliche Vampire angewendet wird und auch von Hollywood übernommen wurde.   (Grafik: unbekannte Quelle)

Mit Vlads tatsächlich bestehender Gewohnheit, ihm missliebige Personen zu pfählen (eine seit Jahrtausenden bekannte Hinrichtungsart), hat das Ritual gegen Untote nichts zu tun, denn eine »echte« Pfählung erfolgt durch die Längsachse des Körpers (von unten nach oben), während die Vampirpfählung von vorn nach hinten verläuft.

Bei »Vampiren« genügte anstelle eines Pfahls ein Nagel, der im Bulgarischen sogar einen eigenen Namen hat: *palmarec*. Mit diesem Nagel – notfalls aber auch mit Nähnadeln oder dem Vampiren generell verhassten Weißdorn – wurden die Untoten an Bauch oder Rücken verletzt. Dabei ist der Zusammenhang zwischen der Gasblähung der Leiche, die in warmer Umgebung stets auftritt, und dem Volksglauben, dass der Teufel den toten Körper aufpumpt, in einer tatsächlich wirksamen Maßnahme vereint. Sind die Stiche in die Haut nämlich tief und zahlreich genug, so entweicht das Fäulnisgas, ohne das sie sich nicht aufblähen kann, aus der Leiche. Dass in Wirklichkeit Bakterien und nicht der Teufel das Fäulnisgas entstehen lassen, spielt dabei keine Rolle. Denn wer an den Teufel und den *palmarec* glaubt, sieht nach der Durchlöcherung tatsächlich die gewünschte Wirkung (keine Gasblähung) und wird nicht ganz zu Unrecht – aber auch nicht ganz zu Recht – überzeugt sein, dem Bösen ein Schnippchen geschlagen zu haben.

Ganz ähnlich ist es mit dem flüssigen Blut, das allen Vampir-Leichenbeschauern als sicheres Zeichen gilt, dass hier unnatürliche Kräfte am Werk sind. Doch auch hier ist es nur fehlende Erfahrung mit Leichen, die den Aberglauben bekräftigt. Leichenblut wird nämlich keineswegs immer fest, wie man meint, wenn man das stockende Blut nach Schlachtungen bei Metzgern beobachtet. In Leichen bleibt das Blut oft flüssig.

Zudem bestehen wir fast nur aus Wasser, sodass die rote Flüssigkeit ebenso gut mit ein wenig Blut vermischte Fäulnisflüssigkeit sein kann. Sie tritt aus dem Mund und der Nase aus, weil die Fäulnisgase sie durch diese Öffnungen treiben, nicht weil der Tote das Blut der Lebenden gesoffen hat. Doch auch hier gilt: Wer aus dem Alltag weiß, dass Blut stockt, und wer zudem glaubt, dass Tote aus dem Grab steigen können, für den ist das Bluttrinken beim Anblick einer im Grab geblähten Leiche mit roten Abrinnspuren ein objektiver Beweis des Schrecklichen.

Auch Fingernägel und Barthaare wachsen nach dem Tod nicht mehr. Allerdings können die Nägel, besonders bei ausgetrockneten Leichen, sehr lang aussehen, wenn die Haut darunter wegtrocknet. Hinzu kommt, dass viele kranke Menschen sich schon vor Todeseintritt die Finger nicht mehr maniküren, sodass sie mit ohnehin schon längeren Nägeln sterben.

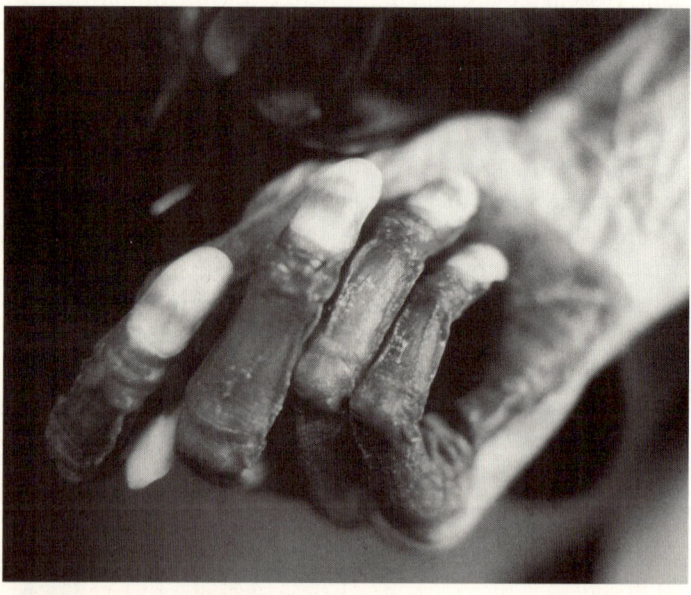

Abb. 6: Die Nägel von Leichen können oft so wirken, als seien sie noch gewachsen, was dann als »sicheres« Vampirzeichen gilt. Meist haben sich die betreffenden Personen aber die Nägel nicht mehr geschnitten, und/oder die Haut vertrocknete postmortal so stark, dass die Nägel nun länger wirken. Besonders an warmen, zugigen Orten ist dieser Effekt verblüffend und kann so schnell vonstattengehen, dass es im Nachhinein scheint, als seien die Nägel »über Nacht gewachsen«.   (Foto: M. Benecke)

Selbst die »neue« Haut, die sich unter einer alten, weißlich abfallenden Hautschicht bildet, gibt es wirklich. Die abfallende Schicht ist die obere Hautlage, die sich mit einsetzender Fäulnis vom restlichen Körper löst. Wenn es feucht ist, erscheint sie milchig weiß (andernfalls vertrocknet sie und fällt als papierdünne Schicht nicht auf). Sie kennen das Milchigwerden der Haut, wenn Sie einmal zu lange im Wasser waren: Die Haut wird dann schwammig. Der Effekt heißt bei Lebenden wie Toten »Waschhaut«, weil er früher bei Wäscherinnen auftrat. Die Haut kann sich dabei sehr leicht ablösen, was bei Lebenden zu Entzündungen und Schmerzen führt, die denen von Hautblasen ähneln. Der Illusionskünstler und Abenteurer David Blaine hat sich selbst eine schlimme Waschhaut eingehandelt, als er vom 1. bis zum 8. Mai 2006 in einem mit Wasser gefüllten Tank ausharrte.

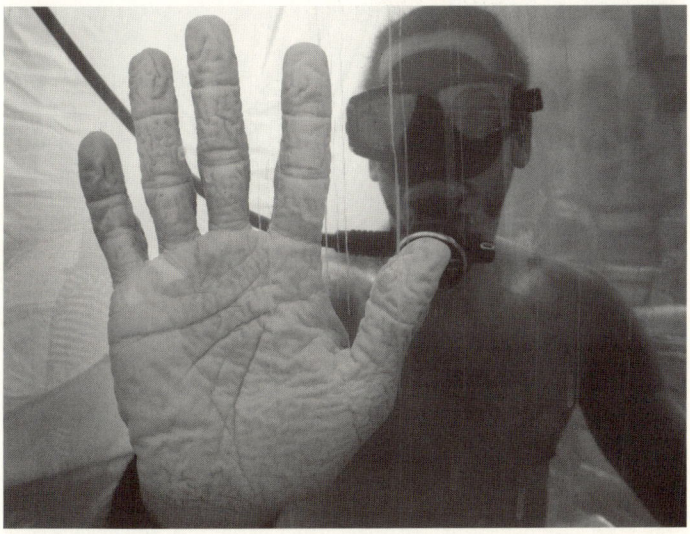

Abb. 7: Waschhaut, wie sie sich beim Illusionskünstler David Blaine im Mai 2006 bildete, als er acht Tage unter Wasser lebte. Derselbe Effekt tritt bei Leichen in Wasser auf und gilt auch als »sicheres« Vampirzeichen, weil darunter eine weitere, scheinbar »neue« Hautschicht liegt. (Foto: Reuters/Mike Segar)

Diese sogenannten Leichenerscheinungen sind zwar völlig normal und treten bei vielen Leichen auf. Doch erstens weiß das kaum jemand (wer sieht sich schon regelmäßig faulende Leichen an?), und zweitens wäre dieses Wissen in einer schaurigen Exhumierungsnacht, durchwogt von Angst und Aberglaube, auch recht egal. Denn ob die Haut zurückweicht, weil sie vertrocknet, die »neue Haut« einfach die nächste Hautschicht unter der alten ist, ob das »Wohlgenährtsein« eher Fettwachs oder Gasblähung ist und ob das »frische Blut« einfach Leichenflüssigkeit ist (zu Fäulnisstadien vgl. mein Buch *Dem*

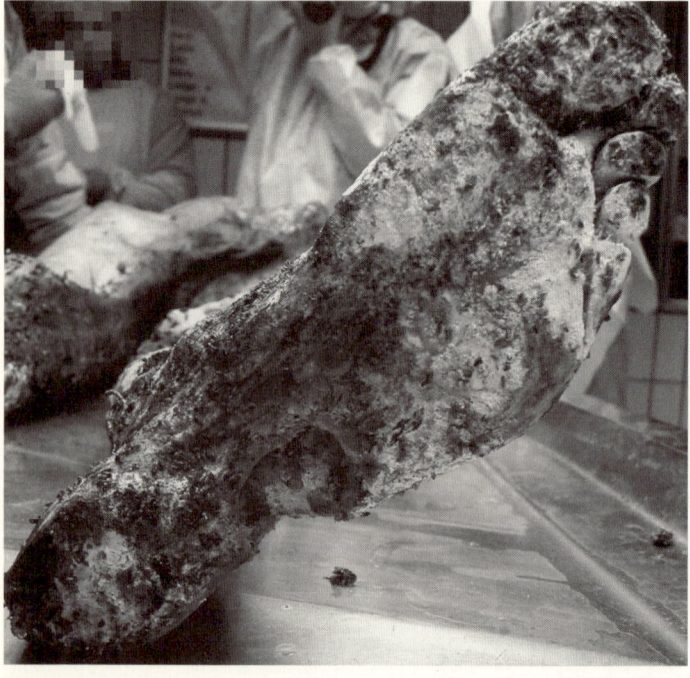

Abb. 8: Bei einer nur von Kerzen beleuchteten, nächtlichen Enterdigung kann eine Leiche scheinbar »gut erhalten«, also »untot« erscheinen. In Wirklichkeit handelt es sich oft aber nur um Vertrocknungen oder wie hier um die Umwandlung des Gewebes in schwer zersetzliches »Fettwachs« (Adipocire).

(Foto: M. Benecke)

Täter auf der Spur. So arbeitet die moderne Kriminalbiologie, Bergisch Gladbach 2006) – es geht bei einer Vampirjagd um etwas anderes und Höheres: das Seelenheil des Verstorbenen und das Überleben seiner noch lebenden Familie.

Genau das bereitete den preußischen Gerichten auch solche Probleme. Böser Wille lag bei diesen Taten sicher nicht vor, denn niemand köpft gern seine verstorbenen Angehörigen. Da aber, rein rechtlich gesehen, weder ein Lebender verletzt (eine Leiche lebt nicht) noch eine Sache beschädigt wurde, ist es fraglich, ob eine Vampirköpfung überhaupt gesetzlich verboten ist.

Mit diesem Problem befasste sich ausführlich der Jurist Otto Steiner. Er berichtet in seinem Buch *Vampirleichen. Vampirprozesse in Preußen* (1959):

»Aus den alten Berichten haben wir gesehen, dass der Vampir sich zwar auf einen erheblichen, aber doch volksartlich umgrenzten, vorwiegend slawischen und neugriechischen Raum von Europa erstreckte. Des Engländers Lord Byron fragmentarische Erzählung *Der Vampir* und die deutsche Oper *Der Vampyr* waren lediglich literarische Beiträge. Während weiter kein Zweifel darüber besteht, dass der Ursprung des Vampirglaubens bis in ferne Zeiten der Menschheit zurückgeht, sind die Gründe, warum gerade die slawischen und griechischen Teile Europas von ihm ergriffen wurden, umstritten und brauchen in dem Rahmen dieser kleinen Schrift nicht erörtert zu werden.

In den Jahren um 1870 nun verwandelte sich plötzlich das Bild der Ausbreitung: Der Vampir trat über in die preußische Provinz Westpreußen und griff zunächst nach einer Familie Gehrke. Die Ehefrau des Waldwarts Gehrke starb in einem westpreußischen Dorf und wurde dort beerdigt. Als bald nach ihrem Tode ihr Ehemann und auch die Kinder schwer erkrankten, verbreitete sich im Dorfe das Geraune und bald auch die Überzeugung, dass die verstorbene Frau ihren Ehemann und

die Kinder ›nachholen‹ wolle. Der Bruder des erkrankten Ehemanns Gehrke, G. Gehrke, besprach sich mit mehreren befreundeten Männern, und sie kamen überein, Grab und Sarg
der verstorbenen Frau zu öffnen und als Mittel zur Abwendung des befürchteten Todes des Ehemanns und der Kinder
einen Strick und etwas Leinsamen in den Sarg zu legen.

Im Dunkeln öffneten sie Grab und Sarg auf dem Friedhof.
Als sie die Leiche aber mit roten Wangen vorfanden, schien es
ihnen ratsamer und sicherer, den Kopf der Leiche vom Rumpf
zu trennen. Einer von den Männern setzte einen der beim Öffnen des Grabs verwendeten Spaten auf den Hals der Leiche
und hielt den Stiel des Spatens fest, die übrigen Männer schlugen so lange auf das obere Ende des Spatenstieles ein, bis die
Trennung des Kopfes bewirkt war. Dann legten sie den Kopf
unter einen Arm der Leiche und schlossen sorgfältig wieder
Sarg und Grab.

In diesem Tatbestand erblickte, als eine Anzeige erstattet wurde und der Sachverhalt geprüft war, die Staatsanwaltschaft eine ›unbefugte Beschädigung eines Grabes und einen
an demselben verübten beschimpfenden Unfug‹. Das Kreisgericht schloss sich dieser Ansicht an und verurteilte den Bruder
G. Gehrke zu einer Gefängnisstrafe.

In der zweiten Instanz machte Gehrke geltend, er habe – wie
er unter Beweis stellte – im Einverständnisse mit den nächsten Angehörigen der Verstorbenen, also mit Autorisation der
dazu berechtigten Personen, gehandelt und die erwähnten
Maßnahmen an der Leiche keineswegs frivolerweise, sondern
höchst ungern und widerstrebend, aus brüderlicher Liebe zu
seinem erkrankten Bruder, als ein allgemein für heilsam er-
achtetes Mittel vorgenommen; er habe also nicht unbefugt
und nicht mit dem Bewusstsein der mangelnden Befugnis gehandelt und nichts Beschimpfendes vorgenommen.

Das Appellationsgericht bestätigte indessen die erste Instanz, ohne den beantragten Beweis zu erheben: ›Es könne
dahingestellt bleiben, ob etwa im Fall des Gelingens dieses

Beweises (über die Bemächtigung seitens der nächsten Angehörigen) der Mangel des erforderlichen Bewusstseins hinsichtlich der Eröffnung des Grabes vorhanden sein würde; jedenfalls bleibe der beschimpfende Unfug bestehen, da Gehrke sich habe sagen müssen, dass er trotz der ausdrücklichen Aufforderung der nächsten Angehörigen der verstorbenen Frau Gehrke nicht so mit der Leiche verfahren durfte, wie er getan, und da er habe wissen müssen, dass er dadurch beschimpfenden Unfug an der Leiche und folgeweise an dem Grabe verübe.‹

Auf die Nichtigkeitsbeschwerde des Gehrke ist dieses Urteil des Obertribunals vom 8. Februar 1871 vernichtet und die Sache zur anderweitigen Verhandlung und Entscheidung an ein anderes Appellationsgericht verwiesen worden.«

Dieses Berufungsgericht stellte nun tatsächlich fest, dass die Verurteilung ungültig war. Begründung: »Es kommt nicht darauf an, ob der Implorant sich alles das sagen und es wissen musste, sondern darauf, dass er es gewusst und in dieser Kenntnis unbefugt gehandelt hat.« Da der Angeklagte aber überzeugend dargelegt hatte, dass er »in gerechtfertigter Weise, in voller Überzeugung seiner Berechtigung und in löblicher Absicht« gehandelt habe, kam es zu guter Letzt also zu einem Freispruch. Guter Wille schützte hier also vor Strafe.

Bis hierhin wäre der Fall noch eine Fußnote der Rechtsgeschichte gewesen. Leider hatte sich der Aberglaube aber derweil zu einer bizarren Tatfolge ausgewachsen. Dazu noch einmal Jurist Steiner:

»Ein zweiter Vampirfall ereignete sich um dieselbe Zeit in dem Dorf Kantrzyno im Kreise Neustatt, Westpreußen. Dort starb am 5. Februar 1870 der Anteilsbesitzer und Kirchenvorsteher Franz von Poblocki im Alter von dreiundsechzig Jahren an der ›Auszehrung‹. Seine Beerdigung erfolgte am 9. Februar 1870 auf dem Friedhof des jenseits der Provinzgrenze liegenden Dorfes Roslasin, Kreis Lauenburg in Pommern. Wenige Tage nach dem Tode des Vaters erkrankte sein ältester, achtundzwanzig Jahre alter Sohn Anton von Poblocki unter Krankheitserscheinungen ähnlich denjenigen seines verstorbenen Vaters. Ein herbeigerufener Arzt erklärte die Erkrankung des Anton von P. für die ›galoppierende Schwindsucht‹.

Am 18. Februar, also zwei Wochen nach dem Tod des Vaters, starb auch der Sohn. Vor seinem Tode, nach der Beerdigung seines Vaters, waren auch seine Mutter und seine jüngere Schwester erkrankt und machten den Eindruck von Dahinsiechenden. Überdies klagten der zweite Sohn und ein Schwager über heftiges Unwohlsein, über Angstzustände und schwere Beklemmungen.

Voller Unruhe versammelte sich die weitverzweigte Familie in dem Sterbehause, in dem der älteste, soeben verstorbene Sohn Anton im Sarge, seine Mutter und eine Schwester Antons in den Krankenbetten lagen, zu einem Familienrat und war schnell darüber einig, dass der verstorbene und schon beerdigte Vater ein Vampir gewesen sei und seinen Sohn Anton bereits nachgeholt habe. Auch Anton sei also – davon waren alle überzeugt – bereits ein Vampir geworden. Jetzt drohe der ganzen Familie der Tod.

Einstimmig wurde in dem Familienrat beschlossen, schleunigst das wirksamste Mittel gegen eine weitere Vampirisierung anzuwenden, nämlich die Enthauptung der zwei Leichen. Der zweitälteste Sohn Josef, der durch den Tod seines Bruders Anton das Oberhaupt der Familie geworden war und, wie bemerkt, sich bereits krank fühlte, wurde mit der Ausführung beauftragt.

Zunächst wurde der Leiche des noch im Hause im Sarge liegenden Anton der Kopf vom Rumpfe getrennt und unten in den Sarg gelegt. Für die Vornahme der Durchtrennungsoperation war der Arbeitsmann Johann Dzigielski gewonnen. Er benutzte dazu einen scharfen Spaten. Der Sarg wurde sodann behutsam geschlossen.

Die Beisetzung Antons sollte an der Seite seines bereits beerdigten Vaters auf dem Friedhof von Roslasin am 22. Februar
erfolgen. Am Tage vorher brachten Josef von P., der Arbeitsmann Johann Dzigielski und ein anderer beherzter Arbeitsmann unter Mitnahme von Spaten und anderem Arbeitsge-
rät die Leiche Antons nach Roslasin. Dort suchte Josef v. P. den
Totengräber auf und nahm ihm gegen Zusicherung einer Belohnung das Versprechen ab, das Grab Antons so nahe an das
Grab des Vaters heranzurücken, dass man in der Nacht die
Erdzwischenwand durchbrechen und den Sarg des Vaters frei-
legen könne, um durch Trennung des Kopfes von der Leiche
die ganze Familie vor dem sicheren Tode durch den Vampir zu
retten.

Im Lauf des Tages aber kamen dem Totengräber Bedenken
über seine Zusage und Mitwirkung bei dem Vorhaben, und er
entdeckte die ganze Angelegenheit dem Ortspfarrer Block. Dieser untersagte dem Totengräber jede Beteiligung und trug ihm
auf, das Grab für den Sohn in angemessener Entfernung von
dem des Vaters auszuwerfen. Weiter ließ der Geistliche dem Josef von P. eine Warnung überbringen, das Vorhaben auszufüh-
ren, und untersagte zugleich den von Josef mitgebrachten Ar-
beitern das Betreten des Friedhofes. Um ganz sicherzugehen,
beauftragte er weiter den Organisten und den Dorfnachtwäch-
ter, den Friedhof während der Nacht zu bewachen und die zu
abergläubischen Zwecken beabsichtigte Grabschändung zu
verhindern. Der Organist wachte bis ein Uhr nachts, bemerkte
aber nichts Auffallendes. Was der Nachtwächter unternahm,
war später nicht mit Sicherheit aufzuklären.

Jedenfalls gelang dem Josef von P. und seinen Begleitern
während der Nacht das Ausgraben des Sarges des Vaters und
die Trennung des Kopfes vom Rumpf. Die Täter blieben jedoch nicht ungestört: Der nahe am Friedhof wohnende Dorf-
krug-Wirt wurde in der Nacht durch heftiges, dumpfes Gepol-
ter vom Friedhof her geweckt, sah dort auch einige Männer
und rief ihnen zu, was sie da machten. Da keine Antwort er-

folgte, ging er mutig auf den Friedhof und auf die Männer zu. Diese ergriffen die Flucht.

Der Wirt fand das Grab des beerdigten Franz v. P. geöffnet, den Sarg bereits halb wieder zugeschüttet. Das Poltern, das er gehört, war durch das Aufschlagen der hart gefrorenen Erdschollen auf den Sarg verursacht worden. Eine bei der Arbeit gebrauchte Hacke lag neben dem Grabe. Als der Pfarrer am frühen Morgen die Nachricht von dem Vorfall erhielt, begab er sich sofort auf den Friedhof und ließ den Sarg wieder bloß legen und öffnen. Der Kopf der Leiche lag abgetrennt mit dem Gesicht nach unten im Fußende des Sarges. Der Sarg wurde wieder geschlossen und das Grab zugeworfen. Die beim Grabe gefundene Hacke nahm der Pfarrer an sich. Der Totengräber erkannte sie als eine der Hacken, die er am Tage vorher bei den Fremden gesehen hatte. Im Lauf des Tages fand auf dem Friedhof sodann die Beisetzung des Anton von P. statt. Der Pfarrer hielt am offenen Grabe den Leidtragenden und den herbeigeeilten Dorfbewohnern das Unsinnige und Gottlose des Vampirglaubens mit heftigen Worten vor und erstattete am folgenden Tage unter Beifügung der Hacke als Beweismittel Anzeige bei der Staatsanwaltschaft gegen Josef von P. und seine Helfer.

Johann Dzigielski gab zu, auch von der Leiche des Anton von P. – wie schon geschildert – den Kopf mittels eines Spatens abgetrennt zu haben. Die Staatsanwaltschaft erhob gegen Josef von Poblocki, Johann Dzigielski und den anderen Arbeiter Anklage aus Paragraf 137 des Preußischen Strafgesetzbuches wegen unbefugter Beschädigung eines Grabes und an demselben verübten beschimpfenden Unfug.

Das Kreisgericht verurteilte im Oktober 1870 demgemäß den Gutsbesitzer Josef von Poblocki und den Arbeitsmann Johann D. zu je vier Monaten Gefängnis, den anderen Arbeiter zu vier Wochen Gefängnis. Die Verurteilten appellierten gegen dieses Urteil an das Appellationsgericht mit der Begründung, sie hätten aus Notwehr zur Rettung des Lebens gehandelt, in der Überzeugung, dass die Verstorbenen Vampire gewesen seien. Aus dieser Überzeugung heraus hätten sie das einzige zur Abwendung des Todes wirksame Mittel angewendet, nämlich das Abschlagen des Kopfes.

Das Appellationsgericht sprach die Angeklagten frei. Auf Nichtigkeitsbeschwerde der Staatsanwaltschaft bestätigte das Obertribunal gemäß seinen schon früher und insbesondere in der Sache Gehrke aufgestellten Richtlinien die Freisprechung.

Außer den Fällen Gehrke und v. Poblocki kamen nach Zeitungsberichten der damaligen Zeit noch bis in das Jahr 1873 in Preußen mehrere Vampirfälle zu gerichtlichen Verhandlungen. Insbesondere wird aus Westpreußen berichtet, dass im Sommer 1873 vor dem Kreisgericht in Schwetz an der Weichsel (Świecie) eine gerichtliche Verhandlung stattfand. Die Frau eines Ziegelarbeiters war gestorben und bald hinterher mit schnellem Kräftezerfall ihre Schwester. Ein Vampir war also am Werke. Der Ehemann der Erstverstorbenen gewann zwei Schwäger und einen Bekannten für das Unternehmen, der Leiche seiner Ehefrau den Vampir auszutreiben. Sie öffneten nachts das Grab und den Sarg und versuchten, mit einem Spaten den Kopf der Leiche abzuschlagen.

Da der Spaten hierbei zerbrach, wurde die Abtrennung des Kopfes mit einer Axt vollendet.

Nach den Berichten wurden die drei wegen Beschädigung eines Grabes zu je einer Woche Gefängnis verurteilt und nahmen dieses Urteil an. Das gerichtliche Urteil ist aber heute nicht zu finden, und der Fall ist auch nicht in den Sammlungen der Entscheidungen der Obersten Gerichte enthalten. In eine höhere Instanz ist also das Urteil des Kreisgerichts Schwetz nicht gelangt.

Die vorhergehenden Freisprechungen Gehrkes und v. Poblockis aber hatten, wie in Zeitungen und Zeitschriften berichtet wird, in weiten Kreisen der Bevölkerung Unruhe erweckt. Man war mit diesen Freisprechungen nicht zufrieden. Es wurde ausgeführt, dass Aberglaube keine Berechtigung zu einer strafbaren Handlung gebe und dass die erfolgten freisprechenden

Urteile als Präzedenzfälle verhängnisvoll seien, da sie einem gräulichen Aberglauben Vorschub leisteten und Handlungen, die aus diesem Aberglauben entsprungen und an sich gesetzlich strafbar seien, als berechtigt anerkennten.

Gründe, die Anklang zu finden geeignet sind, selbst wenn man fragt: Was ist Glaube, was ist Aberglaube? Wo ist die Grenze zwischen ihnen und wo das Merkmal für eine strafrechtliche Berücksichtigung? Glaube und Aberglaube, beide sind etwas Inneres, und ›Aberglaube‹ ist heute nicht mehr, wie oft im Mittelalter, mit schweren Strafen belegt.«

Haben Sie sich gemütlich zurückgelehnt und darüber geschmunzelt, wie komisch die Menschen früher doch waren? Zu Unrecht – im Jahr 2005 wurden die letzten Vampirjäger verurteilt. Dieses Mal wurde das Geschehen sogar gefilmt, und man erkennt auf dem Video, dass die Entvampirisierung im Dorf Marotinul de Sus in Rumänien fast genauso ablief wie in Preußen vor über hundert Jahren.

Der letzte Vampir

Das Ganze begann recht harmlos, als die Dorfbewohner am Weihnachtstag 2003 ihren ehemaligen Lehrer Petre Toma begruben. Man vermutet heute, dass er an Krebs verstorben ist; doch da Toma 76 Jahre alt geworden war, wunderte sich sowieso niemand über seinen Tod. Darum gab es auch keine Untersuchung, die Aufschluss über die genaue Todesursache hätte geben können. Wie gesagt, es vermutete niemand etwas Unnatürliches oder gar einen Mord.

Schon wenige Tage nach der Beerdigung erschien den Mitgliedern der Familie von Gheorge Marinescu der vampirische Geist des toten Lehrers. Auf Nachfrage räumten die Marinescus allerdings ein, dass sie die Gestalt des Vampirs nicht genau erkannt hätten. Doch trotz dieser Unsicherheit bestätigte sich bald, dass es sich beim toten Toma sehr wohl um einen *strigoi* handeln musste, weil die ganze Familie krank wurde. Das Erkranken ist ganz typisch, wenn ein rumänischer Nachzehrer jemanden heimsucht; dieses Wissen war auch in Marinescus Familie von Generation zu Generation weitergegeben worden. »Selbstverständlich wissen alle Mitglieder meiner Familie, woran man Vampire erkennen kann«, erklärte Gheorge.

Allerdings handeln Vampire nicht immer – wie es hier geschah – aus Bosheit. In einem anderen Fall wenige Jahre zuvor war ein Junge gestorben. Auch seine Familie wurde nun schwer krank, dies leuchtete aber allen Beteiligten ein: Er liebte seine Eltern und Geschwister so sehr, dass er sie zu sich ins Grab holen wollte. Wenn der Junge schon nicht zu den Lebenden zurückkehren konnte, dann sollten sie eben ins Reich der (Un-)Toten hinabsteigen. Der Junge handelte also aus überufernder Liebe, nicht aus Hass.

»Wie dem auch sei, in unserem Fall musste ich schnell handeln«, berichtete Gheorge Marinescu. »Wenn wir nichts getan hätten, wären meine Gattin, mein Sohn, meine Schwiegertochter und ich gestorben. Es ist ja nicht so, als hätte ich so etwas noch nie gesehen.«

Im Juli 2004, als die Erkrankung seiner Familie immer weiter fortschritt, trommelte Marinescu fünf – teils entferntere – Verwandte zusammen. Sie enterdigten Toma, zogen die in einem blauen Herrenhemd und schwarzer Schäferkappe gut gekleidete Leiche an eine Wegkreuzung (Symbol des christlichen Kreuzes), schnitten das Herz heraus, veraschten es und nahmen es zu sich. Das hört sich schlimmer an, als es ist: Die Aufnahmen zeigen eine gut erhaltene Leiche, sodass man davon ausgehen kann, dass das Herz nicht völlig ungenießbar gewesen wäre, auch wenn die sechs Verschwörer es nicht zuvor verbrannt hätten.

»Als wir ihn aus dem Grab zogen«, berichtete Marinescu über den vampirisierten Lehrer, »war sein Mund blutbeschmiert. Er stöhnte, als wir seinen Brustkorb mit der Sense

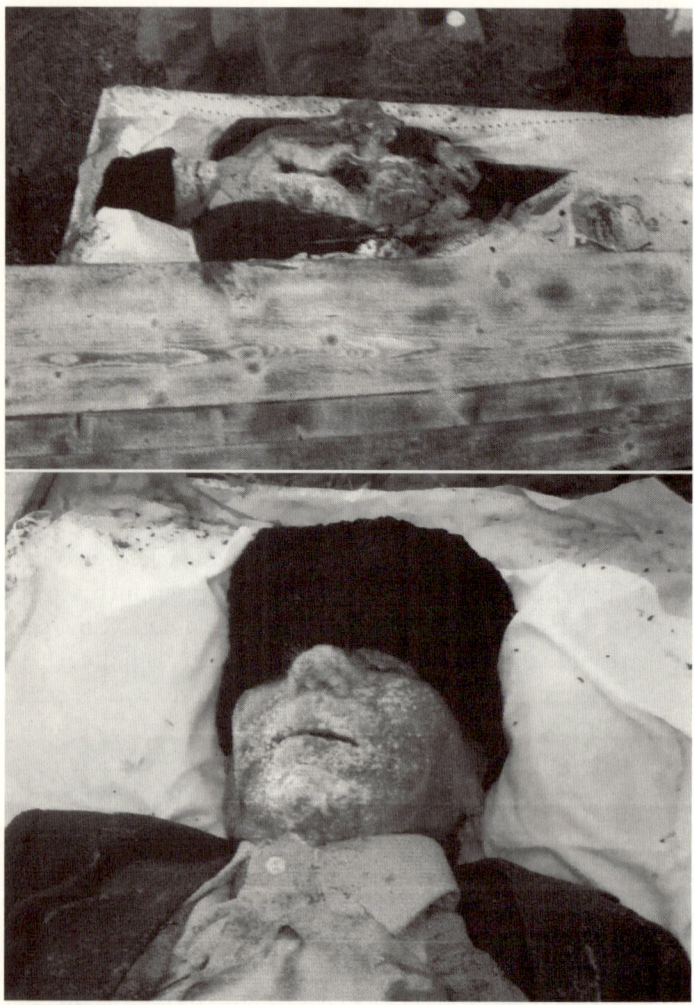

Abb. 9: So sehen »Vampire« aus: Enterdigung von Petre Toma im Juli 2004 in Marotinul de Sus. Deutlich zu erkennen die Vertrocknungserscheinungen (Mumifizierung der Haut) und der Pilzbefall, der nur bei Leichen, aber nicht bei Lebenden (und auch nicht bei Untoten) vorkommt. Man beachte das auf den Sarg gemalte Kreuz, das den »Vampir« allerdings nicht an seinem zerstörerischen Werk hinderte.   (Foto: N. Radu/M. Benecke)

aufschnitten und das Herz herausnahmen. Wir veraschten das Herz, lösten die Asche in Wasser auf und gaben davon allen zu trinken, die krank geworden waren. Sofort ging es ihnen besser – als ob jemand allen Schmerz und alles Siechen von ihnen genommen hätte.

Das Ritual, nach dem wir vorgingen, ist jahrhundertealt. Kein Mensch konnte sich vorstellen, dass das verboten sein sollte. Wir dachten ganz im Gegenteil, wir würden etwas Gutes tun, weil der Geist von Petre uns doch verfolgte und uns um ein Haar getötet hätte. Er war schließlich extra deswegen von den Toten zurückgekehrt! – Jetzt geht es uns jedenfalls allen besser.«

Auch viele andere Dorfmitglieder konnten die Aufregung nicht verstehen, nachdem die Tochter des Toten zur Polizei gegangen war und die Totenruhestörer angezeigt hatte. »Es war vollkommen richtig, dass die sechs Männer der Leiche das Herz entnommen haben«, erklärte beispielsweise Paula Diaconu. »Alle Dorfbewohner waren in Gefahr, und wir wissen nun einmal, wie man die bösen Geister der Toten bekämpft.« Kein Wunder also, dass gelegentlich Herzen entnommen werden müssen, bestätigte auch Domnica Branusci: »Das passiert öfter. Normalerweise macht man aber nicht so ein Theater und verständigt sich mit allen Beteiligten, die Sache auf sich beruhen zu lassen. Es genügt notfalls auch, die Asche in ein Glas Wasser zu streuen und der erkrankten Person einfach so zu verabreichen. Auch wenn er gar nichts von der Asche weiß, wird der Kranke immer gesund.«

Einzig die Polizei freute sich darüber, dass endlich einmal jemand Anzeige erstattet hatte. »Wir wissen natürlich, was die Dorfbewohner so treiben, aber bisher konnten wir nichts machen.« Um ein Exempel zu statuieren, griff das Gericht durch: Alle sechs Grabschänder wurden im Januar 2005 wegen Störung der Totenruhe zu Gefängnisstrafen verurteilt. Die Einlassung, dass es sich bloß um Notwehr »gegen einen bekannten Vampir« gehandelt habe, wollte das Gericht nicht gelten lassen.

Wer die Auffassung des rumänischen Gerichts teilt, stimmt wohl mit Otto Steiner überein, der schon 1956 geschrieben hat:

»Nach mündlichen und brieflichen Berichten treibt im östlichen Mitteleuropa der Vampirwahn auch heute noch ebenso stark wie früher sein abscheuliches Unwesen. Hoffen wir, dass Deutschland verschont bleibt!«

Die rechtlichen Probleme haben sich dabei in den vergangenen Jahrhunderten kaum geändert – ein Untoter ist eben weder ein Mensch noch eine Sache, sodass man im Grunde nur gegen die Grabstätte oder den Friedhof eine Straftat begehen kann. Sollte aber ein strenger Richter die Verhandlung führen und wie in Rumänien eine Haftstrafe in Aussicht stehen, so gibt es nur noch einen Ausweg, den sogar Jurist Steiner zwar unwillig, aber doch immerhin erwägt, nämlich die Ausflucht, man habe das Unrecht wegen einer seelischen Störung nicht erkennen können:

»Hoffentlich bleiben wir für alle Zeit von Vampirwahnwitzigen verschont. Sollte das aber nicht der Fall sein, so werden sie vor Gericht nicht mehr ohne Weiteres mit den Einwänden Gehör finden, sie hätten die Tat nicht als beschimpfend erkannt, sie hätten im Glauben an die Existenz von Vampiren in der Absicht gehandelt, einem geliebten Toten die ewige Ruhe zu verschaffen, nebenbei auch in dem berechtigten Selbstschutz, sich und ihre Angehörigen vor dem Vampir zu retten. Die Täter werden Rechenschaft darüber abzugeben haben, wie sie zu diesen Meinungen gekommen sind.

Heute, in der Zeit der erwachten und gestärkten Vernunft und bei der Erkenntnis der Pflicht zur Heilighaltung der Würde der Toten und ihrer Ruhestätte, werden sie, wenn sie als vernünftige Menschen erscheinen wollen, nicht mit Erfolg in Abrede stellen können, dass das Abschneiden des Kopfes einer Leiche und das Aufwühlen der Beisetzungsstätte zu einem solchen Zwecke ein schwer beschimpfendes Gepräge hat. Jeder

Mensch weiß das heute oder muss es wissen, und den Vampir-
jägern wird der ihnen obliegende Nachweis, aus einem unver-
schuldeten Irrtum das alles nicht gewusst zu haben, nicht gelingen, und sie müssen daher wegen vorsätzlicher Tat bestraft
werden.

Auch Angst und Furcht vor einem Vampir vermögen vor
dem Gesetz ihr Handeln nicht zu rechtfertigen. Wenn ein solcher Täter sich vor Gericht aber nicht als vernünftiger Mensch,
sondern als unfähig erweisen sollte, das Unerlaubte und das
Beschimpfende seiner Tat einzusehen, dann bleibt als Bestim-
mung des Strafgesetzbuches, auf die er sich berufen kann, nur
der Paragraf 51 (heute § 20/21 StGB: Schuldunfähigkeit; M.B.).
Ein Vampirwahnwitziger, der nicht fähig ist, das Unerlaubte
seines Tuns einzusehen, befindet sich im Reich einer krank-
haften Störung seiner Geistestätigkeit.«

Wenn man bedenkt, wie viele Menschen Mitglied einer Kirche sind, »nur um auf Nummer sicher zu gehen«, wie viele
Schutzengel-Figürchen in den letzten Jahren verkauft wurden,
und wenn man weiß, dass Menschen sich immer noch durch
Wunderheiler am Telefon gesundsprechen lassen und beim
Anblick eines Schornsteinfegers ihren Blusen- oder Hemden-
knopf drehen – dann fragt man sich doch, wie viel Wahnwitz
nicht im Alltag und in den Köpfen von uns allen steckt und
ob man Vampirjäger deswegen nicht einfach streng ermahnen,
letztlich aber von dannen ziehen lassen sollte.

Armin Meiwes und unsere Denkgewohnheiten

Ein ähnlich verdrehtes Denken wie beim Leichenköpfen aus
»Notwehr« steckt in der Geschichte des Kannibalen Armin
Meiwes. Der Kern seiner Handlungen ist Ihnen sicher im Gedächtnis geblieben (der Täter aß eine Internetbekanntschaft
auf), sodass Details hier nicht nötig sind. Stattdessen möchte

ich Ihren Blick auf eine Besonderheit des Falles lenken, die
zeigt, dass wir nicht so aufgeklärt und wissend sind, wie wir
es oft – bedingt auch durch allmächtige Ermittler in Fernseh-
serien – glauben. Meiwes' Handlungen rechtlich einzuordnen
ist im Grunde nicht möglich. Denn wenn es dem Rechtsempfinden auch schnurgerade zuwiderläuft, kann man sich auf
den Standpunkt stellen, dass die Tötung seines Opfers Bernd
Brandes nichts als ein gewaltiges Missverständnis war. Dazu
gleich mehr.

Denn es ist natürlich immer schwierig, den Blick auf gesellschaftlich Randständiges zu lenken und dann mit einer zwangsläufig vorhandenen diesbezüglichen Unerfahren-
heit das dortige Geschehen einzuordnen. Kein gewöhnlicher
Mensch kann beispielsweise den Fall Meiwes mit irgendetwas
vergleichen, das ihm im Alltag begegnet. Das geht Richtern
und Polizisten nicht anders. In ungewöhnlichen Fällen führen
sie die Ermittlungen manchmal aus einem Blickwinkel, der
den Gegebenheiten, Gewohnheiten und Regeln der betreffenden sozialen Gruppe – hier den modernen Kannibalen – nicht
entspricht. Es ist nämlich keineswegs so, dass jeder Kriminalpolizist schon »alles gesehen« haben müsste, und so geht es
eben auch Richtern und Staatsanwälten. Sie müssen jeden
Fall so einordnen, dass er irgendwie anhand geltender Regeln
bewertbar ist. Dass es dabei drunter und drüber gehen kann,
wenn diese Einordnung eben nicht möglich ist, zeigt der Fall
Meiwes.

Für Praktiker sind solche Verwirrungen nicht allzu ungewöhnlich: Es gibt im Arbeitsalltag von Strafverteidigern (und
auch bei mir) immer wieder Beispiele dafür, wie die polizeiliche Arbeit durch Denkgewohnheiten erschwert wird. Als der
Gebrauch der Partydroge Ecstasy Ende der 1990er-Jahre auf
einen Schlag zunahm, lachten sich die Jugendlichen über die
hilflosen Versuche der Ermittler kaputt, sich in die Discos ein-
zuschleusen. Den Kids gelang es sofort, die in ihren Augen
merkwürdig angezogenen und sprechenden Partygäste zu ent-

tarnen. Es fehlte eben der Einblick in die Denkweise der jungen Drogenbenutzer, die Ecstasy für eine handhabbare Gebrauchssubstanz hielten und nicht verstehen konnten, warum sich Erwachsene darüber aufregten.

Der Strafverteidiger Rolf Bossi berichtet von einem weiteren Fall, in dem Denkgewohnheiten hart aufeinanderprallen. Einer seiner Mandanten hatte bei Sexspielchen, zu denen die beiden gerne eine geladene Waffe verwendeten, aus Versehen seine Ehefrau erschossen (vgl. »Mord oder Liebe«, S. 48 ff. im vorliegenden Buch). Obwohl kein beweisbares Mordmerkmal vorlag (es handelte sich weder um Heimtücke, Mordlust, Habgier, Grausamkeit oder Verdeckung einer anderen Straftat), wurde der Mann wegen Mordes verurteilt. Unser Alltagsverstand sagt dazu: »Recht so! Wer weiß, ob es nicht doch eine absichtliche Tat, also ein Mord war? Es war ja schließlich niemand dabei!«

Doch so funktioniert unser Recht nicht. Entweder kann nachgewiesen werden, dass ein Mordmerkmal vorliegt, oder der Richter muss einen Unfall oder schlimmstenfalls Totschlag annehmen. Denn was man nicht beweisen kann, darf auch nicht als bewiesen gelten. Und in aller Augen berechtigte *Gefühle* gegen einen Täter, den wir sozial nicht verstehen, dürfen kein Grund dafür sein, die *Tatsachen* so lange zu drehen, bis aus einem möglichen Unfall ein Mord geworden ist. Den folgenden Fall habe ich gewählt, weil der Täter wohl bei keinem Leser Sympathiepunkte machen kann. Aber denken Sie daran: Vor Gericht geht es nicht darum, wer es wegen seines Lebenswandels »verdient« hat, ins Gefängnis zu kommen. Das Urteil darf nur berücksichtigen, was bewiesen ist. Wenn nicht genügend Tatsachen ans Licht kommen, muss sich die Waage eigentlich zugunsten des Angeklagten neigen – egal, ob er ein Fiesling ist oder nicht. Bevor ich zum Fall Meiwes komme, hier also gleichsam zum geistigen Warmwerden der Fall mit der Erschießung bei Sexspielchen. Entscheiden Sie selbst, was Sie glauben möchten und was nicht …

Mord oder Liebe?

Der Täter heißt Josef Peters. Er hatte nach seinem Hauptschul-
abschluss eine Ausbildung zum Fliesenleger gemacht und
lebte als Jugendlicher zeitweise im Heim. Eine Familie gründete er nicht.

Mit vierunddreißig wird Peters berufsunfähig und erhält
deshalb eine Rente von fünfhundert Euro. Diese wird ihm
allerdings später wieder gestrichen, und er entscheidet sich
fortan gegen jede legale Arbeit, die ihm angeboten wird. Stattdessen nimmt er schwarz Aufträge an. »Er ist das«, sagt sein
späterer Rechtsanwalt Rolf Bossi über Peters, »was man ge-
meinhin einen einfachen Mann nennt.«

Obwohl Peters' Freunde ihn als »guten Kumpel« beschreiben, sammelt der Mann bis 1989 vier Bewährungs- und Geld-
strafen, zunächst wegen Ungehorsam gegen den Vorgesetzten
(Bundeswehr), dann aber aufsteigend wegen Trunkenheit im
Verkehr, Beleidigung und zuletzt wegen gefährlicher Körper-
verletzung und unerlaubten Waffenbesitzes.

Peters hat stets mehrere Freundinnen und gibt das auch zu.
Als sich eine von ihnen 1985 von ihm trennen will, dreht er
durch, verprügelt sie brutal und zwingt sie zum Sex.

Eine seiner Geliebten ist Paola Santini, mit der er nicht nur
eine Tochter hat, sondern die ihm auch die Kleidung wäscht
und damit seine »Hauptfrau« darstellt. Dass Peters Affären
hat, weiß sie. Pro forma mietet er einen Garten mit Laube; die
Hütte gibt er beim Meldeamt als seine Wohnadresse an. Tatsächlich lebt er aber meist bei Frau Santini oder ist auf Mon-
tage.

Als Frau Santini im August 1995 mit der gemeinsamen Tochter zum Gartenhaus fährt, erwischt sie dort Peters mit einer
Geliebten und wird von ihm samt Tochter einfach hinausge-
worfen. Frau Santini soll nach Aussage ihrer Schwester erst
an diesem Abend – also nach fünfzehn Jahren Beziehungs-
theater – beschlossen haben, ihren Lebensgefährten zu verlas-

sen. Die Tochter bestreitet das allerdings bis heute. Was genau Frau Santini gesagt hat, ist aber im Grunde nur von geringem Gewicht, denn das ständige Hin und Her gehört bei der losen Familie Santini/Peters ja zum Alltag. Leider bekommt die Aussage der Tochter vor Gericht noch unerwartete Bedeutung.

Etwa einen Monat später, im September 1995, arbeitet Peters tagsüber im Gartenhaus und trinkt dabei einen halben Kasten Bier leer. Aus irgendeinem Grund ruft er spätabends bei Frau Santini an und fordert sie auf, zu ihm zu kommen. Das Gericht nahm in der ersten Verhandlung an, dass Peters in dieser Nacht eine Aussprache wünschte. Peters selbst sagt, er habe Frau Santini eingeladen, um einen neu eingebauten Kamin im Gartenhäuschen anzusehen.

Frau Santini kommt gegen dreiundzwanzig Uhr im Gartenhaus an, »hübsch geschminkt und zudem in ein sehr apartes kleines Schwarzes gewandet«, wie Anwalt Bossi berichtet. Zuvor ruft sie die gemeinsame Tochter an und sagt ihr, dass sie über Nacht bei Peters im Gartenhaus bleiben wird.

Die nun folgende Schilderung beruht allein auf den Angaben von Peters, denn Frau Santini wird den nächsten Morgen nicht mehr erleben. Man habe, so Peters, nach einigen Vorspielereien beschlossen, sich unters Dach zu begeben, wo ein Matratzenlager eingerichtet war. Dort sollte sexuell einmal »etwas anderes« stattfinden – er habe Frau Santini daher vorgeschlagen, sie mit Handschellen zu fesseln.

Sie stimmt zu. Doch als Peters zu seinem Colt-Revolver greift, um das Spiel noch spannender zu machen, löst sich ein Schuss. Angeblich soll sich der Hahn zuvor zufällig gespannt haben, während Peters die spielerische Bedrohung seiner Freundin durch Gefummel und Gefuchtel aufbaute und dabei auch am Colt herumspielte. Warum die Waffe überhaupt geladen gewesen sei, erklärte Peters damit, dass er bei einem Einbruch den Bösewichten besonders schnell Beine machen wollte. »Man kann die Waffe ja nicht laden, wenn die Einbrecher schon da sind«, erklärte er.

Um halb drei Uhr nachts ruft er die Polizei an mit der Bitte, einen Rettungswagen vorbeizuschicken. Als der erste Wagen eintrifft, ist aber außer dem wild kläffenden Schäferhund von Peters nichts zu sehen. Erst als weitere Streifenwagen und der Notarzt das Gartenhaus erreichen, kommt der Mann heraus. Er soll sehr gezittert und davon gesprochen haben, im Spiel aus Versehen »seine Frau« erschossen zu haben. Abweichend von seinen späteren Aussagen behauptet er in dieser Nacht, er habe nicht gewusst, dass die Waffe geladen war.

Weil keine Fluchtgefahr besteht, wird Peters nach sieben Wochen U-Haft auf »freien« Fuß gesetzt. Die Anklage lautet auf fahrlässige Tötung – nicht auf Mord.

In der ersten Verhandlung urteilt das Gericht so, wie es die Oberstaatsanwältin auch beantragt hatte: zwei Jahre auf Bewährung. Die Urteilsbegründung steht mit dem Geständnis von Peters in Einklang: Es sei vorstellbar, dass der Täter im Moment des tödlichen Schusses wirklich vergessen habe, dass der Colt geladen war. Wenn es aber so sei, dass also bloß ein dummes Sexspiel schiefgegangen sei, dann habe er seine Lebensgefährtin nicht mit Absicht umgebracht. Mangels Vorsatz könnte es sich also weder um Mord noch um Totschlag handeln.

Mit dieser logischen, wenngleich für Laien empörenden Begründung kam Peters im März 1996 »frei«. Er war zwar zu einer zweijährigen Strafe wegen fahrlässiger Tötung verurteilt worden, aber die Öffentlichkeit sah nur, dass Peters nicht ins Gefängnis musste. Man sieht einem verurteilten Menschen nun mal nicht an, dass er in Wirklichkeit unter Bewährung steht, wenn er »frei« herumläuft. Dass Peters das durfte, leuchtete kaum jemandem ein. Selbst sein späterer Anwalt Bossi räumt ein, dass das Gericht zugunsten des Volksempfindens besser eine höhere Strafe hätte wählen sollen. Die höhere Strafe hätte nämlich nicht mehr zur Bewährung ausgesetzt werden können. »Peters wäre dann wenigstens für zwei oder drei Jahre ins Gefängnis gewandert«, so Bossi. »Das hätte durchaus der Schwere seiner Schuld entsprochen.«

Mehr als alle anderen Prozessbeteiligten konnte der Bruder des Opfers das Urteil so nicht akzeptieren. Er war Nebenkläger und konnte nicht einsehen, dass der Mann, der seine Schwester erschossen hatte, nur wenige Wochen in U-Haft gesessen hatte und nun »frei« aus dem Gerichtssaal spazierte. Er focht das Urteil daher an, was bewirkte, dass der Fall beim nächsthöheren Gericht landete. Im Oktober 1996 wurde am Landgericht eine neue Verhandlung eröffnet.

Und nun geschah etwas Merkwürdiges. Die Richter am Landgericht schienen dem Urteil ihrer Vorgänger tatsächlich nicht zu trauen und rollten das Verfahren neu auf. Sie luden erstmals Zeugen sowie einen Waffenexperten und einen Rechtsmediziner.

Unabhängig von den Sachbeweisen bildete sich das Gericht vor allem eine ganz neue Meinung über die Motive von Peters. Da er einerseits abgestritten hatte, dass er wusste, dass die Waffe geladen war, später aber genau das zugab, witterte man Böswilligkeit. Warum hatte es überdies so lange gedauert, bis Peters nach Eintreffen der Polizei endlich aus dem Gartenhaus kam? Hatte er Zeit gebraucht, um Spuren zu verwischen?

Und hatten sich Opfer und Täter in den letzten Jahren nicht tatsächlich sehr oft gestritten? Wie konnte die Mutter in so einer aufgewühlten Trennungssituation beschlossen haben, über Nacht bei ihrem als kleinkariert und aufbrausend bekannten Lebensgefährten im Gartenhaus zu übernachten?

Da nun also in den Köpfen und auf dem Papier der zuvor abgeschmetterte Verdacht dringender wird, dass Peters seine Lebensgefährtin in eine Falle gelockt und mit Absicht erschossen hat, wandert das Verfahren vor die Große Strafkammer. Zum ersten Mal ergeht nun, im Januar 1998, auch ein Haftbefehl.

Und weil eine ehemalige Freundin von Peters auch weitere sehr unangenehme Details über seinen Ausraster aus dem Jahr 1985 schildert, wendet sich das Blatt zunehmend gegen

den Täter. Auch damals hatte er eine Frau sehr brutal geschlagen und mit einer Waffe bedroht, als sie sich von ihm trennen
wollte. Ähnelte das nicht haargenau der Situation im Gartenhaus, die mit dem Tod von Frau Santini endete?

Bossi berichtet:

»Zunächst fast unmerklich beginnt nun auch die Verdre-
hung der Aussage der wichtigsten Entlastungszeugin, nämlich
der von Peters' Tochter Janine. Schon bei der Polizei sagte sie
aus, ihre Mutter habe sie in der Tatnacht, und zwar unmittelbar nach dem Eintreffen bei Peters, angerufen und ihr mitgeteilt, sie werde die Nacht beim Vater verbringen. Das ist eindeutig.

Eine unsichtbare Richterhand verwandelt dieses einzige
Telefonat zwischen Paola Santini und ihrer Tochter in zwei
Anrufe. Im ersten Gespräch soll die Mutter lediglich ihre Ankunft im Gartenhaus vermeldet und dann der Vater kurz mit
seiner Tochter gesprochen haben. Von einer Übernachtung
sei keine Rede gewesen. Erst in einem zweiten Telefonat habe
Paola Santini ihrer Tochter mitgeteilt, sie bleibe über Nacht
beim Vater.

Janine selbst erwähnt das vermeintlich zweite Telefonat
zu keinem Zeitpunkt. Und bei der Telekom liegen natürlich
längst keine Aufzeichnungen mehr vor, die diesen kreativen
Einfall der Richter bestätigen oder widerlegen könnten. Muss
man sich als Verteidiger da nicht pausenlos verzweifelt die
Haare raufen?

Der Angeklagte, mehrere Zeugen, ja sogar die Staatsanwältin versichern einmütig, die Tochter habe stets ausgesagt,
dass die Mutter am Telefon gesagt habe, sie wolle beim Vater
übernachten. Doch die Gerichte wollen diese Tatsache einfach
nicht zur Kenntnis nehmen.

In den Urteilsbegründungen finden sich immer wieder
absurde und verdrehte Versionen der eindeutig entlastenden
Aussage. Aber man kann schlicht nichts dagegen tun. Denn
es gibt ja keine Inhaltsprotokolle der Gerichtsverhandlungen.

Der Richter behauptet, eine Zeugin habe dies und das gesagt. Ich weiß, dass das Gegenteil der Fall war. Trotzdem bleiben die Urteilsgründe die heilige Schrift und als solche unumstößlich. Das ist der Stoff, aus dem Albträume entstehen.«

Und genau so entscheidet das Gericht dann auch. Aus »verletzter Eitelkeit und krasser Selbstsucht« habe Peters mit voller Absicht geschossen. Der Vorsatz allein genügte aber noch nicht für eine Verurteilung wegen Mordes. Wie im Fall Meiwes (vgl. S. 54 bis 59 im vorliegenden Buch) muss auch ein sogenanntes Mordmerkmal, beispielsweise Heimtücke oder Habgier, vorliegen. Hier entschied sich das Gericht für die Annahme, dass Peters die Trennung schon allein deswegen nicht hinnehmen wollte, weil dadurch nicht nur sein gekränktes Selbst, sondern auch seine Wäscheversorgung und der Kontakt zu seiner Tochter gefährdet würden. Das alles ergibt eine »verachtenswerte Gesinnung« und damit eine geplante Tötung, noch dazu aus niederen Beweggründen. In einem Wort: Mord.

Natürlich passt die Annahme, dass es sich um eine Falle gehandelt haben soll, nicht damit zusammen, dass Frau Santini ihrer Tochter am Telefon gesagt hatte, dass sie bei ihrem Lebensgefährten Peters übernachtet. Denn entweder wollte sie bei ihm übernachten und die Beziehung wie üblich mit Sex kitten, oder sie wollte sich trennen, hätte ihm aber kaum an diesem gemeinsamen Abend im schwarzen Kleidchen den Trennungswunsch eröffnet. Oder doch?

Da niemand hier vernünftig entscheiden kann – Vernunft spielte am verhängnisvollen Abend ohnehin keine Rolle –, mussten auch die Verhandlungen vor den beteiligten Gerichten unvernünftig ablaufen. Verteidiger Bossi verbiss sich in die Theorie vom Unfall, das Gericht konnte sich nicht vorstellen, dass es sich hier wirklich um ein Sexspielchen gehandelt haben sollte, und die Staatsanwältin hatte ihre ganz eigenen Probleme. Noch einmal Rolf Bossi:

»Wenigstens verweigerte sich die Staatsanwaltschaft dieser abenteuerlichen Art der Urteilsfindung. Auch vor dem

Schwurgericht wurde die Anklage von der mit dem Fall von Anfang an vertrauten Staatsanwältin Kremer vertreten. Als erfahrene Juristin ließ sie sich durch die Verhandlungsführung des Gerichts nicht beirren.

Standhaft machte sie die tatsächlichen und nicht irgendwelche konstruierten Zeugenaussagen zur Grundlage ihres Plädoyers. Die sich abzeichnende kühle Entschlossenheit der Kammer zur Verhängung einer Maximalstrafe stand für die Staatsanwältin am Ende gar in aufwühlendem Kontrast zur menschlichen Tragik des verhandelten Falles. Den Tränen nah, plädierte sie wie schon im ersten Verfahren auf fahrlässige Tötung. Ein eher seltener Fall in der deutschen Strafjustiz: Einsicht und Milde der Anklage mussten sich einer geradezu absurden Härte des Gerichts beugen.«

Dieser Fall ist einer derjenigen, bei denen die Wahrheit zwar herauskommt, aber niemandem mehr nützt. Denn egal, was an jenem Abend unter dem Dach wirklich geschah: Die Beziehung zwischen Peters und Santini war längst tief zerrüttet. Der Schuss löste endgültig auf, was schon seit Jahren nicht mehr zusammengehörte. Es ist kein Wunder, dass dieser Fall immer einen bitteren Beigeschmack hat und hätte: Eine jedem einleuchtende Erklärung gibt es einfach nicht.

Schlachtung als Spiel

Und damit kommen wir endlich zum Fall Meiwes. Wie schon im vorigen Fall werden die Lebensgewohnheiten des Täters, hier Sadomasochismus (S/M) in einer extremen und schwer zu begreifenden Ausprägung, nicht beziehungsweise falsch verstanden. Obwohl S/M schon seit fast hundert Jahren literarisch und fachlich beschrieben ist, wird diese Spielart der Sexualität in kaum einem populärwissenschaftlichen Werk zur sexuellen Aufklärung erwähnt, geschweige denn bei Tötungsdelikten als ernsthafter Grund der Ereignisse erwogen.

Das Opfer des »Kannibalen von Rotenburg«, Bernd Brandes, war Kunde in sadomasochistischen Studios. Zu den Fantasien, die in S/M-Rollenspielen umgesetzt werden, gehören manchmal auch Schlachtungen und Hinrichtungen. Bei dieser seltenen Ausprägung des S/M ist es üblich, dass die Kunden schriftlich, auf jeden Fall aber mündlich vorab ihre Wünsche im Studio einreichen.

Zum vereinbarten Termin werden diese Anweisungen noch einmal ausführlich zwischen der ausführenden (»aktiven«, »dominanten«) Person und dem Empfänger (»passiv«, »Sub«) abgeklärt. Die besprochenen Drehbücher sind bei Schlachtungen meist hochpräzise. Das soll verhindern, dass der Kunde bei selbst geringen Abweichungen vom Skript »aus der Szene fällt« und somit seelisch und körperlich keine Erfüllung seiner Wünsche findet.

Dazu ein Beispiel aus einem von einem heterosexuellen Kunden verfassten Skript:

»Ich lege dir meine Daumen auf beide Halsschlagadern und drücke langsam zu. Du versuchst dich zu wehren, doch die Fesseln sitzen zu gut. Nach einigen Sekunden wirst du ohnmächtig. Schlaff hängt der schöne, halb nackte Frauenkörper vor mir am Flaschenzug. Es ist mir ein Hochgenuss, dir jetzt auch noch den Slip und BH auszuziehen.

Und schon jagt der Stromstoß durch deinen schönen Leib. Konvulsivisch zuckst du hoch, zitterst, tanzt wild auf dem Stuhl, wirfst ihn fast um, schlägst mit dem Kopf vor und zurück und reißt an den Fesseln. Diesmal halte ich den Strom fast fünfzehn Sekunden aufrecht. Endlich schaltet der Strom ab. Du brichst zusammen.

Spucke läuft aus dem Mundwinkel über das Kinn (ruhig viel laufen lassen) und tropft auf die Brüste.«

Die Umsetzung solcher Fantasien ist insofern ungefährlich, als die Fesselungen meist nur angedeutet und die Stromstöße – wenn überhaupt – nur mit schwächster Elektrizität ausgeführt werden. Werden etwa bei »Schlachtungen« anfangs tatsächlich gefährliche Gegenstände ins Spiel gebracht, so tauscht der/die Handelnde diese im entscheidenden Moment gegen harmlose Gegenstände aus Plastik, stumpfem Metall und so weiter aus.

Ein sehr scharfes Ausbeinmesser wird beispielsweise – für das Opfer unbemerkt – durch ein Metalllineal ersetzt, oder die Haut wird statt mit einem Messer mit einer stumpfen Nähnadel »aufgeschnitten«, statt Blut fließt irgendeine angewärmte, gegebenenfalls zähe Flüssigkeit und so weiter. Im Grunde handelt es sich bei kommerziell angebotenen S/M-Leistungen also um eine Mischung aus psychischer und körperlicher Manipulation, Schauspiel, Illusionskunst und Tricktechnik, die von meist aus eigener Erfahrung gespeisten Erlebnissen unterfüttert wird. Es läuft also in erster Linie Kopfkino ab.

Im privaten Bereich finden sich hin und wieder aber auch gefährlichere Ausführungen der Spielszenen, bei denen beispielsweise Messer zur Erhöhung des Nervenkitzels bewusst nicht ausgetauscht werden und die Tötung zumindest technisch in den Bereich des Möglichen rückt *(knife play)*, auch wenn sie natürlich nicht zur Diskussion steht.

Um dennoch Verletzungen vorzubeugen beziehungsweise die psychische Kraft des Empfängers nicht zu überfordern, gelten bei S/M-Aktivitäten weltweit zwei grundsätzliche und streng befolgte Regeln:

1. Alle Abläufe, egal, wie eigentümlich sie Außenstehenden erscheinen, müssen bei geistiger und körperlicher Gesundheit in völligem Einvernehmen *(safe, sane and consensual)* stattfinden. Dabei spielt es keine Rolle, wie die Handlungen ansonsten gesellschaftlich bewertet werden. Es ist allen Beteiligten klar, dass sie sich in einer Randzone bewegen, die »normalen« Menschen mit anderer Lebensgeschichte und anderen Neigungen nicht vermittelbar ist.

2. Es gibt ein Abbruchwort *(safe word*; oft ganz simpel »Stopp« oder »Käsekuchen«), dessen Aussprechen den sofortigen Abbruch der Handlungen bewirkt.

Selbst wenn ein Abbruchwort nicht vereinbart ist, werden S/M-erfahrene Personen niemals die Grenzen des für den anderen Erträglichen überschreiten. Insbesondere Tötungswünsche oder der Wunsch nach Genitalamputation werden ausnahmslos nicht wörtlich genommen, sondern als Teil des vor allem in der Fantasie stattfindenden Rollenspiels verstanden.

Tötung auf Verlangen?

Bei Schlachtungsszenen und Hinrichtungen besteht im hier besprochenen Umfeld das Problem, dass »Erbarmungslosigkeit« ein Teil des vereinbarten Ablaufes ist. Anders als bei anderen S/M-Handlungen (Schläge, Peitschen, Einsperren und so weiter) »möchte« das Opfer »getötet« werden. Es ist sprachlich kaum möglich, diese Szenerie zu durchbrechen, ohne dass das Opfer aus der Rolle fällt, denn dann würde die Grundlage der Szene zusammenbrechen.

Missversteht der aktiv Handelnde (mit oder ohne Absicht) die Anweisung des »Opfers« zur »Tötung« und vollzieht diese wirklich, so kann selbst ein erfahrener passiver S/M-Partner kein Zeichen zum Rücktritt geben – tödliche Verletzungen sind unwiderruflich.

Hinzu kommt eine aus Gewohnheit gespeiste Grauzone, die es endgültig unmöglich macht, einen echten von einem ins Spiel eingebauten Tötungswunsch zu unterscheiden. Uns sind aus den USA Grenzfälle bekannt, in denen »Opfer« im privaten Bereich mit größtem Ernst Genitalamputationen forderten, dies aber letztlich nicht zwingend erwarteten. Kam es aber doch zur Amputation im Rahmen von S/M-Handlungen, stimmten die Opfer diesen verblüffenderweise im Nachhinein zu.

Setzt sich ein aktiv Handelnder hier also keine persönlichen Grenzen und versucht stattdessen, den »Willen« des »Opfers« wörtlich auszulegen, sind Fehlannahmen – zugunsten ebenso wie zuungunsten – des Opfers vorprogrammiert.

In diesem unlösbaren Widerspruch liegt das eigentliche Problem der Tötung von Bernd Brandes. Das gilt besonders, wenn man sich fragt, inwiefern er in seine Schlachtung eingewilligt hat – unabhängig davon, ob man anderen so etwas überhaupt erlauben darf und ob der unbändige Wunsch ihn psychisch verändert hatte.

Und wirklich: In der ersten Urteilsbegründung aus dem Jahr 2004 hat das Gericht ausdrücklich festgestellt, dass Brandes der Tötung zugestimmt hat. Dennoch hat es eine Tötung auf Verlangen verneint. Um diese ungewöhnliche rechtliche Bewertung zu verstehen, muss man die zugrunde liegende Gedankenfolge kriminalistisch in vier Schichten zerlegen:

- Rechtsmedizinisch wurde geprüft, ob dem noch lebenden Opfer tödliche Wunden zugefügt wurden oder ob Brandes beim Zerschneiden bereits verstorben war. Das sollte grundsätzlich entscheiden, ob es sich überhaupt um ein Tötungsdelikt handelt.

Da Brandes, wie auch auf dem Videoband der Tat erkennbar ist, am Morgen des 10. März 2001 trotz der Einnahme von überdosierten Schlafmitteln noch lebte, als er die tödlichen Verletzungen erfuhr, liegt ein Tötungsdelikt vor.

- Das Opfer hatte zuvor eindeutig und über längere Zeit den Wunsch nach einer Schlachtung glaubhaft vorgetragen. Darum sah das Gericht Brandes' »formales Einverständnis« in die Tötung als gegeben an. »Brandes wollte die Zähne spüren. Er sah dies als finalen Akt an; der Rest war ihm egal«, sagte Richter Volker Mütze dazu.

- Bei einer Tötung auf Verlangen muss das »ausdrückliche und ernstliche Verlangen des Getöteten zur Tötung« (Gesetzestext) vorliegen. Dieses Verlangen wurde vom Gericht bejaht. Dem Publikum drängte sich nun die bange Frage auf, ob dadurch Straffreiheit entstünde.

Entgegen der allgemein verbreiteten Meinung ist eine Tötung auf Verlangen mit Strafe bedroht. Der gesellschaftliche Grund dafür ist, dass es unmöglich bleiben soll, auf ein Men-

schenrecht – hier: das Leben – zu verzichten. Zwar ist die Straf-
androhung gegenüber Mord und Totschlag gesenkt, liegt aber
immer noch bei einem Freiheitsentzug zwischen sechs Monaten und fünf Jahren.

- Das Gericht schloss eine Tötung auf Verlangen aber dennoch aus, weil Meiwes die Wünsche und Motive des Opfers
egal waren. Er habe mit der Schlachtung nur eigensüchtig
seine persönlichen Ziele verfolgt und nicht in erster Linie die
Wünsche des Opfers umgesetzt. »Es war Meiwes' sehnlichster
Wunsch, jemanden zu schlachten und zu essen. Das war sein
vorherrschender Grund«, so Richter Mütze. Die eigentliche
Tötung habe Meiwes allerdings »nicht gern«, sondern nur als
notwendige Voraussetzung zur eigentlichen Schlachtung begangen.

- Nach Ausschluss einer Tötung auf Verlangen konnte es
sich rechtlich nur noch um Mord oder Totschlag handeln. Am
31. Januar 2004 entschied das Landgericht Kassel auf Totschlag,
da keine Mordmerkmale gegeben seien – weder Heimtücke
noch grausame Begehungsart, weder Verdeckung noch Ermög-
lichen einer anderen Straftat und auch keine Habgier, Befriedigung des Geschlechtstriebs oder »sonstige niedrige Beweg-
gründe«.

Diese für Laien schwer nachvollziehbare Entscheidung begründete das Gericht damit, dass es sich um eine Tat handle,
»deren Motive und Hintergründe sich nicht ohne Weiteres
erschließen« und die rechtlich noch nie bewertet wurde. So
habe Meiwes beispielsweise nicht verächtlich gegen das Opfer
gehandelt, da er »ja einen liebenswerten Menschen in sich aufnehmen wollte«. Ein Handeln auf niedrigster Stufe liege nicht
vor. – Ein liebevoller Totschlag also.

Reaktionen der Subkultur

Selbst in liberalen Publikationen wurde die Verneinung der Mordmerkmale mit Kopfschütteln aufgenommen. Hier ein Beispiel aus der Onlineplattform »Braveboy – Deine schwule Jugendcommunity« vom 31. Januar 2004:

»Sollte es kein niedriger Beweggrund sein, wenn man einen anderen tötet, um ihn hinterher zu zerlegen und sein Fleisch zu essen? Wenn es verwerflich ist, jemanden aus sexueller Lust zu töten, sollte es dann weniger verwerflich sein, ihn zum kulinarischen Genuss abzuschlachten? So wie Armin Meiwes, während er ›in seine Tätigkeit versunken wie ein Kind im Sandkasten‹ vor sich hin brabbelte: ›Der Nächste muss jünger sein und nicht so fett‹ oder ›Wenn du zäh bist, mein Lieber, dann machen wir Frikadellen aus dir‹ oder wie er von dem ›Hochgenuss‹ schwärmte, das lecker zubereitete Menschenfleisch mit einem guten Rotwein an festlich gedeckter Tafel zu genießen.«

Kriminalistische und soziale Bewertung

Bei den modernen Fällen von Kannibalismus, die zwar selten, aber regelmäßig beobachtet werden (vgl. den Fall Denke in meinem Buch *Mordmethoden*, S. 302–324, und Issei, im vorliegenden Buch S. 13–15), handelte es sich bislang immer um Mord. Die Taten fanden zuvor auch nicht im Umfeld von S/M und erst recht nicht im Einvernehmen statt.

Der Fall von Bernd Brandes, der seiner Tötung auch nach Meinung des Gerichts eindeutig zugestimmt hat, ist hingegen kriminalistisch und sozial einmalig und unlösbar. Dass die Schlachtung eines Menschen gesellschaftlich nicht vertretbar ist, versteht sich von selbst. Die juristisch im Januar 2004 auf sehr technische Weise und in einem Ausschlussverfahren vorgenommene Bewertung als Totschlag erzeugte in der Bevölkerung aber ebenfalls Ratlosigkeit.

Folgt man der Gedankenkette des Gerichts, dann wäre die Tat im Grunde ebenso gut als Mord oder Tötung auf Verlangen bewertbar gewesen. Professionelle Anbieter von »Schlachtungen« im S/M-Umfeld legten sich mir gegenüber aber darauf fest, dass es sich in ihrem Umfeld bei einer wirklich vollzogenen Schlachtung *grundsätzlich* um Mord handeln müsse, da der Wille des »Opfers« unmöglich zu erkennen sei. Grund dafür sei, dass »Schlachtungen« und »Hinrichtungen« als Ausnahme zu den sonstigen Gewohnheiten im S/M nicht nur eine völlige »Passivierung« des Opfers, sondern zudem eine durchgehend ernste und niemals erkennbar gebrochene Forderung nach Vollzug der Tötung als Spielregel erforderten.

Tötung als Missverständnis

Da S/M-Handlungen in der Szene entweder als Brücke zur ansonsten verschütteten Sexualität oder nach Simone de Beauvoir als »Heraustreten aus sich selbst, um sich dadurch selbst zu erkennen« gelten, bricht eine tatsächlich ausgeführte Schlachtung immer die Szeneregeln: Ein Toter kann weder über Sexualität verfügen noch aus sich heraustreten. Selbst Angehörige der Subkultur empfinden daher das Einverständnis des Opfers als in der täglichen Wirklichkeit ungültig. Da sprachlich und szenisch bei »Schlachtungen« Spiel von Ernst nicht zu trennen ist, steht eine reale Tötung also niemals zur Diskussion. Sie ist keine freundschaftliche Umsetzung des Wunsches des Opfers, sondern ein Irrtum.

Auch das Landgericht Kassel hat im ersten Verfahren solch ein Missverständnis angedeutet, als es befand, dass es sich um »eine Tat zweier psychisch Kranker handelte, die sich gefunden haben, obwohl sie eigentlich verschiedene Vorstellungen hatten«.

Dass dann im folgenden Verfahren im Jahr 2006 vom Landgericht Frankfurt/Main entschieden wurde, Meiwes habe einen

Mord begangen, zeigt, dass unsere Wahrnehmung an den äußersten gesellschaftlichen Rändern nicht mehr greift. Besonders schwierig ist das bei der Bewertung der Frage, ob Meiwes
möglicherweise unter einem Zwang gestanden hat, der stärker
war als er selbst.

Weil er so vernünftig redete und weil die Tat – wie schon
mehrfach gesagt – jede Vorstellungskraft sprengt, entschied
das Gericht, gestützt auf die Aussagen der befragten Fachleute,
dass Meiwes sehr wohl die Wahl hatte, seine Tat nicht zu begehen.

Das ist ohne rechtskundliche Kenntnisse kaum zu verstehen, wenn man die vernichtende Bewertung liest, die der
Göttinger Gutachter Georg Stolpmann im Jahr 2006 bei der
Verhandlung gegen Meiwes zeichnete. Denn wie kann ein
Mensch einen freien Willen haben, der – so heißt es in Stolp-
manns Aussage – »schwer sexuell und seelisch abartig, kon-
taktgestört, uninteressiert am Leiden anderer, zu Auseinandersetzungen unfähig, persönlichkeitsgespalten und während der
Tat auf dem Niveau eines Tieres« ist? Wenn sich schon ein normaler Mensch mörderisch darüber aufregen kann, dass andere
auf der Autobahn schlecht fahren oder einen Elfer verschießen
und dabei brüllen, gestikulieren und rot anlaufen – wie soll
dann ein so schwer kranker Mann wie Armin Meiwes noch
Kontrolle über sich gehabt haben?

Vielleicht liegt es wirklich daran, dass wir immer noch
nicht genug über die seelische Befindlichkeit von Menschen
am Rand des Randes wissen und daher nicht richtig entscheiden *können*. So erklärt sich wohl auch, warum das erste Urteil gegen Meiwes vom Bundesgerichtshof als »lückenhaft und
widersprüchlich« aufgehoben und zur erneuten Verhandlung
nach Frankfurt verwiesen wurde. Und es würde verständlich
machen, warum auch der bekannteste Sexualforscher Deutschlands, Volkmar Sigusch, der Meinung ist, dass Armin Meiwes
so krank war, dass er sich nicht selbst helfen konnte:

»Armin Meiwes hat etwas getan, was alle Konventionen sprengt. Aber nicht in der Fantasie – hoffentlich hatten wir alle schon einmal ›jemanden zum Fressen gern‹ –, sondern als konkrete Handlung.

Doch die sogenannten Experten, die von Zeitungen auch noch mit falschen Qualifikationen wie ›der Psychiater‹ geschmückt worden sind, kommen zu der Meinung: Dieser Mensch, der einen anderen Menschen getötet hat, um ihn aufzuessen und dadurch sein sexuelles Verlangen zu stillen, dieser Mensch ist seelisch und geistig so gesund, dass er schuldfähig ist, das Ungewöhnliche seines Tuns erkennt und – das ist entscheidend – auch danach handeln kann.

Gerade das aber ist zu bezweifeln. Liegt bei dem Verurteilten beispielsweise eine süchtig-perverse Entwicklung vor, sind Einsichts- und Steuerungsfähigkeit des Handelnden in aller Regel so beeinträchtigt, dass nicht mehr jene seelische Gesundheit angenommen werden kann, welche die sogenannten Gutachter attestiert haben.

Was aber spräche für das Vorliegen einer behandlungsbedürftigen süchtig-perversen Entwicklung? Nach meiner Auffassung liegt eine derartige Entwicklung vor, wenn bei einem Menschen ganz bestimmte psychische Mechanismen und Erlebensweisen so sehr im Vordergrund stehen, dass er ohne sie weder zu einer sexuellen Befriedigung gelangen noch sein Leben ohne innere Leere und Destruktion fristen kann.

Bei der Perversion sind alle Sinne und alle Sensationen der Kindheit wie in einem Fetisch zusammengeschoben. Bei der normalen Sexualität liegt dagegen eine Zerstreuung vor: Haut, Brust, Haare, Gesäß, Ausscheidungen, Stimme, Kleidungsstücke usw. werden mehr oder weniger milde fetischisiert, ohne zum Reiz schlechthin zu werden. Ohne eine gewisse Fetischisierung aber erlischt das Sexualbegehren der Normalen sehr schnell.

Mit dem Zwang zur Manifestation, Sexualisierung und Fetischisierung ist ein süchtiges Erleben verbunden. Wird das perverse Tun unterbunden, kommt es zu Entzugserscheinungen wie beispielsweise psychosomatischen Beschwerden oder einer Depression. Nur wenn der Suchtcharakter des sexuellen Geschehens unübersehbar ist, sollte die Diagnose ›süchtig-perverse Entwicklung‹ gestellt werden. Klinisch ist also das Leitsymptom der Süchtigkeit entscheidend.

Wegen der enormen Lust, die der süchtig Perverse aus seinem Tun zieht, ist seine Motivation, behandelt zu werden, in der Regel schwach. Die Erfolgsaussichten einer Psychotherapie sind entsprechend begrenzt.«

Das heißt also, dass es in Fällen wie diesem an allen Fronten brennt: Es ist einerseits unmöglich zu entscheiden, ob der Täter zwanghaft handelt und also krank ist oder ob er rechtzeitig die Notbremse hätte ziehen können. Es könnte zudem sein, dass das Opfer in die kannibalistische Schlachtung eingewilligt hat, weil das betreffende S/M-Skript nun mal »Gnadenlosigkeit« vorsieht.

Eine vernünftige oder zumindest das Rechtsempfinden befriedigende Bewertung der Tat kann also nicht gefunden werden. Das zeigte sich vor Gericht daran, dass für Meiwes sowohl eine Tötung auf Verlangen, später ein Mord und zwischendurch eine psychische Ausnahmesituation zur Diskussion stand. Dass dabei etwas nicht stimmen kann, ist offenkundig: Nur eine der drei Möglichkeiten kann richtig sein.

Ich habe aus dem Fall Brandes/Meiwes gelernt, dass am Rand des Normalen Gegensätze so dicht beieinanderliegen, dass man sie nicht mehr voneinander trennen kann. Ein gerichtliches Urteil in diesem und vergleichbaren Fällen möchte ich nicht sprechen müssen – denn es hieße für mich unweigerlich: »Im Zweifel für den Angeklagten.« Und bei so vielen Zweifeln bliebe eigentlich nur ein Urteil: Freispruch.

Menschenfresser und Vampirverbrechen gibt es immer

Menschen essen andere Menschen viel häufiger, als es uns
scheint. Dabei handelt es sich nicht um die »Menschenfresser«,
die wir aus den Überlieferungen von Seefahrern – heute von
Volkskundlern – kennen, sondern um handfestes Menschenessen in unserem Kulturkreis, nicht selten auch im deutschsprachigen Europa. Ich möchte Ihnen einige Fälle in chrono-
logischer Abfolge schildern und damit verdeutlichen, dass
weder die Tat von Meiwes noch die der australischen »Vam-
pirverbrecherin« im folgenden Kapitel so weit jenseits der
Vorstellungskraft liegen, wie man meinen könnte. Menschen
wurden schon immer gegessen, wenngleich meist aus Hunger, und der Umgang mit Leichen und Leichenteilen ist gar
nicht so selten, wie das kulturelle Tabu es glauben machen
möchte.

Abb. 10: Der Umgang mit Leichen und Leichenteilen ist weniger ungewöhnlich, als das kulturelle Tabu es glauben macht. Hier zwei benachbarte Meldungen aus der *Bild*-Zeitung vom Oktober 2006.

Die folgende Auswahl ist übrigens nur ein winziger Ausschnitt. Ich war bei der Zusammenstellung selbst verblüfft und hatte von den meisten Fällen noch nie etwas gehört. Meine Mitarbeiterin Tina Baumjohann fragte sich nach wochenlangem Sammeln von Kannibalismusfällen sogar selbst, wie Menschenfleisch wohl schmecken würde.

Wundern Sie sich bitte nicht über die Kürze der ältesten Falldarstellungen – Buchseiten waren früher knapp, und wenn Michael Kirchschlager (siehe Literaturhinweise am Ende dieses Buches) sie nicht gerettet hätte, würden wir von mehreren der uralten Fälle überhaupt nichts mehr wissen.

Wendigo

Diese Figur ist ein Menschenfresser aus der Gegend des heutigen Nord-Kanada. Obwohl er eine Sagengestalt ist, sind seine Wurzeln sehr wirklich: Windigowak sind in Wahrheit Menschen, die in der Kälte gefangen wurden und ihre Mitstreiter essen mussten, um nicht zu verhungern. Ein genau dokumentierter Fall (Flugzeugabsturz) mit vielen ähnlichen Merkmalen wie beim Wendigo folgt auf Seite 107 bis 112.

Zu einem Wendigo-Geist (Windigo, Wiindigoo) wird nach Überlieferung der nordamerikanischen Anishinabeg-Indianer, wer Menschenfleisch isst. Das so entstehende Ungetüm hat oft keine Zehen, ernährt sich bei Mangel an Menschenfleisch von Moos und verfolgt einsame Wanderer. Sein Herz ist aus Eis, und wer einen Wendigo töten will, muss dessen Herz zum Schmelzen bringen.

Im angloamerikanischen Raum ist die Geschichte viel besser bekannt als bei uns. Es gibt Gedichte, Kurzgeschichten und sogar zwei Spielfilme – *Ravenous* (1999) und *Wendigo* (2001) – zum Thema. In *Ravenous* taucht der Wendigo nicht als Geist auf, stattdessen werden Soldaten im Jahr 1847 auf einem einsamen Außenposten in Nordamerika von der Sucht nach Menschenfleisch befallen. Dadurch werden sie stark, schnell und kaum verletzlich – eben wie die monströsen Geschöpfe. Dazu berichtete mir Frater Mordor, der sich mit den Randbereichen der menschlichen Welt beschäftigt:

»Die Geschöpfe waren bei den nordamerikanischen Indianern Wesen der einsamen Wälder. Teilweise wurden sie auch als Götter oder eben Geister angesehen.

Die Windigowak trieben Verirrte weiter in die Irre und den Wahnsinn. Sie waren immer hinter oder in der Nähe derer, die sich verirrt hatten, man konnte sie fühlen, manchmal hören, aber nie sehen. Dieser dauernde Druck, beobachtet zu werden, trieb einen in Angst, Panik und schließlich Wahnsinn, und erst dann kam der Wendigo, um sein Opfer zu holen.

Es hieß, Windigowak wären sehr groß, aber auch so dünn, dass sie, von der Seite betrachtet, nicht gesehen werden könnten … Sie wurden auch die ›Sturmreiter‹ genannt.

Das Buch *Das Mädchen* von Stephen King handelt von einem Wendigo, auch wenn in dem Buch dieser Name nicht erwähnt wird.

Aber das ist eben der mythische Teil der Geschichte. Der Film *Ravenous* handelt von der anderen Seite des Wendigo: Menschen, die durch das Essen von menschlichem Fleisch zu übermächtigen Windigowak werden.

In der Subkultur kennt man sie auch als ›Shifter‹, als imaginäre Gestaltenwandler und Tiermenschen wie auch als Werwölfe und andere Werwesen. Dabei werden sie aber eher romantisiert.

In ihrer ursprünglichen Form sind sie gespensterähnliche Wesen mit einem Herz aus Eis … Manchmal werden sie auch als raubtierhaftes Wesen beschrieben, teilweise einem Bären oder einer Katze ähnelnd, mit überaus langen Fangzähnen und Klauen. Ebenso wird aber auch von einer vollkommenen Andersartigkeit in Aussehen und Gestalt berichtet.

In den Mythen können sie zu Schatten werden, aber auch

menschliche Form annehmen (wessen sie sich auch häufig bedienen). In menschlicher Form sollen sie durch rötlich glänzende Augen gekennzeichnet sein. Ihre Stimme kann leise sein wie ein Flüstern, aber auch tosend wie ein Tornado.

Sie werden von einem unstillbaren Hunger getrieben, den sie am ehesten mit dem angsterfüllten Fleisch eines Menschen zu besänftigen vermögen.

Die Darstellung des Wendigo ist sehr unterschiedlich. So berichten einige Sagen davon, seine Füße seien tierähnlich, andere sagen, er besäße nur einen Zeh. In wieder anderen soll er kaum von einem Menschen zu unterscheiden sein.

Oft wird er auch als Windigo bezeichnet, andere gebräuchliche Namen sind Atcen und Kokodjo. Die wahrscheinlich ursprünglichste indianische Bezeichnung ist ›Witiko‹, was so viel heißt wie ›Er, der allein lebt‹.

Es gab mehrere Wege, wie ein Mensch zu einem Wendigo werden konnte. Einer bestand darin, im Traum von einem Wendigo beim Namen gerufen zu werden oder gar zu träumen, man sei ein Wendigo. Ebenso konnte man aber auch in der Einsamkeit eines Waldes, verirrt, von einem Wendigo beim Namen gerufen werden (anstatt gefressen zu werden). Und man konnte von einem Schamanen verflucht werden und so den Pfad des Wendigo beschreiten. Gleichfalls gab es auch ein Verwandlungsritual für diejenigen, die sich dem Zwielicht zuwenden wollten.

Und dann natürlich das Essen von Menschenfleisch, das einen verwandelte und zum Wendigo machte. Durch diese Sünde veränderte man sich zu einem Wesen, das kaum verletzt werden konnte, stärker und schneller war und getrieben von einem Hunger auf das Leben.

Aber es gibt auch Sagen, in denen ein Wendigo geheilt wurde, so beispielsweise durch das Einflößen von heißem Talg, der das Herz aus Eis zum Schmelzen brachte.

Eine der wenigen Möglichkeiten, einen Wendigo zu besiegen und zu töten, besteht darin, selbst zu einem Wendigo zu werden und mit ihm zu kämpfen.

Aber man muss achtgeben: Selbst wenn man den Wendigo getötet hat, besteht die Gefahr, dass man selbst für immer ein Wendigo bleibt.«

Sogar in Marvel-Comics taucht die Figur als verfluchtes Opfer in der kanadischen Kälte auf und kämpft unter anderem gegen den Hulk. Mehrere Autoren haben die Figur in ihren Geschichten benutzt, beispielsweise H. P. Lovecraft in seinem Cthulhu-Mythos. Dort heißt der Wendigo Ithaqua oder Windwalker.

Auch der *Friedhof der Kuscheltiere* von Stephen King bezieht sich auf den Wendigo: Unter der letzten Ruhestätte für Haustiere liegt eine von einem Wendigo verfluchte, alte Grabanlage. Das ist der Grund, warum die kuscheligen Hausgenossen wiederauferstehen, wenn sie dort begraben werden – in unschönem Zustand und ohne Herz.

Es handelt sich in allen Versionen immer um eine Figur, die in kalten Gegenden, vor allem in Nordamerika einschließlich Alaska, lebt beziehungsweise umhergeistert. Oft ist sie schneeweiß gefärbt. Um die Wende zum 20. Jahrhundert wurde ein Wendigo mehrfach im nördlichen Minnesota beobachtet. Nach jeder Sichtung des Wesens kam es zu einem unerklärlichen Todesfall.

Eines ist allen Geschichten gemeinsam: das Motiv der Kälte. Ein eiskaltes Herz, abgefrorene Körperteile, das Essen von Moos und das bleiche Aussehen deuten auf einen Menschen hin, der mit Mühe und Not von einer Reise in die Kälte zurückgekehrt ist. Denn ist man in der Wirklichkeit genügend eingeschneit, dann hilft gegen das Verhungern nur noch das Verspeisen der verstorbenen Teammitglieder – oder, allerdings weit weniger wahrscheinlich, vorbeiziehender Wanderer. Dass diese Erfahrung den nun zum Menschenfresser mutierten Menschen (auch Frauen können Windigowak werden) bis zu seiner Rückkehr wahlweise zum ausgeklinkten »Monster« oder zu einer an der Bedrohung innerlich gewachsenen Person

macht, ist mehrfach bezeugt: Vergleiche erneut den Flugzeugabsturz in den Anden (siehe in diesem Buch S. 107–112): Einige
der Überlebenden wurden erfolgreiche Geschäftsleute, andere
verfielen dem Suff.

Und damit sind wir wieder in der Wirklichkeit – und bei
den versprochenen Fallberichten.

Ein geistig kranker Kannibale (1555)

Im August 1555 teilte ein Mann aus der Nähe von Aldendorf
in Hessen seiner Frau mit, dass er sie aufessen wolle. Da seine
Frau die Bitte – Originalton – »freundlich« ablehnte, nahm
der Mann stattdessen das gemeinsame Kind aus der Wiege und
hackte ihm ein Bein ab. Dieses brachte er der Mutter (also seiner Frau, die er gerade noch aufessen wollte) und bat sie, das
Kinderbein für ihn als Mahlzeit zuzubereiten.

So knapp der Fall auch nur überliefert ist, man ist damals
wie heute geneigt, eine geistige Störung zu vermuten. Doch
das lässt sich nicht immer so einfach sagen, denn es gibt auch
Mischformen aus Hunger und geistiger Störung, die zu Kannibalismus führen. Das zeigt der folgende Fall.

Das Gattenmahl (1562)

Im Jahr 1562 erschlug eine Frau in der Nähe des Städtchens
Zeitz im heutigen Sachsen-Anhalt ihren Mann. Dazu benutzte
sie einen Holzknüppel, den sie ihm nachts über den Schädel
zog. Sie zerhackte das Opfer, bis sie grobe Fleischstücke erhielt. Kopf, Hände und Füße ihres Gatten kochte sie in einem
Kessel aus; die anderen Körperteile hängte sie »an Haken und
Spießen« über den Kamin in den Schornstein. Dort wollte sie
das Fleisch durch Räuchern mit schwelendem, feuchtem Stroh
haltbar machen.

Keine gute Idee. Denn »als man den unfreundlichen Rauch und Dampf wahrnahm«, teilt der alte Bericht mit, »wurde die Frau gefangen und später mit glühenden Zangen gerissen und auf ein Rad gelegt«.

Kurz vor der Hinrichtung wurde sie gefragt, warum sie ihren Mann getötet und geräuchert habe. Sie sagte, dass er fremdgegangen sei und man alle, die so etwas täten, »ebenso behandeln«, also töten, sollte. Der damalige Berichterstatter glaubte der Frau diesen Mordgrund allerdings nicht: »Jedermann im Ort wusste«, so schreibt er über den Ehemann, »dass er ein frommer und stiller Mann war.«

Es bleibt in diesem Fall also unklar, ob Bosheit, Hunger oder Zorn das Fass zum Überlaufen und den Mann als Räucherfleisch in den Kamin brachten. Möglich ist eine Mischung der Motive.

In den folgenden Fallbeschreibungen ist es erwiesenermaßen Hunger, der die Menschen zu Kannibalen machte.

Hungersnot und Mordlust

1638 kam es, unter anderem wegen des Dreißigjährigen Krieges, in Teilen des heutigen Deutschlands zu sehr starken Preiserhöhungen und einer schlimmen Hungersnot, in deren Verlauf sich Menschen aufaßen. Trotz der unbestreitbaren Not wurden diese Fälle polizeilich verfolgt.

So übernachtete beispielsweise ein angehender Schmied beim Metzger-Ehepaar Schicke in Hettstedt. Die nachweislich hungrigen Wirte töteten ihren Gast umgehend, zerschnitten seinen Körper, salzten die Teile in einem Fass ein und aßen die haltbar gemachten Fleischstücke nach und nach auf.

Als das Metzgerpaar den Kopf der Leiche außerhalb der Stadt auf einem Feld verscharren wollte, begegneten ihm mehrere Reiter. Da der Schädel in einem Korb lag, konnten die Reiter das grausige Gut von oben sehen – sie kassierten

den abgeschnittenen Kopf ein und brachten ihn zum Stadt-
rat. Der ließ den Fleischhauer samt Frau festnehmen und
nach einigem Hin und Her am 6. Februar 1639 ins Ratsge-
fängnis werfen.

Sowohl der Metzger als auch seine Gattin verteidigten sich
clever. Ihr Gast sei an einer natürlichen Todesursache gestorben, und erst danach hätten sie den Plan gefasst, den Mann zu
essen. Das glaubte man den beiden aber nicht. Sie wurden daher gefoltert, was seinerzeit ein übliches Mittel war, um eine
auch vor Gericht verwertbare Aussage zu erhalten. (Heute ist
es nicht mehr erlaubt, Aussagen vor Gericht zu verwenden, die
unter Folter erhalten wurden.)

Für die gesetzlich erlaubte Art von Folter gab es Vorschriften. Die Prozedur begann meist mit dem Zeigen der Folterinstrumente, etwa der Daumenschraube. Da das Metzger-Ehepaar aber trotz Zeigens der Schmerzen erzeugenden Geräte
nicht zugab, den Schmied getötet zu haben, wurden sie zuletzt auch verwendet. Das konnten die beiden »wegen großer
Mattigkeit nicht aushalten« – einige Tage später starben sie im
Gefängnis an den Folgen der Folter.

Morde wie diese gab es früher öfter. Sie wurden aber nicht
immer verfolgt und bestraft. In Meiningen wurden beispielsweise im Jahr 1637 mehrfach hungernde Menschen angetrof-
fen, die zusammen mit Hunden die am Boden liegenden Leichen von schon Verhungerten aufaßen.

Die menschenfressenden Meininger hatten zuvor versucht,
sich mit Kleie, Unkraut, gemahlenen Eicheln und Gras zu er-
nähren, indem sie aus diesen Zutaten Brot oder Brei herstell-
ten. Teils versuchten sie auch, das Gras in Fett zu braten und so
regelrecht zuzubereiten. Salz war aber zu dieser Zeit überhaupt
nicht aufzutreiben, sodass die Mahlzeiten nicht nur kärglich,
sondern auch ohne Geschmack waren.

Vergleichbares ereignete sich in Litauen. Dort herrschte
im Frühjahr 1657 besonders in den ländlichen Regionen eine
schwere Hungersnot. Es wurde so schlimm, dass laut altem

Bericht »die allerbesten Freunde um eines Stücklein Brot willen einander umbrachten«. Eltern schlachteten sogar ihre Kinder und aßen sie auf.

Einige Menschen in Litauen fanden an diesem aus der Not geborenen Morden aber Gefallen. Beispielsweise war ein Adliger nach einiger Zeit »das Menschenfleisch so gewöhnt, dass er die Leute auf der Straße niederschoss und deren Körper zur Speise gebrauchte«. Dieser Mann wurde zuletzt also aus Bequemlichkeit oder Mordlust zum Täter – und nicht aus Hunger. Im Haus des Mannes fand man bei der Durchsuchung eine halbe Leiche und »teils in Töpfen gekochtes, teils an einem Spieß gebratenes« Menschenfleisch. Da der Mann nicht mittellos war, wurde eine Notsituation nicht anerkannt. Er wurde, was bei Adligen selten geschah, hingerichtet.

Selbst von viel früheren Hungersnöten ist das Menschenessen überliefert. In und um Erfurt kam es beispielsweise von 1312 bis 1314 zu einer derartigen Nahrungsmittelknappheit, dass je nach Kräfteverhältnissen die Eltern ihre Kinder aßen – oder umgekehrt.

Aus beißendem Hunger tötete zu dieser Zeit auch der Messerschmied Jonas Düring aus Münster seine Magd. Er und seine Frau aßen sie danach auf. Da der Hunger aber wiederkehrte, nachdem die Magd verzehrt war, stahl Düring nun die Leiche eines hingerichteten Straßen- und Kirchenräubers. Der Diebstahl an sich war nicht weiter schwierig: Die Leiche des Geräderten war zur Abschreckung zur Schau gestellt worden und leicht erreichbar. Am dritten Abend nach der Hinrichtung nahm der Messerschmied die Leiche einfach mit nach Hause und »fraß das dicke Fleisch von dem Armen und sog begierig das Geblüt aus den Armen« (es war wohl eher Fäulnisflüssigkeit, kein reines Blut; M. B.). Die Verzweiflungstat nützte Düring aber nichts – kurz darauf verhungerte er trotzdem.

Gevatter Todt (1673)

Der folgende Fall des Täters Georg Todt ist interessant, weil
sein Menschenmahl mit einer angeblich satanischen Gesinnung in Zusammenhang gebracht wurde. Das ist eine auch
heute noch häufige Reaktion, wenn besonders ungewöhnliche Ereignisse unser Denken herausfordern. Zwar ist es richtig, dass vor allem Menschenherzen lange Zeit von Abergläubischen begehrt wurden. Dass der Teufel persönlich hinter
diesem Verlangen stecken soll, macht das Leben zwar einfacher, weil man dann einen nicht menschlichen Schuldigen
hat. Der eigentlichen Ursache kommt man mit dem Glauben
an Satans Macht aber nicht auf die Spur. Ohnehin – was ist der
Teufel schon mehr als die düster brodelnden Fantasien, die jeder Mensch in sich trägt?

Zur Tat: Am 16. Dezember 1673 ermordete der Hufschmied
Georg Todt in Naumburg seinen Handlanger Samuel Sultze.
Das Opfer war zweiundzwanzig Jahre alt und hatte am Tag des
Mordes in der Scheune gearbeitet. Nach erledigter Arbeit war
Sultze zu seinem Chef in die Küche gegangen, wo er zu Abend
aß und mit Todt plauderte. Die vom Täter vorgegaukelte All-
tagsnormalität wurde hinterher übrigens als gemeine Falle
(Hinterlist) bewertet.

Kaum hatte sich Sultze nach dem Essen zur Ruhe gelegt,
als der Täter dem schlafenden Opfer den Kopf einschlug. Die
Schlafkleidung der Leiche zerriss er »in zwei Stücke«. Dann
zog er der Leiche auf der Vorderseite des Körpers, vom Hals abwärts bis zu den Fußsohlen, die Haut in Streifen ab.

Schließlich löste Todt die Daumen und den Penis des ge-
häuteten Dienstboten ab, um zuletzt sein Herz und die Hälfte
der Leber herauszuschneiden. Die Organe legte er sich unters
Bett und bestreute sie mit Salz; den Rest der Leiche schleppte
er in den Keller und warf Steine darauf.

Das Zerlegen und Beseitigen der Leiche dauerte fast die
ganze Nacht. Trotzdem hatte der zweite Knecht im Haus nichts

von alldem bemerkt. Am nächsten Morgen fragte er also seinen Chef nach dem (längst toten) Samuel, bekam aber nur die Antwort, dass der »mit den Fuhrleuten« nach Leipzig gefahren sei.

Allerdings waren im ganzen Haus Blutflecken zu sehen. Der Täter hatte zwar Asche darauf gestreut, um sie aufzusaugen, das hatte aber nicht viel geholfen. Auf den größten Blutfleck hatte er daher einfach den Hackklotz gestellt. Das kam dem Knecht nun aber doch seltsam vor. Sein Dienstherr musste also eine bessere Geschichte erfinden, um das Blut zu erklären: Samuel habe nachts einer Katze den Schwanz abgehackt. Die blutende Katze sei die Quelle der Spuren gewesen.

Mit dieser gewagten Story ging der Dienstherr in die Wirtschaft und betrank sich erst einmal gründlich. Das war seine letzte Tat in Freiheit: Er wurde noch in der Kneipe festgenommen. Nachdem er seine Tat gestanden hatte, erhängte er sich im Gefängnis.

Warum der Hufschmied es gerade auf das Herz und die Leber seines Opfers abgesehen hatte, blieb unklar. Bei der Hausdurchsuchung war das Herz jedenfalls weder in der Leiche noch unter dem Bett des Täters gefunden worden. Daher folgerte man, dass Todt es wohl gegessen hatte. In der Küche fand man auch noch Kochgeräte samt »etwas brauner Butter« zum Braten.

Neben dem Bett des Täters lag zudem ein angeblich satanisches Buch. Als es später vom Henker verbrannt wurde, gab es »etliche Mal einen Knall wie ein Pistolenschuss«. Das erlaubte dem anwesenden Moralprediger (damals eine normale Tätigkeitsbezeichnung, keine Beschimpfung) den Hinweis, dass der teuflische Einfluss des etwa zwanzig Zentimeter hohen Buches nun, nämlich durch das Knallen, bewiesen sei.

Da der Täter wohl schwerer Alkoholiker gewesen war, könnte es viele mögliche Motive – besonders eine krankhafte, geistige Veränderung – für seine Tat gegeben haben. Knackende Feuer habe ich jedenfalls schon öfter gehört, und die Stimmung, die

seinerzeit davon ausging, eignete sich eher zum Herzenbre-
chen als zum Herzenfressen.

Piratenhunger (1684/85)

Der Pirat, den Johnny Depp in *Fluch der Karibik* so wunder-
bar verkörpert, ist stark an Henry Morgan, den echten Fluch
der Karibik, angelehnt. Mit einem Kaperbrief der englischen
Krone plünderte Morgan die Spanier in einem Ausmaß, das
zumindest mir Schauder über den Rücken jagt.

Morgan brannte ohne Hemmungen ganze Städte nieder
(etwa 1671 Panama, das daraufhin sechs Kilometer entfernt
wieder aufgebaut werden musste), tötete nach Belieben, verriet mehrfach Hunderte seiner eigenen Männer, die er als Vize-
gouverneur von Jamaika verhaften ließ, und starb schließlich,
von der englischen Krone in örtliche Ämter befördert, als reicher Plantagenbesitzer mit Adelstitel.

John Esquemeling, der eigentlich Alexander Olivier Exque-
melin hieß, war in die Fänge Morgans geraten und diente auf seinen Schiffen, vermutlich als Barbier. Von Esquemeling stammt
der älteste Bericht über das Treiben der Bukaniere (von franz.
boucanier = Fleischräucherer – Europäer, die ursprünglich auf
Inseln der Karibik Räucherfleisch, oft von Wildschweinen, her-
stellten, das sie an Schiffsbesatzungen und Plantagenbesitzer
verkauften). Die Bukaniere waren durch ihren Beruf – die Jagd –
sehr gute Schützen. Als sie das Plündern von Schiffen begannen,
ging die Bezeichnung Bukaniere auf alle karibischen Piraten des
16. und 17. Jahrhunderts über. Esquemelings Bericht (siehe Literaturhinweise am Ende dieses Buches) ist das älteste ausführ-
liche Zeugnis über das Leben dieser karibischen Piraten. In seinem Buch findet sich eine interessante Passage, die zwar nicht
direkt vom Menschenessen handelt, aber davon, wie weit der
Hunger Menschen treiben kann. Sein Bericht macht die Taten
der anderen Menschenfresser aus Hunger besser verständlich:

Abb. 11: Sieht dick aus, ist es aber nicht: Kapitän Morgan – das Vorbild für Jack Sparrow (Johnny Depp), den *Fluch der Karibik* – litt mit seiner wilden Mannschaft, die als Bukaniere Grillfleisch in großen Mengen gewohnt war, des Öfteren bitteren Hunger. Am Ende mussten sie Leder essen.

(Repro: M. Benecke)

»Am vierten Tag (ohne Nahrung; M.B.) marschierte der Großteil der Piraten an Land. Die Übrigen fuhren mit Kanus vor, um Hinterhalte der Spanier rechtzeitig zu entdecken. Die Spanier wiederum hatten ihre eigenen, sehr gewandten Späher, die mit einem Vorlauf von gut sechs Stunden meldeten, wenn sich Piraten auch nur näherten.

Gegen Mittag erreichten die Piraten Torna Cavallos. Der Führer der Piraten schrie laut, dass er einen Hinterhalt der Spanier vermutete. Das freute die stark hungernden Piraten ungemein, denn nun waren sie sicher, endlich etwas Essbares zu finden. Die Spanier waren aber bereits geflohen und hatten außer einigen leeren Ledertaschen und einigen Brotkrümelchen, die auf dem Boden lagen, nichts zurückgelassen.

Über diesen Missstand erzürnt, rissen die Piraten einige der spanischen Hütten ein und begannen dann, die Ledertaschen zu essen. Ihr Hunger war nämlich so groß, dass es sich anfühlte, als würden ihre Mägen sich schon selbst verdauen. So fand also ein Festmahl aus Ledertaschen statt, das wohl feierlicher ausgefallen wäre, wenn es nicht dauernd Streit darum gegeben hätte, wer die größten Portionen erhielt.

Obwohl der Platz also von etwa fünfhundert Spaniern besiedelt gewesen war, hatten diese nichts Essbares zurückgelassen. Die Piraten waren nun umso mehr darauf aus, die Geflohenen zu treffen, um sie, damit sie nicht verhungern müssten, aufzufressen. Denn der Hunger plagte sie so sehr, dass sie die Spanier mit Sicherheit gegrillt oder gekocht hätten, wenn sie ihnen in die Hände gefallen wären.

Nachdem das Ledermahl beendet war, marschierten sie weiter, bis sie am Abend an einen weiteren Posten gelangten, der Torna Munni hieß. Wieder war alles für einen spanischen Hinterhalt aufgebaut, doch erneut waren alle geflohen, ohne irgendetwas Nahrhaftes zu hinterlassen. Auch im benachbarten Wald fand sich nichts Essbares.

Diejenigen, die sich kleine Lederstücke vom vorigen Lager aufbewahrt hatten, waren nun im Vorteil, denn sie hatten wenigstens ein Abendessen, das sie mit großen Schlucken Wasser hinunterspülten.

Wer noch nie Mutters Küche verlassen hat, fragt sich nun vielleicht, wie die Piraten das harte, trockene Leder essbar und verdaulich machen konnten. Nun, jeder, der an so starkem Hunger leidet, wird dafür eine Lösung finden, und das gilt auch für Piraten.

Zunächst schnitten sie das Leder in schmale Streifen. Diese klopften sie mit Steinen weich, indem sie es oft in Wasser tauchten und mit den Steinen bearbeiteten. So wurde das Leder geschmeidig. Die Haare und Borsten, die noch im Leder steckten, wurden weggekratzt. Danach grillten die Piraten das Leder, schnitten es in kleine Häppchen und spülten diese mit – wie gesagt – viel Wasser hinunter, das sie zum Glück in genügender Menge bei sich führten.«

Die Piraten überlebten den Hunger übrigens – am fünften Tag fanden sie zwei Sack Mehl, die Morgan verteilen ließ. Das genügte aber nicht, und einige der harten Jungen mussten den weiteren Weg im Kanu bewältigen, da sie nicht mehr stehen konnten. Am sechsten Tag fanden sie erneut keinerlei Nahrung, sodass sie nun Blätter und Gras verspeisten. Erst abends fanden sie in der Nähe von Santa Cruz eine Scheune, in der Mais lagerte, den sie roh in sich hineinstopften.

Die Laune war nun am Nullpunkt angekommen, und vorsichtige Beschwerden an der Führung wurden geäußert. Nachts konnte kaum einer der immer noch hungrigen und zudem geblähten Piraten schlafen, doch am siebten Tag erreichten sie endlich Santa Cruz. Dort konnten sie sich die ersehnten Nahrungsmittel beschaffen und kamen so mit ihrem Piratendasein wieder in Einklang.

Der mordende Hirte (1771)

Ende September 1771 hütete Johann Goldschmidt in der Nähe
von Eichelborn in Thüringen seine Herde. Mit einem Mal
drehten die Schafe durch. Ein vorbeiwandernder Handwerks-
bursche, den weder Goldschmidt noch die Tiere kannten, soll
die Ursache gewesen sein. Der Hirte soll sich so darüber aufgeregt haben, dass er dem Vorbeikommenden mit einem Knüp-
pel derart auf den Kopf schlug, dass dieser daran starb.

Die Leiche des Burschen zog Goldschmidt ins Gebüsch
und lagerte sie dort bis zum nächsten Tag. Dann entkleidete
und zerstückelte er sie und nahm einige Teile mit nach Hause.
Er kochte sie dort und aß sie auf – bis auf einige Stücke, die
er seinem Hund verfütterte. Die Kleidung des Toten versteckte
er, wohl um die Identifizierung zu erschweren. Die Tat blieb
allerdings zunächst unentdeckt, sodass keine Ermittlungen
erfolgten.

Ein halbes Jahr später lud Goldschmidt allerdings ein elf-
jähriges Mädchen zu sich ein. Das wurde ihm (und dem Mädchen) zum Verhängnis. Angeblich wollte Goldschmidt dem
Kind seine Wohnzimmeruhr vorführen. Während das Mädchen die Uhr betrachtete, packte er das Kind und schnitt ihm
mit dem Messer die Kehle durch. Dann schlug er ihm mit einem Beil auf den Kopf und ins Genick. So konnte er sicher
sein, dass sein Opfer wirklich tot war.

»Das Blut«, so heißt es in dem Bericht, »wischte er weg, zerhackte die Leiche in kleine Stücke, zog die Kopfhaut mit den
Haaren herunter, versteckte sie, zerhaute den Kopf, die Finger
und Zehen und verbrannte alles. Von dem übrigen zerhack-
ten Fleisch kochte er ein halbes Pfund und aß etwas. Am Tag
darauf warf er das übrige Fleisch in einem Sack in den Keller
des Nachbarn.« Teile der Finger und Zehen warf er hingegen
einfach auf den Misthaufen vor seiner Tür.

Da das Mädchen als vermisst gemeldet wurde, stellte man
rasch eine Verbindung zu Goldschmidt her. Denn erstens war

der Sack mit dem weggeworfenen Menschenfleisch gefunden worden. Zweitens klaubte man aus dem Misthaufen die nicht verbrannten Zehen heraus, und drittens fand die Polizei bei der Durchsuchung von Goldschmidts Haus auch die blutige Kleidung der Vermissten.

Damit war der Fall im Grunde geklärt. Unter dem Eindruck der raschen Ermittlungsergebnisse gestand der Hirte nun auch noch den bislang unentdeckten Mord am Handwerksburschen, der angeblich die Tiere so gestört hatte.

Die Verteidigung Goldschmidts ist trotz des schnell gelösten Falles interessant: Während er den vorbeikommenden Jungen »in der Hitze und aus Zorn« erschlagen haben wollte, quälten ihn nach eigener Aussage fortan unaufhörlich weitere Mordgedanken.

Ob das stimmt, ist allerdings schwer zu sagen. Goldschmidt widersprach damit nämlich einer früheren Aussage. Ursprünglich hatte er angegeben, das Mädchen nur zur Beschaffung von sonst nicht mehr erschwinglicher Nahrung getötet zu haben. Schon den damaligen Berichterstattern fiel auf, dass nur eine der beiden Aussagen stimmen konnte.

Der Richter stellte, wie so oft, in der Verhandlung fest, dass der Angeklagte seiner Meinung nach »keine Spur des Wahnsinns« gezeigt habe. Das Schöffengericht ließ dem Täter daher zuerst die Schenkel und Arme zerstoßen und ihn dann rädern.

Der Mädchenschlächter von Turin (1835)

In Turin verschwand 1835 ein fünfzehnjähriges Mädchen, das auf dem Markt mit Eiern handelte. Die Polizei versuchte herauszubekommen, wer die Eierhändlerin zuletzt gesehen hatte. Es stellte sich heraus, dass das Mädchen eine Lieferung an einen Speckhändler verkauft und in sein Haus gebracht hatte. Nach einigem Nachforschen fiel der Polizei auf, dass schon mehrere junge Mädchen in diesem Haus verschwunden waren. Der Speckhändler wurde verhaftet und sein Haus durchsucht.

Dabei fand man die einzelnen Glieder des Mädchens in Fässern im Keller. Die Überführung des Täters war also auch hier, wie in den meisten Menschenfresser-Fällen, einfach – nachdem man endlich einmal hingesehen hatte.

Beim öffentlich durchgeführten Verhör des Täters »sträubten sich den Zuschauern die Haare empor«: Der Speck und die Würste des Händlers hatten tatsächlich zum Teil aus Menschenfleisch bestanden. Das war aber nicht alles – vor der Schlachtung hatte der Täter die Opfer vergewaltigt und deren Fleisch teilweise auch selbst gegessen.

Kannibalismus aus Aberglauben (Anfang 19. Jahrhundert)

Im Jahr 1809 wurde ein dreijähriger Junge mit dem Namen Tirsch, der von russischen Vagabunden verschleppt worden war, in Komotau (heute: Chomutov, Tschechische Republik) ausgesetzt. Dort wuchs er auf und war bei der Bevölkerung fortan als »der Russe« bekannt.

Als in einem Wald nahe Komotau die Leiche einer sechzigjährigen Frau gefunden wurde, geriet er sofort in Verdacht. Einer der Gründe dafür war, dass Tirsch einige Tage vor dem Leichenfund der sechzehnjährigen Tochter eines Gastwirts aufgefallen war, weil er sie im Wald angesprochen hatte.

Tirsch lebte zu dieser Zeit im Armenhaus. Als die Polizei ihn dort befragte, gab er die Tat sofort zu und sagte: »Ich bin schon der, den Sie suchen. Ich habe die Frau umgebracht.«

Er berichtete laut Protokoll, »dass er von der Frau die Gestattung des Beischlafes verlangt habe«, dass sie ihm denselben gewährte und dass er nach dem vollzogenen Beischlaf sie, auf ihr liegend, strangulierte und sodann die Körperteile, Brüste und Genitalien ausschnitt und samt den Kleidern mitnahm.

Dass dies wohl stimmte, zeigte nicht nur der Zustand der Leiche, sondern auch ein Blick auf seine Kochstelle. Zwar fanden sich dort keine Fleischteile mehr, aber er »zeigte den Gendarmen in einem Topfe die Fettreste«.

Zum Glück schlug der Fall derart große Wellen, dass die bemerkenswerte Verteidigungsrede des Täters in Erinnerung blieb und später im *Archiv für Kriminal-Anthropologie und Kriminalistik* abgedruckt wurde:

Tirsch wollte eigentlich »eine Leierkastenfrau« heiraten. Sie weigerte sich aber. Da Tirsch gehört hatte, dass ein Mann unwiderstehlich wird, wenn er die Geschlechtsteile einer Frau isst, griff er also zu dieser mörderischen Methode. An einer Pilgerstrecke zum Wallfahrtsort Quinau lauerte er so lange, bis er eine ihm geeignet erscheinende Frau ansprechen konnte. Die Tochter des Wirts war ihm ausgewichen, und so versuchte er an der alten Frau sein Glück.

Ansonsten ist von Tirsch nur überliefert, dass er klein, untersetzt und kräftig war. Außerdem hatte er trotz vorgerückten Alters vollständig dunkles Haar und die Gesichtszüge eines Tataren.

Alferd (eigentlich Alfred) Packer (Winter 1873/74)

Die Geschichte des Alfred Packer diente als Anregung für den Film *Ravenous*, obwohl er dort nie erwähnt wird (s. S. 67). Hierzulande ist seine Geschichte nahezu unbekannt.

Alfred (später, angeblich in Anlehnung an einen Buchstabendreher beim Tätowieren: »Alferd«) Packer wurde 1842 geboren. Am 17. November 1873 brach er mit zwanzig weiteren Minenarbeitern beziehungsweise Goldgräbern und einigen Wagen aus Salt Lake City zu den San-Juan-Minen auf. Dazu nahmen sie eine Abkürzung, den Gunnison-Pfad (benannt nach dem Fluss Gunnison), der sie im Lauf von zwei Monaten bis zu einem Lager der Ute-Indianer führte. Der Häuptling des

Ute-Stamms namens Ouray empfahl den Männern, wegen des hohen Schnees nicht weiterzureisen, sondern lieber in seinem Lager zu bleiben, bis der Frühling die Weiterreise ohne Lebensgefahr erlauben würde.

Die Minenarbeiter waren vernünftig und folgten dem Rat des Häuptlings. Sie wurden sogar mit dringend benötigtem Mehl und Lebensmitteln beschenkt und auch sonst freundlich in den Stamm eingegliedert.

Am 9. Februar hielten es aber sechs der Reisenden nicht mehr aus und brachen in Richtung des hundertzwanzig Kilometer entfernten Lagers Los Piños auf. Die Indianer begleiteten den wagemutigen Trupp noch fast fünfzig Kilometer, kehrten dann aber um. Der Proviant der Männer war für zehn Tage ausgelegt.

Es dauerte allerdings nicht zehn, sondern fünfundsechzig Tage, bis einer der sechs Goldgräber namens Alferd »Al« Packer in Los Piños ankam. Packer berichtete zum Entsetzen der Belegschaft, dass er zuerst seinen Kumpan Israel Swan, der an Schwäche und Krankheit gestorben sei, aufgegessen habe – zunächst noch zusammen mit den vier anderen Eingeschneiten.

Als Nächstes sei James Humphrey durch einen Unfall gestorben, dann Frank Miller. Diese Reihenfolge kam den Zuhörern allerdings verdächtig vor, denn nur Al Packer und Shannon Bell – beide als Letzte noch am Leben – waren bewaffnet gewesen. Als Vorletzter starb dann George Noon, bevor es auch Shannon Bell dahinraffte.

»Falls die Geschichte, die Packer berichtet, auch nur halbwegs stimmt«, berichtete die Zeitung *Harper's Weekly* im Oktober 1874, »dann kann man sich gut vorstellen, wie es den letzten beiden Überlebenden gegangen sein muss. An Schlaf war nicht zu denken, denn sie misstrauten sich nun beide mit gutem Grund – der Hunger muss zu diesem Zeitpunkt fürchterlich gewesen sein. In einem letzten Kampf tötete Packer schließlich Bell.«

Seltsam erschien auch, dass Packer nach seiner Ankunft in Los Piños nie nach Essen fragte, obwohl er angeblich seit zwei strapaziösen Tagen nichts mehr zu sich genommen hatte.

Abb. 12: Alferd Packer, der Kannibale von Colorado, wurde aus dem typischsten Grund zum Kannibalen: Er war hungernd eingeschneit.   (Repro: M. Benecke)

Packer wusste, dass man ihm nicht so recht glaubte, denn erstens hatte er bei seiner Abreise keinen Pfennig besessen, nun aber klimperte Geld in seiner Tasche. Zweitens weigerte er sich, einen Suchtrupp weiter als bis zu den letzten Camps zu führen. Die Folge war, dass Packer unter Mordverdacht geriet.

Er konnte aber noch rechtzeitig entweichen, und zu seiner Flucht, so vermutet zumindest der Museumskurator David Bailey aus Colorado heute, wurde Packer vermutlich auch von der Angst getrieben, gelyncht und vom Mob aufgeknüpft zu werden. Da Packer nun als Zeuge verloren war, wurden die Leichen zunächst nicht gefunden.

Wahrscheinlich wäre die Geschichte danach in Vergessenheit geraten oder zu einem örtlichen Gruselmärchen verkommen, hätte nicht der Zeichner und Fotograf John A. Randolph im August 1874 eine Sommertour in die Uncompahgre-Berge unternommen. Dabei stieß er auf fünf Leichen oder, besser gesagt, fünf fast skelettierte Körper, die in einem sehr dichten Waldstück versteckt lagen. Kleidung und Decken waren noch

Abb. 13: Der Colorado-Kannibale musste sich in den kargen, verschneiten Bergen mit nichts am Leben halten und aß deswegen seine Kameraden. Das glaubte zumindest der Richter.   (Abb. L. Fuß/M. Benecke)

bei den Leichen, alles andere war verschwunden, einschließlich ihrer Schuhe und mitgebrachter Gegenstände.

Abb. 14: Die Berichte von Alferd Packers kannibalischer Tat brachten es in
großer Aufmachung in die Zeitungen, obwohl das Geschehen in einer bis
heute extrem dünn besiedelten Gegend stattfand.   (Quelle: *Harper's Weekly*)

Als man die Leichen näher untersuchte, stellte man fest, dass sie »Spuren von Gewalt« zeigten und demnach wohl ermordet worden waren. Unerklärlich blieb dabei, wer Packers Kumpanen die Schuhe geklaut hatte. Denn das musste geschehen sein, als sie noch lebten – anders war nicht zu erklären, warum sie sich noch zerrissene Kleidung um die Füße gewickelt hatten. Doch warum hatten sie die Decken, die um sie herum lagen, nicht verwendet? Und warum gab es etwas abseits eine Art Unterstand, so als ob dort jemand gehaust hätte, der nur ab und zu die Toten als Nahrung genutzt hatte? Denn dass die Leichen kannibalisiert waren, sah man unter anderem an den fehlenden Brustmuskeln der Opfer. Packer behauptete später, Shannon Bell sei der ursprüngliche Kannibale gewesen. Erst nach seinem Tod habe er sich am Lagerplatz eingeigelt und das begonnene »Festmahl« im Lauf der kommenden Wochen beendet.

Neun Jahre später wurde Packer wieder aufgespürt und festgesetzt, dieses Mal in Cheyenne im Staat Wyoming. Er wurde zwar zum Tode verurteilt, die Hinrichtung per Strick wurde aber trotz des schon für den kommenden Monat anberaumten Termins aus unbekannten Gründen nicht vollzogen. Am Richter war der Vollzug sicher nicht gescheitert, denn Judge Melville Gerry hatte sich noch lange nicht abgeregt. »Ich würde Sie am liebsten direkt in die Hölle schicken«, erklärte er Packer bei der Urteilsverkündung am 13. April 1883, »aber das ist ja leider nicht erlaubt.«

Trotz dieser und weiterer kräftiger Worte – Richter und Angeklagter standen sich darin in nichts nach – wurde das Urteil schließlich wegen Problemen mit einer rückwirkenden Gesetzesänderung aufgehoben. Es kam zu einem neuen Verfahren, doch auch hier war die Strafe nicht wesentlich milder: Packer erhielt diesmal vierzig Jahre Haft – acht Jahre pro getöteter Person (diese etwas krämerische Strafaddition ist in den USA üblich).

Er kam aber bereits im Jahr 1901 frei, vermutlich wegen der Fürsprache der *Denver Post*, der erstens die Beweislast gegen Packer als Mörder zu dünn war und die ihn zweitens auf eine Kannibalen-Freak-Tour schicken wollte. Möglich wurde diese vorzeitige Entlassung auch deshalb, weil Packer im Gefängnis *everybody's darling* gewesen war. Der ansonsten recht grobe Mann züchtete dort unter anderem Blumen und bastelte Täschchen für Uhren. Außerdem litt Packer an einigen Krankheiten, die man als Haftausschluss werten konnte, wenn man denn wollte, darunter Nierenprobleme und Wassereinlagerungen im Gewebe.

Nach seiner Entlassung lebte Packer zurückgezogen von einer Rente von fünfundzwanzig Dollar im Monat. 1907, im Alter von vierundsechzig Jahren, starb er schließlich als freier Mann in Littleton im Bundesstaat Colorado. Erst nachträglich wurde er offiziell für unschuldig erklärt. Wie es bei der Justiz vorkommen kann, dauerte das aber etwas länger, nämlich bis zum Mai 1981.

Der späte Freispruch beruhte darauf, dass es streng genommen keinen Beweis für Packers Schuld und stattdessen viele Widersprüche in den Aussagen der Leichenuntersucher und auch von Packer selbst gab. Weitere zwanzig Jahre später gelang es aber (vielleicht), den letzten Schritt zu gehen – manche meiner Kollegen meinen, dass Packers Unschuld nun endlich bewiesen ist.

Die betreffende Spurenuntersuchung führte der schon erwähnte Museumsmann David Bailey durch. Im Jahr 1994 durchstöberte er im Museum of Western Colorado eine alte Sammlung von Schusswaffen. Dabei stach ihm ein Colt mit 38er Kaliber, Baujahr 1862, ins Auge, der zwar total verrostet war, in dessen Walze aber noch drei von fünf möglichen Geschossen steckten. Auf der zum Revolver gehörenden Karteikarte stand der karge Satz: »Diese Waffe wurde dort gefunden, wo Alferd Packer seine fünf Kameraden erschossen und aufgegessen hat.«

»Dass das rostige Relikt die Waffe war, mit der Packer Shannon Bell erschossen haben sollte, faszinierte mich natürlich«, berichtete Bailey. »Also wühlte ich weiter und fand heraus, dass das betreffende Colt-Modell nicht die ursprüngliche Bauart aus dem Jahr 1862, sondern eine veränderte Version von 1873 war, mit der man 38er Randfeuerpatronen abschießen konnte. Mit anderen Worten: Es war ein billiges Ding, und deswegen konnten es sich die Goldsucher und Minenarbeiter überhaupt leisten.«

Doch wie war der Revolver in die Museumssammlung gelangt? Es stellte sich heraus, dass die Waffe erst 1950 von einem Archäologiestudenten gefunden worden und auf allerlei Umwegen schließlich bei Bailey gelandet war. Zum Glück ließ sich aber der gesamte Weg anhand von Karteieinträgen der Vorbesitzer – alles penible Archäologen – nachvollziehen.

Da Bailey nun wusste, dass der Revolver tatsächlich vom Fundort der Leichen stammte, drehte er jedes Dokument, das er zu diesem Fall finden konnte, so lange um, bis schließlich fünf Jahre darüber vergangen waren. Eine Aktennotiz interessierte ihn dabei besonders: Dort hieß es, dass nur die Leiche von Shannon Bell zwei Schusswunden aufwies (ein Schuss war in seinen Hüftknochen geschlagen und hatte auch sein Portemonnaie getroffen), während die anderen Opfer mit

Abb. 15: Diese Waffe lag neben den Leichen der Gefährten Packers. Sie war aber erst 1950 von einem Archäologiestudenten am Leichenfundort ausgegraben worden.   (Foto: David Bailey)

einem Beil erschlagen wurden. Das war schon deswegen gut zu erkennen, weil die Leichen noch bekleidet waren, sodass Schusswunden nicht nur an den Knochen, sondern auch in den Textilien sichtbar gewesen wären.

»Nun wurde es spannend«, berichtete Bailey. »Zwei Schüsse beim einzigen Mann, der überhaupt erschossen wurde … und im Revolver in unserer Sammlung fehlten ebenfalls genau zwei von fünf Projektilen.«

Und dann stolperte Bailey über noch etwas: eine Aussage Packers, die er vor Gericht immer und immer wiederholt hatte. Packer hatte ausgesagt, dass der wahre Mörder nicht er, sondern Shannon Bell gewesen sei. Er habe ihn zwar erschossen – aber nur, weil Bell vorhatte, den ganzen Trupp mit seinem Beil zu erschlagen. Und damit war Bell ja bereits weit gekommen. Also rangen Packer und Bell um ihr Leben – die Schüsse fielen – und Packer war der einzige Überlebende.

Die Sache ließ Bailey keine Ruhe mehr. Im Oktober 2000 war er bei einem befreundeten Heimatkundeverein zu Gast, bei dem er Fotos von der Untersuchung der Packer'schen Leichen durchsah. Eine davon hatte ein Loch in der Hüfte – das musste Shannon Bell oder »Skelett Nr. A« sein. Der Verein besaß aber nicht nur die Fotos, sondern auch alle Spuren, die damals an den Skeletten gefunden worden waren: Wolle, Fasern, Knöpfe und Erde.

Obwohl es die Suche nach der Nadel im Heuhaufen war, fanden die Forscher im Februar 2001 tatsächlich ein nur fünfzig Mikrometer (ein millionstel Meter) großes Stückchen Blei unter dem Elektronenmikroskop. Die spektrografische Untersuchung ergab, dass es sich um Blei handelte, wie es für Projektile der damaligen Zeit typisch war. Und nicht nur das. Eine kleine Probe aus einem der drei in der Waffe verbliebenen Projektile wies haargenau die gleiche Zusammensetzung auf. Die Kugel, die Bells Körper getroffen hatte, war also wirklich aus dem Revolver abgegeben worden, den Bailey im Archiv gefunden hatte.

»Meiner Meinung nach bestätigt dieser Befund die Aussage Packers«, erklärte Bailey. »Man kann den Angeklagten nun, nach über hundert Jahren, zwar nicht mehr persönlich verteidigen. Aber für die Wahrheit ist es eigentlich nie zu spät.«

Nun kann man selbstverständlich einwenden, dass Packer ebenso gut zuerst Bell erschossen und dann alle anderen erschlagen, beraubt und aufgegessen haben kann. Außerdem sprachen die ursprünglichen Befunde ja auch davon, dass alle Opfer erschossen wurden, nicht nur Shannon Bell. Doch Bailey glaubt trotzdem, dass seine Untersuchung Packers Aussagen bestätigt und ihn damit entlastet.

Abb. 16: Dieses fünfzig Mikrometer große Stückchen Blei bestätigte Packers Aussage, er habe Bell im Kampf getötet.   (Foto: David Bailey)

Eine etwas andere Meinung vertritt der Knochenkundler James Starrs. Er hatte im Jahr 1983 zusammen mit dreizehn Kollegen die Knochen der Opfer aufgespürt und enterdigt. »Packer war so schuldig, wie man überhaupt nur sein kann«, erklärte er nach seiner Untersuchung. »Nicht Shannon Bell war der Angreifer, sondern Packer – und zwar in allen Fällen. So einfach ist das.«

Begründung: Alle Skelette wiesen Abwehrverletzungen auf, in diesem Fall Kerben in den Armknochen – ein klarer Hinweis darauf, dass sich die Männer mit bloßen Händen gegen den Angriff eines Menschen gewehrt hatten, der sie mit einem Beil angegriffen und getötet hatte. Diese Tatsache widerlegt aber Packers Aussage, dass einige der Männer an Schwäche gestorben waren und er sie erst nach diesem natürlichen Tod verspeist hätte.

Darüber, dass Packer ein Kannibale war, sind sich alle einig, und auch der damalige Angeklagte hatte es zugegeben. In der Erinnerung ist den Menschen trotzdem eher ein kauziger Volksheld geblieben, und so ist es mittlerweile vielleicht auch egal, wer im eisigen Winter 1873/74 wirklich wen umgebracht hatte.

Mehrere Mensas der Universität Colorado tragen derweil unbekümmert Packers Namen. Ursprünglich handelte es sich bei dieser Benennung um einen Studentenscherz in den 1960er-Jahren. Da Packer seit 1981 aber auch formell kein Mörder, sondern nur noch ein Kannibale ist, hat das Studentenwerk der Uni den Witz aufgegriffen und die Speiseräume ganz offiziell auf ihn getauft. Wenn Sie also einmal in Boulder im Staat Colorado sind, machen Sie doch einen Abstecher in die dortige Uni-Mensa – entweder zum Alferd E. Packer Memorial Grill (kurz »Alferd-Packer-Grill« oder »Packer Snacker«) oder, im Namen von Vegetariern wie mir, an die Alferd-Packer-Salatbar. Guten Appetit!

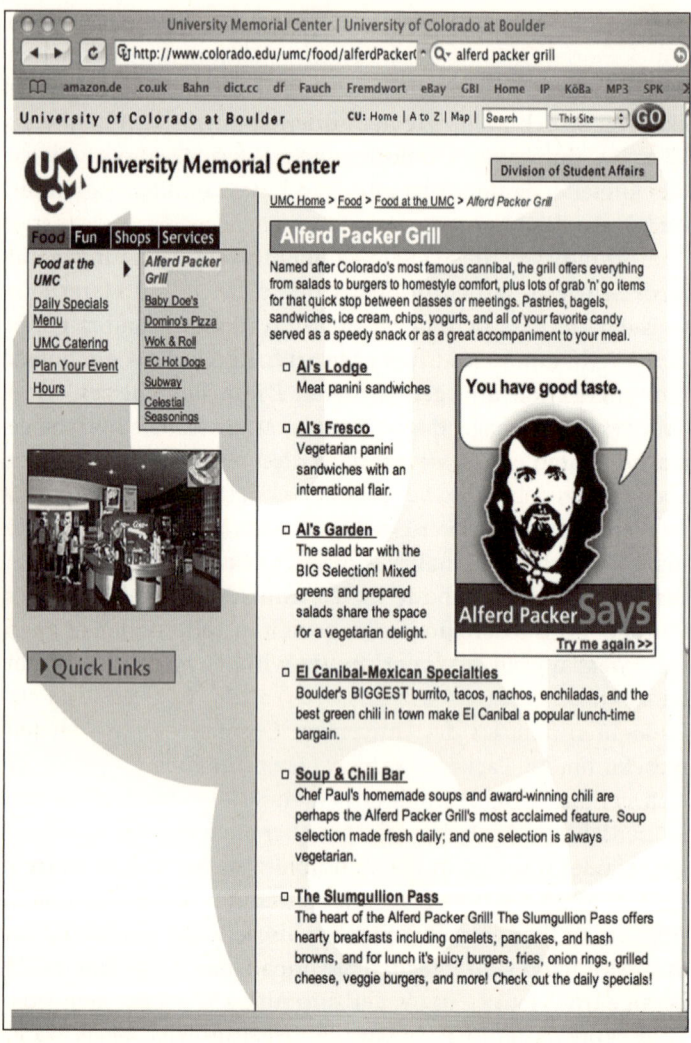

Abb. 17: Das Studentenwerk der Universität Colorado hat Humor: Die Mensa heißt »Alferd Packer Grill«, benannt nach dem bekannten örtlichen Kannibalen. Man beachte das verwendete Wortspiel: »You have good taste.« –»Du hast guten Geschmack.«

(Foto: University of Colorado, Dept. Student Affairs)

Kannibalismus als Schutz vor Behörden (1900/01)

Im folgenden Fall sind die tieferen Tatmotive nicht recht klar; das macht die Geschichte aber umso spannender. Überliefert ist er uns durch die Aufzeichnungen des Staatsanwalts August Nemanitsch, die ich, wie alle Originaltexte im vorliegenden Buch, ganz leicht modernem Deutsch angepasst, ansonsten aber so gelassen habe, wie sie ohnehin schon sind – verblüffend und geradeheraus.

Dem Fall vorangegangen war das Verschwinden der kleinen Johanna Bratuscha, geboren am 24. Mai 1888. Am 6. Mai 1900 war sie zuletzt bei Bauern aus der Umgebung ihres Wohnorts gesehen worden. Diese Zeitspanne ist schon seltsam genug, denn eigentlich lebte Johanna bei ihren Eltern, Winzern in Prassdorf (bei Monsberg im Bezirk Pettau, heute: Ptuj, Slowenien). Allerdings hatte Johannas Vater seine Tochter schon zehn Tage zuvor, am 26. April, beim zuständigen Gendarmerie-Wachtmeister Alois L. in Maria Neustift als vermisst gemeldet.

Dass die Polizei dem Kind nicht sofort hinterhergejagt war, machte nichts. Vater Bratuscha hatte seine Tochter derweil nämlich schon längst aufgegessen. Das kam aber erst ein Jahr später heraus, als er zu einem Behördentermin gebeten wurde …

Der Staatsanwalt berichtet:

»Als Franz Bratuscha für den 16. April 1901 als Zeuge ins Kreisgericht Marburg [M. an der Drau; heute: Maribor] vorgeladen wurde, um über seine verschollene Tochter Auskunft zu erteilen, begab er sich am 14. April in die Gendarmerie-Kaserne nach Maria Neustift und fragte den Wachtmeister Alois L. in aufgeregter, aber erstaunlich freundlicher Weise, ob er als Zeuge unbedingt erscheinen müsse. Als ihm der Bescheid gegeben wurde, dass er Gehorsam leisten müsse, entfernte er sich mit den Worten: ›Gott sei Dank, dass mir in der Sache nichts geschehen kann.‹

Weil dieses Benehmen Alois L. auffiel und er überdies erfuhr, dass Franz Bratuscha seine Kinder barbarisch zu misshandeln pflegte, stieg in ihm die Vermutung auf, dass derselbe sein angeblich verschollenes Kind ermordet haben könnte. Er begab sich daher am 20. April nochmals in dessen Behausung und fand bei der Befragung des Vaters hinsichtlich der Kleider des Kindes so bedeutende Widersprüche, dass er zu einer Hausdurchsuchung schritt.

Er fand dabei in einer Kiste eine Jacke, einen Oberrock und zwei weiße Unterröcke des abgängigen Mädchens und gewahrte an denselben Blutspuren. Franz Bratuscha wurde hierüber derart erschreckt, dass er ein Geständnis ablegte, welches er bei seinem ersten Verhör vor dem Untersuchungsrichter wie folgt wiederholte:

›Meine Tochter Johanna Bratuscha war am Ostermontag 1900 aus meinem Haus geflüchtet, weil sie einen Kastanienbaum angezündet hatte. Das übergreifende Feuer hätte fast das Haus von Maria Menzinger in Brand gesetzt, weshalb Frau Menzinger meiner Tochter mit Misshandlungen drohte.

Ich habe mich danach zwar überall nach dem Aufenthaltsort meiner Tochter erkundigt, konnte aber nichts in Erfahrung bringen. Einige Tage vor dem hl. Pankratius, also dem 12. Mai 1900, ging ich im Wald meines Dienstgebers loses Holz sammeln. Hier stieß ich auf einmal zirka zweihundert Schritte von meiner Wohnkeusche entfernt auf meine Tochter Johanna. Sie war ganz abgemagert und ausgehungert und lag vor Schwäche auf dem Boden, ohne einen Laut von sich zu geben.

Gleichwohl bemerkte ich sofort, dass sie noch lebte. Ich stellte sie also auf die Beine, sprach sie an und versuchte, sie zum Sprechen zu bewegen. Sie flüsterte jedoch nur ganz stille vor sich hin, sodass ich ihre Worte nicht verstehen konnte. Wie sie die Füße nicht tragen konnten, fiel sie in sich zusammen auf den Boden. Auf das hin umfasste ich sie mit beiden Händen um den Hals und drückte ihr etwas über fünf Minuten die Kehle kräftig zusammen, indem ich sie auf diese Art erwürgte.

Sie wehrte sich nicht, und als ich die Hände von ihrem Halse wegzog, atmete sie nicht mehr.

Ich war schon lange auf mein Kind böse, weil es nicht gehorsam war, oft die Schule versäumte und jetzt nicht heimkehrte; da ich mir überdies dachte, dass dasselbe ohnehin für nichts auf der Welt sei, dass ich es zu Hause nicht brauchen könne und noch für dasselbe werde Krankenhauskosten zahlen müssen, so habe ich es ermordet. Das Ganze trug sich um drei oder vier Uhr nachmittags zu. Ich schleppte dann die Leiche in eine unweit entfernte Höhle und deckte sie mit Erde und Laub zu. Ich verbarg sie deshalb hier, weil ich nachdenken musste, auf welche Art ich sie am besten und schnellsten spurlos aus der Welt schaffen könnte.

Endlich kam ich zu dem Schluss, dass es am besten wäre, bis zum Abende zu warten, sie dann nach Hause zu tragen und im Ofen zu verbrennen. Als es sieben Uhr abends geworden war, kam auch meine Frau Maria Bratuscha von der Arbeit heim. Ich erzählte ihr alles, was ich getan, sie war darüber ein wenig betrübt, zankte mich aber nicht aus, da es auch ihr lieb war, dass das Mädchen tot war. Ich holte dann die Leiche aus ihrem Verstecke und trug sie nach Hause. Ich legte dieselbe auf den Vorraum des Ofens, in welchem ein Feuer brannte, zog sie ganz nackt aus, nahm unser Brotmesser und zerstückelte den Körper in fünf Teile. Das Blut wischte ich mit ihren Kleidern ab.

Geschnitten habe ich, mein Weib aber stand daneben und half die einzelnen Körperteile halten. Zuerst schnitt ich den Kopf ab, weil aber das Messer nur die Fleischteile durchtrennte, nahm ich eine kleine Hacke und durchhackte damit das Rückgrat. Dann haute ich beide Füße an den Knien ab und schnitt durch den Rumpf von oben nach unten. Bei diesem Schneiden half auch mein Weib mit.

Ich warf dann alle fünf Teile ins Feuer, und zwar immer einen nach dem andern, und legte Holz zu. Dies dauerte bis drei Uhr morgens, worauf wir beide uns zur Ruhe begaben. Vom ganzen Körper blieben im Ofen nur einige Knochenstücke zurück, die ich auf den Komposthaufen warf.‹

In einem späteren Verhöre erzählte Franz Bratuscha, dass er Anfang Mai 1900, also kurz vor der Schreckenstat, geträumt hätte, dass er sein verschollenes Kind in einer Streuhütte gefunden habe, dass dasselbe im Gesichte ganz schwarz gewesen sei, dass er es gefragt habe, woher dies rühre, und dasselbe entgegnet habe: ›die Sorge‹. Er hätte diesen Traum sofort seiner Frau mitgeteilt und ihr gesagt, dass er seine Tochter, wenn er sie in diesem Zustande tatsächlich antreffen würde, ermorden und verbrennen würde, wozu sein Weib nach einigem Zögern die Zustimmung erteilt hätte.

Einige Tage nach diesem Verhöre ließ sich Franz Bratuscha freiwillig dem Untersuchungsrichter vorführen und gab unter sichtlicher Zerknirschung Folgendes zu Protokoll:

›Ich will jetzt noch etwas erzählen, was zu gestehen ich mich bisher geschämt habe. Als wir den Körper meiner Tochter Johanna verbrannten, hatten wir zu Hause für den nächsten Tag nur sehr wenig zu essen. Als ich nun das Fleisch im Ofen braten sah, erinnerte ich mich, dass ich in meiner Jugend in verschiedenen Büchern gelesen habe, dass die Indianer und andere wilde Völkerschaften Menschenfleisch essen, davon nicht sterben, und so überkam mich die Lust, auch von dem im Ofen bratenden Fleisch zu genießen.

Ich nahm mir einen irdenen Teller und schnitt von den Oberschenkeln Stücke ab, legte sie auf den Teller und ließ dieselben dort braten. Dann verzehrte ich diese Stücke. Ich suchte dies, weil ich mich meiner Handlung schämte, vor meiner Frau zu verbergen, doch hat sie gewiss bemerkt, was ich getan habe. Ich habe sie nicht aufgefordert, dasselbe zu tun, und auch nicht gesehen, dass sie vom Fleische gegessen hätte.‹

Bei seinen Geständnissen verblieb Franz Bratuscha und wiederholte sie vor dem Schwurgerichte in ruhiger, reuevoller Weise.

Was das Motiv zum Mord anlangt, so ist zu den von Franz Bratuscha selbst angegebenen Beweggründen noch anzuführen, dass er als äußerst jähzornig beschrieben wird. Er misshandelte in seiner Leidenschaft seine Kinder auf das Unbarmherzigste. Weil einmal der Wind seinem zehnjährigen Sohn Franz Bratuscha den Hut davontrug, zerschlug er demselben mit einem Steine das ganze Gesicht.

Die Richtigkeit des Geständnisses des Franz Bratuscha wurde durch die Untersuchung außer Zweifel gestellt. Es wurden vom Untersuchungsrichter im Hause desselben und in dessen Umgebung die eingehendsten Nachforschungen und Nachgrabungen veranstaltet und nicht die geringsten Spuren der Leiche gefunden. Es bestätigt auch sein vorgenannter zehnjähriger Sohn, dass in der kritischen Zeit in einer Nacht im Ofen so intensiv geheizt wurde, dass er sein auf demselben aufgeschlagenes Lager für diese eine Nacht verlassen musste.

Franz Bratuscha wird als äußerst intelligenter Mensch geschildert und ist nach dem Gutachten der Gerichtsärzte geistig vollkommen normal …

Was insbesondere das Verzehren des Fleisches des eigenen Kindes anlangt, so hat sich die Bestätigung dafür, dass er durch das Lesen von Beschreibungen der Sitten wilder Völker darauf geführt worden sei, gefunden. Die Hausdurchsuchung hat das Buch *Australien und seine Inseln* zutage gefördert, in welchem Franz Bratuscha gerade jene Ausführungen, welche die Behandlung der Kinder der Wilden seitens ihrer Eltern besprechen, dadurch hervorhob, dass er an den Rand des bezüglichen Blattes mit eigener Hand schrieb: ›Verschollene Johanna Bratuscha‹.

Der Wortlaut der bezüglichen Stelle ist folgender:

›Von schönem Eheleben wissen uns die Missionare nur wenig zu erzählen. Auch das Leben der australischen Kinder ist voll von Leiden und Martern; hässlich handeln die Australier dennoch nicht mit ihnen. Reisende machen hierüber ganz rührende Mitteilungen. Dem Neugeborenen zur Ehre, besonders wenn es der Sohn irgendeines hervorragenden Mannes ist, tanzen sie feierliche Tänze und bemalen ihn mit roter Farbe. Die Kinder armer und gewöhnlicher Eltern schmieren sie wenigstens mit Asche und Kohle an, wenn sie sich die teure rote Farbe nicht verschaffen können.

In manchen Gegenden tragen die Mütter ihre verstorbenen Kinder oft mehrere Wochen mit sich herum, bis nur noch die Knochen übrig bleiben, die sie dann verbrennen und begraben. Dieselben können sich nach Schilderung der Reisenden nicht trösten, wenn ihnen ein Kind stirbt. Für die Aufziehung ihrer Kinder sorgen die Australierinnen so liebevoll, dass sie mancher unserer Mütter als Beispiel dienen könnten. Wenn sie weinen, wandern sie von Hand zu Hand; solange dieselben nicht gehen können, tragen sie die Mütter in warmen und weichen Häuten am Rücken mit sich herum, oft sogar bis zum dritten Lebensjahre. Seinen Sohn nimmt der Vater, sobald jener gehen kann, schon mit sich auf die Jagd und unterrichtet ihn in allen notwendigen Geschicklichkeiten und erzählt ihm Geschichten. Später unterrichtet er ihn im Klettern, Speerwerfen und Schleudern des Bumerangs, er lehrt ihn Hunger und Durst ertragen und unterrichtet ihn im Fischen, Jagen und in allem zum Leben Nötigen.

Es ist daher bei dieser Sorgfalt für die Kinder und bei der großen Liebe zu denselben fast nicht glaubwürdig, gewiss aber ganz unverständlich, dass die Australier die grausame Gewohnheit haben, ihre Kinder zu töten. Besonders verbreitet soll diese Gewohnheit vor der Ankunft der Europäer gewesen sein. Wahrhaft merkwürdig ist ein solcher Menschenstamm: auf der einen Seite so viel Liebe und Sorgfalt für die Kinder, auf der anderen aber so viel Grausamkeit! Armut und Not sind dafür gewiss nicht die einzigen Erklärungsgründe, denn es ermorden auch solche Stämme ihre Kinder, welche in den fruchtbarsten Gegenden leben, wo sie alles im Überfluss haben – wahrscheinlich ist irgendwelcher Aberglaube die Ursache davon.‹

In einem Kapitel mit der Überschrift ›Glaube und Aberglaube‹ findet sich der Passus: ›Wenn alles hergerichtet ist, bereiten sie sich für die Beerdigung vor, wenn sie nicht schon früher den Leichnam aufgezehrt haben.‹

Bei der Besprechung der Nahrung der Melanesier heißt es zum Schluss:

›Aber lieber als alle diese Genussmittel ist den Melanesiern noch heute Menschenfleisch; nicht eine einzige Insel kann man in dieser Beziehung ausnehmen. Auf den Salomoninseln gilt die Vorschrift, jeden Fremdling, sobald er ans Land tritt, so schnell als möglich niederzuschlagen und zu verspeisen. Obwohl die Neukaledonischen Inseln schon mehrere Jahre unter französischer Herrschaft sind, ist es den Franzosen bisher noch nicht geglückt, ihren Untergebenen diese grausame Sitte abzugewöhnen.‹

Entschieden stellte Franz Bratuscha in Abrede, dass irgendwelcher Aberglaube auf ihn eingewirkt hätte. Auch Zellengenossen gegenüber, die ihn in dieser Richtung harmlos ausholten, vertrat er diesen Standpunkt. Aus seinen Aufzeichnungen, aus welchen zu entnehmen ist, dass er sehr frommer Natur ist, lässt sich hierfür ein direkter Beweis auch nicht erbringen.

Dass er aber abergläubischen Anwandlungen nicht ganz ferne stand, scheint Folgendes zu erhärten.

Franz Bratuscha war als Infanterist in Bosnien stationiert. Auf einem von ihm in deutscher Sprache verfassten Wachablösungsrapport vom 30. Juli 1886 findet sich von seiner Hand auf der Rückseite folgende Aufzeichnung in gleicher Sprache:

›Gefundene Nähnadel und ein ausgerauftes Haar von einem Weibsbild – das Haar durch diese Nähnadel einfädeln und draußen auf einer Baumlaube verknüpfen – dann kann man sie haben, solange man will, dann wird sie selber nachkommen, um denjenigen zu suchen.‹

Auf einen Zettel hatte er folgendes Rezept geschrieben:

›Kamillen, Brennnessel, Knochenmehl, Himmelbrand (heute als »Königskerze« bekannt; M. B.) und Minze – im Namen Gottes müssen wir uns um diese Blumen bemühen und sie jetzt im Monate Mai sammeln, damit man dieselben als Arzneimittel habe.‹

Über einschlägige Fragen, die nach seiner Begnadigung zu lebenslangem schwerem Kerker, also zu einer Zeit, in der ein Grund zur Verhüllung der Wahrheit oder Entstellung derselben fehlte, an Franz Bratuscha gerichtet wurden, hat derselbe angegeben, dass er das Fleisch seines Kindes ohne Fett briet, jedoch salzte und ohne Brot verzehrte, weil er solches bei seiner großen Armut nicht besaß, dass das Fleisch ähnlich wie Kalbfleisch schmeckte, dass er seinen Hunger zwar stillte, aber aus einer gewissen Scheu dennoch nicht mit dem gewöhnlichen Appetit speiste.

Mit Rücksicht auf die kriminalistischen Erfahrungen wurde er insbesondere gefragt, ob er je davon gehört oder gelesen hätte, dass Übeltäter des Glaubens seien, sie könnten tun, was sie wollen, ohne dafür zur Verantwortung gezogen zu werden, wenn sie das Fleisch unschuldiger Mädchen essen, dass sie nach dem Genuss des Fleisches eines getöteten Kindes stehlen können, so viel sie wollen, ohne entdeckt zu werden, dass sie dann auch ihrer Untaten nicht mehr gedächten und vor ihrem Gewissen in Ruhe gelassen würden, dass sie dem Aberglauben huldigen:

1. Essen von Hirn und Knochenmark übertrage die Kraft des Gegessenen auf den Essenden;

2. Essen von Herz, Leber, Fett erteile übernatürliche Fähigkeiten wie Fliegenkönnen, Unsichtbarwerden und so weiter.

3. Essen von gebratenem Menschenfleische schütze vor Verfolgung durch Feinde und Behörden.

Alles dieses war dem Franz Bratuscha unbekannt, und er hatte auf diese Fragen nur diese eine Antwort:

›Ich habe an sonst nichts gedacht, als meinen großen Hunger zu stillen.‹ Damit gibt er der Auffassung Andrées, ›dass Menschenfresserei eine allgemein auf Hunger zurückzuführende Kinderkrankheit ist‹, eine überraschende Bestätigung.

Das Weib des Franz Bratuscha, welches nur wegen Vor-
schubleistung zu dreijährigem schwerem Kerker verurteilt
wurde, bestätigte nach anfänglichem Leugnen nach Ablegen
der Beichte die ganze Verantwortung ihres Gatten, nur das
Essen des Fleisches wollte sie nicht gesehen haben.«

So weit die Ausführungen des Staatsanwalts.

Später hieß es, Bratuscha sei bloß einer »Erinnerungsfäl-
schung« aufgesessen. Im Jahr 1903 war nämlich eine Diebin
festgenommen worden, die behauptete, Bratuschas angeblich
verspeiste Tochter zu sein. Sie saß im Bezirksgericht Gurkfeld
in Krain ein, und da ihre Identität damals nicht per DNA geprüft werden konnte, kam es tatsächlich zur Freilassung Bratuschas. Er hatte damit zuerst in der Todeszelle gesessen, war
dann zu lebenslanger Kerkerhaft begnadigt und nun freigesprochen worden. Auf die Frage, warum er dem Gericht ein
derartiges Lügenmärchen aufgetischt hatte, antwortete Bratuscha:»Ich dachte mir, ›ein Mann, ein Wort‹, und habe deshalb
das vom Gendarmen mir abgepresste und damit einmal abge-
legte Geständnis nicht zurückgenommen.«

Mir scheint eher, man wollte keinesfalls wahrhaben, dass
ein Vater seine Tochter aufgegessen hatte, und ließ Bratuscha
daher lieber frei, als einzusehen, dass ein Mensch zu solch
monströsem Verhalten fähig ist.

Menschen als Medizin (1911)

An einem kalten und dunklen Abend im Februar 1911 ging der
Jungbauer Franz Putz in die Apotheke in Pöllau (bei Graz),
um ein Medikament zu kaufen. Der Apotheker Franz Kobernauer öffnete die Tür. Elektrisches Licht gab es dort nicht,
sodass Kobernauer einen Leuchter mit Kerzen in der Hand
hielt. Als er Franz Putz die Medizin überreicht hatte, ging er
mit ihm zur Tür und stieß ihn dabei aus Versehen an. Doch

das hätte er besser nicht getan. Der Bauer war sofort davon
überzeugt, dass der Apotheker ihn töten wollte, und rannte
entsetzt davon. Durch den Schreck erlitt er einen auch ärztlich
festgestellten »Nervenschock«, der ihn mehrere Tage ans Bett
fesselte. Es dauerte nicht lang, und die ganze Gegend war überzeugt, dass Apotheker Kobernauer den Jungen hatte umbringen wollen.

Die seltsame Geschichte war auf fruchtbaren Boden gefallen, weil man in der ländlichen Oststeiermark allgemein
glaubte, dass Apotheker jedes Jahr »mindestens« einen Mann
und eine Frau töten dürften, um aus den Opfern Medikamente
zu machen.

So kam es, dass die Menschen sich im Fall von Franz
Putz nicht beschwichtigen ließen. Sie boykottierten die Apotheke, sodass der Inhaber Kobernauer »wochenlang nicht eine
Krone« einnahm. Um nicht vollends bankrottzugehen und
sein gesellschaftliches Ansehen wiederherzustellen, verklagte
der Apotheker den Bauernjungen wegen Beleidigung.

Franz Putz blieb allerdings hart. Nicht nur an jenem Abend,
sondern auch früher schon habe Kobernauer ihn umbringen
wollen. Da der Bauer die Beleidigung also nicht zurücknahm,
sondern sogar noch eins drauflegte, schickte man ihn zwei
Wochen lang in Haft. Seine Überzeugung änderte sich dort allerdings nicht. Selbst dem örtlichen Priester wurde die Sache
zu heiß. Auch er hatte gehört, dass einige Apotheker von ihrer
Lizenz zum Töten Gebrauch machten. Er weigerte sich daher
trotz Nachfragen, bei der Predigt über den Unsinn des Aberglaubens aufzuklären, und hielt sich lieber bedeckt.

Dass der Glaube an mörderische Apotheker sich bis 1912
halten konnte – also bis in eine Zeit, in der Flugzeuge und
Zeppeline flogen, Roald Amundsen zum Südpol vordrang,
die *Titanic* unterging und Alfred Wegener die Kontinental-
drift beschrieb –, erscheint einem nicht mehr so verblüffend,
wenn man einen Blick in die Apotheke eines großen Krankenhauses jener Zeit wirft – beispielsweise im durchaus auf-

geklärten Dresden. Dort wurde noch 1912 ein Pulver gegen Epilepsie eingesetzt, das aus gerösteten Elstern hergestellt wurde, die in zwölf bestimmten Nächten erschossen worden sein mussten.

»Man denke sich – in Dresden, bei den ›hellen Sachsen‹, und dazu noch in einer großen öffentlichen Krankenanstalt!«, schauderte es bei diesem Gedanken sogar den Kummer gewohnten Hans Gross, Herausgeber des *Archivs für Kriminal-Anthropologie und Kriminalistik*. Und dennoch: »Man sollte solches für kaum glaublich halten, und doch muss der Apotheker dort in der Stadt und Umgegend Absatz finden.«

Leichenesser Muchin (1922)

Der folgende Bericht steht für sich selbst. Verfasst wurde er vom Untersuchungsrichter Balter, der die Aussage von Petr Kapitanovič, der nicht schreiben und lesen konnte, am 12. Januar 1922 niederschrieb. Typisch ist die schon bekannte Einbettung in Kälte und Hunger – Wendigo …

»Ich, Petr Kapitanovič Muchin, bin sechsundfünfzig Jahre alt und stamme aus Dorf und Volost' Efimovka, Uezd Buzuluk, Gouvernement Samara. Meine Familie besteht aus fünf Personen: mir, meiner Frau und drei Kindern. Wir haben seit Ostern kein Brot mehr. Wir ernährten uns zuerst von Gras, Pferdefleisch, Hunden und Katzen; zudem sammelten und mahlten wir Knochen.

Bei uns gibt es im Umkreis und in unserem Dorf eine Menge Leichen, die auf der Straße herumliegen oder in der Gemeindescheune auf einen Haufen gelegt werden. Ich, Muchin, schlich abends in die Scheune und nahm die Leiche eines etwa siebenjährigen Jungen mit. Vorher hatte ich gehört, dass einige Bürger unseres Dorfes Menschenfleisch essen. Ich fuhr ihn auf dem Schlitten nach Hause, zerhackte die Leiche mit dem Beil in kleine Stücke, und abends kochten wir sie.

Dann weckten wir unsere Kinder Natal'ja, sechzehn Jahre, Fedor, zwölf Jahre, und Afanaskij, sieben Jahre, und wir aßen alle zusammen. In einer Nacht und einem Tag aßen wir die ganze Leiche auf, sodass nur Knochen übrig blieben.

Zu uns kam ein Mitglied des Dorfsowjets in die Wohnung und fragte, ob es stimmt, dass wir Menschenfleisch essen. Ich sagte, das stimmt. Man brachte mich zum Sowjet; warum sie meine Frau Aleksandra Charitonovna nicht auch mitgenommen haben, weiß ich nicht, sie aß auch mit uns zusammen.

Bei uns im Dorf essen viele Menschenfleisch, aber sie verheimlichen das. Bei uns im Dorf gibt es einige öffentliche Speiseräume. Dort werden nur kleine Kinder verpflegt, von jedem Hof wird nur eins angenommen. Von meiner Familie wurden in einem Speiseraum die zwei Jüngsten verpflegt. Für jedes Kind gibt es ein viertel Pfund Brot, man kocht ihnen eine Suppe und sonst nichts.

Abb. 18: Trotz boulevardesker Aufmachung kein Schauermärchen: Wo Hunger herrscht, werden Menschen gegessen. Hier ein Beispiel aus der Sowjetunion. (Repro: M. Benecke)

Im Dorf liegen alle entkräftet da und sind nicht in der Lage zu arbeiten. Im ganzen Dorf sind noch etwa zehn Pferde für achthundert Höfe übrig. Früher gab es an die zweitausendfünfhundert Pferde. Das war im Frühjahr letzten Jahres.

An den Geschmack des Fleisches können wir uns nicht erinnern, da wir das Menschenfleisch in geistig schwachem Zustand aßen. Bei uns gab es nie einen Fall, dass jemand umgebracht wurde, um Menschenfleisch zu bekommen. Bei uns gibt es Leichen genug, und wir haben nie auch nur daran gedacht, jemanden umzubringen.

Sonst kann ich nichts mehr aussagen, meine Aussage wurde mir vorgelesen und wurde nach meinen Worten richtig aufgeschrieben.«

Kannibalismus nach Flugzeugabsturz (1972)

Ausgerechnet am Freitag, dem 13. Oktober 1972, startete eine Fairchild F-227 in Montevideo (Uruguay). Die Maschine hatte zweiundfünfzig Sitze. Da die Rugby-Mannschaft »Old Christians« sowieso das ganze Flugzeug vom uruguayischen Militär gemietet hatte, packte man gratis fünfundzwanzig Verwandte und Freunde dazu. Insgesamt gingen fünfundvierzig Menschen an Bord.

Das Wetter war schlecht, aber die jungen Sportler drängten die beiden Piloten, nach einem erzwungenen Zwischenstopp in Mendoza (Argentinien) möglichst schnell weiterzufliegen. Die Piloten ließen sich entweder breitschlagen oder glaubten selbst, den Flug bewältigen zu können. Starten musste man auf jeden Fall, da die Militärmaschine nicht länger auf argentinischem Boden bleiben durfte. Die Frage war nur, ob es zurück nach Hause ging – in die Sonne – oder Richtung Freundschaftsspiel über die Anden nach Santiago de Chile – ins Unwetter. Man entschied sich gegen drei Uhr nachmittags für die zweite Möglichkeit.

Das erwies sich als unvernünftig. Nicht nur war die Sicht nahe der Berge sehr schlecht, sondern die nachmittags vom Boden aufsteigende, von der Sonne erhitzte Luft traf entlang der Felsen auf eine eisige Umgebung. Die entstehenden Luftvermischungen bedeuteten für die kleine Fairchild gewaltige Turbulenzen. In etwa dreitausendfünfhundert Meter Höhe prallte die Maschine gegen einen Berg.

Durch eine Reihe von Zufällen überlebten zweiunddreißig Menschen: Die Maschine war zwar in mehrere Teile gebrochen, doch die Passagierkabine traf auf eine Fläche auf, die genau dasselbe Gefälle hatte wie das aufprallende, zerstörte Flugzeugteil. Zudem federte der hohe Schnee – in den Anden kann die Schneedecke Dutzende Meter messen – den Aufprall ab, der mit über dreihundert Stundenkilometern erfolgte. Nach gewaltigem Geschlitter blieb die Passagierkabine samt zerdrücktem Pilotenraum daher relativ heil liegen.

Da der Höhenmesser im Cockpit nach dem Absturz nicht mehr funktionierte, gaukelte er eine Höhe von nur zwei statt über drei Kilometern vor. Doch selbst die richtige Information hätte dem Team kaum geholfen. Sie lebten daheim im warmen Flachland, niemand von ihnen kannte sich in den Bergen aus. Aus einem für kurze Zeit in Gang gesetzten Radio erfuhren die Unglücklichen nach zehn Tagen, dass die in der Weite der Anden tatsächlich hoffnungslose Suche abgeblasen worden war. Aus der Sicht der Suchtrupps durchaus nachvollziehbar: Die Maschine war so klein, dass sie aus der Luft kaum zu sehen war, und nach zehn Tagen in der Eiseskälte ohne Nahrung, Schutz und passende Kleidung bestand in der Tat keine Hoffnung mehr. Zuletzt war die Maschine sogar von einer Lawine überrollt worden, sodass sie spätestens zu diesem Zeitpunkt wirklich kaum noch zu erkennen gewesen wäre. In der ersten Woche des eisigen Lagers starben fünf zunächst Überlebende an ihren Verletzungen. Damit lagen nun insgesamt achtzehn Leichen mehr oder weniger weit vom Flugzeug entfernt.

Zunächst sah es für die halbwegs unverletzten Überlebenden gar nicht so schlecht aus. Zwar steigt der Wasserverbrauch des Körpers mit zunehmender Höhe stark an, doch in Aluminiumpfannen, die sich die Überlebenden aus den Trümmern des Flugzeugs zurechtbogen, ließ sich durch Sonnenstrahlung genügend Schnee schmelzen, sodass niemand verdurstete. Gegen die Kälte konnten sie sich halbwegs schützen, indem sie sich in den Trümmern einigelten. Um ein wenig zusätzliche Wärme zu erzeugen, verbrannte die Gruppe zudem ihr gesamtes Papiergeld, etwa siebentausendfünfhundert Dollar. Doch zu essen gab es praktisch nichts – abgesehen von einigen Schokoriegeln, Päckchen mit Nüssen und ein paar Flaschen Alkohol, die den Absturz überstanden hatten.

Schon am sechsten Tag meldeten sich die Mägen der Verunglückten unüberhörbar. »Wir waren völlig davon besessen, Nahrung zu finden«, erinnert sich Fernando (»Nando«) Seler Parrado, einer der Spieler des Rugby-Teams, im Jahr 2006. »Was uns trieb, war aber nicht einfach Appetit und Mittagshunger. Wenn das Gehirn merkt, dass es ans echte Hungern geht und die Reserven ernsthaft angegriffen werden, erzeugt das einen Adrenalinstoß wie bei einem Tier auf der Flucht. Eine solche Todesangst trieb auch uns.

Es gab in den Bergen aber leider nichts, was wir essen konnten – keinen Vogel, keine Insekten, nicht mal einen Grashalm. In der Sahara oder selbst auf dem offenen Meer hätten wir wohl eher Nahrung gefunden.

Wir durchsuchten daher die Passagierkabine immer und immer wieder nach den kleinsten essbaren Krümelchen und versuchten sogar, Lederstreifen, die wir vom Reisegepäck abrissen, zu essen. Wir zerpflückten sogar die Sitzkissen. Die enthielten aber nur ungenießbares Polstermaterial und kein essbares Stroh.

Da wir also weder die Polster noch das Aluminium vom Flugzeug, noch Plastikmüll oder Steine essen konnten, wäre uns im Grunde nur unsere Kleidung als Nahrung geblieben.

Das stand aber nicht zur Debatte, denn dann wären wir erfroren.

Es ist schon verrückt, dass ich trotz meiner zwanghaften Suche nach *irgendetwas* Essbarem die einzigen essbaren Objekte in meiner Umgebung während der ganzen Zeit nicht wahrgenommen habe. Manchmal ist man eben begriffsstutzig.

Als mein Geist dann endlich die entscheidende Grenze überschritt, geschah das mit primitiver Wucht. Es war spätnachmittags, und wir lagen im Passagierraum der zerstörten Maschine. Mein Blick fiel auf die heilende Beinwunde meines Nachbarn. Das Innere der Wunde war feucht und roh, und am Rand war eine Blutkruste. Ich konnte nicht aufhören, auf diese Kruste zu starren, und bemerkte den feinen Blutgeruch in der Luft. Mein Appetit erwachte. Als ich aufsah, bemerkte ich, dass die anderen ebenfalls die Wunde ansahen. Wir hatten Menschenfleisch instinktiv als Nahrung erkannt.

Nachdem sich diese innere Tür einmal geöffnet hatte, konnten wir sie nicht mehr schließen. Nun dachte ich oft an die toten Körper unter dem Schnee. Sie waren unsere einzige Chance zu überleben.«

Es dauerte allerdings noch bis zum zehnten Tag nach dem Crash, ehe sich die Ersten entschlossen, die neue Nahrungsquelle wirklich zu nutzen. Einige der Abgestürzten weigerten sich bis zuletzt, diese Möglichkeit anzunehmen; sie starben darüber. Nando Parrado gehörte nicht zu den »Kostverächtern«: »Das Fleisch stillte meinen Hunger zwar nicht«, berichtete er, »aber es beruhigte mich zu wissen, dass mein Körper nun genug Eiweiß aufnahm, um nicht zu verhungern. Nach der ersten ›Mahlzeit‹ keimte in mir ein wenig Hoffnung auf.«

In der Folge verbesserte das Team dann die Fleischzubereitung. Da sie das Fleisch mangels Öfchen in der Regel nicht kochen konnten, schnitt das jeweils zuständige Kochteam die Leichenmuskeln in kleine Stücke und ließ sie in der Sonne trocknen.

»Mit der Zeit wurde es zumindest für mich einfacher, Menschenfleisch zu essen«, berichtete Parrado. »Wenn wir ausnahmsweise ein kleines Feuer zuwege brachten, verbesserte das den Geschmack des Fleisches gewaltig.

Um länger einen Vorrat an Muskeln zu haben, aßen wir auch Nieren, Lebern und Herzen. Die Organe waren sehr nahrhaft. So gruselig es sich auch anhören mag – die meisten von uns waren mittlerweile blind dafür geworden, dass wir hier unsere Freunde und Teamkameraden wie Schlachtvieh zerlegten.«

Nur mit Menschenfleisch – ergänzt durch ein später gefundenes Butterbrot und zwei Flaschen Rum – überlebten insge-

Abb. 19: Acht der sechzehn Überlebenden des berühmten Flugzeugabsturzes in den Anden: auf dem Flugzeug sitzend Alfredo »Pancho« Delgado, stehend Roberto Canessa, der gerade aus den Flugzeugsitzen Schlafsäcke für die Rettungstour näht. Vorn mit hellen Jacken Adolfo »Fito« Strauch (links) und Carlos »Carlitos« Páez (rechts), dahinter (v. l. n. r.) Gustavo Zerbino, Eduardo Strauch, Nando Parrado und Javier Methol. Die meisten ihrer Mitreisenden hatten sie zu diesem Zeitpunkt bereits aufgegessen.   (Foto: Corbis)

samt sechzehn der Verunglückten. »Zuletzt mussten wir unseren Speiseplan allerdings ausweiten«, berichtete Parrado. »Als uns sowohl die Organe als auch das Muskelfleisch ausgingen, mussten wir die Schädel der Toten knacken, um an deren Gehirne zu kommen. Einige von uns aßen zuletzt auch Gewebe, das sie vorher nicht hinuntergebracht hatten, zum Beispiel Lungen, Hände, Füße und das verklumpte Blut, das sich in den Herzen gesammelt hatte.«

Einundsechzig Tage nach dem Absturz machte sich Parrado mit einem weiteren Überlebenden endlich auf den Weg, um Hilfe zu holen. Nach einer zehntägigen Tour Richtung Tal, die ausrüstungstechnisch Unmögliches (einschließlich der Erstbesteigung des Mount Seler) verlangte, trafen sie auf einen Bauern. Ein zehnstündiger Ritt des Bauern zur Polizei brachte die Rettungsaktion dann endlich ins Rollen.

Parrado wurde später Amateurrennfahrer und ist heute Vater zweier Töchter und Geschäftsführer von vier gut gehenden Firmen. »Unsere Eltern meinten nach unserer Rückkehr, wir sollten am besten eine Therapie machen«, berichtete er, »aber die Gruppe der Überlebenden entschied sich gemeinsam dagegen. Bis heute fragen mich Menschen nach den psychischen Auswirkungen des Erlebten. Ob ich Albträume habe? Böse Erinnerungen? Schuldgefühle? Nein, nichts davon. Ich habe nach dem Desaster ein glückliches Leben geführt – ohne Schuld und Bitterkeit.«

»Patient X« – ein paranoider Kannibale (1979)

In der Region Mayenne in Frankreich glaubte man 1940, als »Patient X« geboren wurde, noch an Hexen. Der im ärztlichen Bericht namenlose Patient wuchs in einem strengen Elternhaus auf, das seine Kinder auf Spur hielt. Außer häufigen Gefühlsausbrüchen erkannte zunächst niemand etwas Auffälliges am späteren Kannibalen X.

1965 heiratete er eine an Verfolgungswahn und Persönlichkeitsspaltung leidende Frau, mit der er zwei Kinder hatte. Zusammen versuchte das Ehepaar, eine Nachbarin zu töten. Die beiden wurden angeklagt, und es kam zu einem halbherzigen Freispruch aus Mangel an Beweisen. Im Alter von fünfunddreißig war Patient X endgültig und deutlich erkennbar psychotisch. Er bereiste fortan die Welt, um zu predigen.

1978 versuchte er erneut – dieses Mal allein –, einen Nachbarn zu töten. Wieder kam es zu keiner Haftstrafe. Im folgenden Jahr ertränkte Patient X seine Frau; kurz darauf versuchte er, ein neunjähriges Mädchen zu vergewaltigen und ihr Blut zu trinken. Die Mutter des Kindes überraschte den Täter aber in letzter Sekunde, sodass er davonlief.

Noch am selben Tag suchte er sich im Park das nächste Opfer. Es war ein sechzigjähriger Mann, den er tötete. Patient X bohrte mit einem Stock den Oberschenkel des Opfers auf und trank das aus der (dort sehr weiten) Schlagader austretende Blut.

Am nächsten Tag tötete der verwirrte Mann noch ein Bauernpaar, obwohl sich die Bäuerin mit einer Mistgabel tapfer wehrte. Mit dieser Tat endete die Serie, da der Täter nun endlich festgesetzt wurde. Patient X überraschte seine Psychiater mit der Aussage: »Gott hat mir befohlen, die Menschen zu töten. Weil ich durch die Taten aber Böses getan hatte, aß ich nun Sein Fleisch und trank Sein Blut. Damit folgte ich Gottes Gebot, das lautet: ›Nehmet und esset (trinket) alle davon, denn das ist mein Leib und Blut; wer dies zu sich nimmt, wird leben.‹«

Abgesehen von seinem religiös-kannibalistisch-vampirischen Wahn war der Mann völlig gesund, und auch die Messung seiner Gehirnströme ergab keine Auffälligkeiten. Sein Jesus-Zitat ist im Grunde sogar richtig, wenngleich wahnhaft verformt. Während christlicher Messen wird in der Tat Wein und Brot als »Blut und Leib« Christi ausgeteilt und gegessen oder getrunken. Bei der Wandlung (Transsubstantiation) des

Weins heißt es daher: »Das ist mein Blut, das für euch und für alle vergossen wird zur Vergebung der Sünden. Nehmet und trinket alle davon.«

Noch näher an den Worten des vampirischen Kannibalen (und der Priester in der heiligen Messe) ist die Bibel selbst. Im Johannesevangelium (6,56–58) heißt es: »Wer mein Fleisch isset und trinket mein Blut, der bleibt in mir und ich in ihm... wie ich lebe um des Vaters willen, also, wer mich isset, der wird auch leben um meinetwillen. Dies ist das Brot, das vom Himmel gekommen ist... Wer dies Brot isset, der wird leben in Ewigkeit.«

Versteht man das Symbol der Wandlung von »Fleisch und Blut« nicht, dann ist man eben eine schwarze Seele, die wörtlich nimmt, was geistlich gemeint ist.

Angebliches Hundefleisch (1997)

Würde man die übrigen hier geschilderten Fälle nicht kennen, könnte man denken, der folgende Fall wäre eine Propagandageschichte gegen die Diktatur in Nordkorea. Der Organisation Human Rights Without Frontiers in Brüssel berichtete im März 2001 eine Zeugin nach ihrer Flucht nach Seoul folgende glaubwürdige Geschichte.

In der Region Wundok waren im Ort Obong-ni mehrere Kinder verschwunden. Auf dem Marktplatz, wo sich viele hungernde Kinder herumtrieben, bot ihnen ein Restaurantbesitzer Nahrung an, wenn sie mit zu ihm kämen. Darunter waren auch die Enkel der Zeugin.

Eines der Kinder blieb vor dem Haus stehen; es wollte dort auf seine Freunde warten. Doch die kamen nicht wieder heraus. Nachdem der Junge weggelaufen war und die Polizei förmlich belagert hatte, beobachtete diese endlich heimlich das Haus. Als der Besitzer herauskam, hatte er einen Eimer mit Fingern und Teilen eines Kopfes in Händen; im Haus fanden sich weitere Leichenteile. Der Mann hatte die Kinder nach Vermutung der Polizei nicht nur selbst gegessen, sondern in seinem Restaurant als *dog noodle* – Nudeln mit Hundefleisch, ein in dieser Gegend übliches Gericht – verkauft. Später wurde er hingerichtet.

Kannibalismus im Kloster (1997)

In der Nähe des buddhistischen Klosters Wat Thong nahe der großen südthailändischen Stadt Nakhon Sri Thammarat beobachtete und fotografierte ein englischer Journalist einen Fall von Kannibalismus, der eher symbolisch gemeint, aber zu seinem Erstaunen sehr wörtlich umgesetzt wurde.

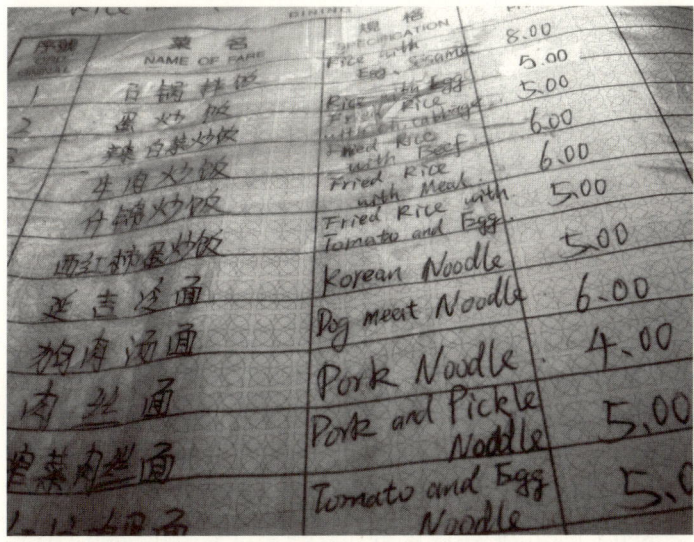

Abb. 20: Hundefleisch ist in manchen Weltgegenden ein ganz normaler Nahrungsbestandteil – wie hier im Jahr 2003 im Pekinger Stadtteil Sanlitun in einem preiswerten Straßenrestaurant. Im Fall der angeblichen Hundenudeln aus Nordkorea handelte es sich allerdings um Menschenfleisch.

(Foto: M. Benecke)

Zwei Tage vor seinem Eintreffen im Jahr 1997 war die Oberin des genannten Klosters im Alter von dreiundsiebzig Jahren gestorben. Die Mönche und Nonnen – es handelt sich um ein gemischtes Kloster – bahrten ihre Leiterin zunächst im Kloster auf, um sie dann in ein in der Nähe liegendes Dorf zu bringen. Dort wurde sie auf dem Marktplatz mit Zitronengras und anderen in Thailand beliebten Gewürzen und Kräutern in einem Kessel zuerst vorsichtig gekocht und danach auf eine Röstvorrichtung aus Ziegeln und Wellblech gelegt und weiter gegart beziehungsweise gegrillt.

Die Nonnen und Mönche durften beim Fleisch zuerst zugreifen, der Rest ging an die Besucher und Dorfbewohner, ebenso die Fleischbrühe aus dem Kessel. Danach wurde der Schädel freigeschält, zerkleinert und zu Amuletten für die Klosterbewohner verarbeitet.

Das kannibalische Vorgehen diente dazu, die Kräfte und Weisheit der Oberin auf möglichst direkte Art weiterzugeben. »Die Klosterbewohner waren fest davon überzeugt, dass die Mutter Oberin eine Heilige gewesen war«, berichtet der Journalist. »Zuletzt brachen sie die Knochen in Stücke und machten daraus Amulette. Kraft, Liebe und Weisheit der Verstorbenen sollten so auf sie übergehen.«

In rein symbolischer Form ist dieser Akt des Verzehrs und der Verehrung auch allen Christen bekannt. Reliquien, vor allem Knochen, sind in allen katholischen Kirchen zu finden (dort allerdings oft im Altar eingemauert), während Wein und Brot bei christlichen Messen als »Blut und Leib« Christi an die Gemeinde ausgeteilt werden. Dabei gibt es aber einen großen Streit zwischen Katholiken und Protestanten, ob sich die Verwandlung wirklich vollzieht oder ob nur die Nähe und Anwesenheit Christi bewirkt wird und sich in Wirklichkeit nichts wirklich »verwandelt«.

Wie dem auch sei – nach dem Bericht des englischen Kollegen, der noch im selben Jahr samt Fotos veröffentlicht wurde, gab es in Thailand eine Untersuchung, in deren Verlauf der neue Klostervorsteher festgenommen und der Tempel geschlossen wurde. Es stellte sich heraus, dass nicht nur die Oberin, sondern zuvor auch andere Mitglieder der Ordensgemeinschaft nach ihrem Tod gegessen worden waren.

Dieses religiöse Verfahren findet seither nicht mehr statt – zumindest nicht öffentlich. Die Regierung Thailands startete zusätzlich zum Verbot ein Aufklärungsprogramm, um den Menschen klarzumachen, warum es nicht in Ordnung ist, seine Artgenossen aufzuessen.

Kannibalismus als Lebensform (Jetztzeit)

Abgeschlossen werden soll die Aufzählung der Kannibalen mit dem derzeit coolsten Vertreter seiner Art. Er heißt Nico Claux, hat ein Myspace-Profil im Internet, das ihn mit weit über zweitausend »Freunden« verlinkt, stellt dort tagesaktuelle Partyfotos ein und verkauft bei eBay einen Wandkalender mit seinen Gemälden. Die Bildauswahl ist geistig etwas eingeengt, denn sie zeigt ausschließlich Serienmörder. Der Kalender ist für zwanzig Dollar zu haben, und der Verkauf von Gemälden (um dreihundert Euro) ist so erfolgreich, dass schon die kommenden Auflagen und Gemäldeserien in Arbeit sind.

Die Kalendermotive dürften Claux dabei kaum ausgehen, zumindest wenn er lange genug in der kriminalistischen Literatur blättert. Es gibt noch mindestens fünfzig Fälle, die seine Aufmerksamkeit in Form eines Porträts verdienen könnten.

Sein popkulturelles Auftreten verschafft dem 1972 geborenen Nico Claux einen deutlichen Vorsprung vor dem mittlerweile etwas altväterlich wirkenden Issei Sagawa (vgl. S. 13 ff. in diesem Buch), obwohl der alternde Herr Sagawa noch 2005 verkündet hatte, dass »die Öffentlichkeit mich zum König der Kannibalen gekürt hat. Das ist mir nur recht, denn ich werde die Welt immer durch die Augen eines Menschenessers betrachten«.

Abb. 21: Der Kannibale Nico Claux, seit 2002 wieder frei, gibt einen Kalender mit Gemälden von Serientätern heraus. Die einzelnen Originale kann man für etwa dreihundert Euro das Stück kaufen. Zu sehen sind unter anderem Peter Kürten, Ted Bundy, Jeffrey Dahmer und Ed Gein.

(Abb.: *www.serialkillercalendar.com*)

Claux geht als neuer König der Kannibalen aber viel weiter als Sagawa. Nach seiner Freilassung aus dem Staatsgefängnis Poissy im Jahr 2002 gab sich der junge Franzose in Interviews lässig und aufgeräumt: Seine Lieblingswaffe sei ein angespitzter Schraubenzieher, sein Lieblingsessen rohes Fleisch, sein Lieblingsgetränk kaltes Blut (notfalls gemischt mit Asche, falls zu dünnflüssig) und seine Traumfrau tot und langhaarig.

Und die Fans? Sie bedanken sich artig dafür, wenn Claux ihnen per E-Mail antwortet oder ein Gemälde verkauft.

Von Schuld geplagt ist der Kannibale also nicht. Auch auf die Frage, warum er, abgesehen von Grabschändung und Kannibalismus – das Menschenfleisch stahl er im Sektionssaal des St.-Joseph-Krankenhauses in Paris, wo er als Helfer angestellt war –, im Oktober 1994 auch noch einen Menschen erschoss, antwortet er bis heute eher wie ein ungezogener Junge:

»Weiß ich jetzt auch nicht, warum ich das gemacht habe. Ich war irgendwie durcheinander. Jedenfalls hatte ich eine Menge Spaß. Der Polizist hat damals im Tatortbericht geschrieben, dass meine Wohnung ›stark nach Verwesung stank‹. Das ist richtig, denn die Leichenteile habe ich im Sommer gesammelt, und es lagen Zähne auf dem Boden, und Knochen hatte ich als Mobiles unter die Decke gehängt. Es waren wegen der Hitze auch ziemlich viele Fliegen in der Bude. Krasse Nummer!«

Die Hobbys von Claux sind einschlägig und irgendwie vorhersehbar: Satanismus, luziferische Magie, Tatortfotos, Kannibalismus, alte Folterinstrumente, Sektionsgeräte, Friedhofsarchitektur, Missbildungen, dämonische Tätowierungen und – Gewichte stemmen. Im Gefängnis verfasste der durchtrainierte Kannibale zudem eine illustrierte Kochanleitung, von der ich hier aber nur den Text wiedergebe:

»Will man Menschen essen, dann sollte man warten, bis sich die Totenstarre gelöst hat (aber nicht länger als achtundvierzig Stunden seit Todeseintritt). Meine Lieblingsmuskeln sind die Unterschenkel – die kriegen von mir vier Sterne. Drei

Sterne erhalten die Muskeln des Gesäßes und der Oberschenkel, zwei Sterne gehen an die Rückenmuskulatur.

Alle anderen Muskeln sind mir zu klein oder zu fettig, ganz
besonders die Brüste – darauf will ich gar nicht erst eingehen.

Von Gewürzsoßen rate ich ab, weil sie den natürlichen Geschmack von Fleisch und Blut ruinieren. Menschenfleisch ist
ein Geschenk des Himmels! Es wäre eine Schande, den hervorragenden Geschmack mit Gewürzen zu ruinieren. Mein
Tipp: keine Extrazutaten, kein Ketchup, nichts – nur Plasma
und Eiweiß.«

Angebliche Vampirverbrechen

Wird von Kannibalen oder anderen schlachtenden Mördern
Blut vergossen, dann berichten Zeitungen oft, es handle sich
um »Vampir«-Verbrechen. Das ist aber ein Missverständnis
oder Effekthascherei, weil dabei meist gar nichts Vampirisches
passiert: weder Pfählung noch Bluttrinken, keine kränkelnden
Verwandten, kein Nachzehren des Leichentuchs. Das Wort
»Vampir« hört sich halt einfach spannend an.

Dennoch gibt es Bluttaten, die zumindest Anklänge an den
Vampirmythos haben. Zwar sind die Täter meist geistig verwirrt und auch keine Vampirkenner. Aber immerhin erklären
ihre durchaus gruseligen Taten, warum man manchmal meinen könnte, dass Vampire nicht nur als untote Filmfantasie,
sondern auch als Menschen aus lebendem Fleisch und Blut
unter uns weilen.

Besonders bekannt geworden ist in Deutschland dabei der
Fall von Daniel und Manuela Ruda, die einen Freund unter
angeblich »satanistischen« Begleitumständen töteten. Die Täter wurden allerdings in die Psychiatrie und nicht ins Gefängnis geschickt, nachdem die Nervenärzte den beiden »überwer-
tige Ideen« bescheinigt hatten. Auch die Journalisten waren
nicht sonderlich geschockt, sondern sahen sich im Gerichts-

saal bloß »zynisch-geschmacklosen Fantasien wie von einem drittklassigen Hollywood-Autor« ausgesetzt. So viel zum teuflischen Einfluss auf die Menschheit.

Untergegangen ist hierzulande ein deutlich interessanterer Vorläuferfall. Dieser Mord hätte eigentlich alles gehabt, um ihn in die Berichterstattung zu hieven: Blut, Tränen, Sex und vier scheinbare Vampirinnen. Aber anders als bei den Rudas wurde sehr deutlich, welchen »Knacks« die Täterinnen wirklich hatten. Damit entwich aber gleichzeitig der gefürchtete Einfluss des Satans, und übrig blieben nur die Scherben von vier verpfuschten Leben. Weil dieser Fall einen tieferen Einblick hinter das angebliche Anlitz des Bösen erlaubt, möchte ich den Fall von Tracey Wigginton und ihren Freundinnen als ersten »Vampir«-Fall bringen.

Tracey Wigginton: vier Freundinnen im Vollmond (1989)

Das australische Brisbane war in den 1980er-Jahren zwar eine ausgewachsene Stadt, doch lag sie letztlich am Ende der Welt, ganz im Osten Australiens. Das Internet war kaum entwickelt, Aids erst ein fernes Donnergrollen, und die nächsten großen Städte Sydney und Mackay waren mindestens fünf Stunden mit dem Auto entfernt. Sollte etwas Spannendes passieren, musste man sich also selbst etwas einfallen lassen.

An einem Oktoberabend im Jahr 1989 traf sich Tracey Wigginton zum ersten Mal mit drei Mädels, und der Ort deutete schon darauf hin, dass es sich nicht um ein ganz normales Kaffeekränzchen handelte: Der Lewmors Club, in dem sie sich verabredet hatten, war eine Homosexuellen-Bar.

Dort fanden sich damals Menschen aller Couleur zusammen. Weder Tracey – mit vierundzwanzig Jahren und einem Meter achtzig Größe wog die Stahlarbeiterin deutlich über hundert Kilogramm – noch ihre Freundinnen stachen aus der aufgeschlossenen Menge hervor. Eines der vier Mädels hieß Kim und kleidete sich ganz in Schwarz, während ein weiteres schweigsam war und den anderen meist nur zuhörte. Die vierte Frau war Lisa Ptaschinski, ebenfalls vierundzwanzig Jahre alt und örtliche Rekordhalterin bei Selbstmordversuchen. Allein in den vergangenen fünf Jahren musste sie zweiundachtzigmal ins Krankenhaus, weil sie sich mit Heroin, verschluckten Rasierklingen und weiteren eigentlich todsicheren Methoden umbringen wollte oder zumindest so tat. Sie wurde jedes Mal gerettet.

Die depressive Lisa und Tracey fanden sich auf Anhieb sympathisch und stellten fest, dass es wohl kein Zufall sein könnte, dass der Vollmond gerade heute über ihre soeben erblühende Zuneigung schien. (Wir haben es nachgerechnet, tatsächlich fehlten noch zwei Nächte bis zum »echten« Vollmond; M. B.) Die beiden zogen also ab nach Hause und verbrachten eine romantische Nacht miteinander.

Im Liebesgewühl gestand Tracey ihrer neuen Freundin, dass sie gerne ihr Blut trinken wollte. Das war kein Problem, denn Lisa wusste als Heroinsüchtige, wie man sich die Adern am Arm abbindet. Sie berichtete der Polizei später, dass Tracey ihr nach dem Abbinden ins Handgelenk geschnitten und das Blut getrunken hätte. Sollte das stimmen, dürfte es auch bei abgebundenem Arm ein ziemliches Blutbad gegeben haben, sofern eine große Ader angeschnitten war. Doch egal, wie viel Blut in dieser Nacht floss – das Grauen wurde wenige Tage später deutlich gesteigert.

Der Teufel macht ein Angebot

Nur vier Tage später saßen die Freundinnen wieder zusammen, dieses Mal allerdings in der Wohnung des Gothic Girls Kim. Tracey erklärte dort den Wochenplan: Der Teufel habe sie als »Zerstörerin« auserkoren. Um seinem Ruf zu folgen, müsse sie so zügig wie möglich einen Menschen töten und sein Blut trinken.

Das leuchtete den anderen Mädchen ein. Lisa, die Depressive, und ihre schweigsame Freundin wollten sich als Helferinnen betätigen. Verkleidet als heterosexuelle Prostituierte würden sie irgendjemanden ins Auto locken. Das teuflische Gespann wollte das Opfer dann an eine geeignete Stelle verschleppen. Dort würde man es dann in Ruhe töten.

Kriminalisten wissen, dass ein Plan umso eher gelingt, je simpler er ist. Da der Hauruck-Mordplan der Mädchen von ausgesuchter Schlichtheit war, gelang der Anfangsteil auch. Die später notwendige Leichenbeseitigung hatten die vier zwar auch angedacht, dabei war es aber gleich kompliziert geworden: Man wollte den Toten nach der Tat auf den Friedhof schaffen und in ein bereits geschaufeltes Grab legen. Auf die Leiche wollten die Mädchen dann ein wenig Erde streuen. Am nächsten Tag, so meinten die Verschwörerinnen, würde der Tote automatisch unter dem echten, für das betreffende Grab bestimmten Sarg verschwinden. Dieser fantasievolle, aber leider auch komplizierte Teil des Vorhabens misslang dann auch.

Doch eins nach dem anderen. Am 20. Oktober trafen sich die vier Freundinnen erneut im Lewmors Club, bestellten sich Sekt und verglichen ihre Waffen: zwei Butterfly-Messer – je eins für Kim und Tracey – sowie das gute Aussehen der »Prostituierten« Lisa und ihrer schweigsamen Freundin. Kurz vor Mitternacht gingen die Möchtegern-Vampirinnen, schon leicht angeheitert, in Position.

Ihr Opfer wurde der zufällig vorbeitorkelnde siebenundvierzigjährige Edward Baldock. Er hatte im Schottischen Klub um die Ecke Darts gespielt und war mit der im angloamerikanischen Raum üblichen letzten Runde aus dem Lokal gegangen. Da er nicht zu Hause ankam und da die Sperrstunde recht streng gehandhabt wurde, konnte sich Baldocks Gattin schnell denken, dass etwas vorgefallen war. Und dass ihr Ehemann auch am folgenden Morgen noch nicht neben ihr im

Bett lag, war erst recht noch nie vorgekommen. Sie rief also
in der Frühe die Polizei. Die Auskunft der Beamten war er-
schütternd: Die Leiche ihres Mannes war entkleidet am Ufer
des Brisbane-Flusses gefunden worden. Irgendjemand hatte so
lange auf den Hals ihres Mannes eingehackt, dass sein Kopf
fast vollständig abgetrennt war.

Der Überfall

Was war in der Nacht geschehen? Edward Baldock war nicht
so treu und zuverlässig gewesen, wie seine Frau geglaubt hatte.
Als er sich nämlich gerade schwankend an einer Laterne festgehalten hatte, fragten ihn die zwei Laienprostituierten, ob er
Lust auf ein bisschen Spaß hätte. Baldock sagte Ja. Allerdings
wünschte er sich keinen Körperkontakt zu den beiden herge-
richteten Schönheiten, sondern zur voluminöseren Tracey. Mit
ihr verschwand er daher Händchen haltend auf dem Rücksitz

Abb. 22: Hier am nächtlichen Ufer des Brisbane-Flusses geschah ein bizarres
»Vampir«-Verbrechen.   (Foto: Quang-Tuan Luong/Terragalleria)

des ebenfalls bereitstehenden Autos. Zu fünft fuhren sie nun gut fünf Kilometer Richtung Westen bis zu einem Segelklub. Dort hielten sie an, und Tracey und der frisch verliebte Dartsspieler begaben sich ans Ufer.

Wenige Minuten später eilte Lockvogel Tracey zurück zu den anderen drei Mädchen, um Verstärkung zu holen. Obwohl Baldock betrunken und sexualisiert war, hatte er jetzt doch Verdacht geschöpft. Warum hatten die Damen ausgerechnet ihn mitgenommen? Doch wohl, um sein Geld abzuziehen. Also zog er das Portemonnaie aus der Hosentasche und schob es heimlich hinter eine der Türen des Segelklubs. Dabei fiel, wie er glaubte, seine Bankkarte heraus. Er hob seine vermeintliche Karte auf und versteckte sie eilig in seinem Schuh. Dann ging er ans Ufer und zog sich endlich aus. Nur seine Socken ließ er an.

Tracey hatte mittlerweile ihre depressive Liebhaberin Lisa zu Hilfe geholt. Die beiden schlichen sich von hinten an den nackten Mann. Doch auch Lisa brachte es nicht fertig, auf den Betrunkenen einzustechen. Stattdessen ging sie um den nackten Mann herum, sank vor ihm auf die Knie und redete auf ihn ein. Erst als Baldock verwundert auf das Messer schaute, das Lisa mitten im Redeschwall aus ihrer Tasche zog, löste sich ihre Tötungssperre.

»Als Baldock mich fragte, was ich da tue«, berichtete Lisa dem Psychiater, »sagte ich einfach ›Äh, nichts‹ und stach zu. Dann zog ich das Messer wieder aus ihm heraus und steckte es erst von der einen, dann von der anderen Seite in seinen Hals, immer wieder. Schließlich packte ich ihn an den Haaren, zog seinen Kopf nach hinten und schnitt so tief wie möglich in seinen Hals.

Er lebte aber immer noch. Nun stach ich von hinten auf ihn ein. Ich versuchte, die Wirbelsäule zu treffen, um ihm die Nerven zu durchtrennen oder zumindest irgendwie in diese Knochen da zu gelangen. Erst als ich damit fertig war, setzte ich mich wieder hin und sah dabei zu, wie er langsam starb.«

Nun erwachte auch Tracey aus ihrer Starre und scheuchte ihre mörderische Gehilfin und Liebhaberin fort. Was dann geschah, weiß nur sie. Als sie zu den anderen drei ins Auto stieg, war sie jedenfalls pitschnass, und aus dem Mund roch sie nach Blut. Sie hatte offenbar allen Ernstes das Gebot des Fürsten der Dunkelheit befolgt und das Blut des Ermordeten getrunken.

Ein schöner Plan geht schief

So weit, so gut. Teil zwei des Plans – die scheinbar so schlaue Beerdigung – endete allerdings im Chaos. Die vier Täterinnen ließen Baldocks Leiche nämlich einfach am Ufer liegen und fuhren erst einmal in Kims Wohnung. »Tracey wirkte in dieser Nacht sehr zufrieden«, berichtete Kim später, »so wie jemand, der gerade ein hervorragendes Drei-Gänge-Menü hinter sich hat.«

Die zufriedene Stimmung legte sich aber schnell. Tracey vermisste nämlich ihre Bankkarte. Dass ein so dummer Fehler gerade bei einem satanischen Geschehen passierte, gab zu denken. Wollte der Teufel etwa sein bekanntes Doppelspiel spielen und Tracey möglichst schnell zu sich holen?

Die Damen rasten zurück zum Tatort. Doch alles Suchen half nichts – die Bankkarte war verschwunden. Der Grund dafür war so unglaublich wie einfach. Baldock hatte nicht seine eigene, sondern die im Dunkeln gleich aussehende Bankkarte von Tracey aufgesammelt und in seinen Schuh gesteckt. Auf die Idee, in der sauber gefalteten Kleidung des Opfers (die immer noch am Strand lag) oder gar in seinen Schuhen danach zu suchen, kamen die dämonischen Täterinnen nicht. Wieso auch? Sie konnten ja weder ahnen, dass Tracey ihre Karte ausgerechnet am Segelklub verloren hatte, noch dass Baldock sie genau dort gefunden und in seinen Schuh gesteckt hatte. Ein wahrlich dämonischer Zufall.

Der Morgen danach

Kaum rückte morgens die Presse am Strand an, als sich auch schon die ersten Gaffer vordrängten. Die meisten Neugierigen waren vom Blutbad entsetzt. Und auch Tracey, die sich unter die Menge gemischt hatte, hatte auf einmal allen Grund zu erschaudern. Sie musste zusehen, wie Kommissar Pat Glancy ihre Bankkarte fand – im Schuh der Leiche.

Der Rest war für die Polizei ein Kinderspiel. Denn auf Traceys Karte waren ihr Vor- und Nachname gedruckt. Während sie noch überlegte, was sie jetzt tun sollte, hatten weitere Polizisten alle Autos fotografiert, die am Fundort standen. Da Tracey am Morgen mit dem Auto an den Strand gebraust war, war ihr Auto samt Nummernschild nun in den polizeilichen Akten.

Wäre sie nicht an den Tatort zurückgefahren, dann hätte sie sich mit viel Mühe vielleicht darauf herausreden können, dass der betrunkene Mann ihr irgendwo in Brisbane nachts die Karte gestohlen oder sie vielleicht sogar nur gefunden und mitgenommen hatte, um sie am nächsten Tag zum Fundbüro zu bringen. Doch das ergab angesichts ihrer nun auch auf Fotos bewiesenen Anwesenheit bei der Leichenbergung keinen Sinn mehr.

Sie saß in der Falle und wurde kurz darauf festgenommen.

Traceys Lebensgeschichte

Hinter diesem bis hierhin hauptsächlich bizarren Fall steckt eine interessante Familiengeschichte. Wie auch bei den Berichten über Serienmörder (siehe Kapitel 3) geht es nicht darum, zwingend Mitleid zu empfinden. Es lohnt sich aber, den Weg in die Schwärze zu betrachten, weil damit vielleicht ansatzweise begreifbar wird, was andernfalls nur Kopfschütteln erzeugte. Denn wie bei der Vergewaltigung, von der auf

S. 131 f. in diesem Buch (»Eine Vergewaltigung«) die Rede ist, wurde auch in Traceys Leben ein Keim gesät, der in unauslöschlichem Hass endete. Das geschah zu einer Zeit, als sie noch viel zu klein war, um zu verstehen, wie sich ihr Leben dadurch änderte. Und darum konnte sie sich auch nicht dagegen wehren.

Ein schwieriges Mädchen

Geboren wurde Tracey als Tochter einer steinreichen Mutter (ein Millionär hatte sie adoptiert) und eines Bummlers, der sich nach der Geburt verabschiedete, so schnell er konnte. Mit sechs schickte Traceys Mutter ihre Tochter zu den Großeltern.

Diese beiden waren alles andere als das stereotype Großelternpaar, das häkelt, bastelt und mit den Enkeln Kuchen bäckt. Stattdessen stieg Opa Wigginton jüngeren Frauen hinterher, während seine Gattin darüber schon seit Jahren verbittert war. Als Tracey acht Jahre alt war, griff ihr Opa zum wehrlosesten Objekt und begann, seine Enkelin sexuell zu missbrauchen.

Tracey wurde schwierig. Sie flog von der Highschool und wurde in ein katholisches Internat gesteckt. Dort machte sie sich aber auch keine Freunde, weil sie zugab, lesbisch zu sein. Sie kam also zurück zu ihren Großeltern und schaffte es mit Ach und Krach, bis zum siebzehnten Lebensjahr auf einer Schule zu bleiben. Sie versuchte derweil, sich immer männlicher zu benehmen, und immer öfter wurde sie gewalttätig. Dabei tobte sie auch häufig durch das Haus der Großeltern und zerschmiss alles, was ihr in die Finger kam.

So ging es noch vier Jahre weiter, bis beide Großeltern tot waren und Tracey ein kleines Sümmchen von ihnen erbte, das sie aber schnell durchbrachte. Innerlich fühlte sie sich immer leerer. Als ihre damalige Lebensgefährtin sie verließ, schloss sie sich tagelang ein und redete mit niemandem. In diese Trennungszeit fiel ihr Treffen mit der selbstmörderischen Lisa Ptaschinski.

Als man nach dem Mord über Traceys Persönlichkeit urteilen sollte, prallten – wie vor allen Gerichten der Welt – zwei Meinungen aufeinander: Die Polizei war sich sicher, eine Psychopathin verhaftet zu haben, die sehr wohl für das verantwortlich war, was sie tat. Einige der befragten Psychiater tippten hingegen auf die damals modische Diagnose einer multiplen Persönlichkeit. Das Gericht selbst entschied sich erneut, wie fast immer in solchen Fällen, für die Schuld- und Einsichtsfähigkeit der Angeklagten. Das bedeutete: Gefängnis, nicht Psychiatrie.

Über die Lebensgeschichte von Traceys Freundin Lisa wurde weniger bekannt. Angesichts ihrer gut hundert Selbstmordversuche gab es aber keinen Zweifel, dass sie seelisch beschädigt war. In den psychiatrischen Befragungen und vor Gericht gab Lisa zudem an, dass ihre Freundin Tracey ein höheres Wesen sei. Ihre Angst vor den übernatürlichen Kräften habe sie dazu gebracht, den Mord zu begehen.

Auch diese Aussage glaubte die Polizei nicht. Denn von fremden Mächten hatten die Mädchen eben nur dem Psychiater gegenüber, nicht aber gegenüber der Polizei gesprochen. Also wurde vermutet, Teufel und Vampirismus seien einfach eine Finte des Anwalts.

Das ist eine deutliche Gleichheit zum Fall von Daniel und Manuela Ruda: Auch ihnen nahm keiner so recht ab, dass sie ernsthaft an den satanischen Unsinn glaubten, den sie als Beweggrund für die Ermordung ihres Freundes angaben. Doch ganz so einfach ist es nicht. Denn es fällt zwar leicht, den Irrglauben an Teuflisches als Spinnerei abzutun – aber das heißt nicht, dass ein Angeklagter nicht trotzdem daran glauben kann.

Das Gericht entscheidet

Doch zurück zu Tracey und ihren Freundinnen. Alle vier wurden angeklagt. Die schweigsamste Person des Bundes lieferte dabei die wohl abwegigste Begründung der angeblich übernatürlich bedingten Taten: Der magische Bann von Tracey sei entstanden, weil bei einem Treffen der vier ein Kruzifix zerbrochen sei: »Von diesem Moment an konnten wir uns gegen Traceys Kräfte nicht mehr wehren«, erklärte sie. Wie groß die Kräfte der Anstifterin des Übels waren, offenbarte sich unter anderem daran, dass Tracey sich angeblich sogar unsichtbar machen konnte – bis auf ihre Katzenaugen. Die blieben immer sichtbar …

Ein schon älterer Journalist, Theater- und Romanautor aus Australien, Frank Moorhouse, der schon einiges gesehen hat, seufzte zu diesem Fall: »Mit Übersinnlichem hat das alles natürlich überhaupt nichts zu tun. Die Wurzel des Übels war die frömmelnde, einengende und untolerante (sic!) Stimmung im damaligen Brisbane. Das war der wahre ›Keim des Bösen‹, sonst nichts. Es war aber natürlich für alle Beteiligten einfacher, an Wahnsinn oder Vampire zu glauben, anstatt den Dreck unter dem eigenen Teppich wieder hervorzukehren.«

Doch nicht nur den liberalen Stimmen, sondern auch dem Staatsanwalt platzte der Kragen. »Es geht hier doch, bitte sehr, um Qualen, Blut und Mord«, versuchte er den Angeklagten während der Gerichtsverhandlung nahezubringen. »Wie kann es beispielsweise sein, dass keine von Ihnen ihr Gesicht vor dem Opfer versteckt hat? Von wegen Übersinnliches! Sie alle – und nicht nur Tracey – haben den Mord von Anfang an geplant. Deswegen brauchten Sie auch keine Angst haben, dass das Opfer Sie wiedererkennt.«

Die Richter sahen es ähnlich. Tracey und Lisa wurden zu lebenslanger Haft verurteilt, Kim erhielt achtzehn Jahre. Freigesprochen wurde nur das stille Mädchen, das sich vor Katzenaugen und zerbrochenen Kruzifixen tödlich gefürchtet hatte.

Und damit endet dieses angebliche Vampirverbrechen. Obwohl die Haftbedingungen für Tracey Wigginton mittlerweile gelockert wurden, sitzt sie immer noch im Gefängnis. Einen Antrag auf vorzeitige Entlassung hat sie bis heute nicht gestellt.

Eine Vergewaltigung

Wie stark die Umwelt einen Menschen formt, ist noch lange nicht zur Gänze erforscht. Daher fällt es Gerichten oft schwer, das Ausmaß einer schädlichen Einwirkung auf einen Täter zu würdigen. Die Annahme, dass die »schlechte« Kindheit oder Jugend eines Menschen in Gewalt und Hass münden muss, widerlegen beispielsweise meine Kollegen von der Abteilung

Abb. 23: Ein Todesermittler in der Abteilung Nord-Brooklyn in New York. Tätern, die angeben, durch eine schwere Kindheit beeinflusst zu sein, wird hier in der Regel geantwortet, dass auch die Ermittler eine schwere Kindheit hatten. Die Doppeldeutigkeit dieser Aussage ist den Kollegen nicht bewusst.   (Foto: M. Benecke)

für Todesermittlungen in Nord-Brooklyn mit dem hingeworfe-
nen Satz, dass ihre Kindheit auch schwer gewesen sei.

Ganz so leicht kann man sich aber nicht darüber hinweg-
setzen, dass selbst eine im Vergleich zur Dauer eines ganzen
Lebens scheinbar kurz andauernde Ungerechtigkeit oder Gewalteinwirkung alles für immer ändern kann. Das folgende
Beispiel zeigt das deutlich. Hier macht nicht nur die eigentliche Vergewaltigung der – übrigens sehr sympathischen – Be-
richterstatterin zu schaffen. Mindestens genauso prägend war
für sie die totale Verleugnung der Tat durch ihre Eltern. Doch
die Eltern haben wiederum ihre ganz eigenen Gründe für ihr
merkwürdiges Handeln – obwohl sie für die Vergewaltigung
natürlich nicht das Geringste können.

Auch hier gilt, wie schon mehrfach im Buch gesagt: Es geht
nicht um Mitleid, das keinem der Opfer hilft und das auch
kaum ein Opfer will. Es geht darum, die Taten (hier vor allem
den Einfluss auf die Berichtende) ohne Tränen und Schaudern
wahrzunehmen und zu verstehen. Nur so werden wir eines
Tages begreifen, warum manche Opfer später zu Tätern werden – und andere nicht.

Kinderwünsche

Der folgende Text ist die Aufzeichnung eines langen Gesprächs.
Die Berichtende hat den Text mehrfach gegengelesen und mir
erlaubt, ihn hier zu veröffentlichen. Dafür möchte ich ihr vielmals danken. Ich bin überzeugt, dass dieser Bericht deutlich
macht, wie – und wie lange – ein Geschehen aus der Kindheit sich dem Alltag eines heranwachsenden und erwachsenen
Menschen aufprägt.

»Mein Vater kommt aus einer glücklichen Familie mit zehn
Kindern. Er wollte darum unbedingt auch zehn eigene Kinder haben.

Meine Mutter wünschte sich nur fünf Kinder, weil sie dachte, dass eine Familie mit zehn Kindern asozial wirkt. Also bekam sie jedes Jahr ein Kind, und nach dem fünften Kind wollte sie aufhören. Ich war das fünfte Kind. Sie hat immer nur geackert, damit die Leute eben nicht denken, dass unsere große Familie asozial sei.

Nach der nun folgenden einjährigen Kinderpause sind meine Eltern in einen kleinen katholischen Nachbarort gezogen. Da wohnen bis heute höchstens sechshundert Leute, eher weniger. Unser alter Ort war protestantisch gewesen, da war alles ganz locker. Der neue Ort war nun katholisch und überhaupt nicht locker. Meine Mutter war schon vorher streng katholisch, und wir mussten ab sofort in der Kirche immer in der ersten Reihe sitzen.

Eigentlich hatten meine Eltern es mit dem Umzug gut gemeint, weil wir einen Wald und eine Wiese zum Spielen haben sollten. Es kamen dann doch noch fünf weitere Kinder, von denen einige allerdings mittlerweile gestorben sind.

Geheimnisvolle Berichte aus dem Schlafzimmer

Ich war schon immer dünn. Deswegen wurde ich damals öfter zur Oma geschickt; die sollte mich aufpäppeln. Opa war schon lange an Krebs gestorben, und ich lag dann oft zusammen mit meiner Oma im Bett.

In einer Kiste im Schlafzimmer hatte sie diese *Das-Neue-Wochenend*-Heftchen. Darin waren auch immer Geschichten mit Überschriften wie ›Vergewaltigt auf dem Schulweg‹. Weil in den Heften auch nackte Männer zu sehen waren, hat sie die Seiten umgebogen und mir nur die Texte gezeigt. Sie hat mir gesagt, wenn mir ›so was‹ mal passiert, dann soll ich eine Beinsperre machen: Wenn man die Beine an den Knien ganz fest zusammendrückt, kann man sie noch nicht einmal mit einem Brecheisen auseinanderkriegen. Das wusste sie wohl aus dem Krieg, sie hat da etwas über die Russen erzählt.

Während bei Mutti also immer heile Welt war, sagte meine Oma: ›Vorsicht! Da draußen sind diese Männer.‹ Es dauerte nicht lang, da kam auch schon der Erste. Er war der Priester. Er stand auf blonde Mädchen. Und auch auf Jungs.

Ich saß ja wie gesagt immer mit meinen Geschwistern in der ersten Reihe in der Kirche, und er starrte uns dann immer so an. Er nannte uns seine ›Goldengelchen‹. Mir wurde schlecht, wenn ich den gesehen habe. Einmal musste ich mich sogar deswegen in der Kirche übergeben.

Der Widerling hat übrigens nur bei uns, also seinen ›Goldengelchen‹, beim Auflegen der Hostie seine dicken Finger auf unsere Zunge gelegt. Er hat uns auch alle immer angetatscht, mich allerdings nur an der Schulter. Das habe ich irgendwann meiner Mutter erzählt. Die sagte aber nur: ›Kein Wort darüber! Ein Priester macht so was nicht! Und erzähl deine ausgedachten Geschichten auf keinen Fall deinem Vater!‹

Das war typisch für meine Mutter. Sie glaubte oder wollte, dass im Dorf die Welt in Ordnung war. Ich finde aber, da ist gar nichts in Ordnung. Ich habe meine Mutter deswegen später immer gequält; so mit vierzehn habe ich damit angefangen. Beispielsweise bin ich bei meiner eigenen Kommunion aus der Kirche gegangen, weil der Priester so ekelig war. Und das, bevor ich den ›Leib Christi‹ empfangen hatte! Da tratschten dann natürlich alle Nachbarn.

Ich durfte auch nie mit einem Loch in der Hose rumlaufen. Meistens musste ich einen Rock anziehen und Lackschühchen und eine Schleife ins Haar binden. Dabei wäre ich lieber auf Bäume geklettert.

Der gute Ruf

Weil ich mir immer so sehr einen Hund gewünscht hatte, überraschte mich mein Patenonkel eines Tages mit einem total unerzogenen Schäferhund-Rüden. Er hieß Blacky. Ich habe ihn heiß und innig geliebt und immer schön gefüttert und gekämmt. Ein Junge aus der Nachbarschaft hat meinen Hund oft geärgert, indem er ihn mit Steinen beworfen hat. Eines Tages ist Blacky ausgebüxt und hat den Jungen ins Bein gebissen.

Obwohl dessen Eltern sich nie beschwert haben – sie wussten, was für ein Früchtchen ihr Sohn war –, fühlte sich meine Mutter anscheinend genötigt zu handeln. Ich wurde wieder mal zu meiner Oma gebracht, und bei meiner Rückkehr war der Hund weg. Eine Erklärung gab es nicht.

Ich habe aber ständig nachgefragt, und meine Mutter hat mir dann irgendwann erzählt, dass sie den Hund zu einem Reiterhof gebracht hätte, wo er es doch viel besser hätte. Ein paar Wochen später habe ich durch Zufall erfahren, dass sie ihn hatte erschießen lassen.

Im Garten hat meine Mutter Gemüse angebaut. Damit hat sie alles selber gekocht, auch Babybrei. Wenn sie draußen im Garten arbeitete, musste ich auf meine Geschwister aufpassen. Meine Mutter hatte keine Ahnung, was passierte, wenn sie weg war. Ich habe acht Brüder, die mich natürlich verhauen haben. Wenn einer von denen allein ankam, habe ich deswegen versucht, ihn sofort umzuhauen und mich auf ihn gesetzt. Ich habe meine Brüder manchmal auch geknebelt und gefesselt. Im Grunde konnte ich die Jungs aber gar nicht bändigen. Ich sollte trotzdem auf sie aufpassen. Als Letzte wurde dann meine kleine Schwester geboren. Sie war natürlich die Prinzessin.

Im Dorf kommt es sehr auf das Ansehen an. Allerdings auf sehr verdrehte Art. Zum Beispiel gab es Gerüchte, dass ein verheirateter Mann einem Mädchen aus der Nachbarschaft etwas angetan hatte. Es gab eine Anzeige – mit der einzigen Folge, dass sich in der Kirche alle von dem Mädchen wegsetzten und sie beim Bäcker nicht mehr bedient wurde. Ich hatte darum in der Kirche öfter Lachanfälle, weil der Typ da oben, also der Priester, so log. Der machte aber gleichzeitig den Religionsunterricht in der Schule und fragte uns darüber ab, was er sonntags in der Kirche gesagt hatte. Also musste man schon deswegen in die Kirche gehen.

Selbst als er eines Tages von seinem Kirchendiener erwischt wurde, wie er mit einem Jungen in den Hinterräumen der Kirche Analverkehr hatte, passierte nichts, außer dass er in ein anderes Dorf versetzt wurde. Alle wussten es und hätten es sich sowieso denken können, denn die Fummelspiele hat er immer gemacht und auch mich und meine Geschwister immer gekrault. Die Leute im Dorf sind aber alle wie meine Mutter.

Diese scheinheiligen Leute! Ich würde bei der Jubiläumsfeier in ein paar Wochen am liebsten eine Bombe reinwerfen. Das würde nur wenige treffen, die es nicht verdient hätten. Lies doch mal *Das Buch der Schande*, das habe ich hier stehen, da sind die ganzen sexuellen Übergriffe von Priestern aufgelistet [Elinor Burkett/Frank Bruni: *Das Buch der Schande. Kinder und sexueller Missbrauch in der katholischen Kirche*, Wien, München 1995].

Zu dieser merkwürdigen Verlogenheit passt übrigens noch ein Beispiel: Am Baum unseres Nachbarn wuchsen diese dicken dunkelroten Kirschen. An unserem Baum wuchsen nur kleine hellrote. Ich war kurz, dünn und blond – also stellte ich mich an den Zaun und guckte immer mit großen Augen auf den Baum. Da hat mir der Nachbar eines Tages einen ganzen Ast mit Kirschen abgesägt. Ich glaube, den wollte er sowieso absägen.

Als ich den Ast mit den Kirschen nach Hause trug, hielt ein Auto an, und der Fahrer stieg aus. Er schimpfte mich aus, gab mir fünf Ohrfeigen und sagte, dass man keine Kirschen stehlen soll. Meine Mutter kam gleich aus dem Haus, aber anstatt mir zu helfen, zog sie mich nur schnell herein, schloss die Tür und sagte: ›Kein Wort! Ich will nichts hören!‹ Das heißt auch, dass ich nicht weinen durfte. Die Kirschen habe ich allerdings behalten.

So ging es mit allen Dingen. Auch über die Vergewaltigung – darauf komme ich gleich zu sprechen – hat sie nie geredet. Meine Mutter behauptet bis heute, wenn ihr irgendetwas unangenehm ist, sie könne sich nicht daran erinnern, auch wenn das nicht stimmt. Das Wichtigste ist, in der Kirche zu erscheinen, dort gesehen zu werden und den Nachbarn keinen Grund zum Tratschen zu geben.

Heute verstehe ich, dass das nicht einfach nur kaltblütig war. Sie hat sich auch geopfert für das Wohl der ganzen Familie. Wenn mein Vater die Tat mitbekommen hätte, wäre er ins Gefängnis gekommen, weil er den Täter auf jeden Fall umgebracht hätte. Dann wären wir elf Personen ohne Einkommen gewesen und hätten von Sozialhilfe leben müssen. Genau das war aber ja der größte Albtraum meiner Mutter: asozial zu sein. Wir mussten also schweigen und funktionieren. Ich verzeihe ihr das nicht. Unser Verhältnis ist heute sehr unterkühlt.

Falscher Abbieger

Vorab noch eine kurze Erklärung. Meine älteren Brüder hatten ein eigenes Zimmer, die habe ich nie nackt gesehen. Ich hatte also nur meine kleineren Brüder nackt gesehen und dachte, der schlaffe Penis würde beim Geschlechtsverkehr wie eine Leitung verlegt.

Meine Eltern habe ich auch nie nackt gesehen. Zuerst hatten wir keinen Fernseher, und als wir einen hatten, durften wir fast nie gucken. Wenn einmal eine Kussszene im Fernsehen kam, wurde der Fernseher ausgemacht. Wenn sich jemand aus der Familie umgezogen hat, ist er hinter eine Abschirmung gegangen. Ich wäre nie auf die Idee gekommen, mich vor meinen Eltern auszuziehen. Wir sind angezogen ins Bad gegangen und in den neuen Klamotten wieder rausgegangen.

Nun zum Geschehen. Mein Vater wollte mich immer beschützen, und auch an diesem Abend wollte er mich um kurz vor acht Uhr abends abholen. Ich war bei der Familie eines seiner Freunde gewesen. Mein Vater rief aber bei seinem Freund, dem Vater dieser Familie, an und sagte, dass er es nicht schaffe, mich abzuholen.

Es gab aber sofort eine Mitfahrgelegenheit. Das hätte mich schon stutzig machen müssen. Es war der Nachbar von gegenüber. Dieser Typ nahm mich mit. Im Auto erzählte er mir von seinen Kindern und fuhr dann an einer Stelle der Straße geradeaus weiter, an der man abbiegen musste, um zu mir nach Hause zu kommen.

Ich hatte ja diese ganzen Artikel in den Heftchen gelesen – ›Vergewaltigt auf dem Schulweg‹ – und dachte jetzt, scheiße, das ist es. Ich wusste allerdings nicht, worum genau es bei einer Vergewaltigung ging.

Der einzige Satz, den ich während der Autofahrt überhaupt zu dem Typ sagte, war: ›Wir hätten hier abbiegen müssen.‹ In diesem Moment, also beim falschen Abbiegen, hätte ich noch abhauen können, weil wir da noch im Dorf waren. Da waren Leute auf der Straße und Häuser ringsum. Kurz darauf beschleunigte er. Da machte ich die Autotür auf und wollte raus. Er fuhr aber zu schnell, und außerdem flog direkt meine Handtasche raus in den Graben. Die war weg, das gab später noch viel Ärger, weil der Haustürschlüssel, Sachen von der Schule und das Geld darin waren.

Er packte mich danach sofort mit einem Karnickelgriff im Nacken und holte von irgendwoher ein Messer heraus, das er mit der stumpfen Seite an meinen Hals hielt. Ich weiß, dass es die stumpfe Seite war, weil ich mich ganz vorsichtig dagegenlehnte.

Er hielt dann im Wald an einem Weg, stieg aus dem Auto aus und machte sofort die Hose auf. Ich war ganz still und klein und blond und dumm, der war aber massig, bestimmt neunzig Kilo schwer. Er hatte nun die Hose auf und kam auf die andere Seite des Autos rüber. Auf einmal habe ich sein Teil gesehen. Er hat mit dem Messer rumgefummelt, und er fummelte auch an meiner Hose, und er japste und keuchte dabei, weil er sich so anstrengen musste: Obenrum habe ich gezappelt, und untenrum machte ich die Beinpresse.

Da ist er richtig wütend geworden. Wenn es nach mir gegangen wäre, hätte ich ewig die Zähne zusammengebissen und eine Beinpresse gemacht. Sag das auch mal deinen Studentinnen, damit die das lernen.

Ich habe kein Wort gesagt, höchstens gejammert. Man sollte in so einem Moment aber vielleicht besser etwas sagen. Er wollte nämlich, dass ich zu ihm sage: ›Ich bin dein kleiner Engel.‹ Aber stell dir das mal vor: So ein schwerer, japsender, schwitzender Typ! Also hat er mir Ohrfeigen verpasst, und ich habe Sternchen gesehen. Mein Kopf donnerte gegen die Scheibe. Dann hat er mir mit irgendetwas kleinem Harten auf den Kopf geschlagen, und es lief Blut runter. Mit seiner dicken Hand hat er das Blut über mein Gesicht geschmiert, und dabei ist mir Blut ins Auge gekommen. Ich dachte immer abwechselnd: ›Ich will sterben‹ oder ›Ich will nach Hause‹.

Das Ganze dauerte von kurz nach acht abends bis drei Uhr nachts. Es kam mir aber vor wie drei Tage. Weil es kalt war, fand das alles im Auto statt. Ich kann mich nicht an alles erinnern, weil er mir so oft ein paar gelangt hat. An seinem Penis bin ich fast erstickt, ich wusste gar nicht, was er damit in meinem Mund wollte – das wird bei der katholischen Erziehung ausgespart. Von meinen jüngeren Brüdern kannte ich ja auch nur die kleinen, schlaffen Penisse.

Er hat das Blut in meinem Gesicht verschmiert und sich dann daran angeschmiegt. Der hat gar nicht kapiert, dass er neunzig Kilogramm wiegt und mir die Luft wegnimmt, wenn er auf mir liegt. Wenn ich gerade nicht weggetreten war, dachte ich daher, ich ersticke.

Mir hat von oben bis unten alles wehgetan, außer den Füßen. Der hat mir auch alles verbogen, die Gelenke, den Kopf, den er immer geschüttelt hat, und den Hals, weil er darauf gedrückt hat. Entweder hatte ich keine Luft, weil er auf mir lag oder weil er wollte, dass ich das mit dem Engel sage. Dazu hat er mir die Nase zugehalten. Machte ich dann den Mund auf, steckte er den Penis rein, und ich erstickte fast daran. Ein einziger Albtraum.

Er steckte den Penis überallhin, auch in die Wunde am Bein. Ich hatte in dem Moment so ein ekeliges Vergiftungs-gefühl, das schwer mit Worten zu beschreiben ist. Das war alles eine sehr schmerzhafte Angelegenheit.

Ein Schutzengel weist den Weg

Dann war ich so ein bisschen weggetreten, und auf einmal wurde es kalt. Ich konnte mich nicht bewegen, dachte aber, es sei Pause. Ich war erleichtert, dass das alles hoffentlich vorbei war. Aber dann war völlige Ruhe. Er hatte mich aus dem Auto gezerrt, auf den Boden geworfen und ein paar Äste und Laub drübergeworfen.

Der Typ dachte wohl: Die ist schon fast tot. Deswegen hat er eben einen Packen Blätter mit dem Fuß auf mich gekickt. Es waren nicht viele Blätter, denn ich konnte noch gut sehen. Du hast ja mal gesagt, dass manche Täter die Würde der Lei-che durch eine symbolische Bestattung wiederherstellen wol-len. Das war bei mir aber nicht so, er hat mich auf die Seite ge-legt und nicht wie in einem Sarg auf den Rücken. Ich glaube wirklich, der dachte, ich wäre tot. Beim Losfahren hat er mich im Rückwärtsgang fast überfahren, aber das war wahrschein-lich keine Absicht.

Ich kann mich nicht erinnern, wie ich nach Hause gekom-men bin. Vielleicht gibt es Schutzengel, denn es war ja stock-dunkel und kalt. Und wer hat mir meine Hose angezogen? Als ich so gegen fünf Uhr vor unserem Haus stand, dachte ich: ›Oh nein, wenn ich jetzt klingeln muss, so verletzt, blutig und durchgefroren …‹ Da hatte ich Angst. Als ich dann doch klingelte, kam keiner.

Meine Mutter schlief wohl tief, denn sie arbeitete ja den ganzen Tag schwer, und mein Vater war vermutlich auf Mon-tage. Ich habe noch mal geklingelt, da kam mein kleiner Bru-der. Er hatte die Augen überhaupt nicht richtig auf und sagte nur: ›Spinnst du?‹ Er ging sofort wieder ins Bett.

Im Spiegel sah ich mich dann zum ersten Mal und dachte, ich verblute. Wir durften den kleinen Ofen im Bad nie selbst anmachen, es war also eiskalt, und alles wurde rot. Ich dachte, ich kann das wohl nicht ändern, wenn ich jetzt verblute. Das Wasser in der Badewanne war auch ganz rot.

Schweigen

Die ekeligen Klamotten habe ich zu einem Knäuel gemacht und bin dann in mein Zimmer gegangen. So gegen sechs Uhr morgens kam meine Mutter in mein Zimmer, weil ich ja eigentlich zur Schule gemusst hätte. Sie fragte nicht, was passiert ist, nahm die Klamotten und sagte nur: ›Kein Wort zu niemandem. Zerstöre die Familie nicht.‹ Das hat sie tagelang zu mir gesagt. Sie hat bis heute nicht gefragt, was in der Nacht passiert ist, und sie hat es auch nicht erfahren, weil ich es nur zwei Menschen erzählt habe. Einer von ihnen bist du.

Ich hatte zwei Jahre vorher, also mit zehn, einen Fahrradunfall. Ich bin einen Hügel runtergefahren und habe dabei auf die Vorderbremse gedrückt, deshalb hat sich das Fahrrad überschlagen. Meine Mutter sagte nun: ›Wir sagen einfach, dass du wieder einen schlimmen Fahrradunfall hattest.‹ Ich wollte mich dagegen nicht wehren, ich wollte nur meine Ruhe. Allein konnte ich auch nicht zur Polizei gehen, ohne Aufmerksamkeit zu erregen, weil die Wache drei Orte weiter war. Einer meiner Onkel ist Polizist – dem konnte ich aber auch nichts sagen, weil meine Mutter es ja verboten hatte.

Seitdem konnte ich nicht mehr schlafen. Wenn ich die Augen zumachte, habe ich sofort das Gesicht gesehen. Wenn ich doch mal einschlief, erlebte ich immer das ganze Programm (der Vergewaltigung; M. B.).

Ich lag also im Bett und wollte gerne tot sein: Da stehen die nämlich in dem Dorf drauf, auf Beerdigungen. Bei Beerdigungen weint meine Mutter auch immer ganz bitterlich. Dabei ist sie in Wirklichkeit eher kaltherzig.

Mir ist jetzt ganz schlecht, ich muss hier mal eine Pause machen und einen Tee trinken. Es kann passieren, dass ich jetzt gleich einen Hautausschlag kriege, so juckende, ekelhafte Flecken, die gehen aber wieder weg, wenn ich mich beruhige.

Versteckspiel

Wenn ich heute träume, dann bin ich wieder das Kind von damals. Es geht mir aber bei vielen Dingen so, dass ich mir alles genau vorstelle. Manche Leute können sich ja an Dinge mehr allgemein erinnern, ohne sich die Einzelheiten so genau vorzustellen. Das kann ich aber nicht. Mir wird beim Träumen schlecht wegen dem Ekel. Ich kriege Herzrasen und immer dieses Gefühl, wann ist der endlich fertig. Früher habe ich oft geträumt. Erst als ich mit achtzehn aus dem Dorf wegzog, wurde es besser. Ich konnte bestimmt fünfzehn Jahre lang nachts nicht schlafen, deswegen arbeite ich jetzt einfach nachts. Ich hatte aber auch tags immer Angst.

An das Schweigen habe ich mich schnell gewöhnt – so wie es meine Mutter wollte. Auch von meinem Vater wurde ich erst einmal ferngehalten. Er war oft auf Montage und wollte uns ein schönes Leben bereiten. Ich war sein Lieblingskind, und ich wollte immer in seiner Nähe sein. Deswegen war die Zeit nach der Vergewaltigung auch so schlimm. Er hat die ersten zwei Jahre nach der Vergewaltigung nichts gemerkt. Danach dachte er, ich wäre einfach rebellisch, und wollte das mit Hausarrest regeln. Die Verletzungen konnte er nicht sehen, weil ich mit zwölf schon zu alt war und mich da nicht mehr nackt vor ihn hingestellt habe. Ich dachte natürlich immer, jeder sieht mir an, was passiert ist. Das war aber nicht so.

Einige Tage später musste meine Mutter mit mir aber doch zu diesem Volltrottel von Arzt gehen. Das kam so: Donnerstags guckten wir immer zusammen eine Rätselshow im Fernsehen. Ich lag aber im Bett und kam nicht. Da machte mein Vater Druck. Meine Mutter versuchte nun, es ganz geschickt anzustellen. Sie ging mit mir im Halbdunkel von hinten zum Sofa.

Die Wunde im Bein blutete aber immer noch, und auch Eiter kam da raus. Ich hatte sie ja selbst verbinden müssen. In der Hose war also ein riesiger Fleck. Mein Vater hat ihn gesehen und ist ausgerastet. Ich bin gleich wieder in meinem Zimmer verschwunden, aber meine Mutter musste ganz schön was aushalten. Er hat rumgebrüllt und die Sachen vom Tisch geworfen, zumindest hörte sich das so an. Dann kam er mit seinem Verbandskasten. Das wäre der Moment gewesen, wo ich etwas hätte sagen können. Ich habe aber nichts gesagt, weil meine Mutter es mir ohne Unterbrechung Tag und Nacht eingetrichtert hatte.

Am nächsten Tag schickte mein Vater uns zum Arzt. Aber der Trottel sah nichts. Ich dachte, der weiß jetzt Bescheid. Er guckte aber nur auf die tiefe Wunde und meinte: ›Ha, da kann man jetzt nichts mehr machen.‹

In den folgenden Tagen sagte er dann noch so nette Sachen zu mir wie zum Beispiel: ›Jetzt kannst du gar nicht mehr ins Schwimmbad gehen, du siehst so hässlich aus.‹ Ich dachte, mein Bein ist jetzt voll hässlich. Das denke ich auch heute noch.

Vom Häschen zur Rebellin

Nach wie vor musste ich jeden Tag in den Ort, wo der Typ lebte, weil da meine Schule war. Eines Tages passierte es dann. Durch Zufall stand er plötzlich vor mir auf der Straße.

Er dachte ja eigentlich, dass ich tot war. Als er mich sah, wurde er weiß, griff sich ans Herz, und in dem Moment konnte ich abhauen. Von nun an wurde aber alles noch schlimmer, weil ich dachte, jetzt würde er es beenden, da kommt noch was. Ich hatte deswegen auch tagsüber immer Angst und kann es bis heute nicht haben, wenn einer hinter mir geht. Ich habe immer Angst, dass wieder einer mit dem Karnickelgriff kommt.

Direkt nach der Sache, im Alter von zwölf bis vierzehn, benahm ich mich wie ein Häschen. Ich bewegte mich nur in Gruppen oder nah bei meinem Vater. Wenn er sein Auto reparierte, erklärte er mir, wie man die Batterie wechselt, und wenn er am Haus arbeitete, wie man Fenster streicht, obwohl mich das ja gar nicht interessierte. Aber ich dachte, er beschützt mich.

Mit sechzehn wurde mir das Verlogene zu blöd. Denn ich war ja auch verlogen, weil ich nie etwas gesagt habe. Mittlerweile zog ich Hosen an, die so eng waren, dass ich kaum reinkam. Ich wusste ja aus Erfahrung, dass das gut ist, weil niemand sie so leicht ausziehen kann, besonders wenn man eine Beinpresse macht. Das wurde die einzige Hose, die ich überhaupt noch angezogen habe. Einmal hat meine Mutter sie in den Müll geworfen. Da habe ich sie aus der Tonne gezogen und direkt aus dem Müll wieder angezogen.

Schon mit vierzehn hatte ich mir schwarze Lippen und schwarze Augen gemalt und 'nen Freund gesucht, der genau doppelt so alt wie ich war. Den habe ich bei Freunden auf einer Party kennengelernt. Ich dachte mir: ein großer, starker Mann – ideal!

Erst dann bin ich auch nicht mehr in die Kirche gegangen. Die Leute kamen deswegen sogar vorbei und klingelten bei meinen Eltern. Die mussten das irgendwie erklären.

Mein Freund war groß und stark und in einer Motorradgang. Mein Vater fand das nicht gut und sagte: ›Ich weiß, was so Leute mit jungen Mädchen machen.‹ Da dachte ich nur, wenn du wüsstest, dass das alles schon längst passiert ist …

Mein Freund hat mit mir sowieso nur die Sterne angeguckt, und sonst ist gar nichts gelaufen. Der war selber so ein Häschen, wir passten also gut zusammen. Nach ein paar Monaten ging es auseinander. Der wollte mit mir schlafen, er dachte wohl, jetzt ist es gut nur mit Sternegucken.

Als mein Beschützer mit dem großen Motorrad mir also eröffnete, dass er nun mal richtig zur Sache kommen will, hat mich eine tiefe Todessehnsucht gepackt. Ich wusste, dass ich nun bald meinen Bodyguard verlieren würde, und ich wollte deswegen bei einer Fahrt auf der Autobahn dahingerafft werden. Ich hatte mir alles schon genau ausgedacht. An einem Sonntagnachmittag kam er stolz mit seiner frisch polierten Maschine an, und ich habe in voller Absicht meinen Helm vergessen. Als er auf der Autobahn zeigen wollte, wie schnell er mit seinem Bike rasen kann, habe ich mich plötzlich aufrecht hingestellt. Ich wollte vom Fahrtwind weggepustet werden und dann rückwärts aufschlagen und möglichst schnell sterben.

Es wurde aber sofort sehr heiß an meinem Fuß. Ich hatte mich versehentlich auf die Pipes, diese chromblitzende Auspuffanlage, gestellt, und meine Stiefelsohle war geschmolzen und alles versaut. Da musste ich mir eine ganz schöne Predigt anhören. Allerdings kam es dann an diesem Abend nicht, wie von ihm geplant, zum Äußersten, und ein paar Tage später habe ich mich dann endgültig verabschiedet.

Dann waren da noch die US-Soldaten. Waffen fand ich nämlich auch immer gut. Ich freundete mich mit einem an und forderte ihn zum Beispiel auf, mit mir sonntags mit dem Militärpolizeiauto durch unser Dorf zu fahren, um die Kirchgänger zu ärgern.

Rache und rostige Messer

Mit sechzehn wollte ich ausziehen. Das hat mein Vater verboten. Er wollte nicht, dass ich allein in die Großstadt gehe. Ich wollte aber in eine größere Stadt, weil ich Angst hatte, dass ich dem Typen noch mal begegne.

Um diese Zeit bin ich manchmal mit meinem Bruder in eine Disco gegangen. Er hatte eine scharfe Freundin, die immer ganz schwarz gekleidet und mit Ketten behängt war. Das Gesicht hatte sie mit einer venezianischen Maske bedeckt.

Eines Abends wurde ich in dieser Disco vom Sänger einer Band angesprochen. Der war so süß, ich wollte ihn die ganze

Zeit abküssen. Allerdings war er das genaue Gegenteil eines Beschützers. Trotzdem hatte ich endlich einen Mann getroffen, mit dem ich selbst mal zur Sache kommen wollte.

Nach ein paar Tagen war es dann so weit. Kaum hatte er mich ganz zartfühlend beglückt, hat er sich ins Nebenzimmer verabschiedet, um den Schlagzeuger zu vernaschen. Überraschenderweise hat mich das aber gar nicht gestört, denn sie haben angenehme Töne von sich gegeben. Also nicht solche wie der Typ damals bei der Vergewaltigung.

Das hat mich so überwältigt, dass ich alles ganz genau in einem Tagebuch festgehalten habe. Ich hab's abgeschlossen in einem Schrank deponiert und noch mit einem extra Kettenschloss um die Griffe gesichert.

Eines Tages komme ich von der Schule und ertappe meine Mutter in meinem Zimmer, wie sie total entsetzt die Geschichtchen aus meinem Tagebuch verschlingt. Sie hat ernsthaft die Schlösser geknackt und sich so die Informationen besorgt, die sie durch ihre Verhörmethoden nicht bekommen hat.

Dann lernte ich einen Polizisten kennen. Der fand mich komisch, weil ich immer so seltsame Bücher gelesen habe, meine Fenster nachts immer geschlossen sein mussten, man meinen Hals nicht anfassen darf und weil ich selten schlafe. Wenn ich damals mal eingeschlafen bin, ist es auch nicht besser gewesen. Weil ich mich ja immer im Traum gewehrt habe, habe ich dem Polizisten einmal im Schlaf ein Veilchen gehauen. Danach habe ich ihm aber erzählt, was Sache war. Er wollte, dass ich eine Therapie mache, oder sich von mir trennen. Das war ihm zu anstrengend. Also haben wir uns getrennt.

'ne Therapie würde bei mir nichts nützen, mir wird da total schlecht, und die Träume gehen ja sowieso nicht weg. Was soll der Therapeut denn machen? Meinen Freundinnen erzähle ich das auch nicht, die würden das früher oder später weitertratschen. Sie finden mich ohnehin auch seltsam. Das ist für mich aber normal, dass ich auf andere komisch wirke. Man könnte denen auch gar nicht erklären, wie das mit dem jahrelangen Schweigen ist, dass man immer funktionieren musste und nicht wegkonnte. Ich tue ja niemandem was, außer in meinen Fantasien.

Irgendwelche Zwänge, zum Beispiel einen Putzfimmel, habe ich auch nicht entwickelt. Nur in den Tagen nach der Vergewaltigung habe ich mich mit Scheuersand gewaschen, bis die Haut ganz wund wurde.

Später war ich jedenfalls mal im Besuchsraum in einem Gefängnis und hab mit so 'nem Typen geredet. Der schilderte, wie schlimm es ist, wenn man Kindern nachgehen will, wenn man also diesen Drang hat. Und wenn man nur drei Wochen widerstehen kann, dann aber nicht mehr – so ähnlich, wie wenn man mit dem Rauchen aufhören will. Ich hätte ihn trotz seinem Zwang gern erwürgt.

Ich glaube, wenn man Leute umbringen will, liegt das schon in der Vergangenheit begründet, auch bei Verbrechern. Es geht gar nicht ums Umbringen, sondern darum, dasselbe mit denen zu tun: Es sind Vergeltungsfantasien. Die richten sich eigentlich nur gegen den ursprünglichen Menschen. Jemand anders sollte den ins Auto packen, genauso lange mit dem rumfahren, wie er mit mir rumgefahren ist, und so weiter.

Hier in der Nachbarschaft wohnt beispielsweise so ein großer starker Türke. Den würde ich gern mal fragen, ob er sich den Typen nicht mal vorknöpfen kann und mit ihm genau dasselbe machen wie der damals mit mir, das ganze Programm. Ich habe ja keinen Penis und kann das nicht selber machen. Ich würde nur zugucken. Das mit dem Messer würde ich allerdings gern selber machen. Aber nicht mit einem schönen Messer, sondern mit einem ekeligen, stumpfen, verrosteten Raspelmesser. Und dann so ganz dilettantisch.

Ich würde dem Typen erst mal ins Bein stechen. Vergewaltigen kann ich ihn ja wie gesagt nicht, man bräuchte also wirklich einen großen Mann als Helfer. Am Ende würde ich dem Typen das Messer ins Herz stecken und genüsslich zweimal rumdrehen. Und dann würde ich noch einen Satz sagen: ›Ich bin *nicht* dein kleiner Engel!‹

Rückblick

Ich will das alles gar nicht vergessen und verdrängen. Man gewöhnt sich auch daran, nicht oder nur sehr wenig schlafen zu können. Langfristig sterbe ich vielleicht daran, weil ich nicht so gut regenerieren kann wie Leute, die schlafen. Ich habe aber dadurch viel Zeit und kann mehr nebenher machen.

Aus heutiger Sicht würde ich eine Vergewaltigung nicht anzeigen. Die Zuschauer lachen im Gericht, und ich habe sogar schon gesehen, wie die sich im Publikum in die Hose gefasst und sich aufgegeilt haben.

Die Frauen kommen dort als heulendes Elend an und können kaum Name und Alter sagen. Einmal hat der Richter eine Frau gefragt, ob der Angeklagte zu ihr ›Schlampe‹ oder ›Drecksschlampe‹ gesagt hat. Nach so einem Erlebnis will man sich als Klägerin doch umbringen. So 'ne Frau zeigt doch nie mehr einen an.

Stell dir vor, ich hätte es damals angezeigt, dann wäre ich vielleicht erst recht ein leidendes Opfer geworden.«

2. EINE LANGE SUCHE
NACH DER WAHRHEIT

»Wahrlich, keiner ist weise,
der nicht das Dunkel kennt,
das unentrinnbar und leise
von allen ihn trennt.«
Hermann Hesse

Ein Stein ist ein Stein

»Ich wünschte«, schrieb mir eine befreundete Kriminalpolizistin, als ich dieses Kapitel zusammenstellte, »so viel Zeit bliebe uns auch, um derartige Untersuchungen anzustellen. Dem ist leider nicht so ...« Ihr Seufzer bezog sich auf die folgende Zeitungsmitteilung, die sie beigefügt hatte:

Aus aller Welt
Mörder nach neunundzwanzig Jahren verurteilt
LONDON (dpa). Fast dreißig Jahre nach dem Mord an einer jungen Engländerin ist ihr Mann als Täter zu lebenslanger Haft verurteilt worden. Er hatte sie 1976 mit einem Eispickel erschlagen. 1997 stießen Amateurtaucher in einem nordenglischen See auf ihre Leiche. Der Mann gestand die Tat und begründete sie damit, seine Frau sei ihm nicht treu gewesen.

Die Taucher stießen im Coniston-Water-See in Nordengland durch Zufall auf ihre Leiche. In Anlehnung an einen Kriminalroman bezeichneten Presse und Fernsehen den Fall als »The Lady in the Lake« – die Frau im See. Rechtsmediziner konnten feststellen, dass die Tote mit einem Eispickel erschlagen worden war. Nach erfolgreicher Identifizierung wurde ihr

Ehemann Gordon Park zwar festgenommen, doch die Beweise
reichten nicht aus, um ihn vor Gericht zu stellen.

Die Polizei ermittelte trotzdem weiter. Schließlich konnte man
Steine aus dem See bergen, die als Ballast für den Leichensack
verwendet worden waren. Diese stimmten mit denen überein,
die Gordon Park beim Bau seines Hauses verwendet hatte.

Außerdem sagten zwei Häftlinge, mit denen sich Park in
der Untersuchungshaft unterhalten hatte, aus, er habe ihnen
gegenüber den Mord zugegeben. Seine Frau habe den Tod verdient, weil sie fremdgegangen sei. Danach wurde der mittlerweile pensionierte Lehrer erneut festgenommen. Obwohl der
Einundsechzigjährige die Tat weiter bestritt, hielten die Geschworenen seine Schuld aufgrund der gegen ihn sprechenden Indizien für erwiesen.

Da in angloamerikanischen Gerichten die Entscheidung
über Schuld und Unschuld von einer Laienjury und nicht vom

Abb. 24: Luftbild des Sees Coniston Water, in dem die verschnürte Leiche
von Carol Park nach neunundzwanzig Jahren gefunden wurde.
(Foto: Jonathan Webb/Webbaviaton)

Richter getroffen wird (vgl. den Fall O. J. Simpson in meinem Buch *Mordmethoden*, S. 264–283), ist die Persönlichkeit des Angeklagten oft entscheidend. Denn der Charakter einer Person ist für Laien scheinbar einfacher zu verstehen als die objektiven Sachbeweise. Tatsächlich ist die Aussagekraft von Sachbeweisen aber oft größer als die einer beeinflussbaren Zeugenaussage. Da es nicht immer einfach ist, ohne Vorkenntnisse Fachdetails richtig einzuordnen, geben die meisten Geschworenen eher Aussagen über den Charakter des Angeklagten den Vorrang – auch wenn die nur auf Hörensagen beruhen.

So kam es, dass in der englischen Presse der Widerspruch zwischen der angenehmen Persönlichkeit des Täters und seiner brutalen Tat recht schnell, wenn auch in kargen Worten, betont wurde. Die *Financial Times* berichtete dazu etwa:

»Geboren wurde Gordon Park in Barrow-in-Furness. Sein Vater war zunächst Gaszähler-Ableser und seine Mutter Busfahrerin; als Park seine spätere Frau Carol kennenlernte, hat-

Abb. 25: Coniston Water liegt in einer ruhigen Gegend. Hier kennt man sich, und dunkle Geheimnisse bleiben unter einem Mantel des Schweigens verborgen – oder in einem See begraben. (Karte: L. Fuß / M. Benecke)

ten die Eltern mittlerweile einen gut laufenden Laden für Farben und Tapeten aufgebaut.

Gordon Park wurde Lehrer und war bis zu seiner Pensionierung in der Schule, in der er arbeitete, ein geschätzter Kollege. Die Polizei räumt ein, dass Park offenbar einen anständigen Charakter hat, ein ausgefülltes Leben führte und normalen Hobbys – Segeln, Klettern und später auch Radfahren – nachging.«

Ist das nicht eine seltsame Charakterminiatur für einen Täter, den über zwanzig Jahre lang der Mord an seiner Gattin auf die Seele drücken musste und der trotz seiner belastenden Tat die zwei gemeinsamen Kinder sowie eine adoptierte Tochter liebevoll aufgezogen hatte?

Wenn man genauer hinschaut, erhält das Bild aber rasch Risse. Die Familie bestand zum Zeitpunkt des Mordes nämlich schon gar nicht mehr. Frau Park hatte sich nach mehreren Affären 1974, im siebten Ehejahr, von ihrem Mann getrennt. Im März 1975 wurde Gordon Park daher das Sorgerecht für die Kinder zugesprochen. Das bewegte Frau Park, noch einmal nach Hause zurückzukehren. Lange hielt sie es dort aber nicht aus. Am 17. Juli 1976 verschwand sie erneut, dieses Mal allerdings kommentar- und spurlos. Ihren Verlobungs- und Ehering ließ sie an diesem Tag demonstrativ liegen.

Park heiratete danach noch zweimal. Als die Kinder aus dem Haus waren, verkaufte er das gemeinsame Heim und zog um. Es gab aber kein Getuschel, weil Park über die ganzen Jahre ein friedlicher und freundlicher Mensch war und blieb.

Zwar war bekannt, dass Park und seine Frau sich vor deren Verschwinden heftig gestritten hatten. Herr Park sagte dazu aber nur, dass er keinem Menschen »und erst recht keiner Frau« jemals ein Haar krümmen könnte, »egal, wie sehr sie mich provoziert«. Diese Meinung teilten auch seine sämtlichen Bekannten: Park war keine Gewalt zuzutrauen.

Natürlich war Park als Ehemann der Verschwundenen trotzdem einer der Hauptverdächtigen. Mangels Leiche, Spuren oder sonst irgendwelcher fassbarer Hinweise ließen ihn die Ermittler aber rasch wieder vom Haken, und so wäre die Sache beinahe in Vergessenheit geraten.

Leiche im Nachthemd

Doch im August 1997 entdeckten vier Taucher im Coniston Water ein ungewöhnlich geformtes Bündel. Das Team hatte eigentlich gehofft, im See verlorene Wertgegenstände aufzuspüren. Hier allerdings handelte es sich um eine merkwürdige Art Tasche, die so schwer war, dass die Taucher sie selbst zu viert nicht ans Ufer schleppen konnten. Sie prägten sich also die ungefähre Lage des Fundstückes anhand der Schwimmdauer zum Ufer, der Himmelsrichtung und der Tauchtiefe ein.

Vier Tage später kamen die Schatztaucher wieder. Dieses Mal hatten sie bessere oder zumindest mehr Ausrüstung mitgebracht. Wegen des trüben Wassers dauerte es eine Weile, bis sie den seltsamen Sack wiederfanden, und gleich gab es die nächsten Schwierigkeiten. Denn das Bündel war so eng verschnürt, dass die Taucher ihre Seile und eine Schwimmblase zum Heben des Fundes kaum daran befestigen konnten.

Mit all ihrer Kraft und von zunehmender Neugier beflügelt, schleiften sie das Bündel trotzdem von seinem vierundzwanzig Meter unter Wasser gelegenen Platz bis ans Ufer. Als sie die Plane aufschnitten, kam zuerst eine grüne Verpackung und dann, in schwarze Mülltüten gewickelt, eine Leiche zum Vorschein.

Das Weitere übernahm die Polizei. Besonders aufmerksam wurden die herbeigeeilten Journalisten, die gerade im Nachrichten-Sommerloch dümpelten, als man feststellte, dass die tote Person nur mit einem Nachthemd bekleidet war. Unter anderem wegen dieser zwar nebensächlichen, aber bizarren Pikanterie schaffte es die bislang dünne Story in die landesweiten Nachrichten. Inspiriert von einem Kriminalfilm aus dem

Jahr 1947 nach einer Vorlage von Raymond Chandler wurde der Fall fortan als »Lady in the Lake« bezeichnet.

Schonfrist für den Mörder

Die Leiche wurde schnell identifiziert. Man hatte in die Vermisstenakte von Frau Park vorsorglich die Aufzeichnungen ihres Zahnarztes aufgenommen. Der Vergleich mit den Leichenzähnen bewies eindeutig, dass der Körper im Bündel die einstige Frau Park war.

Normalerweise wäre der Fall als gruselige Sommerstory schnell abgehakt gewesen. Coniston Water ist ein idyllisches Gewässer, etwa acht Kilometer lang, und außer englischem Rasen und – allerdings sehr schönen – Felsen bietet die Umgebung nicht viel. Schon wegen dieser wenig spannenden Kulisse hätte sich wohl kaum jemand außer der örtlichen Polizei weiter für den Fall interessiert, wenn nicht irgendwann eine Eigenschaft des Sees ins Auge gefallen wäre. Coniston Water ist mit einer Tiefe von bis zu siebenundfünfzig Metern besonders gut geeignet, um eine Leiche darin dauerhaft verschwinden zu lassen. In dieser Tiefe können Bakterien mangels Wärme die Leiche oft nicht mehr aufblähen. Daher treiben die so bestatteten Toten auch nicht nach oben.

War es möglich, dass Gordon Park, der auf Coniston Water ein Segelboot besaß, sich genau diese Tatsache hatte zunutze machen wollen? War es vielleicht nur Zufall, dass er die beste Abwurfstelle für die verpackte Leiche verfehlt und den Körper daher auf ein Plateau in nur vierundzwanzig Meter Tiefe anstelle des nahebei beginnenden tiefen Seebereichs versenkt hatte?

Diese Überlegung bereitete der Polizei Magenschmerzen. Man versuchte also, Druck auf Park auszuüben. Der dreiundfünfzig Jahre alte Mann war mittlerweile seit vier Jahren pensioniert und gerade mit seiner dritten Ehefrau im Urlaub.

Doch unmittelbar nach seiner Rückkehr wurde Park festgenommen und – was mangels Fluchtgefahr ungewöhnlich ist –
erst einmal in Untersuchungshaft gesteckt. Die Polizei wollte
die Dauer der U-Haft nach Ablauf einer ersten Frist von zwei
Wochen unbedingt verlängern, um ungestört Beweise gegen
den Täter sammeln zu können. Da gegen Park aber nie etwas vorgelegen hatte, versuchte es die Polizei mit einem Trick.
Sie bemühte sich, den Haftrichter davon zu überzeugen, dass
Park durch die aufgebrachte Bevölkerung gefährdet und daher nur im Gefängnis sicher aufgehoben sei. Das war natürlich Unsinn, denn alle, die ihn kannten, mochten den früh
pensionierten Lehrer, und niemand verstand so recht, warum
er überhaupt einsaß. Also kam Park nach zwei Wochen wieder frei.

Die Ermittlungen zogen sich bis Januar 1998 hin. Zwar wurden an der Leiche sehr starke Gewalteinwirkungen festgestellt.
Doch auch das war keine verwertbare Spur, die auf einen kon-
kreten Täter hinwies. Also wurde die Akte wie fast zwanzig
Jahre zuvor wieder geschlossen. Erneut hatten sich keine aus-
reichenden Hinweise darauf ergeben, dass Park seine Frau
getötet hatte. Allerdings gab es noch einen zweiten Verdächtigen.

Verhaftung nach drei Jahrzehnten

Der zweite Tatverdächtige war ein Verwandter von Gordon
Park. Wie schon erwähnt, hatten die Parks in ihrer Ehe ein
Kind adoptiert: die Tochter von Carol Parks Schwester. Der
Grund dafür war schaurig: Der leibliche Vater des Kindes hatte
seine Lebensgefährtin – ebendie Schwester von Carol Park –
umgebracht. Vor der Tötung hatte er ihr die Augen mit Klebe-
band verbunden. Trotz dieser enormen Grausamkeit war der
Täter im Juli 1976, als Carol Park verschwand, nicht im Gefängnis, sondern hatte gerade Hafturlaub. Die Sache hatte nur

einen Haken: Es gab keinerlei Beweise für seine Täterschaft. Dasselbe galt allerdings auch für Gordon Park.

Aber es gab einen entscheidenden Unterschied zwischen den Männern. Gordon Park hätte sehr wohl einen Grund gehabt, seine Frau umzubringen. Denn Carol Park war nicht einfach »nur« fremdgegangen, sondern hatte stattdessen jahrelang On-off-Beziehungen mit ihrem Mann und den Liebhabern geführt. Das, so sagte man sich, konnte einen Mann schon an den Rand der Verzweiflung und vielleicht auch in eine Mordtat treiben.

Andererseits war Carol nicht unehrlich gewesen. Schon im Herbst 1974 wollte sie sich ganz offiziell von ihrem Mann scheiden lassen. Dies führte aber nicht zu mehr Freiheit, sondern für sie zu einer zusätzlichen Belastung: Im Frühjahr 1975 wurde ihr, wie schon erwähnt, das Sorgerecht für die Kinder entzogen. Carol Park war entsetzt, obwohl sie mit einer solchen Entscheidung hätte rechnen können. Sie war nämlich mehrfach ohne ihre Kinder bei einem der Liebhaber eingezogen, wenig später aber immer aus Sehnsucht nach ihnen wieder nach Hause zurückgekehrt – damit allerdings wohl oder übel auch zu ihrem Gatten. Das Vormundschaftsgericht entschied daher, dass die Kinder beim Vater besser aufgehoben wären als bei der wankelmütigen Mutter.

Eine Zeitung leckt Seewasser und Blut

Nach dem Fund der Leiche blieb Park also, abgesehen von der zweiwöchigen Untersuchungshaft, auf freiem Fuß. Doch im Januar 2004 eröffnete die Staatsanwaltschaft das Verfahren plötzlich zum dritten Mal. Die Polizei hatte fünf Jahre lang keine Ruhe gegeben und war sich nach endlosen Ermittlungen endlich sicher, genügend Beweise gegen Park aufgespürt zu haben. Und tatsächlich: Im Gerichtsverfahren, das ab November 2004 und über die Weihnachtstage folgte, wurde dementsprechend zügig verhandelt. Der Abschlussbericht liest sich wie ein Triumphzug der forensischen Disziplinen. Auf einmal gab es nicht nur Zeugen und Sachbeweise, sondern ein für die Geschworenen auch unumstößliches Gesamtbild, nach welchem Park der Täter sein musste. Am 28. Januar 2005 wurde er zu lebenslänglicher Haft verurteilt.

Doch dann wurde es spannend.

Der *Daily Express* brachte Parks Geschichte nicht nur auf dem Titel, sondern auf zwei weiteren vollen Seiten. Für den Autor der Story, Mark Blacklock, war das eine Art journalistischer Seligsprechung. Nach seiner Meinung gibt es nicht den Hauch eines Zweifels, dass Park der Mörder seiner Frau war. Urteilen Sie selbst. Es scheint wirklich alles – Zeugenbeobachtungen, Parks unterkühlter Charakter und alle wissenschaftlichen Tatsachen – gegen den Angeklagten zu sprechen:

»Schuldig – Mörder der ›Frau im See‹ erhält lebenslang, nachdem er der Justiz dreißig Jahre lang durch die Maschen gegangen war.

Als der Schuldspruch wegen Mordes an seiner Frau und für das Versenken des verstümmelten Körpers in einem der tiefsten Seen Englands fiel, beugte sich der kaltherzige einundsechzigjährige Schulmeister auf seiner Bank vornüber. Er schmort vermutlich für den Rest seines Lebens in Haft, denn er muss mindestens fünfzehn Jahre für das Verbrechen absitzen, das zum Gemeinsten gehört, was die britische Kriminalgeschichte je gehört hat.

Als der bebrillte Großvater schockiert den Kopf in seine Hände stützte, brach auch seine Familie – darunter seine sechzig Jahre alte, dritte Ehefrau Jenny – in Tränen aus. Aus ganz anderen Gründen schluchzte der Bruder von Carol Park, der sechsundsechzig Jahre alte Ivor Price. Er hatte neunundzwanzig Jahre lang darauf gewartet, dass seiner Schwester endlich Gerechtigkeit widerfährt. Weinend brach auch er zusammen; später sagte der tiefgläubige Werftangestellte: ›Ich wusste, dass Park kriegt, was er verdient. Ich danke Gott, dass ich diesen Tag, an dem die Gerechtigkeit gesiegt hat, noch erleben darf.‹

Park, ein begeisterter Segler, hatte geglaubt, ein perfektes Verbrechen begangen zu haben, als er die Leiche seiner Frau im Coniston Water versenkt hatte. Als aber Freizeittaucher die sterblichen Überreste einundzwanzig Jahre später in vierundzwanzig Meter Tiefe fanden, bedeutete das den Anfang unfassbarer Ermittlungen. Sie dauerten sieben Jahre – dann passten alle Puzzleteile zusammen. Das Gericht in Manchester setzte gestern den Schlusspunkt.

Was genau in der Nacht im Juli 1976 geschah, als Park, Vater dreier Kinder, seine Frau umbrachte, weiß nur er. Vor Gericht bewies die Unmenge forensischer und weiterer Beweise, dass er der Mörder ist.

Park war nach dem Fund der Leiche im August 1997 wegen Mordes angeklagt worden. Die Staatsanwaltschaft ließ die Anklage aber wegen ungenügender Beweise fallen. Unverdrossen führte die Polizei aber die Ermittlungen fort, bis die Staatsanwaltschaft überzeugt war, Park erneut anklagen zu können.

Weitere Hinweise kamen von zwei Zellengenossen Parks, die berichteten, dass der Lehrer ihnen seine Verbrechen gestanden habe, als er mit ihnen in Untersuchungshaft saß. Einer der beiden Häftlinge gab an, Park habe gesagt, dass ›sie es verdient habe‹ und dass er seine Frau mit einem anderen Mann im Ehebett des gemeinsamen Hauses erwischt habe.

Eine zusätzliche Zeugin meldete sich 2003. Sie erinnerte sich, im Jahr 1976 zusammen mit ihrem Ehemann vom Ufer aus Park beim Segeln gesehen zu haben. Dabei sahen sie, wie er ein großes, schweres Objekt von Bord kippte. ›Ich hoffe, das ist nicht seine Frau‹, habe ihr Ehemann damals aus Spaß gesagt.

Gordon Park wirkt überhaupt nicht wie ein Mörder. Seine Verteidiger schildern ihn als Stütze der Ortsgemeinschaft, der stets ruhig und freundlich ist. Sein Sohn Jeremy beschreibt ihn als ›großen Softie‹.

Doch während der höfliche Vater den Respekt und die Freundschaft seiner Familie und der Nachbarn gewann und obwohl er erfolgreich die Erziehung der Kinder und seinen Beruf meisterte, verbarg sich in ihm ein dunkles, schreckliches Geheimnis. Unter der ruhigen Oberfläche herrschte ein mitleidloser Pedant, ständig in Gefahr, in Wut auszubrechen. Die Polizei glaubt, dass genau das zum Tod von Carol geführt hat.

Das Paar führte eine unglückliche Ehe, beide hatten Affären, und am Abend, als Carol starb, gab es Krach. Höchstwahrscheinlich wurde Park wegen der Untreue seiner Frau von einer eifersüchtigen Raserei übermannt, in der er seine Frau im gemeinsamen Heim, dreißig Kilometer von Coniston, umbrachte. Das Gesicht seiner Frau zerschlug er in besonders grausamer Weise mit einem Eispickel, um sie dadurch unkenntlich zu machen.

Dann wickelte er die Leiche ein und warf sie ins Wasser. Er wartete sechs Wochen, bevor er sie vermisst meldete. Die lange Zeit begründete er damit, dass seine Frau wohl wieder einmal bei einem anderen Mann lebe. Allerdings versuchte Carol während der ganzen Zeit nicht, ihre Kinder zu erreichen, obwohl sie diese anbetete.

Ein weiterer Beweis gegen Park bestand in den komplizierten Segelknoten, die er verwendet hatte, um die Leiche zu verschnüren.

Der Körper war zudem mit Steinen beschwert, deren Zusammensetzung sich völlig von den anderen Steinen im See unterschied, aber genau mit derjenigen des gemeinsamen Hauses übereinstimmte.

Nachdem die damalige Anklage wegen Mordes fallen gelassen worden war, hatte Park gegen ein Honorar von fünfzigtausend Pfund (zirka fünfundsiebzigtausend Euro; M. B.) seine Geschichte voller Selbstmitleid und Lügen einer Sonntagszeitung verkauft: ›Ich muss Dutzende Male über ihre Leiche gesegelt sein‹, sagte er. Während der jetzigen Gerichtsverhandlung zeigte Park hingegen kaum Gefühle – selbst dann nicht, als die grauenhaftesten Details des Mordes und der Verstümmelung der Leiche beschrieben wurden.

Jeden Mittag, nachdem Park die täglich neuen Beweise dafür hatte anhören müssen, dass er seine Frau zu Tode geknüppelt hatte, ging er aus dem Gerichtsgebäude, packte einen sorgfältig eingewickelten, zu Hause vorbereiteten Sandwich aus seiner Butterbrotdose und schlürfte dazu seelenruhig Tee aus einer silbernen Thermoskanne. Park wurde von seiner dritten Frau Jenny (60), seinem Sohn Jeremy (34), der jüngeren Tochter Rachel (33) und seinen Freunden unterstützt.

Nach der Urteilsverkündung sagte der Ermittlungsleiter Keith Churchman, der die Jagd nach dem Mörder beendet hatte: ›Die meisten Menschen, die ihren Lebensgefährten töten, bereuen es sofort. Park war da ganz anders. Er ging weit über das bloße Töten seiner Frau hinaus. Er beseitigte auch noch die Leiche, etwas, das die wenigsten unter diesen Bedingungen tun würden.‹

Die Polizei ist überzeugt, dass Park zwei Pflaster benutzte, um ihre Augen geschlossen zu halten. Ein Kriminalpolizist sagte: ›An der Leiche fanden wir zwei Heftpflaster, an denen Wimpern klebten. Er muss sie benutzt haben, um ihre Augen zuzukleben, damit sie ihn nicht anstarren konnte, als er die Leiche eine Woche lang in seiner Tiefkühltruhe aufbewahrte.‹

Zum Strafmaß erläuterte Richter McCombe: ›Ich musste auch das fürchterliche Verbringen der Leiche berücksichtigen, das so vielen Menschen Leid bereitet hat. Das Beileid des Gerichts ist bei allen, die Carol Park mochten.‹«

Wundert es Sie auch, dass der Autor hier eine Art zweite Verurteilung unternimmt, ja den Verurteilten geradezu hinrichtet? Wozu der Eifer, wozu das Andichten des miesen Charakters, der von niemandem vor Gericht bestätigt wurde? Warum die Schilderung von Raserei und Totknüppeln, als wäre der Autor dabei gewesen? Und wie sollen eigentlich Steine aus der Wand des Hauses in das Paket mit der Leiche gelangt sein?

Die Antwort ist einfach: Park hatte seine Geschichte ursprünglich der *Mail on Sunday* verkauft. Da diese mit der *Daily Mail* über Kreuz liegt, nahm die Redaktion offenbar die Gelegenheit wahr, es der Konkurrenz, die einem nun verurteilten Mörder vor sieben Jahren das Wort erteilt hatte, mal so richtig zu zeigen.

Doch was genau hatte Gordon Park damals zu Protokoll gegeben? In erster Linie hatte er sich mit der Polizei angelegt – und das ist in England, dem Heimatland der naturwissenschaftlichen Kriminalistik, nicht unbedingt eine gute Idee, wenn man Sympathiepunkte sammeln möchte.

Gordon Parks Version der Ereignisse

»Das letzte Mal habe ich Carol an einem Samstagmorgen im Sommer 1976 gesehen«, berichtete Park, zehn Tage nachdem die erste Anklage mangels Beweisen fallen gelassen worden war. »Wir hatten uns überlegt, den Kindern etwas Besonderes zu bieten und mit ihnen auf die örtliche Kirmes zu gehen. Als es dann so weit war, hatte Carol aber keine Lust mehr. Warum, weiß ich nicht mehr, es war jedenfalls nichts Besonderes, dass sie ihre Meinung von einer Minute auf die andere änderte.

Also fuhr ich mit den Kindern allein los. Als wir zurückkamen, war Carol verschwunden. Auch das war keine Überraschung; sie hatte mich schon sechsmal ›verlassen‹. Manchmal kam sie rasch wieder, manchmal blieb sie Monate mit anderen Männern weg. Eine Nachricht hatte sie nicht hinterlassen. Allerdings lagen ihr Ehe- und Verlobungsring auf dem Tisch. Das sollte wohl bedeuten, dass unsere Ehe am Ende war. Ich wartete also wieder einmal, wie es nun weitergehen würde.

Carol kannte ich, seit ich zwanzig Jahre alt war. Sie war humorvoll, intelligent und lebenslustig. Wir unternahmen damals das Übliche, gingen tanzen und in den Pub, oder ich reparierte ihr Mofa, auf das sie unheimlich stolz war. Wir sahen

uns vorwiegend am Wochenende, weil wir beide ganztags arbeiteten. Dann führte ich sie meist in meinem uralten Ford
aus, den ich für nur fünf Pfund gekauft hatte. Wir gingen essen
oder ins Kino oder trafen uns mit Freunden.

Es war eine ganz normale Teenagerliebe mit den üblichen
Höhen und Tiefen; ich war beispielsweise auf einen alten
Freund von ihr eifersüchtig. Wir beendeten unsere Beziehung
auch schon mal, aber Carol drohte dann immer damit, sich
mit einer Überdosis Tabletten umzubringen. Ernsthaft versucht hat sie das aber nie. Sie wollte nur Aufmerksamkeit.

Etwas später zog ich bei meinen Eltern aus und begann, ein
Haus zu bauen. Es war nicht ausdrücklich für uns beide gedacht, aber Carol war in der Ausbildung zur Lehrerin und außerdem meine Freundin, also verlobten wir uns. Das ergab
sich einfach so. 1967 heirateten wir und zogen in das erst halb
fertige Haus ein.

Drei Jahre später wurde Carols Schwester von ihrem Lebensgefährten ermordet und hinterließ ein achtzehn Monate
altes Baby. Das adoptierten wir, arbeiteten aber auch an eigenem Nachwuchs. Im März 1970 wurde unser Sohn Jeremy geboren. Ich war sehr zufrieden, aber Carol zog sich öfter in sich
zurück und blühte nur auf, wenn wir Besuch hatten. Vielleicht
dachte sie, ich würde sie einengen.

Als unser zweites Kind geboren wurde, traten bei Carol
Stimmungsschwankungen auf. Wir gingen wenig vor die Tür
und hatten auch kaum Geld. Die ganze Harmonie war aus unserer Beziehung verschwunden, und Carol heulte wegen jeder
Kleinigkeit.

Ich konnte sie einfach nicht erreichen. Jede Kleinigkeit erschien ihr als riesiges Problem. Sie liebte unsere Kinder, und
die liebten sie; wir hätten eine perfekte Familie sein können.
Wenn ich heute die Fotos von damals ansehe, frage ich mich
immer, warum sie uns verließ, wenn sie uns doch liebte?

Das erste Mal verschwand sie im September 1972 mit einem Mann, den ich sogar kannte. Er war aufrichtig genug,

um zu mir zu kommen und sich mit mir auszusprechen. Dabei versicherte er mir, dass die Beziehung zu meiner Frau beendet sei.

Es dauerte aber kaum ein Jahr, bis sie einen neuen Freund hatte. Er arbeitete in der Werft, und er kam mit seiner Frau einige Male zu uns in unser Haus. Seine Frau und ich merkten aber schnell, dass etwas zwischen Carol und ihm lief.

Sie gab auch zu, dass sie eine neue Affäre hatte, versprach aber, das Verhältnis zu beenden. Stattdessen kündigte sie aber kurz darauf an, mich zu verlassen.

Ich war am Boden zerstört und wusste weder, was schiefgelaufen war, noch, was ich falsch machte, warum sie drei bezaubernde Kinder im Stich lassen wollte und wie ich alles wieder geradebiegen sollte.

Ihr Liebhaber half ihr sogar, ihre Sachen zusammenzupacken, und weg waren sie. Doch schon am nächsten Tag stand Carol wieder vor der Tür. Das war im März 1974.

Einen Monat später packte sie erneut ein paar Kleidungsstücke in eine Reisetasche und ging. Dieses Mal kam sie aber schon am gleichen Abend wieder. Im selben Jahr, 1974, lernte sie dann einen Studenten an der Open University kennen und wollte sich nun erstmals ernsthaft von mir scheiden lassen.

Um mir das zu sagen, rief sie mitten im Unterricht in der Schule an. Ich musste ins Sekretariat kommen, um mir dort ihren Scheidungswunsch anzuhören. Ich war schockiert. Am Abend machte ich Tee, spielte mit den Kindern, las ihnen etwas vor, badete sie und brachte sie mit einem Gutenachtkuss zu Bett. Dann erledigte ich die Hausarbeit, wusch ab, machte das Essen für den nächsten Tag und bereitete meine Unterlagen für den Unterricht vor. Ich konnte einfach nicht verstehen, was ich angestellt hatte, dass Carol mich so behandelte.

Im März 1975 wurde mir dann als Vater das Sorgerecht für die Kinder zugesprochen, was damals sehr unüblich war. Das Gericht wollte nicht, dass die Kinder aus ihrer gewohnten Umgebung, der Schule und ihren Freunden, fortgerissen wurden. Das schien Carol zur Besinnung gebracht zu haben. Einige Wochen später kam sie erneut zurück.

Ich war überglücklich. Wir redeten und redeten, und alles schien sich zu klären. Aber sechs Tage später war sie schon wieder weg – beim Studenten David.

Zwei Wochen später war auch diese Affäre vorbei, und Carol kam erneut nach Hause. Sie fragen sich vielleicht, warum ich das alles mitgemacht habe. Ich war überzeugt, dass wir vieles hatten, was für unsere Ehe sprach: drei Kinder, die ihre Mutter brauchten, gute Jobs und ein nettes Häuschen. Und ich liebte Carol noch immer. Es gab zwar viele Wunden, die verheilen mussten, aber ich dachte, wir könnten das schaffen.

Als sie dann das nächste und letzte Mal verschwand, tat ich nur noch, was nötig war. Für Selbstmitleid hatte ich keine Zeit mehr. Ich musste arbeiten und die Kinder versorgen. Mein Leben bestand nur noch aus Arbeit und Schlaf. Ich war ein Wrack, aber ich wollte auf keinen Fall, dass die Kinder in ein Heim gesteckt wurden. Ich mobilisierte also alle Reserven, um durchzuhalten. Wenn die Kinder fragten, wo ihre Mutter sei, sagte ich, sie sei gegangen, weil sie wohl unglücklich gewesen sei. Ich habe die Affären nie erwähnt. Kinder sollen ein gutes Bild von ihrer Mutter haben, damit ihr Selbstbewusstsein keinen Knacks davonträgt.

Die Polizei wurde allerdings stutzig, weil ich Carols Verschwinden nicht gleich gemeldet hatte. Man schickte erfahrene Beamte, die mich befragten. Sie durchsuchten die Kühltruhe und den Dachboden und fragten, welche Kleidungsstücke Carol zuletzt mitgenommen hatte. Die Kinder fragten sie, ob sie ihrer Mutter Adieu gesagt hätten. Das ging sechs Monate lang so weiter.

Dass Carol tot sein könnte, war mir überhaupt nicht in den Sinn gekommen. Die Polizei sagte mir aber, dass man mich für den Täter hielt und dass sie mich, falls die Leiche auftauchen würde, als Ersten im Visier hätten.

Drei Jahre später wurde die Scheidung genehmigt; später heiratete ich noch zweimal.

Eines Tages, ich war gerade im Urlaub, rief mich mein Sohn Jeremy an. Er berichtete, dass sie eine Leiche gefunden hätten und davon ausgingen, es sei Mami, und dass die Polizei mich sprechen wolle. Damit begann ein Albtraum. Die Presse schrieb damals, ich hätte mich versteckt und würde schon von der französischen Polizei gesucht; dabei brauchten meine Frau und ich mit dem Auto einfach nur zwei Tage für die Rückreise nach England.

Als ich zu Hause ankam, traf mich der Schlag. Die Polizei hatte von den Kindern die Hausschlüssel bekommen und alles durchsucht. Weil das Schlafzimmer verriegelt gewesen war, hatten sie die Tür einfach eingetreten. Alles hatten sie mitgenommen: zwei Computer, alle Disketten, Kontoauszüge, Rechnungen und Krankenkassen-Unterlagen. Sie hatten jedes Stückchen Seil, das sie finden konnten, eingesammelt, selbst ein Seilende, das ich zum Abdichten um ein Abflussrohr gewickelt hatte. Es fehlten auch alle Hämmer, ein altes Nummernschild, ein Außenbordmotor, sogar die Schwimmflossen von meinem Sohn.

Nach meiner Verhaftung habe ich, so gut es ging, mit der Polizei zusammengearbeitet. Ich dachte, dass sie mich gehen lassen würden, wenn ich alles gesagt hätte und sie merken würden, dass sie einen Fehler gemacht hatten. Stattdessen fand ich mich, aus dem warmen Frankreich kommend, neben Vergewaltigern und Mördern in Untersuchungshaft wieder. Ich habe mich zu Tode gefürchtet, obwohl ich allerdings nie bedroht wurde. Im Gegenteil, die Lebenslänglichen unterstützten mich sagenhaft.

Es stimmt natürlich, dass ich auf dem Coniston Water, in dem Carol gefunden wurde, gesegelt bin. Aber als sie verschwand, hatte ich überhaupt kein Boot; meine Rennjolle hatte ich ein paar Wochen zuvor verkauft. Die Polizei glaubt mir das einfach nicht und meint, nur weil ich mich auf Coniston Water auskenne, müsste ich auch der Täter sein.

Den Verdacht kann ich verstehen, aber nicht die völlige Überreaktion. Die Polizisten waren geradezu besessen davon, meine Schuld zu beweisen. Ihre Befragungen waren mörderisch und dauerten zwei Tage und Nächte. Erst steckten sie mich in eine Einzelzelle, dann nahmen sie mich wieder mit zwei Leuten in die Mangel. So ging das die ganze Zeit. Sie wollten mir wohl das Rückgrat brechen.

Zu Anfang war die Befragung noch recht zivilisiert. Dann wurde es aber immer intensiver und am Ende regelrecht aggressiv. Mein Anwalt musste dreimal dazwischengehen. Ich wusste aber, dass die Polizei keinen direkten Beweis gegen mich hatte, weil es keinen geben kann. Ich habe die Tat ja nicht begangen.

Ich hatte aber trotzdem dauernd Angst, denn irgendein schleimiger Anwalt könnte ja genügend Geschworene in der Jury überzeugen, dass ich schuldig bin – einfach nur durch Übertreibungen, die sind ja Teil seines Berufes. Wie soll man bitte beweisen, dass man etwas *nicht* getan hat?

Viele Menschen denken vielleicht, dass ich allen Grund hatte, Carol umzubringen, weil sie mich so behandelt hat. Ich bin aber nicht gewalttätig und würde niemals jemanden schlagen, egal, wie sehr er mich provoziert. Erst recht keine Frau.

Wahrscheinlich glauben manche Menschen trotzdem, dass ich schuldig bin – bis endlich der wahre Täter festgenommen wird. Die Polizei sagt, dass sie weiter ermittelt. Bitte schön. Ich habe auch ein Interesse daran, dass mein Name von der Liste gestrichen wird.

Am Coniston Water war ich seit dem Leichenfund nicht mehr, und ich will auch nicht mehr hin. Für mich trägt die Gegend nur gute Erinnerungen, weil ich dort immer gesegelt bin, nachdem Carol verschwunden war. Wenn ich daran denke, dass ich dabei wohl Dutzende Male mit dem Boot über ihren Körper geglitten bin, wird mir ganz anders. Ich kann mir nicht vorstellen, den See jemals wieder schön zu finden.«

Kriminalistisch ist die ansonsten sehr schöne Aussage von Park wertlos. Sie zeigt höchstens, dass Park entweder nicht der Täter ist und sich deswegen zu Recht über die harte Behandlung durch die Polizei wundert – oder dass er ebender abgebrühte Lügner ist, zu dem der *Daily Express* ihn machen möchte.

Was Park zum Zeitpunkt der hier wiedergegebenen Aussage nicht wusste, war, dass die spurentechnische Untersuchung gerade erst richtig ins Rollen kam. Dabei stellte sich heraus, dass Park bei seiner Aussage doch ein wenig geschummelt hatte. Es stimmte beispielsweise nicht, dass er seine Jolle vor dem Leichenfund beziehungsweise vor dem Verschwinden seiner Frau verkauft hatte. Park hatte bloß einen Zahlungsbeleg gefälscht, der ebendies beweisen sollte. Es war auch kein Zufall, dass die Polizei alle Hämmer einkassiert hatte. Zwar war Frau Park nach Aussage der Rechtsmediziner am ehesten mit einem Eispickel erschlagen worden, es gab aber in den Bleigewichten im Leichensack Dellen, die von einem Hammer stammen konnten. Außerdem gab es da einen Stein, der nahe der Leiche gefunden worden war. Doch all diese Spuren waren noch lange nicht ausgewertet. Zunächst sprach man mit den Menschen, die Carol und Gordon Park kannten.

Was die Nachbarn meinen

Ein Nachbar der Parks berichtete im Januar 1998, wohl stellvertretend für die Meinung der Leute aus der beschaulichen Region, Folgendes:

»Meine Mutter kannte Carol Park, die ›Frau aus dem See‹. Zumindest dachte sie das immer. Sie war zusammen mit meiner Mutter Lehrerin an der Sonderschule in Barrow-in-Furness, wo man Frau Park als sehr stille Person kannte. Sie soll aber sehr gut ausgesehen haben – besser, als die Zeitungsbilder es wiedergeben. Das sagt zumindest meine Mutter.

Ihr gutes Aussehen erklärt vielleicht, warum meine Mutter und die anderen Lehrerinnen sich mit Frau Park nicht so gut verstanden. Von deren verwickeltem Liebesleben ahnte aber niemand etwas. Wir wussten nur, dass sie 1976 verschwunden, eine liebende Ehefrau und Mutter dreier Kinder gewesen war.

Als Gordon Park nach dem Leichenfund wegen Mordes angeklagt wurde, waren viele Menschen erstaunt. Er war als Mann mit gutem Charakter bekannt, bei seinen Schülern beliebt und wurde dafür geschätzt, dass er seine eigenen drei Kinder allein durchbrachte.

Barrow-in-Furness liegt ziemlich abgelegen am Ende einer Halbinsel und ist ein Brutplatz für Gerüchte. Es tratschte aber niemand über Herrn Park, der ja später wieder heiratete und keinen Kilometer von meinen Eltern entfernt in ein neues Heim zog.

Ich erinnere mich gut an die Zeit, als Carol Park verschwand. Damals war ich sechzehn Jahre alt und konnte nicht begreifen, dass sie einfach so weggegangen sein sollte. Am 17. Juli 1976 hatte Gordon Park die Kinder zu einem Ausflug mitgenommen, und seine Frau war zu Hause geblieben, es hieß, weil sie sich nicht so gut fühlte. Als die Familie zurückkam, war Frau Park verschwunden. Das wurde allerdings erst fast zwei Monate später, im September, bekannt. Ich war, wie gesagt, völlig verwirrt, weil ich nicht begreifen konnte, warum sie einfach so weggegangen sein sollte.

Etwas entfernt vom damaligen Haus der Parks verläuft die A 590. Obwohl das die einzige Straße in der Gegend ist, hatte niemand Frau Park an dieser Strecke gesehen. Manche vermuteten, dass sie vielleicht spazieren gegangen sei und dabei in einen der verlassenen Eisenerz-Stollen gefallen sein könnte, die es hier gibt.

Im Rückblick findet man natürlich Hinweise darauf, dass die Ehe der Parks nicht einwandfrei lief. Warum wurde ihr Verschwinden nicht früher gemeldet? Der Grund dafür war, dass Frau Park ihren Mann schon mindestens zweimal verlassen hatte. Heute wissen wir das. Einmal zog sie zu einem Geliebten, der auf einer Werft in der Nähe arbeitete, und dann zu einem Mann, den sie bei einem Sommerkurs an der Universität kennengelernt hatte.

Damals wusste aber niemand von diesen Unregelmäßigkeiten. Herr Park und seine Kinder hatten ja auch gehofft, dass sich Frau Park noch melden würde, aber als nichts passierte, riefen sie endlich die Polizei. Die kümmerte sich allerdings nicht ernsthaft um das Verschwinden. Es gab keinen öffentlichen Suchaufruf, keine dramatischen Pressekonferenzen, nichts. Stattdessen herrschten nur Schweigen und das ungelöste Rätsel. Heute ist mir klar, dass man wohl dachte, Frau Park sei wieder zu einem ihrer Liebhaber gezogen. Wir ahnten derweil nichts von der bewegten Beziehung, die sie mit ihrem Ehemann führte. Erst einundzwanzig Jahre später war von diesen Dingen die Rede, nämlich als man die Anklage gegen Park fallen ließ.

Bei uns in der Gegend hat in der letzten Woche ein eigentümliches Spiel begonnen. Einerseits stellen die Befürworter von Herrn Park immer heraus, wie glücklich die Familie war. Andererseits liest man in den Zeitungen von Frau Parks Untreue, und dabei tauchen dann auch Namen und Motive von möglichen Verdächtigen für den Mord auf.

Man tuschelt beispielsweise, dass Frau Park mit Absicht so umgebracht wurde, dass ihr Gatte verdächtigt werden müsste. Sie hatte ja dieses Baby-Doll-Nachthemd an, was wohl einen Hinweis darauf geben sollte, dass sie zu Hause getötet wurde. Außerdem lag sie nur zwanzig Minuten vom Haus der Familie entfernt im See – und genau dort hatte ihr Mann ein Boot liegen.

Aber würde Herr Park die Leiche wirklich in einem See versenkt haben, auf dem er häufig segelte? Wie ich gehört habe, soll die Leiche an einer besonders tiefen Stelle des Sees gefunden worden sein, und die zu erkennen soll angeblich Spezialkenntnisse erfordern. Das sehe ich aber nicht so.

Andererseits: Wenn Herr Park seine Frau nicht umgebracht hat – wer war es dann? Ein Name wird immer wieder genannt, und die Polizei sagt, dass sie weiter ermittelt. Man bittet um Informationen von Zeugen, aber der matte Unterton dabei bedeutet wohl, dass man sich schon damit abgefunden hat, dass der Fall nie gelöst werden wird.

Derzeit klagt Herr Park ja gegen die Polizei wegen der Schäden, die ihm entstanden sind. Sein Anwalt sagt, dass Park weiter hier in der Gegend leben will. Weil hier sonst nicht viel passiert, worüber man tratschen könnte, dürfte das allerdings für ihn anstrengend werden.«

Parks Töchter über ihren Vater

Die Kinder der Parks gaben ihrem Vater von der ersten Minute an ein gutes Zeugnis. Sohn Jeremy berichtete allerdings beiläufig, dass Park die Kinder manchmal – entgegen der Aussage, er wende niemals Gewalt an – sehr wohl mit der flachen Hand geschlagen habe.

Das brachte die Polizei auf den Plan. War Park in Wirklichkeit vielleicht ein verkappter Schläger? Sofort wurden seine Töchter befragt, die recht vielschichtige Aussagen machten.

Die adoptierte älteste Tochter berichtete, dass Vater Park die Kinder hin und wieder der Reihe nach aufgestellt und geschlagen habe, wenn sie beispielsweise ihre Aufgaben im Haushalt nicht erledigt hätten oder wenn keines der Kinder zugeben wollte, dass es etwas kaputt gemacht hatte. Park habe zum Schlagen hin und wieder auch einen Rohrstock benutzt. Das sei aber nur zwei- oder dreimal im gesamten Leben der Kinder geschehen. Ansonsten sei er ein liebevoller, wenngleich manchmal eben strenger Vater gewesen.

Rachel, die jüngste Tochter, bestätigte diese Aussage vor Gericht dahingehend, dass Park ein »fürsorglicher, die Kinder stets unterstützender, fantastischer« Vater gewesen sei. Sie habe ihm immer alles erzählen können. In der Regel habe es bei Problemen eine Standpauke gegeben und nur ganz selten Schläge. Davon, dass ihr Vater einen Stock benutzt habe, wusste sie nichts.

Der Richter hatte in der polizeilichen Akte allerdings eine ganz andere Aussage von Rachel gefunden und zog diese während der Verhandlung hervor.

»Ich erinnere mich«, hatte Rachel darin zur Polizei gesagt, »dass einmal zu Ostern ein Stück von einem Osterei fehlte. Wir alle verneinten, es stibitzt zu haben. Ehrlich gesagt glaube ich bis heute, dass die Kinder der zweiten Frau unseres Vaters es einkassiert hatten. Da führte unser Vater uns in die Garage, stellte uns nebeneinander und schlug jedem von uns mit einem Gürtel über die Oberschenkel. Vor jedem Schlag fragte er uns, wer das Stückchen Osterei gestohlen hätte. Nach sechs Runden mit Schlägen meldete ich mich einfach, obwohl ich es nicht gewesen war.«

Die Prügelorgie in der Garage zeichnete nun in der Tat ein düsteres Bild des angeblich fantastischen Vaters. Als Rachel vom Richter auf den Widerspruch hingewiesen wurde, erklärte sie allerdings, dass der gesamte Vorfall sich nie ereignet hätte. Die Polizei habe ihr die Story in den Mund gelegt, während sie – vom Leichenfund traumatisiert – mit Hunderten von Fragen überschüttet worden sei. »All das Gute, das ich den Polizisten über meinen Vater berichtete«, sagte Rachel, »wurde gar nicht zur Kenntnis genommen. Sie wollten nur das Schlechte hören.«

Fasst man die bisherigen Aussagen zusammen, ergibt sich folgendes Bild des Geschehens. Nach dem Leichenfund musste der Haftrichter Gordon Park laufen lassen, da dieser zwar angeblich seinen Zellengenossen die Tat gebeichtet beziehungsweise angedeutet hatte, sie begangen zu haben, die beiden Figuren aber recht unglaubwürdige Zeugen abgaben. Abgesehen davon hatte Park die Tat entweder verdrängt oder tatsächlich nicht begangen. Die Nachbarn hielten den Schwager von Park, der die Schwester von Carol erwiesenermaßen getötet hatte, für den Schuldigen. Auch Parks Kinder konnten sich nicht vorstellen, dass ihr liebevoller Vater diesen Druck all die Jahre hätte aushalten können.

Die Polizei, die mehr auf die Sachbeweise und ihr kriminalistisches Gespür als auf Zeugenaussagen von Unbeteiligten schaute, hatte allerdings eine andere Strategie. Sie hielt den Ball flach, ermittelte aber im Hintergrund weiter. Dabei hatten sie einige gute Ideen, wie der nächste Abschnitt zeigt.

Der Richter fasst für die Geschworenen zusammen, was über das Boot von Park, die Steine und die Knoten bekannt war

Während der Geschworenenbelehrung berichtete Richter Mc-Combe eine merkwürdige Einzelheit:

»Herr Park«, sagte er, »hat uns genau über sein Hobby, das Segeln, und über die Boote, die er besaß oder zur Verfügung hatte, berichtet. Er gab an, dass er ab Mai oder Juni 1976 kein Boot mehr besaß. Wie man in seinem Logbuch sieht, verkaufte er seine Rennjolle aber erst im *Juli* 1976.«

Dieses Detail war alles andere als unwichtig. Da Frau Park, wie mittlerweile jeder wusste, am 17. Juli 1976 verschwunden war, war die Vordatierung des Bootsverkaufs sehr verdächtig. Wozu hatte Park die dumme Lüge riskiert, dass er just dann kein Boot besaß, als seine Frau verschwand? Er wusste, dass ihn diese Lüge, wenn sie aufflog, in sehr schlechtem Licht dastehen lassen würde. Denn er war ja sowieso schon dadurch belastet, dass die Leiche ausgerechnet in »seinem« See gefunden worden war.

Währenddessen hatte die Untersuchung eines Steins, der in der Nähe der Leiche gefunden worden war, gezeigt, dass dieser identisch mit Steinen aus der Wand des damaligen Hauses der Familie Park war.

Zwar konnte sich niemand erinnern, den betreffenden Stein in der Nähe der Leiche unter Wasser eingesammelt zu haben. Der Polizeitaucher, der den Fund im See mit seiner Unterschrift abgezeichnet hatte, sagte sogar, dass er sich nicht nur in diesem Fall, sondern auch grundsätzlich kaum vorstellen könnte, Steine an Land zu bringen. Dennoch war der steinerne Gegenstand mit der Nummer PDB 5/19 versehen, befand sich im Raum mit den Beweisstücken aus dem See und war daher den Steinspezialisten Dr. Pirrie und Prof. Pye übergeben worden.

Pirrie fuhr im Jahr 2004 persönlich zum ehemaligen Anwesen der Parks und auch zum Coniston Water. An einer Reparaturstelle am Haus und am Ufer des Sees sammelte er jeweils Steine ein, um sie mit dem Beweisstein zu vergleichen.

Äußerlich ähnelte der Stein aus dem See besonders den Steinen vom Haus der Parks: Alle waren sogenannte Schluffsteine. Auch im Inneren dieser Steine fanden sich bei starker Vergrößerung Übereinstimmungen, und zwar in Form von Synchysit, das in den Steinen aus dem Haus ebenso eingelagert war wie im Stein aus dem See.

Auf die spätere Frage der Verteidigung, warum trotz dieser großen Ähnlichkeit der Steine keine Farbe und kein Mörtel – wie eben bei Steinen aus der Wand des Hauses – am Stein aus dem See zu finden sei, wusste Steinkundler Pirrie allerdings keine Antwort. Er sagte aber ganz richtig, dass er als Sachverständiger für Steine nur deren chemische und mineralische Zusammensetzung bestimmen, sie aber nicht kriminalistisch zuordnen sollte.

Der Verteidiger wollte das aber nicht akzeptieren. Er war überzeugt, dass der Stein im Wasser, wenn er denn vom Haus stammte und als Gewicht für die Leiche benutzt worden war, auf jeden Fall Mörtel oder Farbe vom Haus an sich tragen müsste. Außerdem bezweifelte er, dass Pirrie genügend Steine vom Ufer des Sees eingesammelt hatte. Konnte es nicht sein, dass Pirrie einfach die falschen Steine vom Ufer aufgelesen hatte und deshalb keiner von ihnen dem Stein aus dem See glich? Und müsste man nicht sowieso Hunderte von Steinen untersuchen und miteinander vergleichen? Nein, sagte Pirrie. Er habe am Ufer gezielt nach Steinen gesucht, die dem im Wasser gefundenen am meisten ähnelten. Auf diese Weise habe er sozusagen schon zugunsten der Verteidigung gearbeitet. Er habe also bewusst versucht, einen Hinweis darauf zu finden, dass der Stein im See vom Ufer stammen könnte.

Dennoch – Pirries Aussage belastete Gordon Park sehr stark. Denn wenn der Stein aus dem See, in dem seine tote Frau gefunden wurde, ursprünglich aus seinem Haus stammte, dann war damit erstmals eine Zuordnung von Leichenfundort und Tatort (oder Verpackungsort der Leiche) hergestellt.

Da es in angloamerikanischen Ländern aber üblich ist, Sachverständige gegeneinander antreten zu lassen, geschah etwas Überraschendes. Gegen-Geologe Pye, der nicht wie Pirrie seinen ersten Einsatz vor Gericht hatte, sondern bereits seit fünfundzwanzig Jahren mit Steinen in Kriminalfällen zu tun hatte, vertrat eine andere Meinung zu den steinernen Beweisen. Er legte dar, dass Stein PDB 5/19 aus dem See zwar in der Tat große Ähnlichkeit mit zwei Steinen aus der Hauswand der Parks hatte, wie es auch Pirrie gesagt hatte. Allerdings ähnelte der Stein aus dem See auch drei Steinen vom Ufer! Das sei auch kein Wunder, erklärte Pye, denn all diese Steine seien in der Eiszeit durch kilometerdicke Schichten gefrorenen Wassers genau in der Gegend verschoben worden, in der das Haus der Parks und der See liegt.

Nach Pyes Auffassung waren die Steine vom Seeufer nicht von den Steinen aus der Hauswand zu unterscheiden. Sie stammten vom selben eiszeitlichen Geschehen. Damit war gezeigt, dass der Stein im See ebenso gut vom Seeufer wie aus der Hauswand der Parks stammen konnte.

Ein Taucher mit weichen Knien

Die Aussagen der beiden Steinkundler waren für den Richter ein Albtraum. Während er als Einzelrichter in Ruhe eine Extrabesprechung mit den Forschern im Hinterzimmer hätte anberaumen können, musste er nun stattdessen die Geschworenen davon abhalten, den sich widersprechenden Fachleuten den Vogel zu zeigen. Der Richter tat daher sein Bestes, um die Geschworenen aufzumuntern:

»Steine, meine werten Geschworenen, Steine also«, erklärte er der zu Recht verwirrten Jury. »Die Wissenschaft, die der Untersuchung unserer Steine zugrunde lag, war wirklich außerordentlich anspruchsvoll, nicht wahr? Sie war von einer Ehrfurcht gebietenden Güte, die wohl niemand von uns bisher je so genossen hat.

Es handelt sich nun einmal um Expertenwissen, aber ich glaube, es ist den Experten gelungen, ihre Aussagen auf ein verständliches Maß herunterzuschrauben. Zumindest die entscheidenden Punkte sind uns klar geworden, wir haben verstanden, worin sich die Aussagen der beiden Forscher unterscheiden.«

Das war natürlich purer Unsinn. Weder die Geschworenen noch sonst jemand hatte verstanden, warum die Aussagen der beiden Experten genau gegensätzlich, aber trotzdem richtig sein sollten.

Nun hätte man die Steine als Sachbeweis einfach abhaken und vergessen können. Es kommt ohnehin öfter vor, dass Spuren *nichts* aussagen, beispielsweise ein Flugzettel, der durch Zufall an den Tatort geweht ist, oder ein Handschuh, den irgendjemand ausgerechnet dort im Zug vergessen hat, wo Stunden später ein Mord geschah. Das Problem war im Verfahren gegen Gordon Park allerdings, dass ohne die Steine kaum noch eine Zuordnung des Leichenpakets zu seinem alten Haus möglich war. Ein wichtiges Glied in der Kette der Indizien wäre dann weggebrochen.

Da fiel der Verteidigung noch etwas auf. War der Taucher, der den Stein nach dem Leichenfund aufgesammelt hatte, nicht vor Gericht in genau dem Moment ohnmächtig geworden, als man ihm den Stein zeigte? Konnte das vielleicht bedeuten, dass irgendjemand – vielleicht die Polizei während ihrer jahrelangen Jagd im Hintergrund – den Stein aus Parks Haus gestohlen und in die Beweiskammer mit den Funden aus dem See geschmuggelt hatte? Richter McCombe berichtet dazu:

»Am 30. September 1997 ging Taucher Brookes als Zweiter ins Wasser. Er fand in der Nähe der Leichenfundstelle Kleidung und verstaute sie in seiner Tauchtasche. Beim Aufsammeln wirbelte der Schlamm hoch und behinderte die Sicht. Brookes musste deshalb die übrigen Gegenstände am Boden ertasten.

Er sagte uns bei der Verhandlung, dass er normalerweise nie Steine aufsammelt, und er konnte sich auch nicht erinnern, in diesem Fall einen Stein eingepackt zu haben. Vielleicht hatte er ihn zusammen mit den anderen Sachen aus Versehen eingewickelt? Merkwürdigerweise wurde Brookes genau in dem Moment ohnmächtig, als wir ihm den Stein hier im Gerichtssaal zeigten. Aber so etwas passiert halt schon einmal.

Als Brookes den Stein dann später wieder betrachtete, konnte er sich immer noch nicht erinnern, ihn jemals gesehen zu haben. Er wiederholte, dass er Steine normalerweise wegwerfen und nicht aufsammeln würde. Er konnte sich auch nicht daran erinnern, den polizeilichen Fundzettel ausgefüllt zu haben. Als wir ihm den Zettel zeigten, räumte er zwar ein, dass der Schein seine Unterschrift und das Datum des Tauchgangs – 30. September 1997 – trüge. Weder in seinem Tauchbuch noch auf dem Sammelschein sei aber die Rede von einem Stein.

Der Beamte, der die Funde am Ufer in Empfang nahm, war Philip Smith. Er hat alle Fundstücke in Plastiktüten umverpackt, beschriftet und verschlossen. Diese Tüten wurden dann auf der Polizeiwache an Wachtmeister Burns übergeben. Er schloss den Beutel mit der Nummer PDB 5 in einen Schrank ein und machte mit seinen Kollegen noch Witze darüber, ob dieser Sack vielleicht so schwer sein könnte, weil darin noch eine weitere Leiche stecke.

Auf Nachfrage der Verteidigung räumte Wachtmeister Burns ein, dass nasse Kleidung in einem Sack natürlich sehr schwer ist. Er blieb aber dabei, dass der Sack mit der Nummer PDB 5 deutlich schwerer als die anderen Säcke vom Fundort gewesen sei. Geöffnet habe er die Säcke aber nicht.

Da die Kleidung getrocknet werden musste, wurde sie nach fünf Tagen in einen benachbarten Fahrradladen gebracht, in dem genügend Platz dafür war. Dort wurden die Säcke geöffnet und deren Inhalt ausgebreitet. Laut polizeilichem Tagebuch wurde der Stein um zehn Uhr dreißig als letzter Gegenstand aus den Säcken entnommen.«

Der nun erstmals dokumentierte Stein lag dann mehrere Jahre auf dem Boden des Fahrradgeschäfts. Dann wurde er den Geologen Pye und Pirrie übergeben. Der Boden eines Fahrradladens ist natürlich ein unschönes Lager für ein Beweisstück, das darüber entscheiden sollte, ob die Leiche von Carol im Haus von Gordon Park verpackt wurde oder nicht. Ungünstig für die Beweiskette war auch, dass der Stein erst mehrere Wochen nach dem Leichenfund aus dem See geholt wurde – wenn er überhaupt aus dem See kam.

Streng genommen gab es ohnehin nicht den geringsten Beweis dafür, dass der Stein am Leichensack befestigt worden war. Er lag in einer bis heute unbekannten Entfernung »in der Nähe« des Leichenfundorts im trüben Wasser. Der Taucher, der ihn laut polizeilichem Übergabebericht eingesammelt haben soll, konnte sich aber, wie erwähnt, vor Gericht weder daran erinnern, den Stein aufgehoben noch ihn jemals gesehen zu haben.

Der Hammer fällt

Vielleicht, so hoffte die Anklage, könnte man auf das wirklich unglückliche Beweisstück verzichten, wenn es irgendeinen anderen Gegenstand direkt von der Leiche gegeben hätte, der eindeutig aus dem Haus der Parks stammte.

Diesen anderen Gegenstand schien es nach einigem Nachdenken zu geben. Wie sich zeigte, hatte die Polizei während der Hausdurchsuchung bei Park wohl das Richtige getan, alle seine Hämmer einzusammeln.

Im Leichenbündel lag nämlich ein Bleirohr. Es war 1,7 Meter lang und platt gehämmert worden; ursprünglich war es achtunddreißig Zentimeter weit gewesen. Rohre dieses Durchmessers werden in Gebäuden unter anderem als Fallrohre eingesetzt, beispielsweise um Regenwasser von Auffangbehältern auf dem Dach in Toiletten zu leiten. Da Park sein Haus selbst gebaut hatte, war es natürlich möglich, dass er damals überschüssiges Material für spätere Reparaturen aufbewahrt und stattdessen dazu verwendet haben konnte, um die Leiche seiner Frau zu beschweren.

Konnte man beweisen, dass die Eindellungen im Bleirohr von einem der sichergestellten Hämmer stammten? Auf den ersten Blick sahen die Vertiefungen von etwa 2,9 Zentimeter Durchmesser wenig aussagekräftig aus. Der Rand einiger Dellen war aber so scharf, dass der Sachverständige für Werkzeugspuren zumindest sagen konnte, dass ein recht neuer beziehungsweise wenig verschlissener Hammer benutzt worden war.

Der Durchmesser der Dellen passte auch ungefähr zu einem der Hämmer von Park. Es war ein hierzulande kaum, im angloamerikanischen Raum aber viel benutzter Zimmermannshammer (Krallenhammer-Modell), der eine kreisrund gewölbte Schlagseite hat, die an den Rändern abgekantet ist. Die andere Seite der Krallenhämmer taugt nur zum Nägelziehen.

Leider ergab sich, dass der Krallenhammer von Park zumindest bei der Hausdurchsuchung schon viel stärker abgenutzt war, als es die Ränder der Dellen vermuten ließen. Es war natürlich möglich, dass der Hammer erst im Lauf der Jahre abgenutzt worden war. Denn wenn er derjenige war, mit dem das Bleirohr platt geschlagen worden war, dann wäre er danach ja noch einundzwanzig Jahre in Benutzung gewesen.

Was aber dagegen sprach, dass Park diesen Hammer benutzt hatte, war, dass die Rundung der Hammer-Schlagseite mit keiner der Dellen voll übereinstimmte. Das könne, so der Sachverständige, daran liegen, dass die Vertiefungen eben nicht genügend ausgeprägt waren. Es könne aber auch sein, dass der verwendete Hammer gar nicht abgerundet, sondern flach ge-

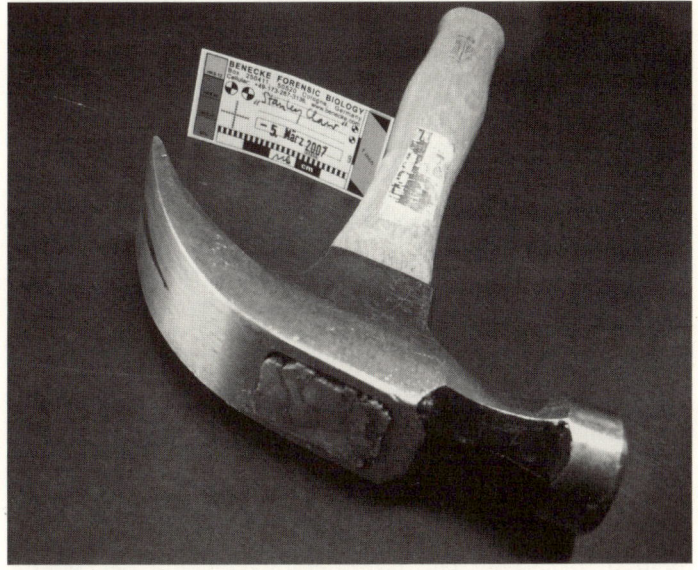

Abb. 26: Ein Krallenhammer, wie er vor allem im angloamerikanischen Raum häufig verwendet wird: auf der einen Seite rund, auf der anderen Seite mit einer Kralle zum Ziehen von Nägeln. Ein solcher Hammer soll zum Flachschlagen eines Bleirohrs als Gewicht für die Leiche verwendet worden sein.
(Foto: M. Benecke)

wesen sei. Das bedeutete aber, dass Parks einziger Hammer, der wegen des Durchmessers der Dellen auch nur ansatzweise als Schlagwerkzeug zur Diskussion stand, ebenso infrage kam wie Zehntausende andere Hämmer in England. Es verhielt sich wie mit dem Schluffstein: Die Dellen im Rohr ließen überhaupt keine Aussage zu. Sie schlossen Park (beziehungsweise seinen Hammer) als Täter nicht ein, und sie schlossen ihn auch nicht aus.

Der Werkzeugexperte hatte vor Gericht noch eine weitere Überraschung parat. Zwar war bei der Hausdurchsuchung ein weiteres Bleirohr sichergestellt worden. Doch das hatte einen anderen Durchmesser als das Rohr im Leichensack, und zudem war es lackiert. Das Rohr an der Leiche war aber nicht lackiert. Die einzig mögliche Anschlussstelle für das aus dem See geborgene Rohr war eine Toilettenschüssel in Parks Haus. Allerdings war auch die Toilette, samt dortigem Rohr, lackiert. Obwohl ohnehin nicht vorstellbar war, dass Park, nachdem er seine Frau getötet hatte, in Anwesenheit der drei Kinder die Toilette zersägt hatte, schied nun auch anhand des fehlenden Lackes diese Theorie aus.

Dass das an der Leiche gefundene Rohr an *irgendeinen* Anschluss im Haus passte, war eh nicht überraschend, da die Weiten solcher Rohre genormt sind. Das Rohr aus dem See passte also an Hunderttausende Anschlüsse, so wie auch die Dellen von sehr vielen Hämmern – unter anderem auch von Zimmermannshämmern mit Nagelkralle – stammen konnten. Wenn man es ganz genau nahm, hatte die Schlagseite von Parks Hammer sogar einen kleineren Durchmesser als die Dellen im Rohr und war damit als Werkzeug ausgeschlossen. Doch das wollten die entnervten Kriminaltechniker nicht mehr hören. Die Ermittler blieben von der Schuld Parks fest überzeugt und suchten daher, um vor Gericht auf der sicheren Seite zu bleiben, weiter nach einem Sachbeweis, der deutlichere Aussagen liefern sollte als die Steine und das Bleirohr.

Noch mehr Knoten

Schon bald nach dem Leichenfund im August 1997 waren die
Seile untersucht worden, mit denen das Bündel aus dem See
geschnürt worden war. Neben ganz normalen Knoten, die
jeder Mensch vom Schuhezubinden kennt, fanden sich dabei
auch einige etwas komplizierter ausgeführte, die man eher bei
den Pfadfindern, beim Klettern oder zum Segeln lernt. Da in
den 1970er-Jahren und gerade in der Gegend, in der das Verbrechen geschah, diese drei Freizeitbeschäftigungen weit verbreitet waren, engte das die Wahl der Verdächtigen erneut nicht
sonderlich ein.

Allerdings fand sich am Leichenbündel ein etwas kniffe-
ligerer Knoten, der das Durchrutschen des Seils durch eine
Schlinge verhinderte. Dieser Knoten war – selbst bei Pfadfindern – wenig gebräuchlich und schien ein erster Hinweis
darauf zu sein, dass der Täter Spezialkenntnisse hatte. Zudem
war ein Kleiderrock mit vierzehn Stichen an die Leichenumhüllung genäht worden. Dazu bedurfte es aber einer sehr sta-
bilen Nadel, die zwar auch von Teppichnähern, besonders
aber zum Flicken von Segeln verwendet wird.

Da bei der Hausdurchsuchung auch allerlei verknotetes
Material sichergestellt worden war, wurden die Knoten von
der Leichenumhüllung nun mit denen aus dem Haus von Park
verglichen. Dabei stellte sich heraus, dass Gordon Park ein
nur mittelmäßiger Verknoter war, der im Zweifel am liebsten
simple Schnürknoten machte. Als Segler beherrschte er zwar
auch einige weitere Knoten, die er im Haushalt auch hin und
wieder anwendete. Es fand sich aber weder an der Leiche noch
im Haus ein derart seltener oder eigenwilliger Knoten, der bewiesen hätte, dass Park die Leiche verschnürt und beschwert
haben musste.

»Andererseits«, urteilte Richter McCombe, »sagte der Sachverständige aus, dass er auch *nicht ausschließen* kann, dass Park
sie geknüpft hat. Viele der Knoten an der Leiche sind ohne

tiefere Kenntnis erstellt worden, aber das kann auch einfach daran gelegen haben, dass der Täter es eilig hatte. Allerdings spricht die Verwendung sehr vieler Standardknoten eher dagegen, dass ein erfahrener Segler am Werk war. Nur ein Achterknoten an der Leiche war wirklich auffällig und ist, wie auch Herr Park einräumt, ein typischer Seglerknoten.«

Bei der Verteidigung schlugen nun die Alarmglocken. Der Richter hatte den Geschworenen deutlich gesagt, dass nur ein einziger der vorgefundenen Knoten überhaupt aussagekräftig sein könnte. Dieser Knoten könnte aber in den Augen der Jury ausreichen, um Park nun doch noch durch einen Sachbeweis zu überführen. Immerhin – wenigstens *ein* Knoten, den eigentlich nur Segler verwenden, fand sich an der Leiche, würde die Jury vielleicht denken. Parks Anwälte

Abb. 27: »Figure of Eight«- oder Achterknoten, der verwendet wurde, um die Leiche von Carol Park zu verschnüren.   (Foto: M. Benecke)

reagierten schnell und ließen noch rasch einen Seilmacher vor Gericht laden. Der berichtete, dass all die am Leichensack vorgefundenen Knoten, auch die Achter- und Stoppknoten, in der ganzen Gegend häufig benutzt würden. Der Grund dafür sei, dass eben viele Menschen im Segel- oder Seilgewerbe arbeiten würden.

Diese Aussage schwächte den ohnehin schon schwachen Knotenbeweis weiter. Denn erstens war ja nur einer der Knoten an der Leiche auffällig, und zweitens wurde er in einer Gegend gefunden, die von Kletterern, Seglern und Seilmachern bevölkert ist. Es wäre also unfair, einen solchen Beweis gegen den einzigen Verdächtigen zu richten. Oder sagt Ihnen der gesunde Menschenverstand etwas anderes?

Den Geschworenen jedenfalls schien das Gesamtbild auf nur einen Täter zu passen: Gordon Park. Er hatte seine Frau als Letzter gesehen, er war von ihr in Gefühlswirren gestürzt worden, er besaß (irgendwann) ein Boot auf dem See, in dem die Leiche lag, er kannte Seglerknoten (auch wenn er sie kaum verwendete) – mit einem Satz: Er war der Einzige, der zur betreffenden Zeit am betreffenden Ort gewesen sein konnte. So dachte die Jury.

Park musste dabei unglaublich kaltblütig gehandelt haben. Als er mit seinen Kindern die Spazierfahrt machte, musste deren tote Mutter schon im Haus gelegen haben. Er musste die übel zugerichtete Leiche dann verpackt, mit Steinen und einem Rohr beschwert erst ins Auto und dann auf sein Boot geschleppt haben, immer in der Angst, von den Kindern überrascht zu werden. Und auch auf dem See konnte er unmöglich wissen, ob er nicht beobachtet würde. Es war daher nicht verwunderlich, dass sich über zwanzig Jahre nach der Tat tatsächlich Zeugen fanden, die vom Ufer aus gesehen haben wollten, wie jemand in der betreffenden Zeit ein Bündel über Bord eines Bootes in den See geworfen hatte.

Park sitzt seit 2005 in Haft. Das bedeutet, dass er seinen Lebensabend hinter Gittern verbringt. Sein Sohn ist fest davon überzeugt, dass die Beweise gegen seinen Vater so dünn sind, dass sie erstens auf viele andere Verdächtige passen würden und zweitens ein neues Gerichtsverfahren rechtfertigen. Dafür kämpft er derzeit. Ob es ihm gelingen wird, seinen Vater freizupauken, weiß niemand. Es ist sehr schwierig, sich gegen ein rechtskräftiges Urteil zu stemmen, da jedes System, auch das gerichtliche, die Eigenschaft hat, auf bereits Bestehendem zu verharren, solange nicht eine echte Bombe platzt.

Abgesehen davon stellen sich noch andere Fragen. Hat Park, wenn er der Täter ist, seine Schuld nicht vielleicht dadurch abgebüßt, dass er ein vorbildlicher Bürger, ein liebevoller Vater und guter Lehrer war? Hat er damit den Menschen seiner Gegend nicht mehr geholfen, als er es als Häftling hätte tun können? Was wäre passiert, wenn er die Tat gestanden, aber die Verzweiflung über die ständigen Seitensprünge seiner Gattin als Grund angeführt hätte? Warum kommt ein Sachverständiger ungestraft davon, der eine Verbindung zwischen den Steinen von Parks Haus mit denen an der Leiche herstellt, bis sich herausstellt, dass die Steine ebenso gut von Hunderten anderen Stellen in der Gegend stammen könnten?

Wer ist in diesem Fall gut, wer böse? Wer hat wann und warum falsch gehandelt? Und darf man Menschen ohne einen einzigen handfesten Beweis ins Gefängnis schicken, nur weil man einen sehr starken Verdacht gegen sie hat?

Als Sachverständiger brauche ich mir diese Fragen zum Glück nicht zu stellen, denn ich berichte nur über die Spuren von Taten, bewerte sie aber nicht. Wahrscheinlich wäre ich ohnehin der schlechteste Richter, weil ich Zeugen kaum etwas glaube und daher in wackeligen Fällen stets zugunsten des Angeklagten entscheiden würde.

Doch ein solch einerseits weiches und andererseits nur auf Sachbeweise gerichtetes Menschenbild haben Sie sicher nicht. Wie also werden Sie entscheiden, wenn Sie eines Tages Geschworene, Laienrichter, Angehörige eines Opfers – oder selbst der Angeklagte sind?

Gedankensplitter zu Knoten

Knoten spielten auch in zwei anderen Fällen eine für mich verblüffende Rolle. Im Fall von Johann »Jack« Unterweger, einem Serientäter aus Österreich (1950–1994), wurde anhand der an den Leichen angetroffenen Knoten angenommen, es müsse sich immer um denselben Täter handeln. Leider weigerte sich meine Kollegin Lynne Herold vom Los Angeles County Sheriffs Department (LASD), die das Knoten-Gutachten angefertigt hatte, standhaft, sich zu ihrer Annahme zu äußern. Man könnte meinen, sie habe sich mit ihrem Gutachten zu weit aus dem Fenster gelehnt und nun ein schlechtes Gewissen – ich habe es trotz vieler freundlicher Nachfragen nicht erfahren.

Besonders spannend wäre es gewesen, die Knoten von den elf Leichen (oder zumindest den drei Leichen, die in Los Angeles gefunden wurden) mit den Knoten in der Kordel, offenbar aus Unterwegers Sporthose, zu vergleichen, mit der er sich im Gefängnis erhängt hatte. Der Vergleich würde sich lohnen, weil die ihm zugeschriebenen Toten ebenfalls mit Wäschestücken erdrosselt wurden. Da Lynne Herold sich aber davor drückt, sich zu ihrer Knotenuntersuchung zu äußern, bleibt die Antwort vorerst im Dunkeln.

Glücklicherweise sind wir heute kriminalistisch ohnehin nicht mehr zu sehr auf die etwas unsichere Untersuchung der Knüpfart von Seilen und anderen Würge- und Drosselwerkzeugen angewiesen: Meist finden sich mittlerweile biologische Spuren, die es erlauben, das Seil einem Täter zuzuordnen.

Auch im Fall Petroll (siehe Seite 368–409) ist der Henkersknoten im Seil an der Leiche interessant. Wer kann schon aus dem Stegreif einen solchen Knoten knüpfen (versuchen Sie es einmal)? Und warum sollte Petroll überhaupt einen solchen Knoten verwendet haben, wo man sich doch mit jedem beliebigen, einfachen Knoten erhängen kann? Auch hier führt die Spur leider ins Leere, denn diese Fragen wurden bei den Ermittlungen nicht gestellt, und das Seil ist mittlerweile verschwunden.

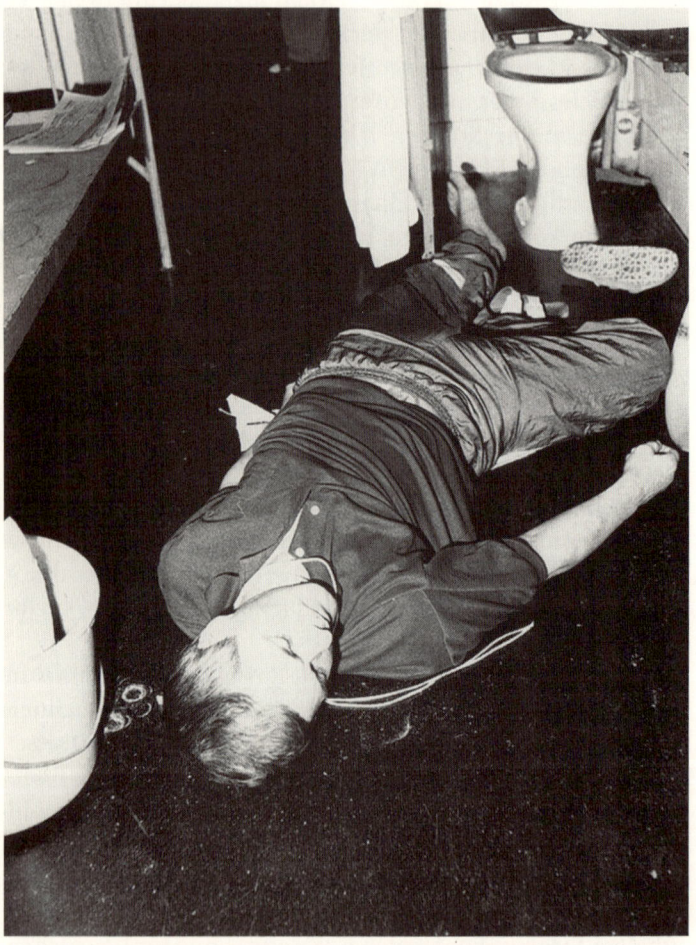

Abb. 28: Der Serientäter Johann »Jack« Unterweger wurde tot in seiner Zelle aufgefunden. Die Untersuchung des Knotens am Strick um seinen Hals hätte dabei helfen können, ihm vergangene Taten zuzuordnen oder ihn zu entlasten.   (Foto: Akten)

3. SERIENMORD: JÜRGEN BARTSCH
VS. LUIS ALFREDO GARAVITO

»*Everything we can imagine does exist.*«
Nicolae Paduraru

Da in diesem Buch, wie bereits angedeutet, nicht so sehr von Ermittlungen, sondern von der gesellschaftlichen Einordnung der Taten und den Eigenheiten der Täter die Rede sein soll, möchte ich im Folgenden die Taten und Denkweise zweier ungewöhnlicher Täter beschreiben.

Sie wuchsen zu verschiedenen Zeiten in verschiedenen Ländern auf, waren verschieden alt, kannten sich nicht, wussten nicht mehr von anderen Serienmördern als jeder durchschnittliche Mensch, konnten ihre eigenen Taten nie verstehen und waren doch beide gleich: homosexuelle pädophile Sadisten.

Der erste Täter ist Jürgen Bartsch, und manch einer von Ihnen wird sich noch an ihn erinnern.

Lassen Sie sich trotzdem überraschen – ich habe versucht, der Forderung von Bartschs väterlichem Freund Paul Moor nachzukommen, erstens etwas Neues und zweitens etwas Weiterführendes zu diesem Fall zu berichten. Ich glaube, dass das am besten durch die bislang noch nicht veröffentlichten Briefe Bartschs möglich ist, die ich weitgehend unkommentiert hier abdrucken möchte. Sie geben meiner Meinung nach einen besseren Einblick in die Seele des Täters als langes Nachgrübeln.

Etwas Ähnliches versuche ich mit einem Bericht über Bartschs Entsprechung, den Kolumbianer Luis Alfredo Garavito, der über dreihundert Kinder totgefoltert hat.

Bitte bedenken Sie beim Lesen der Texte, besonders der Briefe von Jürgen Bartsch, Folgendes: Paraphile – also an unheilbaren Zwängen leidende – Menschen sind in ihren Taten

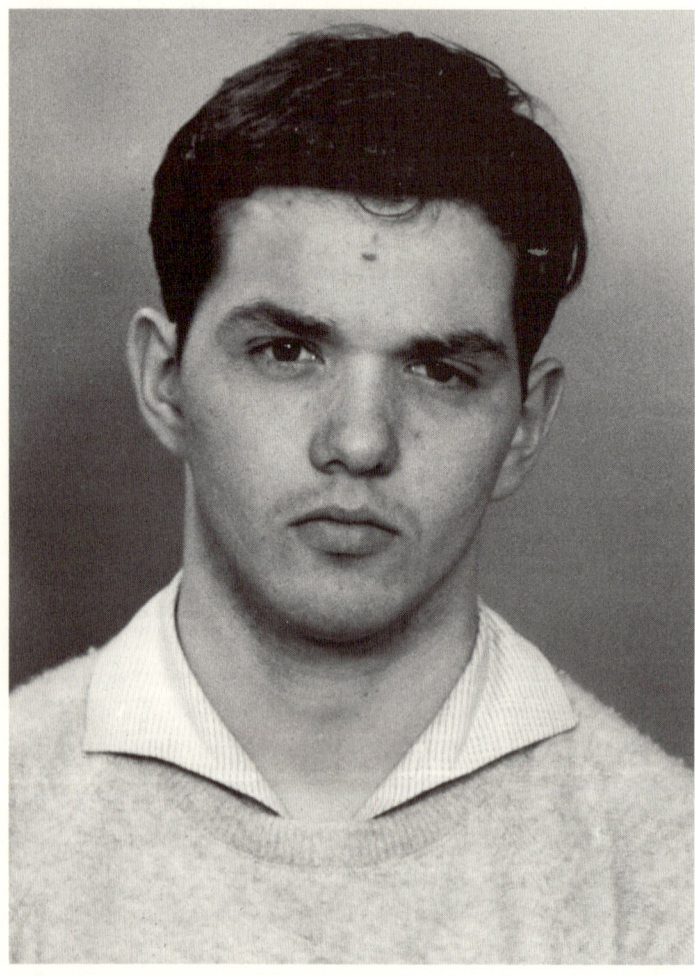

Abb. 29: Aus der von der Polizei erstellten sogenannten »Lichtbild«-Mappe zum Fall. Der unbekannte Fotograf hat Bartsch auf diesem Porträt sehr gut in seiner charakterlichen Doppelbödigkeit getroffen.   (Repro: M. Benecke)

weder gut noch böse. Sie als Leser sollen die Täter weder lieben noch bemitleiden, und jeder kann Ihren Wunsch verstehen, hoffentlich niemals einem pädophilen Sadisten zu begegnen. Versuchen Sie aber trotzdem, Ihren Hass auf die Taten eine Zeit lang beiseitezuschieben. Vielleicht können Sie dann die pechschwarze Schicht aufkratzen, die jeden Serienmord umgibt und bedingt. Das erlaubt Ihnen einen Blick auf denjenigen Teil der Psyche, den niemand von uns steuern kann und der bei paraphilen Serientätern leider ein mörderischer Zwang ist.

Verstehen müssen und können wir die Taten ohnehin nicht. Kein Kriminalist, Psychiater, Rechtsmediziner, Journalist oder Priester, aber auch keiner der paraphilen Serienmörder selbst weiß, wie und warum aus einer befruchteten Eizelle eine Kinder zu Tode folternde Bestie wird. Einig sind wir uns aber immerhin darin, dass pädophile Sadisten wirklich Bestien sind – das sagen die Täter oft genug über sich selbst. Doch ob sie für ihre Taten verantwortlich sind, das ist eine ganz andere Frage. Denn wer unter einem Zwang steht, den niemand begreift und der größer und stärker ist als jeder Wille, ist doch ganz offensichtlich kein gesunder, sondern ein kranker Mensch.

Jürgen Bartsch

Fallübersicht

Um die Briefe, die Jürgen Bartsch am Ende seines Lebens geschrieben hat, besser einordnen zu können, folgt zunächst eine kurze Fallübersicht. Die Ermittlungen waren nicht schwierig, weil das letzte Kind fliehen und den Täter beschreiben konnte. In dem Stollen, aus dem der Junge geflohen war, fanden sich zudem alle Leichen der übrigen verschwundenen Kinder. Aus polizeilicher Sicht war der Fall zwar unbegreiflich, aber schnell aufgeklärt. Die Probleme traten erst an anderer Stelle auf: vor Gericht, als es darum ging zu entscheiden, ob Bartsch sich hätte gegen seine Taten entscheiden können. Die folgenden Details schildere ich übrigens nicht aus Freude am Grausigen, sondern weil sie im Fall Garavito und zum Vergleich der Taten von überraschender Bedeutung sind.

Die Taten

Jürgen Bartsch war gerade einmal neunzehn Jahre alt, als er 1966 festgenommen wurde. Die Täterbeschreibung des letzten Opfers hatte, wie schon gesagt, die Ermittlungen einfach gemacht. Bei der Befragung gab Bartsch zu, dass er das überlebende Kind durch Schläge foltern, häuten und zerstückeln wollte. Dem Opfer war es aber gelungen, sich mit der Flamme einer Kerze (eine weitere Kerze war beim Befreiungsversuch erloschen) die Fesseln durchzubrennen, als Bartsch bei seinen Eltern pflichtgemäß zu Abend aß und fernsah, wie er es jeden Tag ab neunzehn Uhr musste.

Zwischen 1962 und 1966 hatte Bartsch allerdings schon vier Jungen umgebracht, genau in dem für Pädophile interessanten Alter zwischen acht und zwölf Jahren: Klaus Jung (8), Rudolf Fuchs und Ulrich Kahlweiß (12) sowie Manfred Graßmann (11). Die niedrige Opferzahl täuscht über die vielen hundert Versuche hinweg, die Bartsch unternommen hatte, um Kinder zu überreden, mit ihm in einen etwas abgelegenen Stollen im Ruhrgebiet zu fahren. Er war vorsichtig genug, um Kinder, die misstrauisch waren oder auf der Kirmes behaupteten, dass ihre Eltern in der Nähe seien, sofort gehen zu lassen.

Der Tatablauf war danach immer sehr ähnlich. Bartsch lockte die Kinder mit einer Geschichte und dem Auto seiner Eltern (oder Taxis) zu einem alten Stolleneingang, der direkt an der Straße lag und offen stand, weil er im Krieg als Schutzbunker gegen Luftangriffe gedient hatte (Fotos vom Stollen im Buch *Mordmethoden*, Abb. 18–23). Das Geld für die vielen Taxifahrten stahl Bartsch aus der Ladenkasse der Eltern.

Bartsch fesselte die Kinder dann (teils schon im Auto), schlug sie, berührte ihren Penis, onanierte während und nach den Taten und tötete die Kinder zuletzt durch Schläge und Würgen.

Dann zerstückelte er die Leichen und schnitt dabei teils auch ihren Kopf ab. Die inneren Organe zog Bartsch aus Bauch und Brust, bohrte die Augen heraus, kastrierte die Leichen, versuchte in mindestens einem Fall auch eine Vergewaltigung und verscharrte die Körperreste zuletzt lustlos an Ort und Stelle im Stollen. Zuvor nahm er sexuelle Handlungen an den Leichenteilen vor, was ihm Orgasmen bereitete.

Ob er Teile des herausgeschnittenen Fleisches aß oder nicht, war nicht zu klären. Das ist erstaunlich, weil Bartsch als einziger Serienmörder in der Geschichte ein nicht nur volles, sondern auch detailliertes Geständnis ablegte. Nur zur Frage, ob er Fleischstücke seiner Opfer gegessen hatte, sagte er nichts – Bartsch sprach nur davon, die Leichenteile »mit dem Mund berührt« und »eingehend von innen und außen befühlt und auch berochen« zu haben.

Mit zunehmender Opferzahl wurde Bartsch in der Tatausführung erfahrener und quälte die Kinder nun stärker, ohne sie gleich zu töten. Sein letzter Mord macht das deutlich. Hier kam er seiner Zielvorstellung schon recht nahe: das Kind bei lebendigem Leib zu schlachten. Am Muttertag 1966 fesselte Bartsch sein Opfer Manfred Graßmann zunächst im Stollen, um dann mit einem vorbestellten (!) Taxi nach Hause zu fahren. Vom Taxifahrer lieh er sich noch eine Bürste zum Reinigen seiner Kleidung und Schuhe.

Gegen Mitternacht schlich sich Bartsch zurück zum Stollen, nahm dem Jungen die Fesseln ab und trat ihn dann möglichst fest, um ihn zum Schreien zu bringen. Dann zerschnitt Bartsch ihm die Sehnen des linken Knies, stach ihm in die Niere und befahl ihm, in der Höhle umherzulaufen. Die letzten Worte des Kindes waren nach Bartschs eigener Aussage: »Kommst du jetzt hinter Gitter?«

Seine eigentliche Zielfantasie erreichte Bartsch nie, weil er die Kinder nach seiner Vorstellung stets zu schnell tötete. Er berichtete dazu:

»Ich will immer Kerzen (in die Höhle) mitnehmen, zum Beispiel keine Taschenlampe. Das ist bei mir so wie bei manchen Eheleuten, die brauchen rotes Licht, das gibt es. Das ist wegen der Stimmung, die durch die Wärme des Lichtes kommt. Außerdem sieht jemand, der ausgezogen ist, bei Taschenlampenlicht verhältnismäßig unappetitlicher aus als bei Kerzen …

Ich würd' (zu dem Kind) schon sagen, halt schön still, sonst hau ich dir eine, weil ich es immer schön empfunden habe, das Kind selbst auszuziehen, auch wenn sie es aus Angst schon lieber selber getan hätten. Es müsste schon schreien …

Dann würde ich anfangen zu schneiden, knebeln würde ich nicht, denn das Schreien würde ich gern hören. Ich würde also wahrscheinlich oben mit dem Schlachtermesser anfangen, am Brustbein bis ziemlich unten hin. Schneiden würde ich nur so tief, dass das Bauchfell und das Zwerchfell durch ist. Blut stört nicht. Die Därme dürfen nicht kaputt sein. Dann würde ich es so lassen und erst das Geschlechtsteil abschneiden.

Dann würde ich das Messer weglegen und, so weit es geht, die Därme herausnehmen. Jetzt weiß ich nicht, lebt das Kind noch oder nicht? Ich könnte mir vorstellen, dass das Kind dann noch lebte. Die Därme würde ich hinten abreißen, nicht schneiden. Dann wird das Kind ja höchstwahrscheinlich noch schreien.«

Bei der Auswahl seiner Opfer war Bartsch zwar vorsichtig, aber er hatte sehr genaue Vorstellungen davon, wie die Kinder auszusehen hatten: weiche Haut, kaum behaart, sanftmütig. Um ihnen Vertrauen einzuflößen, lud er sie beispielsweise in die Stadtschänke Neviges ein, wo er ihnen Apfelsaft spendierte.

Um die Kinder dazu zu bewegen, ihm in den Stollen zu folgen, erzählte er ihnen nicht nur eine Räuberpistole, sondern

schenkte ihnen auch fünfzig DM, ein damals nicht nur für das
arme Nachkriegs-Ruhrgebiet hoher Geldbetrag.

Ähnlich ging Bartsch auf den Kirmessen vor, wenn er die
Kinder zu Gratisfahrten, beispielsweise im Autoskooter, ein-
lud. So konnte er – auch für die Eltern der Kinder unauffäl-

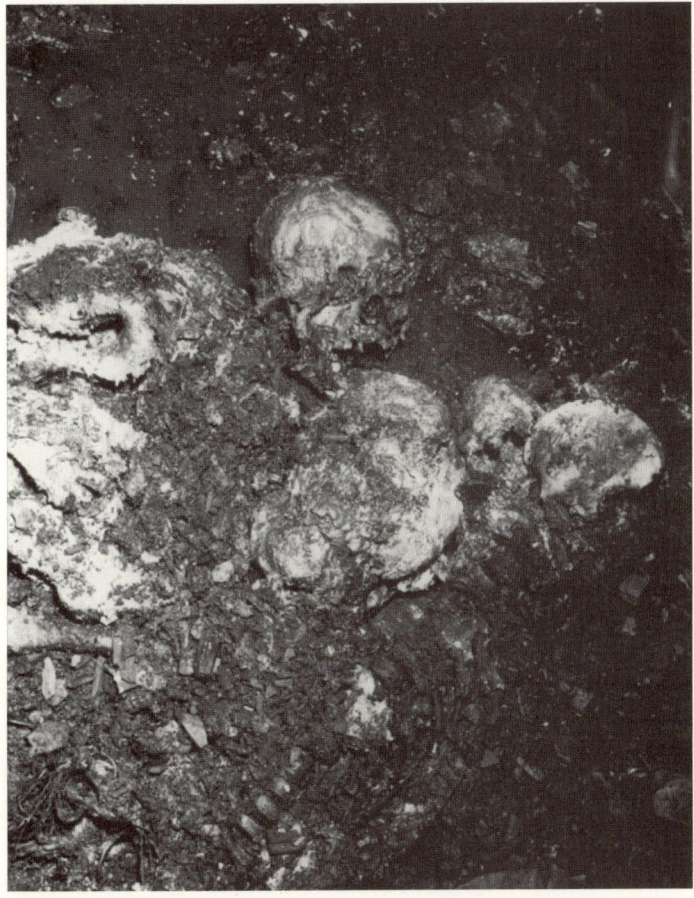

Abb. 30: Die Leichen der Kinder waren im Fall Bartsch nur halbherzig im
Stollen vergraben worden und konnten daher rasch gefunden werden.
(Repro: M. Benecke)

lig – mit seinen möglichen Opfern in Kontakt kommen, da man ihn für den Ordner des jeweiligen Fahrgeschäfts halten konnte.

Die Taten wären mehrmals beinahe aufgeflogen. Besonders knapp war es, als Bartsch nach der Tötung von Klaus Jung im März 1962 der Meinung war, man müsste ihm die Taten ansehen, und daher einen Priester zu Hause aufsuchte, um zu beichten. Der Beichtvater meldete sich nicht bei der Polizei, riet Bartsch aber immerhin, sich zu stellen.

Das tat Bartsch nicht, verriet aber einem befreundeten Jungen namens Volker seine Tat. Der glaubte kein Wort, erzählte aber wiederum einem Freund die Geschichte. Nun wurde Bartsch die Sache doch zu heiß, und er brachte Volker in den Stollen. Zuvor hatte er die Leiche von Klaus Jung rasch begraben, sodass er nun »beweisen« konnte, dass sein Geständnis nur ein Märchen gewesen war.

In einem anderen Fall (Frühjahr 1962) zwang er ein Kind am helllichten Tag mit vorgehaltener Schreckschusspistole, mit ihm im Bus bis 1,6 Kilometer an den Stollen heranzufahren. Der entführte Junge traute sich nicht, im voll besetzten Bus etwas zu sagen, da er fürchtete, dass Bartsch ihn dann vor allen Leuten erschießen würde. Auch auf dem anschließenden Fußweg zum Stollen traute sich der Junge nicht zu fliehen. Bartsch war aber trotzdem so in Panik, dass er dem Jungen schließlich Fahrgeld in die Hand drückte und ihn unversehrt ziehen ließ.

Auch bei der Tötung von Ulrich Kahlweiß gab es Spuren, die Bartsch leicht hätten in die Enge treiben können, wäre er nicht so geistesgegenwärtig gewesen. Sein Freund Volker entdeckte im Wagen, in dem er Kahlweiß entführt und geschlagen hatte, Blutflecken an den Scheiben und am Wagendach. Bartsch behauptete, es handle sich dabei um Reste vom letzten Schlachttag, die »der Lehrling nicht gesäubert« habe.

Bartsch erklärte später, er habe seine Opfer durchaus gemocht, ja auf seine Art sogar geliebt und sie keineswegs aus

Hass umgebracht. Diese Aussage ist heute etwas verständlicher, da uns die Idee der »Bindung durch Einverleiben« mittlerweile vertraut ist.

Allerdings hatte Bartsch auch weniger stark von Gewalt geprägte Beziehungen, besonders zu dem schon erwähnten Volker. Von Anfang bis Mitte 1966 bezahlte Bartsch ihm je fünfzig bis hundertzwanzig DM aus der elterlichen Kasse für nächtliche Besuche mit Geschlechtsverkehr.

Im Internat hatte er zuvor allerdings schon grenzwertige Gefühle erlebt: Als er mit seinem Freund Detlef aus dem Heim abgehauen war, versuchte Bartsch, ihn vor einen Zug zu stoßen, der gerade vorbeifuhr. Detlef wertete dies als zufälliges Anrempeln, Bartsch gab aber später zu, dass er den Penis seines Freundes hatte berühren wollen. Da er aber fürchtete, zurückgewiesen zu werden, wollte er den Freund erst töten.

Bartschs Familie

Bartsch war ein uneheliches, adoptiertes Kind. Seine genetische Mutter hatte »sexuell bedingte Erziehungsschwierigkeiten« und war im Heim gewesen. Da ihr Ehemann nicht vom Russland-Feldzug heimkehrte, hatte sie eine Beziehung mit einem Bergmann begonnen, aus der Jürgen Bartsch hervorging. Seine leibliche Mutter litt an offener Tuberkulose und hatte das Krankenhaus nach der Geburt ihres Sohnes kommentarlos verlassen. Fünf Monate später war sie tot.

Im Krankenhaus kümmerten sich insgesamt sechs Schwestern abwechselnd um das Baby, bis im Frühsommer 1947 Bartschs spätere Mutter ins Krankenhaus kam. Allerdings war sie nicht auf der Suche nach einem Adoptivkind, sondern musste sich einer Unterleibsoperation unterziehen. Da sie nun keine Kinder mehr haben konnte, hatte sie sich mit ihrem dreiunddreißig Jahre alten Ehemann geeinigt, ein Kind zu adoptieren. Der kleine Karl-Heinz (später Jürgen) hatte auf der Babystation und beim Umhertragen durch die

Schwestern niedlich ausgesehen, sodass sie ihn auswählte: »Mein Goldkind«, nannte sie den kleinen Karl-Heinz damals. Im Alter von elf Monaten wurde Karl-Heinz Sadrozinski zu Jürgen Bartsch (formell wurde die Adoption allerdings erst 1952 bestätigt).

Der Charakter von Mutter Bartsch ist aus heutiger Sicht schwer einzuschätzen. Der damals gegen Bartsch ermittelnde Polizist Armin Mätzler beschrieb Frau Bartsch als »streng, liebevoll und behütend«, während Bartschs Freund, der Journalist Paul Moor, sie für »gluckenhaft und gefühlskalt« hielt. Sicher ist, dass Frau Bartsch in der Metzgerei, die sie mit ihrem Mann betrieb, hart arbeitete, was in einem kleinen Familienbetrieb aber normal ist. Sicher ist auch, dass sie den Sohn schlug und übertrieben zur Sauberkeit anhielt, was damals zwar ebenfalls nicht unüblich war, aber durch Frau Bartschs Ekel vor Unreinheit noch gesteigert wurde.

Weil Frau Bartsch verhindern wollte, dass die uneheliche Herkunft ihres Adoptivsohnes bekannt wurde, schirmte sie

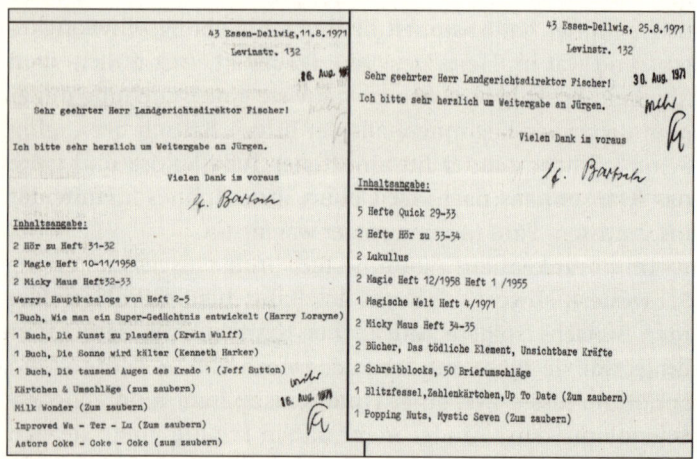

Abb. 31: In der Psychiatrie erhielt Bartsch recht großzügig Illusionstricks, Zeitschriften und Krimis, die ihm seine Adoptivmutter und seine Tante sandten. (Repro: M. Benecke)

ihn stark von anderen Kindern ab und hatte bis zuletzt Vorsorge getroffen, dass ihr Sohn nachts nicht herumstromern konnte: Er musste im Schlafanzug mit den Eltern fernsehen und dann ins Bett gehen; seine Tageskleidung lag anderswo in der Wohnung. Bartsch war aber klug genug, sich Reservekleidung in einer Betonröhre am Haus bereitzulegen.

Bartschs Adoptivvater Gerhard spielte in dem gesamten Verfahren kaum eine Rolle. Er ließ die Taten seines Sohnes nie ganz an sich heran und konzentrierte sich vor allem auf die Metzgerei. Bezeichnend war seine Anfrage bei Gericht, ob er wirklich eine Aussage machen müsse, da er an dem betreffenden Tag sein Geschäft schließen müsse. In der zweiten Verhandlung sagte er zwar offen und selbstkritisch aus, belastete aber auch seine Frau. »Sie wollte eine Puppe haben, kein Kind«, erklärte er dem Richter.

Im Gefängnis und später in der Psychiatrie kümmerten sich vor allem seine Adoptivmutter und seine Tante um Bartsch. Das Gericht war recht großzügig und erlaubte den beiden Damen, »ihren« Jürgen mit Krimis, Micky-Maus-Heften und kleinen Zaubertricks sowie der Zeitschrift für Illusionskunst *Magische Welt* zu versorgen. Bartsch war seit Oktober 1965 auch Mitglied im Magischen Zirkel. Er wurde aber ausgeschlossen, als seine Taten bekannt wurden.

Die Zauberkunststücke Bartschs sind im Nachhinein recht interessant. Es handelt sich dabei oft um mentale und um Kartentricks sowie sogenannte Selbstläufer. Diese Tricks funktionieren auch ohne große Begabung und verblüffen immer, weil das Trickprinzip nicht zu erkennen ist. Mehrere der Kunststücke erforderten allerdings Übung und Merkvermögen, wie beispielsweise der Q.E.D.-Zylinder, mit dem man laut Anleitung »jeden Wochentag vom Jahr 1900 bis 1999 schnell und zuverlässig berechnen« kann. Solche Tricks zu lernen war für Bartsch kein Problem: Er hatte einen Intelligenzquotienten von 107, obwohl er nur ein mittelmäßiger Schüler war.

Der Kindermörder wird noch einmal vor Gericht stehen

Hinter Gittern zaubert Bartsch

Eine einmalige Chance: Heil- und Pflegeanstalt statt Zuchthaus

Eigener Bericht

Wuppertal/Karlsruhe. (A. H.) Der vierfache Knabenmörder Jürgen Bartsch (23) aus Langenberg, am 15. Dezember 1967 in Wuppertal zu lebenslangem Zuchthaus verurteilt, wird im nächsten Jahr noch einmal wegen seiner Untaten vor Gericht stehen. Gestern nachmittag überbrachte der Wuppertaler Rechtsanwalt Heinz Möller ihm in seiner Einzelzelle der Justizvollzugsanstalt Wuppertal die Nachricht:

Der 3. Strafsenat des Bundesgerichtshofs in Karlsruhe hat seiner Revision gegen das erstinstanzliche Urteil stattgegeben. Die neue Verhandlung gegen Jürgen Bartsch, der sich einer Gehirnoperation zur Beseitigung seines tödlichen Sexualtriebs unterziehen will, wird vor einer Jugendkammer in Düsseldorf stattfinden.

Das Wuppertaler Urteil wurde von den Karlsruher Richtern aufgehoben, soweit sie nicht das äußere Tatgeschehen (das Jürgen Bartsch im Prozeß voll gestand) betreffen. Schuldspruch und Strafzumessung werden in Düsseldorf im Mittelpunkt der gerichtlichen Erörterungen stehen. In Wuppertal wurde der Knabenmörder, der seine Opfer meist von Kirmesplätzen entführte und dann in einem alten Luftschutzstollen am Rande von Langenberg bei Kerzenlicht auf bestialische Weise quälte und tötete, nach als Erwachsenenstrafrecht verurteilt, obwohl er bereits als 15jähriger zum erstenmal zum Mörder wurde. Sein Verteidiger Möller hingegen vertrat immer die Auffassung, daß für seinen Mandanten nur das Jugendstrafrecht in Betracht käme.

Mit ihrem Spruch haben die Karlsruher Richter Bartsch eine einmalige Chance gegeben: statt Zuchthaus Heilanstalt mit dem Fernziel der operativen Triebauslöschung. Rechtsanwalt Möller teilte auf Anfrage mit, er werde internationale Kapazitäten als Sachverständige für den neuen Bartsch-Prozeß laden lassen. Eine wesentliche Rolle wird im neuen Prozeß wahrscheinlich auch Prof. Dr. Hans Giese, Leiter des sexualpsychologischen Instituts in Hamburg, spielen. Prof. Giese wurde vor fast zwei Jahren im Wuppertaler Bartsch-Prozeß keine Gelegenheit gegeben, Jürgen Bartsch in Hamburg oder in Wuppertal über längere Zeit zu untersuchen.

Der Anwalt begründet seine Bemühungen: „Ich möchte das Phänomen Jürgen Bartsch erschöpfend eruiert wissen."

In seiner Zelle beschäftigt sich Bartsch vor allem mit Zaubertricks. Er darf einschlägige Literatur lesen. Rechtsanwalt Möller: „Wenn ich ihn besuche, überrascht er mich fast immer mit neuen Kunststückchen."

Abb. 32 a: In der Psychiatrie zauberte Bartsch weiter – mit sogenannten Selbstläufertricks. (Quelle: *Westfälische Rundschau*, Dortmund, 22.11.1969)

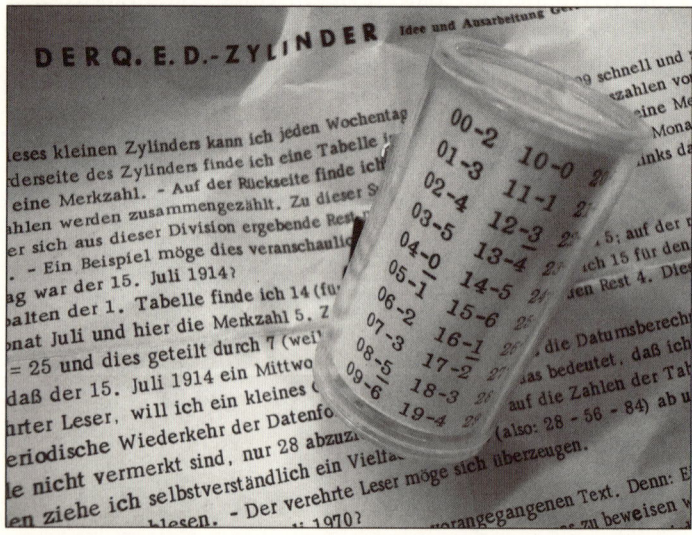

Abb. 32 b: Einer der Tricks, die Jürgen Bartsch in der Psychiatrie erlernte. Der Zylinder erlaubt die Vorhersage aller Wochentage aus der bloßen Angabe des Datums. Bartsch war ein beliebter Insasse und wurde in der Psychiatrie in Eickelborn zum Patientensprecher gewählt. (Foto: M. Benecke)

Dass er Illusionstricks so mochte, mag daran liegen, dass Bartsch als Kind kaum Kontakt zu Gleichaltrigen hatte und vielleicht davon träumte, mit den Kunststücken ein wenig Aufmerksamkeit und auch Überlegenheit zu gewinnen. Das gelang ihm aber nicht, denn einen der wenigen Jungen, mit denen sich Bartsch anfreundete, verprügelte er bei gemeinsamen Sexspielchen so sehr, dass dies ihre Freundschaft überschattete. Bartsch konnte sich in solchen Momenten selbst nicht erklären, was über ihn gekommen war.

Mutter Bartsch

Während der Zusammenarbeit mit seinem Verteidiger Rolf Bossi veränderte sich Bartschs bis dahin freundliche Haltung gegenüber seiner Mutter. Er berichtete, dass sie im Laden einmal ein Messer nach ihm geworfen hätte – in einer Metzgerei sicher ein eindrückliches Erlebnis. Zudem gab er an, dass seine Eltern niemals mit ihm gespielt hätten, weil sie im Laden so beschäftigt waren.

Stattdessen wurde er auf Ordnung gedrillt. Seine Kleidung musste Bartsch penibel falten, und bis zu seiner Verhaftung wurde er noch von seiner Mutter gebadet. Es ist aus heutiger Sicht schwer zu entscheiden, was davon schlicht den biederen Geist der 1960er-Jahre widerspiegelt. Tatsache ist, dass Bartsch immer dem typischen Bild des sehr stark an seine Umgebung angepassten, äußerst stillen Jungen entsprach, dem niemand etwas Böses zutraut und der zu allen Menschen höflich ist. Das war nicht aufgesetzt: Beim Schlachten im Metzgerladen wollte er nicht helfen, weil die Tiere »so treuherzig« schauten, und im katholischen Internat, in das ihn die Eltern von 1958 bis 1960 gesteckt hatten, las er am liebsten Mädchenbücher von Johanna Spyri.

Nach der ersten Gerichtsverhandlung berichtete Jürgen Bartsch, dass er im katholischen Internat von einem Priester nicht nur geschlagen, sondern im Jahr 1960 auch sexuell miss-

Abb. 33: Selbst bei der Tatort-Nachstellung im Stollen wirkte Bartsch immer noch wie der nette Junge von nebenan. Man beachte aber seinen Gesichtsausdruck, der mit Unverständnis und Kälte gegenüber seinen Taten interpretiert werden kann.   (Repro: M. Benecke)

braucht worden sei, während er erkältet das Bett gehütet hatte. Obwohl diese Geschichte für jeden, der die damaligen Verhältnisse in katholischen Internaten kennt, sofort glaubhaft ist, meldet Polizist Mätzler bis heute Bedenken an und verweist darauf, dass sich Bartschs Persönlichkeit durch das große Interesse der Öffentlichkeit wandelte und vielleicht auch zu Erfindungen führte. Es ist aber nach der Aussage anderer Schüler erwiesen, dass der betreffende Lehrer, Priester und Chorleiter seine Schützlinge schlug, »bis ihm der Schaum vor dem Mund stand«.

In der Psychiatrie

Tiefer gehende psychiatrische Untersuchungen lieferten keine anderen Ergebnisse als die, die man auch heute noch vor Gericht bei besonders schweren Taten hört: Die eine Partei war überzeugt, dass der Junge die Morde nicht hätte begehen müssen, wenn er nicht gewollt hätte. Die andere Seite meinte, dass ein Mensch, der an kaum etwas anderes als das Totfoltern von Kindern denken kann, wohl keinen freien Willen haben könne.

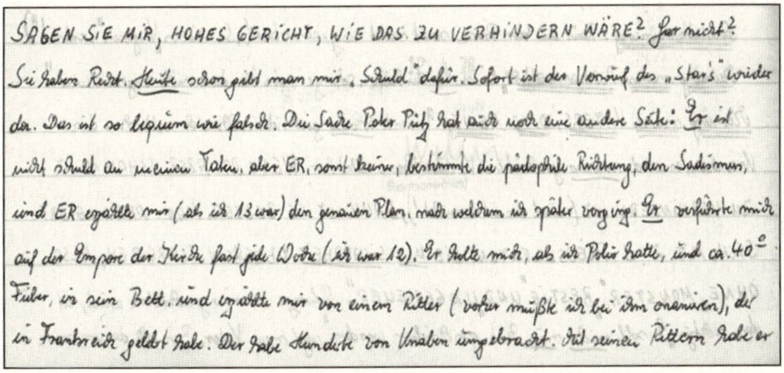
SAGEN SIE MIR, HOHES GERICHT, WIE DAS ZU VERHINDERN WÄRE? Gar nicht?
Sie haben Recht. Heute schon gibt man mir „Schuld" dafür. Sofort ist der Vorwurf des „Star's" wieder
da. Das ist so bequem wie falsch. Die Sache Pater Pütz hat auch noch eine andere Seite: Er ist
nicht schuld an meinen Taten, aber ER, sonst keiner, bestimmte die pädophile Richtung, den Sadismus,
und ER erzählte mir (als ich 13 war) den genauen Plan, nach welchem ich später vorging. Er verführte mich
auf der Empore der Kirche fast jede Woche (ich war 12). Er holte mich, als ich Polio hatte, und ca. 40°
Fieber, in sein Bett, und erzählte mir von einem Ritter (vorher mußte ich bei ihm onanieren), der
in Frankreich gelebt habe. Der habe Hunderte von Knaben umgebracht. Mit seinen Rittern habe er

Abb. 34: Bartsch gab an, im katholischen Internat von einem für seine Gewalttätigkeit bekannten Priester missbraucht worden zu sein. Die Aussage konnte zwar nie bewiesen werden, wurde von Bartsch aber lebhaft vorgebracht.
(Repro: M. Benecke)

Die Gerichte sahen es ebenso widersprüchlich. In der ersten Verhandlung im Jahr 1967 wurde entschieden, dass Bartsch – da er ja unbestritten wusste, dass er Unrecht tat – seine Impulse auch hätte kontrollieren können. In einem Satz: Bartsch war zwar vom Bösen beseelt, hätte sich davon aber durch Standhaftigkeit befreien können.

Zum Ende der zweiten Verhandlung (1971) vertrat man die Gegenposition: Seine sadistischen Fantasien hätten alle moralischen Grenzen in ihm zerstört. Dadurch sei jeder möglicherweise vorhandene gute Wille untergraben worden – seine Taten waren unausweichlich. Das bedeutete nun, dass Bartsch psychisch verändert und nicht absichtlich böse war. Also wurde er im Oktober 1972 aus dem Gefängnis in Köln-Ossendorf in die Psychiatrie Eickelborn überführt. Aus dieser Zeit stammen auch die hier erstveröffentlichten Briefe, die Sie weiter unten finden.

Die Behandlung Bartschs in der Psychiatrie war allerdings nicht so, wie sie hätte sein sollen. Man hatte erstens nicht genügend Personal und versuchte daher, den auch mit heutigen Mitteln unheilbaren Täter zusammen mit den anderen psychisch veränderten Menschen in Gruppengesprächen zu behandeln. Bartschs Verbrechen sprengten jedoch völlig den Rahmen, sodass er unzufrieden war und den Sitzungen oft fernblieb.

Zweitens war er räumlich in der Psychiatrie stärker eingekerkert als im Gefängnis, da man einen Selbstmord fürchtete. Anders als in der Kölner Haftanstalt gab es auch keine Weiterbildungsmöglichkeiten vor Ort, sodass Bartsch sich verstärkt langweilte. Umso glücklicher konnte er über die Versorgung mit Heftchen und Tricks durch seine Mutter und Tante sein.

Bartsch war ein anstrengender Mensch, der Aufmerksamkeit verlangte. Wollte man ihm als Briefpartner nahe sein und helfen, so sollte man auch Taten folgen lassen – das forderte Bartsch sehr direkt ein. Den damaligen Sexualkundler Hans

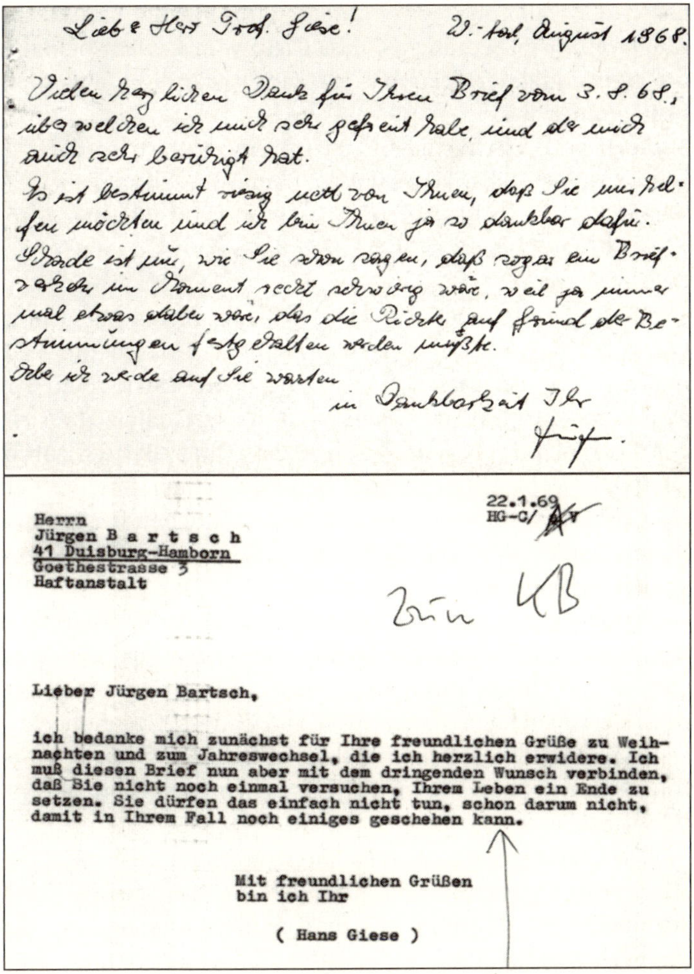

(handschriftlicher Brief:)

Lieber Herr Prof. Giese!   20. bis August 1868.

Vielen herzlichen Dank für Ihren Brief vom 3. 8. 68, über welchen ich mich sehr gefreut habe und der mich auch sehr berührt hat.

Es ist bestimmt rührig nett von Ihnen, daß Sie mir helfen möchten und ich bin Ihnen ja so dankbar dafür.

Schade ist nur, wie Sie schon sagen, daß sogar ein Brief daher im Moment recht schwierig wäre, weil ja immer mal etwas dabei wäre, das die Ärzte auf Grund der Bestimmungen festhalten werden müßte.

Also ich werde auf Sie warten

in Dankbarkeit Ihr

[Unterschrift]

(maschinengeschriebener Brief:)

Herrn
Jürgen **B a r t s c h**
41 Duisburg-Hamborn
Goethestrasse 5
Haftanstalt

22.1.69
HG-G/

Lieber Jürgen Bartsch,

ich bedanke mich zunächst für Ihre freundlichen Grüße zu Weihnachten und zum Jahreswechsel, die ich herzlich erwidere. Ich muß diesen Brief nun aber mit dem dringenden Wunsch verbinden, daß Sie nicht noch einmal versuchen, Ihrem Leben ein Ende zu setzen. Sie dürfen das einfach nicht tun, schon darum nicht, damit in Ihrem Fall noch einiges geschehen kann.

Mit freundlichen Grüßen
bin ich Ihr

(Hans Giese)

Abb. 35: Der gut gemeinte und völlig harmlose Briefwechsel mit Jürgen Bartsch brachte den Sexualkundler Hans Giese beinahe um seine Zulassung bei Gericht. Der Pfeil in Gieses Brief stammt vom Richter, der eine mögliche Befangenheit des damals in Deutschland einzigen Sexualkundlers prüfen musste. Giese konnte vor Gericht aber nicht mehr gehört werden, da er in der Nacht vom 22. auf den 23. Juli 1970 in Südfrankreich tot am Fuß eines Felsens gefunden wurde.   (Repro: M. Benecke)

Giese, der während des Verfahrens starb, brachte Bartsch dadurch derart in Bedrängnis, dass Giese vom Gericht beinahe die notwendige Objektivität als Sachverständiger abgesprochen worden wäre.

Auch von seinen anderen Briefpartnern forderte Bartsch immer wieder Hilfe, Unterstützung und Aufmerksamkeit. Dabei zwang schon seine winzige Handschrift zur höchsten Konzentration; viel mehr forderte aber noch der intensive Inhalt der Briefe.

Einige Beispiele sollen dies im Folgenden zeigen. Wie schon gesagt, handelt es sich um unveröffentlichte Dokumente, und die Person, mit der Bartsch hier korrespondierte, möchte derzeit ungenannt bleiben. Daher sind die Textstellen, die sich auf das Leben der Person beziehen, gestrichen; Bartsch nahm aber sehr wohl Anteil an den Berichten seiner Briefpartner. Man kann sich aber auch ohne diese persönlichen Bezüge ausmalen, welche Wirkung die Briefe damals auf die Empfänger gehabt haben müssen.

Damals gab es keinerlei Orientierung für die Briefpartner – das Wissen um unheilbare Wesenszüge (Paraphilien) gab es damals schlichtweg nicht. Umso mehr ist ihnen anzurechnen, dass sie versuchten, Bartsch ein aufrichtiges Gegenüber zu sein, auch als er den von fast allen Menschen als sinnlos empfundenen und gesetzlich problematischen Vorstoß zur Kastration wagte.

Die Kastration war damals längst verboten und stand besonders in Deutschland immer noch im Ruch des nationalsozialistischen Missbrauchs – Bartsch nimmt darauf auch Bezug (vgl. S. 213).

Ich habe bewusst Briefe aus den letzten beiden Jahren seines Lebens gewählt, weil sie zeigen, mit welchem Ernst und Stolz Bartsch daran glaubte, geheilt werden zu können. Er mimte keineswegs den kaltblütigen Täter wie später Charles Manson oder Nico Claux (vgl. S. 117–120), sondern bemühte sich verzweifelt darum, ein normaler Mensch zu werden. Dass es weder damals noch heute ein Heilmittel gegen Paraphilien gibt, konnte er nicht ahnen. Darum hoffte er auch auf die Hypnosebehandlung, von der gleich die Rede ist, und darum erfocht er sich auch die Erlaubnis zur Kastration, die er zuvor mit Händen und Füßen abgelehnt hatte. Sie war für ihn nach fast zehn Jahren erfolgloser Behandlung (abgesehen von den dämpfenden Medikamenten) die letzte Hoffnung.

Ob sich seine Fantasien in der Psychiatrie wandelten, weiß niemand. Vor seiner Verhaftung war Bartsch mehrfach in Bordellen gewesen, hatte sich dort im Wesentlichen aber nur mit den Prostituierten unterhalten und ihnen einige Aktfotos abgekauft. Sexuell empfand er Frauen als unbefriedigend, und ob er wirklich eine geschlechtliche Beziehung zu seiner Ehefrau (die Schwesternhelferin Gisela Deike heiratete ihn am 2. Januar 1974 in der Psychiatrie) hätte aufbauen können, ist fraglich. Sicher ist, dass Bartsch mit Tricks versuchte, an eine »Sexualgeschichte« zu gelangen. Als der Richter das Buch kassierte, behauptete Bartsch, er habe den Buchtitel missverstanden und gedacht, es handle sich um ein Geschichtsbuch. Zu seinen sadistischen Fantasien machte Bartsch zuletzt keine Angaben mehr, was aber angesichts seines Wunsches, wieder freizukommen, verständlich ist.

Unabhängig davon argumentierte Bartsch aber vollkommen zu Recht, dass man ihm zumindest die Chance auf Heilung und Rückkehr in die Freiheit geben müsse, da dies ein grundsätzliches Recht aller Menschen sei. So abwegig sich das für manche Leser anhören mag: Bartsch folgte hier einem rechtlichen Grundsatz, der es verbietet, einen Menschen in Deutschland wirklich ein Leben lang in Haft zu belassen: Niemandem darf in Aussicht gestellt werden, das Gefängnis nie mehr verlassen zu können. Erst mit vermehrter Anwendung der Sicherheitsverwahrung in den letzten Jahren änderte sich das teilweise. Juristisch und vielleicht auch ethisch folgte Bartsch also einer anerkannten Linie und war keineswegs größenwahnsinnig, wie man sonst meinen könnte.

Das letzte Gefecht

Dass die folgenden Briefe einen stark drängenden Unterton haben, ist nicht verwunderlich. Bartsch und seine Briefpartner wussten erstens, dass ihnen die Zeit davonlief, und zweitens, dass das Gericht alles gegenlas. Daher enthielt jeder Brief auch immer versteckte Aufrufe und Beschwerden, die sich an die Behörden richteten.

Bartschs Briefpartner und Kontaktpersonen sind dabei sehr interessant. Dazu gehörten unter anderem der Journalist und Krimiautor Friedhelm Werremeier (er veröffentlichte 1968 das Buch über den Fall *Bin ich ein Mensch für den Zoo?*), der Sexualforscher Hans Giese sowie der deutschsprachige amerikanische Journalist Paul Moor (*Das Selbstporträt des Jürgen Bartsch*, 1972) und noch weitere Personen, die den Mut hatten zu versuchen, eine Bestie zu verstehen. Selbst Kriminaloberrat Günther Bauer aus Recklinghausen fand, dass »Bartsch mit Sicherheit nicht nur eine Episode, sondern ein Symptom unserer Zeit ist, das der Menschheit ihr eigenes, unbewachtes Antlitz zeigt«. Ein solcher Satz von einem Mann des Rechts – das will schon etwas heißen.

Bitte urteilen Sie selbst, ob Bartschs Texten nicht eine tiefe Wahrheit zugrunde liegt, auch wenn wir sie gesellschaftlich vielleicht nicht annehmen wollen oder können. Meiner Meinung nach ist es jedenfalls keinem paraphilen Täter vor Bartsch gelungen, derart schlüssig zu begründen, warum man ihm eigentlich unbedingt und mit allen Mitteln helfen sollte.

Stilistisch fällt einerseits die Sachlichkeit auf, mit der Bartsch die Tötungen schildert, gleichzeitig aber die Inbrunst, mit der er in seinen Briefen für seine eigene Sache kämpft. Meiner Erfahrung nach ist das ein typisches Kennzeichen von paraphilen Tätern: Echtes Mitleid mit anderen kennen sie nicht; sie haben aber einen stark ausgeprägten Sinn für Ungerechtigkeit sich selbst gegenüber.

Wenn Sie sich angesichts von Bartschs fürchterlichen Taten darüber ärgern, dass er in den Briefen über Kartentricks, seinen Namensvetter beim Amt und das Abnehmen plaudert und zudem unbedingt freikommen will, dann stellen Sie sich einfach vor, seine Forderungen nach Menschlichkeit würden von einer anderen Person gestellt, beispielsweise dem Papst, dem Bundespräsidenten oder dem Dalai Lama. Ändern sich dadurch die ethischen Maßstäbe – oder ist es nicht völlig egal, wer sie formuliert?

Die Briefe beginnen, nachdem Bartschs Verteidiger Bossi im Jahr 1973 die Zerstörung der Triebregionen im Gehirn seines Mandanten durchfechten wollte. »Ich lief von Hölzchen zu Stöckchen«, erinnert sich der Strafverteidiger. »Manche Ärzte sagten zunächst zu, schreckten dann aber offenbar doch vor der Verantwortung zurück, die dieser triebhemmende ›weiße Schnitt‹ ins Gehirn mit sich bringt – gerade bei einem solchen Patienten.«

Doch nach Bartschs Hochzeit im Januar 1974 legte sich der Anwalt erneut ins Zeug und fand an der Uniklinik in Homburg (Saar) ein Team, das die Verantwortung auf sich nehmen wollte.

»Das war einer jener euphorischen Momente, in denen auch ein Anwalt den Hoffnungsschimmer zu sehen glaubt, es könne für seinen Mandanten am Ende doch noch eine anonyme, fernab vom Schauplatz aller Ereignisse anzusiedelnde, möglichst allseitig unbeachtete Zukunft geben.

Aber kurz vor Weihnachten 1974 teilte das Ärzteteam mit, Jürgen Bartsch sei ›inoperabel‹. Es müsste durch eine Hirnoperation nicht wie in anderen Fällen nur das Erotisierungszentrum ausgeschaltet werden, sondern zusätzlich das Zentrum für den allgemeinen Antrieb und für die tätige Gedankenbildung, das heißt für die Fantasie.«

Mit anderen Worten: Aus dem nach Besserung lechzenden Serientäter Bartsch wäre wirklich eine Puppe geworden, allerdings nicht die von Mutter Bartsch gewünschte Version, son-

dern ein hirnloses Abbild. Eine solche Zombifizierung lehn-
ten die Ärzte zu Recht ab, und die von Bartsch im Brief vom
5. April zitierte Äußerung »Wollen Sie sich im Gehirn rumrühren lassen?« wirkt völlig nachvollziehbar. Denn Bartsch hätte
durch die OP nicht nur seine Zwänge, sondern auch seine übrige Persönlichkeit verloren.

Ohne Datum
    Wie geht es Ihnen heute? Danke für Ihren letzten lieben
Brief. Ohne Sensationen zu verraten, möchte ich Ihnen mitteilen, wie es um meine Op. steht. Sehr schlecht. Von zwei möglichen Städten eine Absage, die zweite reagiert nicht und wird
nicht reagieren. Alles sieht danach aus, dass diese Operation
nie geschehen wird.
    Was das für mich bedeutet, bei strikter Weigerung zur Kas-
tration (»lieber tot« – es bleibt meine Ansicht, über die ich
nicht mit mir reden lasse. Ich bin zu allem bereit, ausgenommen dies. Für mich ist es psychologisch RACHE, auch wenn
dieser Gedanke falsch ist. Er ist mit Sicherheit falsch. Meine
Gründe: 1. Nazizeit, 2. Angst vor körperlichem Chaos, 3. Wenn
man mir die Hoden nimmt, tut man IN FAKTUM genau das, was
ich tat). Verstehen Sie mich bitte ganz realistisch: abschneiden
= abschneiden. Ein Messer – dasselbe Werkzeug), können Sie
nicht ermessen. Ich bliebe bei bestem Willen auf unabsehbare
Zeit auf dieser Station, einer Selbstmordverhinderungsstation.
Ich bliebe in der Lage, unglaublich scheinendes Vertrauen geben zu sollen und nicht das Geringste davon selbst zu behalten. Ich erwarte, ist die Op. durch die Chirurgen unmöglich
geworden, nichts als Kaltherzigkeit. Das ist keine Schwarzma-
lerei. Für jeden Patienten existiert ein Behandlungsplan. Für
mich existiert keiner.
    Was ist für mich Kaltherzigkeit? 1. Sinnloses Festhalten in
solcher Station bei Besserung des Krankheitsbildes, 2. zu sagen, »auch wenn keine möglich ist, werden wir Sie ohne Op.
nie verlegen«, 3. Meine Bitte um eine Spritzenkur (Hormon-

mittel, alle zwei Wochen, Einnahme jederzeit, auch nach Entlassung, <u>nachprüfbar</u>), die besser als die Tabletten ist, ohne Begründung abschlägt. 4. Nichts weiter als einen Show-Versuch
zur Förderung zu machen.

Nach der Aufbauabteilung sollte ich. Alle Leute wurden befragt. Keiner wollte mich, kein Pfleger. Nie wieder geschah etwas nach diesem halbherzigen Versuch. Es wird auch nichts
mehr geschehen. Es soll nicht weinerlich klingen, es ist tatsächlich, keine Abtlg. will sich mit mir »belasten«.

Da es keine Hochzeitsnacht gab, wurde uns fest versprochen, es möglich zu machen, sie unauffällig nachzuholen.
Versprochen, wie gesagt. Aber auch dies Versprechen wurde
gebrochen (übrigens – Dämpfung bedeutet nicht Unmöglich-
keit eines normalen Verkehrs. Es »kommt« nur eben nichts).
Dass es bei Verliebten echte sexuelle Not gibt, bestreitet heute
niemand mehr. Aber tut man was? Natürlich nicht. – Es tut
mir weh zu sehen, wie meine Frau darunter leidet.

Die Toten sind nicht vergessen. Mancher Laie glaubt das ja.
Ich stehe mit einem Pfarrer in Essen in Verbindung. Er ist ein
selten humaner Mensch. Er hat Verbindung mit den Eltern der
Kinder aufgenommen. Er warb um Vergebung für mich. Das
konnten die Eltern nicht, es ist auch noch zu früh. Er sagte ihnen, dass er die Namen der Kinder in Weiß in den Kirchenbo-
den einzeichnen lasse. Er tat es, und sandte mir ein Bild davon.
Vater Kahlweiß [der Vater eines der getöteten Kinder; M. B.]
schrieb, dass es selten sei, von so was zu hören, die Opfer seien
stets schnell vergessen. Ist er nicht zu verbittert?

Nichts ist vergessen, bei meinen schockierten Eltern nicht,
bei Richter Fischer nicht, bei meiner geliebten Tante Maria
nicht (erste Äußerung von ihr: »Oh, JÜRGEN – NEIN, NEIN,
NEIN!!!«) und, nicht zuletzt, bei mir nicht. Ich kann nicht vergessen, ich muss unter großer Last leben. Darum empfinde ich
es auch als gedankenlos, wenn gewisse Leute stets Angst zu haben scheinen, ich könne vergessen. <u>Ich kann niemals vergessen, was ich getan habe.</u> Erinnerung, bittere, kommt jeden Tag.

Soll ich im Bewusstsein meiner Schuld auf Hoffnung für mich verzichten, in Sack und Asche gehüllt? Nein, finde ich. Es entspricht der menschlichen Natur, wieder gutzumachen (das hoffe ich später beruflich zu tun) und um ein menschenwürdiges Leben zu kämpfen. Darum halte ich meine Kritik am quasi Nichtstun auch für berechtigt.

Schließlich dürfen Sie nicht vergessen, dass die Ärzte mir Anordnungen gegeben haben (Arbeit, gute Führung, Wohlverhalten, Medizin, auch hormonelle), denen ich mich füge. In dem Moment ist meine Kritik berechtigt.

Um Ihre Fragen zu beantworten: Einmal in der Woche ist Fußball. Da gehe ich nicht mit, ich kann kein Fußball spielen. Einmal in der Woche ist Tischtennis im Keller. Da gehe ich mit. Alle paar Wochen ist Gymnastikstunde. Auch da gehe ich mit. Eine Chance, sich (mit behördlicher Hilfe, staatlich anerkannt, sonst hat es ja keinen Sinn, da ich meinen Beruf wechseln muss) weiterzubilden, mithilfe der Anstalt, gibt es in diesem Strafbau überhaupt nicht.

Ein Bild von mir will ich Ihnen senden. Wahrscheinlich wird auch das verboten, weil Sie, so der übertriebene Pressehorror hier, damit sofort zur Presse laufen könnten. Man traut das Ihnen wie jedem zu. Bin gespannt, ob Sie es erhalten. Eines machen lassen darf ich nicht. Ich hätte übrigens gerne auch eines von Ihnen. So, nun habe ich mir für heute alles von der Seele geredet.

Hoffentlich nicht zu viel für Sie. Doch, um zu beurteilen, wie man mit mir umgeht, müssen Sie noch eines wissen: Ein Rückfall williger Täter, den man natürlich fördert, sagte zu mir: »Dreimal entwichen. Trotzdem müssen sie mich fördern.« – »Ist in der Zeit nichts vorgekommen?« – »Ich bin nicht erwischt worden.« SO ist es hier.

1000 Grüße
Ihr Jürgen Bartsch

* * *

25. Juni 1974

Vielen Dank für Ihren letzten lieben Brief mit dem Bild. Keine Angst, dass ich Sie nicht erkannt hätte. Dazu käme es nie, wenn man sich so oft gesehen hat. Kennen Sie überhaupt noch, können Sie überhaupt noch die paar Kartenkunststücke, die ich Ihnen damals beibrachte? Oder haben Sie sie inzwischen vergessen? Damals beherrschte ich fünf gute Kunststücke. Heute ungefähr zweihundert. Darf ich stolz auf mich sein?

Meine Liebe gehört heute mentalen Kunststücken. Was heißt, Pseudohellsehen. Gedachte Karten finden, die Gesamtsumme einer erst momentanen Addierung von Zahlen (beliebige) Voraussagen unter fünf Zetteln, ohne hinzuschauen (jeder Zettel ein Vorname, ein Zettel mit dem Vornamen einer verstorbenen Person), den Totenzettel herausfinden, Fortune-Telling mit Spielkarten, die Zuschauer auf Karten Symbole ≈, Δ, O, X usw. sehen lassen, wählen lassen, die bei Prüfung im Spiel gar nicht vorhanden sind, sondern sich in einem Umschlag schon vorher (!) in des Zuschauers Tasche befanden, aus einem Buch (oder drei Büchern) ein beliebiges Wort wählen lassen, auf einer Tafel ein gezeichnetes Zuschauerbild duplizieren (obwohl ich das Bild nie gesehen habe) und so weiter. Es ist heute die Art der Zauberei, die Art der Zauberei, die von den Zuschauern am allerhöchsten anerkannt wird. Darum habe ich mich ganz darauf spezialisiert. Es bringt den meisten Erfolg, und je intelligenter das Publikum, je größer die Reaktion.

Ihr Bild wird einen Ehrenplatz erhalten. Ich bin da noch am Überlegen. Was sagt Ihre Frau zu uns? Akzeptiert sie unseren Briefverkehr? Entschuldigen Sie, es fällt mir gerade momentan ein.

Lassen Sie mich nun Ihre Fragen beantworten, vielleicht sehen Sie dann auch, dass nicht alles, nicht alle Welt so human ist wie Sie. Sie können sich nicht vorstellen, dass das negative Gefühl mir gegenüber (von wegen Fall) auch bei einem Arzt

mal durchschlagen kann. <u>Tun Sie es! Stellen Sie es sich vor.</u>
<u>Sie werden sehen, das geht.</u> Damit will ich nicht sagen, dass
dies hier geschieht. Und der Betreffende hätte auch seinen Beruf verfehlt. Verantwortung, sagen Sie. Gut. Aber Verantwortung darf nicht in lediglich reiner Angst ausarten. Sie darf auch
nicht in Gar-nichts-tun ausarten, aber eben das geschieht, und
das ist Ihnen bekannt. Darum nichts mehr davon. Verantwortung gekoppelt mit Hilfe – müsste es nicht so sein? Da bin ich
sachlich und rede mich, steigere mich in nichts rein.

Aber zu Ihren Fragen endlich: Eine Hoffnung nach der an-
deren zerplatzt wie eine Seifenblase. <u>Ihre</u> Worte. <u>Warum</u> wollte
von drei Operateuren keiner? Aus Angst vor Verantwortung.
Es <u>könnte</u> einen Rückfall geben. (Theoretisch), es könnte etwas schiefgehen (ein Patient blind, einer tot.) 2. Es geht diesen Fachleuten um irgendein Risiko, das sie eingehen <u>müss-</u>
<u>ten</u>. Aber eben das wollen sie nicht eingehen. <u>Die Pflicht zu</u>
<u>helfen</u> tritt dann zurück. Sie … vermuten pro Ablehnung eine
detaillierte Begründung. Die gibt es nicht. Jedes Mal nur einen
Wisch, wo vom zu großen Risiko die Rede ist. Sie werden sagen »<u>kein</u> Rückfall, medizinisch anerkannte Methode, wo ist
da dieses horrende Risiko?« Sie haben recht. Ein großes Risiko
betreffs Erfolg besteht gar nicht. Man denkt »da oben« mehr
an <u>sich selber, punktum.</u> Beweisen Sie mir das Gegenteil.

Die Anstalt ist u. bleibt hundert Prozent <u>für</u> diese Operation. Da ist es sehr gut, dass es nun wohl <u>doch noch</u> geschehen wird. Meine Eltern haben drei (!) neue Fachleute gefunden. Bossi hat sie schon angeschrieben (nein, er besucht mich
<u>nicht</u> persönlich), <u>und</u> es wird privat bezahlt. So (schade, dass
es <u>so</u> sein muss) werden wir doch wohl jetzt noch einen guten Fachmann finden, sodass es dieses Jahr noch so weit sein
kann. Ja, ich habe wieder ein wenig Hoffnung. Wie sollte man
sonst auch leben? Aber diese Hoffnung ist in keiner Weise Verdienst der Anstalt. Meine <u>Frau</u> hat extra dafür einen Kredit aufgenommen! Hätten Sie das erwartet? Ich nicht! Ich dachte,
mich tritt ein Pferd.

Ersehen Sie bitte, wie <u>sehr</u> meine Frau mich liebt. Es muss die Hölle für sie sein. Ich war ehrlich <u>erschüttert</u> ob dieses Liebesbeweises. Ich habe auch allen Grund dazu. Sie versorgt mich so gut, fast als ob ich bei ihr sei.

Ihre Sorge: Ob ich, falls ich jemals frei sein würde, weiter zu ihr stehen würde. Diese Sorge ist unnütz, da ich sie nicht weniger liebe als sie mich (außerdem wäre ich dann ein Schwein, und das bin ich nicht).

So, nun möchte ich ... langsam für heute Schluss machen. Seien Sie bis zum nächsten Mal vielmals gegrüßt von Ihrem ANIMAL Jürgen

* * *

12. September 1974

Wie geht es Ihnen? Bei der Beschreibung Ihres Ausflugs ins Bergland könnte man ja neidisch werden.

Die ganze Zeit danach habe ich sehr gut ausgehalten, da muss ich mir ein Lob ausstellen. Unter den strengen Bedingungen hier, zweiundzwanzig Monate in <u>diesem</u> Haus, bedeutet das schon was. Den Haftkoller bekomme ich nur periodisch, etwa jedes halbe Jahr. Bei den meisten anderen wirkt Unterbringung sich seelisch als Aggression aus. Bei mir wirkt es sich als vegetativer Zusammenbruch aus (immer noch besser als Mobiliar zu zerschlagen). Platzangst, damit fängt es an. Als Nächstes kommen die Wände auf mich zu, zittern, kann weder sitzen noch liegen, nicht mehr sprechen, der Kehlkopf schließt sich immer wieder, Vernichtungsgefühl, Todesangst (unmotiviert) u. das Gefühl des Erstickens, durch die Kehlkopf-Lähmung. (Die Psychiater haben ein sicher zutreffendes Spezialwort dafür: Globohysterikus.)

Irgendwie scheine ich dabei unbewusst auch Rache an mir selber zu üben. Das erste Mal, dass es auftrat, dachte ich: »<u>Vielleicht gut, dass du selbst einmal erfährst, wie es ist, keine Luft zu bekommen.</u>« – Beruhigungsmittel, Schlafspritzen – es muss dann sein – und nach anderthalb Wochen habe ich wieder für ein halbes Jahr Ruhe. Dann geht's prima. Ein halbes Jahr. Aber sorgen Sie sich deswegen bitte nicht. In der Beziehung bin ich hier in besten Händen.

Mit meiner Frau entwickelt sich alles bestens. Genau noch so, wie ich es Ihnen schrieb.

Operation: Wann, wo, wie, das darf ich laut meinen Ärzten nicht schreiben, obwohl ich es für Sie tun würde. »Auch dem besten Freund nicht.« Warum? Die Gründe der Ärzte respektiere ich. Darum nur: Ein Hoffnungsschimmer, nach viel zu vielem Nein. Dieses Jahr noch? Kann sein. Nicht viel mehr als eine Hoffnung, aber ich klammere mich natürlich daran. Drücken Sie mir bitte die Daumen. Es muss noch sehr viel gut gehen, wenn es überhaupt gut gehen soll. Bei Gelingen des Eingriffes ist mir Förderung und mehr zugesagt worden. Natürlich nach Vor- + Nachuntersuchungen. Wissen Sie, was solche Hoffnung in meiner Lage bedeutet? Man kann es kaum mit Worten sagen.

Unser Hauptablenkungsmittel hier ist das Fernsehen. Wir stellen fest, dass das Programm jeden Tag mieser wird. Aber auch im Strafvollzug, da stinkt wohl was. Es hat mich erschreckt. Vor ein paar Tagen ein Bericht in der Zeitung über das feste Haus in Düren (nach Aufdeckung will man sich ja um einen völlig neuen Umbau der Anstalt »bemühen«). Die vom Gericht eingewiesenen Patienten müssen zu zweit teilweise in Badewannen (!) schlafen, Besuch nur halbe Stunde mit Glastrennscheibe, sodass der Patient seiner Mutter nicht die Hand geben kann, Päckchenempfang verboten, um neunzehn Uhr ins Bett (Personalmangel), schlafen bis zu acht Mann in einer Zelle, aus den unglaublichen Verhältnissen herrührende sexuell mehr als abartige Praktiken (psychologisch verständlich), keinerlei Therapie, daraus resultierende Festhalte-Haft zw. zehn und zwanzig Jahren (!!), auch bei harmlosen Fällen, usw. usw. Es ist zum Kotzen. Zeigt sich da unser demokratischer, humaner Staat? Doch wohl kaum. Aber immer wieder:

Das Geld – das Geld – das Geld. – Da geht's uns in Eickelborn
doch besser?

Über Ihre Lehrgänge habe ich etwas gelesen. Es soll sehr
anstrengend sein u. sich bei Einzelnen als Stress auswirken.
Etliche Anwärter hätten schon aufgegeben. Aus psychischen
Gründen, nicht aus physischen. Ein relativ geringer Prozent-
satz werde nur bestehen, es sei ein unheimlich starkes Fordern
des Einzelnen. Nun, Sie hängen da ja in der Mühle drin. Ist es
wirklich so arg? Das würde mich mal interessieren. Hoffentlich muten Sie sich körperlich nicht zu viel zu. Aber das werden Sie ja zu steuern wissen. Sie wissen wohl genau, wie viel
Sie sich auch psychisch zumuten können. So kenne ich Sie
jedenfalls.

So, nun muss ich für heute aber langsam schließen. Es
gibt auch gute Neuigkeiten: viermal Eis in den letzten Wochen, gutes Essen, viel Besuch (meine geliebte Tante Maria
kommt am zwanzigsten, am Tag, wo meine Frau Geburtstag hat. Da ist dann wieder eine magische Vorstellung erster
Klasse fällig. SCHADE, dass Sie nie was davon sehen könnten), Sonntage wie heute, an denen man sich erfreuen kann,
Tischtennis, einmal pro Woche, Sport zweimal die Woche,
Dr. med. Marcus Welby im Fernsehen usw. Morgen wird endlich wieder ein Zauberpäckchen mit neuen Tricks bei mir an-
kommen (klasse!!).

Wussten Sie, dass ich einen Namensvetter im Justizminis-
terium habe? Ja, Bartsch heißt der gute Mann. So möchte
ich schließen (es fällt mir schwer, wie Sie sehen) mit einigen Scherzworten, die ich letzte Woche gelernt habe: »Einfach nicht ignorieren« – »She has one in the crown« (Lübke
über Elizabeth von England), »God shave the queen«, »Was Sie
nicht will, das ich ihr tu, das führ ich einer anderen zu« usw.

1000 Grüße bis zum nächsten Mal

Ihr Jürgen

* * *

15. Oktober 1974

Wie geht es Ihnen? Ich hoffe, gut. Es war natürlich nach meinem letzten Brief eine Frage, ob Sie mir überhaupt noch antworten würden, weiter als Schützling akzeptieren würden. Eine bange Frage, denn ich nehme unsere Freundschaft genauso ernst wie Sie. Aber es bleibt wohl auch nicht aus, dass man mal richtig durchgerüttelt wird. Es ist gut, dass Sie mir verziehen haben. Mir waren sämtliche Pferde durchgegangen.

Auch dass Sie »immer wieder« erschreckt waren, haben Sie sehr gut erklärt. Eine Gefahr liegt für Sie darin: Ein falsches Wort, nur eines, und schon schrillt die Alarmglocke im Hinterkopf à la »Wie hat er das Wort gemeint?« – »War dieser Satz nicht aggressiv?« – »Dieser Satz klingt, als ob er es sich zu leicht mache.« – »Also dieses Wort – wo bleibt da das Verständnis für die anderen?« – Ich möchte wetten, dass solche Missverständnisse schon oft vorgekommen sind. Die Gefahr für Sie liegt darin, wortwörtlich aufzufassen. Das dürfen Sie um Gottes willen nicht tun! Man kann sich brieflich nicht so erklären wie mündlich! Ich habe manchmal Aggressionen. Sie sind aber weder anlage- noch sexbedingt, sondern Folge der Haft. Der Haft, die ich als solche akzeptiere.

Den gewesenen Dingen stehe ich heute ganz anders gegenüber als früher. Es wäre nicht mehr möglich. Auch aus Einsicht. Auch aus sexueller Nachreife. Auch aus dem Grunde, dass ich (Gott sei Dank) gänzlich auf meine Frau fixiert bin. Zwei Wochen lang konnte sie nicht kommen. Kein einziger verdammter Gedanke an Kinder – ich habe lediglich geweint, abends, als meine Frau wieder nicht kam. – Aggressionen, JA, aber auf einer ganz anderen Ebene. Das war es, was ich Ihnen verständlich machen wollte.

Das (auch ärztlich) missverstehen, heißt alles (auch ärztlich) falsch machen. Warum? Darum: Reichte man mir den kleinen Finger, sagte: »Gut, Ihr liebt Euch, wir geben Euch hier im Haus ein Zimmer« (wie es im fortschrittlichen Strafvollzug getan wird), Ihre Eltern dürfen Sie unter Bewachung mal spazieren fahren, Ihre Frau darf Sie mal mitnehmen«, dann wären auch die letzten Aggressionen fort. Könnte man? Ja, man könnte, eine Fluchtgefahr besteht bei mir insofern nicht, als man ganz sachlich sagen muss: Flucht wäre mein Tod. Echt durchdacht, fällt dieses Problem flach. Das ist eine Tatsache, keine Frage vom Glauben oder Nichtglauben.

Aber wenn Sie völlig anderer Ansicht sind, dann sagen Sie es ruhig. Aber es würde schwer sein. Auch, ob Sie mir glauben, dass ich mich sexuell normalisiert habe, dass es fast kein Problem mehr ist, ist Ihre Sache. Ich werde Ihnen nicht böse sein. Geben Sie Ihren persönlichen Eindruck. (Die Zeit der Aggression ist wieder für lange vorbei. Nichts zu befürchten…)

Zur Operation: Zwar darf ich nichts Direktes darüber sagen, aber ich kann Ihnen… sagen, dass ich einen Durchschlag erhielt, Fazit: es tut sich was, und das gut. Nach so vielen Jahren! Drücken Sie mir die Daumen, wenn Sie glauben, dass JEDER seine Chance verdient hat (das schien mir Ihre Einstellung). Ich habe das Papier an meine Psychologin gegeben, weil ich mich mit ihr am besten verstehe und bei ihr ein wenig das Gefühl der Geborgenheit habe. Sie würde mich viel eher verstehen als ein Direktor oder so. »Helfen« in dem Sinne wird sie mir nicht können. (Ich habe nun die Hierarchie durchschaut.) So wenig wie Sie. Weiterhelfen ist gemeint. Im Moment sieht nichts danach aus, dass ich eine drängende Ungeduld haben müsste. Aber gerade dann sind wir Menschen ja so nervös…

Menschliche Schwächen. Habe ich sie? Nein. Aber bei mir wird alles mit anderer Elle gemessen. Sie sagen, dass sei angemessene Vorsicht. Ich, das akzeptierend, bedauere aber, dass mein Gehirn nicht offenliegt. Das, was man mit allzu strenger Vorsicht sucht, existiert dort nicht mehr. – Ab nächster Woche geht die Gruppentherapie wieder los. Natürlich brenne ich darauf, wieder mit zu diskutieren.

Gestern ein Phallograph-Test. Dem Opfer (man empfindet das so, sorry) wird eine Gummischlinge um den Penis gelegt, ein Pulsmesser an den Zeigefinger. Ein Seismograph zeichnet alle Regungen (während Pornofilme vorgeführt werden) auf. Zuerst ein »normaler« Film. Frau und Neger. Keine körperliche Regung (Puls weiß ich nicht). Zweiter Film: zwei vierzehnjährige Jungen, unter sich. Keine körperliche Regung, die ich hätte bemerken können. (Puls weiß ich nicht.) Zwei Filme, keine Versteifung, rein gar nichts! Das war letztes Mal viel schlechter. Und vor zweieinhalb Jahren noch schlechter. Da zersprang nämlich das Gummi (!).

Die Medikamente wirken genau richtig! Ich habe bewiesen (keine Reaktion), sozusagen wissenschaftlich, dass meine Worte wahr sind. Nur meine Frau kann mich im Moment sexuell erregen, das ist nicht seltsam, das ist Liebe. Aber halt! – Wir beide denken als Laien. Ich glaube, dass es einem »Fachmann« gelingen wird, überzeugend darzulegen, wie schlecht der Test ausgefallen sei. Vier Wochen, bis zur Jahresüberprüfung, reichen dazu mehr als genug. Psychosexuelle Stimulierbarkeit…

Mit meinen Eltern – ja. Nächstes oder übernächstes Jahr werden sie verkaufen. Das Geschäft kann nicht bestehen. Wirtschaftsflaute… Mein Vater tut mir da am meisten leid. Er wird ein Testament machen. Da aber alles fort wäre, ginge es auf meinen Namen, müssen wir anders denken, eine Klausel besonderer Art.

Schützling – ist das nicht eine Verantwortung? Denken Sie mal darüber nach. Später – meine Tante in Neuss hält eine Wohnung frei. Neuss-Düsseldorf. Das Gericht würde mir Aufsicht (richtig) verordnen. Darf man auch jemand vorschlagen? Wenn er will?… Aber Sie müssten noch mehr Vertrauen zu mir finden. Mit meiner Frau ist alles wieder in Ordnung. Man glaubte, dass wir uns zu verliebt benähmen… Aber unsere Liebe überwand auch diese Hürde. Es gibt ja ein Später…

1000 Grüße Ihr Jürgen

* * *

25. November 1974

Wie geht es Ihnen? Haben Sie herzlichen Dank für Ihren lieben letzten Brief, über den ich mich wieder sehr gefreut habe. Ich will ihn auch sofort beantworten. Es gäbe viel mehr zu beantworten, als ich im Moment kann, durch verständlichen Rat der Ärzte. Ich habe in der Vergangenheit ein- oder zweimal ... an die falsche Stelle geantwortet – und stand in der Zeitung. Das hatte ich in keiner Weise gewollt.

Geschrieben wird sowieso, auch ohne mein Zutun, das ist etwas, das hundert Prozent feststeht, aber seltsamerweise hier nicht recht begriffen wird. Davon abgesehen ist es natürlich richtig, dass ich nichts dazutun soll, in der Zeitung zu stehen. »So können die Menschen nicht vergessen, – Sie müssen aber, Sie müssen von der Masse vergessen werden, nur so kann man Ihnen helfen.« Diese Äußerung ist richtig, aber was ist Ihre Meinung dazu?

So wird nun jeder meiner Briefkontakte als mögliche Presseäußerung gesehen. Etwas übertrieben, da ich dann, streng genommen, an niemanden mehr schreiben könnte, aber aus schlechter Erfahrung geboren. Das muss man zugeben. Aber auf der anderen Seite bin ich nicht gewillt, jedes Vertrauen in meine wenigen Freunde zu verlieren. Ich muss also »kavieren« [von lat. cave: »Vorsicht!«; M. B.], ... Haben Sie bitte Verständnis dafür.

Aber heute habe ich es leichter. Gestern haben meine Eltern mich besucht. Es war wieder sehr schön. Zu Weihnachten bekomme ich von Eltern u. Gisela [seine Frau Gisela Deike; M. B.] zwei Sendungen (England, da sind die größten u. besten Zaubergeräte-Fabriken, in Deutschland ist nichts so Gutes) von Magie bezahlt. Gisela bekommt von mir zweimal Parfüm, zwei Musikkassetten, eine Geschenktruhe. Da muss man schon schön für sparen. So gleicht sich die Schenkerei wieder aus. Es ist ja jedes Weihnachten so.

Auch letzten Montag war Gisela schon bei mir. Zweimal die Woche. Obwohl sie z. Zt. Urlaub macht. Wo die Liebe hinfällt… Nur Glück auf Liebeswegen. Da kann man sich nicht beklagen.

Medizin, die beruhigende, die die Nerven zur Ruhe <u>zwingt</u>, wir haben es versucht, sie zu mindern. Leider – es ging nicht. Ich gerate dann sofort in Unruhezustände, Angstzustände, Platzangst, ja, panikartige Angst. Haftpsychose. Das kommt von der psychischen Anspannungssituation. Wir müssten dann die Medizin wieder heraufsetzen. Es hatte im Moment noch keinen Sinn. Erst, wenn die Situation sich gebessert hat. Dann bin ich davon nicht mehr abhängig. Schlucken Sie mal einen Tag meine Medizin. Es ist nicht gerade wenig. Sie würden wohl einen ganzen Tag durchschlafen…

Neu: Die Hormontabletten sind so lange abgesetzt, bis die Tests, Voruntersuchungen, beginnen, da man dort mich mit Sicherheit als »naturrein« testen möchte. Interessant: Setzt man diese Tabletten ab, müsste ich, logisch gedacht, wieder so »bösartig« sein wie früher. Das trifft aber nicht zu. Ich habe es nicht schwerer, Fantasien oder dergl. fortzuschieben, die »böse« sind, und es ist leicht. Es tritt ja fast nicht mehr auf, ob mit, ob ohne Tabletten.

»Ändern« können die Tabletten nichts, nur dämpfen. Logischer Schluss: Also muss ich mich selber geändert haben, gebessert haben. Ich werde Sie nicht fragen, ob Sie mir glauben. Das war <u>mein</u> Fehler. Sie <u>können</u> es ja gar nicht beurteilen, ergo kann ich es von Ihnen nicht erwarten. Sie haben recht!

Über unseren Arzt kann ich nur wenig sagen; allein darum: krank, Urlaub, wieder krank. Bei allem Streit, den wir manchmal hatten: Ich mag ihn trotzdem, er tut mir leid, und bei seinem Aussehen (Einfallen des Gesichtes) habe ich die Befürchtung, dass es etwas Ernstes ist. Wir hatten also wenig Gelegenheit, miteinander zu reden. Fast keine.

Die Psychologin unseres Hauses macht die Einzeltherapie weiter. Gesagt werden darf nichts darüber, aber ich bin fast glücklich, dass es sich so gut anlässt. Eine gute Nachricht, oder?

Ja, die Operation. Eine <u>Zusage</u>, ja, endlich. Fest steht sogar schon, dass ich dorthin verlegt werde. Wann, ist ein Geheimnis. Aber wie lange haben wir darauf gewartet! Es ist Glück im Unglück. Aber Sie kennen ja die Justiz. Das geht alles recht langsam. <u>Freuen Sie sich mit mir über die Zusage?</u> Die Ärzte hier würden nicht so drängen, wenn sie nicht <u>viel Hoffnung darauf setzen würden, oder?</u> In diesem Jahr, das ja praktisch vorbei ist, aber wohl noch nicht. Okay? Okay.

Ihren letzten Brief habe ich an meine Eltern gesandt, wie stets. Sie werden sich sicherlich sehr freuen.

So, nun muss ich für heute langsam Schluss machen.

Viele Grüße bis demnächst

Ihr Jürgen

* * *

18. Dezember 1974

Mit viel Freude habe ich Ihren letzten Brief gelesen. Ich habe mir überlegt: Soll man so kurz vor Weihnachten noch schreiben? Umwerfende Neuigkeiten gibt es um diese Jahreszeit nie. Aber einen guten Freund über Weihnachten ohne Weihnachtsbrief lassen? Für mich haut das einfach nicht hin. Weihnachten ist zwar das Fest der Familie, aber Freunde sollten doch auch dann voneinander wissen. (Karte gibt's natürlich extra!)

Ich habe viel über Ihre Formulierung nachgedacht, von wegen der Freiwilligkeit. Sie haben recht. »Einzusehen?« – Ja, würde ich sagen. Das Wort freiwillig sollte von der Anstalt zwar nicht gebraucht werden. Es ist Augenwischerei.

Sie sehen, es ist mir Ernst mit dem Auseinandersetzen mit der Sache. Ich präpariere mich. Ich versuche, so sachlich wie möglich zu sein. Einen depressiven »Knall« wird es zwar geben, das ist nicht zu verhindern, es liegt in der Natur der Sache. Aber es wird nicht so arg sein, wie es sein könnte. Allerdings muss ich sagen, dass ich von unserem Arzt bei dieser Auseinandersetzung nicht die geringste Hilfe erfahren habe. KEIN WORT. Es müsste jetzt sein, nicht nach Weihnachten.

Es geht um Vorbereitung. Meine Eltern sagten, ich solle um ein sachliches Gespräch bitten. Ich schrieb es dem Arzt. Kein Wort. Im Fachbuch, das ich gelesen habe, stand, dass wegen der seelischen Folgen nach der Operation der Kontakt mit dem Arzt besonders »eng« sein solle. Da würde ich mir wohl einen anderen Arzt suchen müssen. Ich kann wirklich im Moment gar nichts Gutes über dieses Verhältnis sagen. Dr. Teuber ist mir gegenüber derart kühl, dass er wie eine kalte Dusche, wie ein emotionaler Eisschrank wirkt. Wir wollen beide echt nichts voneinander wissen. Grund? Ich weiß keinen. Ich weiß aber, dass ich dieses Mal nicht der einlenkende Teil sein muss.

Viele Grüße von meinen Eltern. Sie waren vor einer Woche da. – Gisela hat ihr Versprechen wahr gemacht. Von ihrem Urlaub kommt sie jeden zweiten Tag. Das ist in dieser Woche Vor-Weihnacht-Zeit eine ganz große Hilfe. Und dass sie es tut. Das beweist ja wohl genug, oder!? Gisela, endlich, ist vor zwei Wochen vom Kastrations-Ausschuss per Brief vernommen worden. So weiß ich Weihnachten doch wenigstens, dass alles läuft.

Vor Weihnachten wird der Ausschuss nicht an mich selbst schreiben. Aus, na was für Gründen? Irgendeine sinnlose Rücksichtnahme, nehme ich an. Quatsch. Denn wenn ich den Eingriff akzeptiere, ihn will, dann würde ich mich auch am 24.12. auf den Tisch legen. Logisch.

Traurig bin ich, dass Gisela evtl. Weihnachten nicht kommen kann. Dienst. Alle zwei Tage (Heiligabend ist Besuchsverbot). Scheiße. Aber vielleicht kann sie tauschen. Mit Brigitte oder Elvira …

Gerade habe ich mir ein Adventsabendessen gemacht. Die Zusammenstellung ist interessant: Zwiebelsuppe, Clementinen, Christstollen und feine Schmierwurst. Ich hoffe, Ihnen fehlen die Worte …

Ja, was wird aus dem, was ich schreibe? Zuerst mal gar nichts. Bis heute ist die Einleitung (es soll eine Sammlung von Kurz-

geschichten und Erzählungen sein, als BUCH zusammenge-
fasst) fertig und zirka hundert oder mehr DIN-A4-Seiten (eine
DIN-A4-Seite wenigstens anderthalb Schreibmaschinenseiten).
Das ist mir zu WENIG. Da ich nicht um des Schreibens willen
schreiben will, gibt es Pausen, ein bis zwei Wochen. Zweihundert DIN-A4-Seiten finde ich das Mindeste. Ich will Ihnen sagen, wer zurzeit etwas liest. Meine Frau. Sonst niemand. Wenn
ich genug für ein Buch geschrieben habe, wird meine Frau alles fertig zusammenstellen, mit Seitenzahlen, korrigiert usw.,
vier Exemplare. Dann bekommen alle meine Freunde alles zu
lesen, die Fachleute. Finden die meisten es okay (es kann ja
auch Mist sein), gehe ich die Verlage an.

Ihr Wort, es gilt schon etwas, bei den Verlagen. An Verlagen würden sich Fischer, Rowohlt, Limes, Diogenes usw. an-
bieten. Entweder klappt's dann, oder nicht. Wenn nicht, stürzt
für mich auch nicht die Welt ein.

Für heute 1000 Grüße bis nach Weihnachten

Ihr Schützling Jürgen

* * *

Weihnachten 1974

Meine Weihnachtswünsche haben Sie ja schon. Darum zuerst herzlichen Dank für Ihren letzten lieben Brief. Zu Weihnachten macht es besondere Freude. Es könnte ein sehr schönes Weihnachten geben. Falls endgültig »Ja« gesagt wird …

Ihre Fragen bezogen sich alle auf mich, also will ich sie
gewissenhaft beantworten. Einen Punkt haben Sie falsch verstanden. In der Uni war ich aufgrund eines wissenschaftlichen
Freibettes. Für die Unterbringung u. Untersuchungen keinen
Pfennig! Aber vorher war es schrecklich. (Zu Ihrer Frage: Die
Operation kostet sieben- bis zehntausend DM. Sie wird als
dringend notwendig bezeichnet u. vom Landschaftsverband
Münster bezahlt. Ob ich es meinen Eltern hätte zumuten können? Von mir aus nicht, aber meine ELTERN hätten Ihre Frage,

so gestellt, nicht recht verstanden. Meine Eltern wollen mich um jeden »Preis« gesund haben. Und ich kann es ihnen nur mit Liebe danken.)

Die Justiz steht mir auch heute noch derart misstrauisch gegenüber wie seit achteinhalb Jahren. Man weigerte sich, mich zur Uni zu transportieren. Der Richter: »Obwohl ich den von Ihnen eingeschlagenen Weg als RICHTIG empfinde …« Sie werden diese Haltung wohl verstehen. Wasch mir den Pelz, aber mach mich nicht nass. »Helft ihm, aber geht um Gottes willen nicht das geringste Risiko ein.« »Helft ihm, aber ich? – Keine Verantwortung!«

Man weigert sich bei der Justiz, dass sich nach achteinhalb Jahren Nachdenken u. fast totaler Triebdämpfung (Androkur) sich etwas, ein Mensch, ändern kann. Hier hat man mehr Vertrauen. Viel mehr. (Mit Trauer habe ich erkannt, dass Sie im Denken sein müssen wie die obigen Zitate. Sie können nicht anders. Sie erleben mich nicht. Und doch, da ich ja weiß, zwingt es mir Tränen ab, kein Raubtier zu sein, aber von der Justiz als solches behandelt zu werden.)

Von Anstaltsseite wäre mir so viel Vertrauen entgegengebracht worden (von den Ärzten), dass wir in normalem Pkw, ein Fahrer, ein Pfleger, gefahren wären. Der Arzt sagte mir: »Hier haben Sie Ihren echten Vertrauensbeweis.« Ich habe ihn nicht missbraucht. Hätte ich nie. Ich kenne meine Chancen. Dr. Teuber war recht verstört über die Haltung der Justiz. Auch er hatte das (Unmöglichmachung von Hilfe) nicht erwartet. Man einigte sich: zwei Justizfahrer, vier Pfleger, Justiz-Minna usw. Die vier Pfleger waren für mich (Betreuung) auch in der Uni verantwortlich. Tag + Nacht. Sie mussten hart arbeiten, ohne Pause. Mit dem anderen Personal hatten wir nichts zu tun. Es gab Kalorienessen, nie wurde man satt. Mein Einzelzimmer war wie ein Bärenkäfig, so eng. Keine Freistunde, nichts. Keine Toilette, nichts. Fenster ohne Gitter, aber Panzerglas. Die Unipfleger wollten mit den »Irrenwärtern« nichts zu tun haben. Kein Kontakt.

So hockten wir oft zusammen in meinem Zimmer.

Eine Woche vorher hatte ich alle Medizin, schwere, abgesetzt bekommen. Ich bekam Entziehungserscheinungen. Das
gönne ich meinem ärgsten Feind nicht! Zittern, Schwitzen,
Frieren, innere Unruhe, die sich zu totaler Angst steigert, kalter
Schweiß usw. Ich war gar nicht ganz klar im Kopf. Ich musste
was haben und bekam auch etwas. Sechs Nächte kein Auge zugetan.

Vor Entziehungserscheinungen hätte ich schreien können.
Aber ich habe mich prima zusammengerissen bei den Gesprächen. Wie es mit meiner Frau sei. Sie schrieb es Ihnen.
Wirkung der Androkur, wie gut es hilft (sehr gut!) usw. usw.
Die beiden Operateure hatten sehr viel Verständnis u. sind
jetzt schon hundert Prozent dafür. Alle lobten meine Ehrlich-
keit.

Der Psychiater ist neunundneunzig Prozent dafür. Alles
sieht bestens aus. Auch jeder Eickelborner Arzt ist dafür! [Die
Psychiatrie, in der Bartsch lebte, liegt in Eickelborn; M. B.]

Ich bin hundert Prozent überzeugt, dass es klappt. Ist die
Operation erfolgreich, besteht aller Grund zur Hoffnung. Die
Triebstärke (damit die Fantasie) wird so sehr gedämpft, dass
der ehemalige Täter in solchen Dingen keinen Sinn mehr sieht.
Also lässt er's. Das hört sich simpel an, ist aber ein großer Plus-
punkt (Sicherheit der Öffentlichkeit). Psychologische Behandlung, Bewährung in der Anstalt, kommt dann ins Spiel. Ich
werde niemanden enttäuschen.

Stets wird dann, so man es verantworten kann, die Zü-
gel zur Freiheit etwas gelockert. Und dabei wird man beur-
teilt. Gut, dass mir Besserung schon bescheinigt worden ist.
Keiner braucht Befürchtungen zu haben, auch Sie nicht. Be-
währe ich mich immer gut, werden meine Ärzte bei Gericht
anregen ...

Untersuchungen in der UNI: Bluttest, Urintest, Schlaf-EEG
(Narkose), Schreibdruck, Psychotests, ein furchtbarer Stress.
Aber alles 1 a durchgehalten.

1000 Grüße Ihr
ANIMAL JÜRGEN

* * *

29. Dezember 1974

Wir sitzen vor dem Fernseher, essen Schokolade, rauchen Lord Extra, ich studiere dabei Anleitungen für »sensationelle« Hellseh-Wunder (meist mit Karten, Symbolkarten usw.), und es sieht aus, alles sei für uns unproblematisch.

»Die haben's doch so gut da, viel zu gut.« Dummes Geschwätz. Jeder hat eine seelische Krankheit, der eine kann nicht aufhören zu saufen, der Nächste ist psychisch zerbrochen an Einzelzellen-Haft, einer kann nur im Raum herumlaufen, er ist zu nervös, sich zu setzen. Er <u>kann</u> sich nicht setzen. Der Nächste ist verblödet u. trägt alles auf seiner Nase (Bonbonpapier, Kronenkorken usw., steht minutenlang auf einem Bein), der Nächste leidet unter »Redezwang«, wenn man so einem drei Stunden lang zuhören muss, hat man das Gefühl, man müsse mit dem Kopf vor die Wand laufen. Es sieht so »gut« aus, das ist aber rein äußerlich.

Es ist wirklich nicht leicht, zweieinhalb Jahre dort auszuhalten. Aber was will ich, ich bin ja auch krank. Mein halbjährlicher Haftkoller, Verlieren der Nerven, beweist es. Aber es darf nicht ewig so weitergehen. Sonst klinke ich eines Tages auch noch aus.

Aber Gott sei Dank ist im Moment schon <u>Licht</u> zu sehen. Etwas Neues weiß ich noch nicht, von den Fachleuten. Letzte Woche wollten sich die Leute schon entscheiden. Ihr letzter lieber Brief hat mich <u>deshalb</u> so gefreut, weil Sie wenigstens <u>etwas</u> Vertrauen für mich nun empfinden. Es <u>konnte</u> doch auch nicht ewig ausbleiben, bei meiner Offenheit. Ihre Argumente verstehe ich. Die »Justiz« als solche kennt den <u>Menschen</u> nicht. Und da liegt der Hund begraben.

Aber auch das wird nicht so bleiben, wenn die Operation

glückt (wenn!) und alle Fachleute u. die Ärzte von hier mich dann unterstützen. Und das tun sie dann, ohne jeden Zweifel! Da ist momentan kein Grund zu verzweifeln. – Wahrlich nicht.

Bis heute ist mir immer noch geholfen worden, wenn ich in großer Not war (zum Beispiel die Einzelzelle geistig nicht mehr verkraftete, oder auch Revision, oder auch 2ter Prozess usw.), allerdings, ich sagte es Ihnen schon, stets in letzter Minute … Na ja, Sie drücken mir ja die Daumen …

In letzter Zeit habe ich ein wenig unter Albträumen zu leiden. Der schlimmste war, als mich die Eltern der Kinder töten wollten. »Nenn uns einen Grund, dich zu verschonen!« Ich fand keinen. Nein, es braucht wirklich niemand zu »befürchten«, etwas Derartiges könne man »vergessen«. Man muss es lebenslang tragen …

Sehr gefreut habe ich mich auch, als Sie andeuteten, mich besuchen zu wollen. Ich warte gern …

Um Ihre Frage zu beantworten, nein, man lässt uns immer noch nicht allein. Hausordnung … Ganz unbewusst, weil das Thema mich bedrückt und quält. Ich kann Ihre Argumente nicht entkräften. Ich habe keine Gegenargumente. Für meine Gisela ist dies Thema noch schwerer. Schwerer zu ertragen. Ganz ohne Kinder? Da sage auch ich ein hartes NEIN! Zurzeit versuche ich meiner Frau klarzumachen, dass es so viele arme Kinder gibt, die niemand will und die später nicht sagen müssten: »Mein eigener Vater hat …« Hoffentlich ist Ihnen klar, was ich meine. Ich kann nicht anders. Ich habe auf der normalen Seite meines Charakters eine sehr starke (normale) Neigung, mit Kindern umzugehen, mit ihnen zu spielen, sie lachen zu sehen … Niemand kann mir diese positive Neigung nehmen. Ich lasse sie mir auch nicht nehmen. Aber es ist sehr schwer, meine Frau dafür zu begeistern, Frauen denken anders …

Aber sicher wird sie mich auch mit Glatze lieben. Das glaube ich auch. Vor der Glatze habe ich nicht solche Angst, aber – nein, Angst ist es nicht, aber jeder hat vor einer OP wohl ein etwas mulmiges Gefühl.

So … nun muss ich für heute aber langsam schließen. Seien
Sie aufs Herzlichste gegrüßt bis zum nächsten Mal
von Ihrem
ANIMAL Jürgen

* * *

18. März 1975
    Vielen Dank für Ihren letzten lieben Brief. Ich habe mich
sehr darüber gefreut. Ich hatte schon darauf gewartet. Und
nun der angekündigte Besuch – klasse.
    Übrigens haben Sie völlig recht. Jeder Operateur muss
mich aufklären. Eine <u>un</u>übliche (das haben Sie im letzten
Brief falsch verstanden) Operation, bei der die Gefahr der De-
bilität besteht, lehne ich ab.
    Klar, dass ich mir in den letzten Monaten manchmal ge-
wünscht habe, Erwin Hagedorn[1] zu heißen. Das ist verständlich. Das ständige Leben hier ist <u>kein</u> Leben. Man fragt sich,
ob all der Absagen, ob einem überhaupt geholfen werden
soll, ob das einer der zuständigen Operateure überhaupt <u>will</u>.
Man wird mutlos, verzweifelt, zieht sich in sich selbst zurück.
    Hilft wirklich niemand, keiner, so werde ich den Weg gehen
müssen, von dem ich immer sagte »lieber tot«. Auch verständlich. Als allerletzter Ausweg. Meine Ehe wird dadurch wohl
zerstört, denn Gisela ist eine ganz normale Frau (sexuell). Wie
gesagt, allerletzter Ausweg.
    Meine MEINUNG über diese Art von Hilfe (die so oft schief-
läuft irgendwie, dass man sie wirklich nicht »Hilfe« nennen
kann) hat sich kein Jota geändert. Niemals werde ich etwas

---

[1] Erwin Hagedorn (1952–1972) ermordete im Mai 1969 und im Oktober
    1971 drei Jungen. Er wurde am 12. November 1971 verhaftet und gestand
    die Morde sofort. Am 15. Mai 1972 wurde er zum Tod verurteilt und
    durch einen »unerwarteten Nahschuss« am 15.9.1972 in Leipzig hinge-
    richtet. Es war die letzte zivile Hinrichtung auf deutschem Boden.

Hilfe nennen, das ganz eindeutig vom Optischen her eine
Strafe ist. Aber als allerletzter Ausweg… Was bleibt mir? Mein
Einverständnis liegt vor. Und wenn es schiefgeht, kein Bart,
fünfzig bis hundert Pfd. dazu, Brüste bis zu den Schuhen, weiß
ich, was ich zu tun habe… Aber ich will Sie nicht belasten.

Was geht sonst vor? Mein Vater wird in diesem Sommer
endlich operiert. Gott sei Dank! Die Sache hatte mir große
Sorge gemacht. Aber er hat es endlich eingesehen. Meine Mutter hat eine erfolgreiche Abmagerungskur gemacht, u. bald
werden meine Eltern wieder mit unserem Arzt sprechen dürfen. So um Ostern. Unser Geselle zu Hause hat eine Schlägerei
gehabt mit der Polizei u. feiert krank. Mit dem Personal wird's
immer schlimmer.

Im Moment freue ich mich auf meine Tante, Maria. Sie kennen sie ja. Sie bringt immer viel Freude mit. Sie kommt übermorgen. Und auch auf Ihren Besuch freue ich mich heute
schon. Bringen Sie etwas gute Laune mit.

Dies wünscht

Ihr Jürgen Bartsch

* * *

5. April 1975

Haben Sie vielen Dank für Ihre zwei letzten Briefe. Ich habe
mich wieder sehr gefreut. Lassen Sie mich zuerst zwei Dinge
klarstellen. Ich möchte die Einzeltherapie, Gruppentherapie
usw. nicht schlechtmachen. Sie sind nicht schlecht. Sie haben
aber einen großen Fehler. Sie sind auf keinerlei Art oder Weise
Förderungstherapien (wie es einem kranken Patienten eigentlich zukäme – oder?), sie sind lediglich Überlebens-Therapien.
Eben damit man nicht »Amok« läuft, wie Sie selber sagen. Eine
einzige, gut gemeinte riesenhafte Beruhigungspille.

Als mir das aufging, es mir auf schmerzliche Weise klarge-
macht wurde (trotz guten Willens keinerlei Förderung durch
die Therapie, wozu auch die Sextabletten gehören, sachlicher

Stand 15/11/1972, aus drei werden vier Jahre ohne Förderung), musste ich die Konsequenzen ziehen. Jede Valium 0,10 ist da genauso gut.

Logisch. Ich bin niemandem böse, man kann wohl nicht anders. Ich bin als Ungeheuer, als Animal, aufgebaut worden, und was man mit anderen Patienten machen kann, kann man mit mir eben nicht machen. Spritzentherapie mit Entlassung u. Kontrolle ist out, da die Produktion der Spritzen eingestellt wird. Da werden wohl Nebenwirkungen (Knochen) schuld sein.

Man hat mir vorletzte Woche gesagt, dass man schon schwere Fälle mit Tabletten entlassen hat. Auf meine entsetzte Frage wurde mir gesagt, dass es eine sehr gute Kontrolle gebe. Überlegen Sie sich das mal, das ist ein echter Hammer. Wenn das stimmt, ist kein vernünftiger Grund zu sehen, auch einen Fall wie mich mit Tabletten (als totale chemische Kastration) und einer ständigen Kontrolle (von der man mir versichert hat, dass sie praktiziert wird), nicht zu fördern u. zu entlassen. Alle Bedingungen, hundert Prozent Sicherheit der Bevölkerung, Unfähigkeit des GV [Geschlechtsverkehr; M. B.] usw. wären erfüllt.

Verstehen … werden Sie solche Verweigerung auch nicht, aber Sie werden sagen, dass man ärztlicherseits sicher andere Gründe hat. Ja, man hat sie wohl, aber ich kenne sie nicht. »Amok« bin ich nicht gelaufen, aber ich habe … alle »Überlebens«-Therapien abgebrochen, da sinnlos. Letztlich ist es meine Entscheidung, ob ich solche Behandlung als Hilfe ansehe oder als etwas, das man einem sehr ungeliebten Gast widerwillig gewährt, da man Therapieschein aufrechterhalten, aber nichts tun will (oder kann). Ob gut gemeint oder anders, ist nicht wichtig für die Wirkung, da beides denselben Effekt hat.

Der Patient ist Objekt, Mensch nur dann, wenn die Kriminalpolitik es erlaubt. Es ist naiv anzunehmen, dass nur ans Wohl des Patienten gedacht werde. Also hoffen wir auf die Wissenschaft. Zu Ihrem Wort: Mit Hormongaben ist nichts zu machen. Wenn männliche Hormone zugeführt werden, wächst natürlich in gleichem Maße die Fähigkeit zum GV (ohne Samen). Ein lediglich Sterilisationseffekt träte ein.

Zum Thema Sadismus ohne Sexualität. Dr. Bresser u. Dr. Lauber [zwei psychiatrische Gutachter im Verfahren, die Bartsch für schuldfähig hielten; M. B.] sind wohl auf der Welt die Einzigsten (sic!), die Sadismus von Sexualität trennen. Hunderte von Fachbüchern gibt es, ich kann es durch Empfindung bestätigen, dort steht: Es gibt keinen Sadismus ohne Sexualität. Selbst im Lexikon steht es.

Haben Sie keine Angst um mich. Ich leide an Resignation, nicht an Wut. Ich mache niemandem Vorwürfe, der Angst vor der eigenen Courage hat. Ich habe Verständnis dafür.

Natürlich werde ich auch Ihre letzten beiden lieben Briefe meinen Eltern übergeben.

So, nun muss ich aber langsam schließen.

Seien Sie bis zum nächsten Mal aufs Herzlichste gegrüßt von Ihrem Schützling Jürgen

* * *

15. April 1975

Ihnen zuliebe unterbreche ich gerne mein Bücherstudium (Magie), ein Hobby, ohne das ich, hätte ich es in den letzten neun Jahren nicht gehabt, mit Sicherheit bereits tot wäre. Das ist die schlichte Wahrheit, und schockierend materialistisch, sicher. Aber es ist nichts als die Wahrheit. Ohne diese ideale Ablenkung … (Schließlich hatte ich nicht immer meine Frau …)

Sie betonen … zu Recht oft den Passus Sicherheit. Ja, ich will nicht raus, bevor ich nicht in Ordnung bin. Aber der Punkt Sicherheit im neuen StGB ist zugunsten der Besserung auf den 2ten Platz gerückt. Das verpflichtet, oder?

Und, bei aller sachlichen Würdigung der Öffentlichkeit gilt doch eines, das Sie vergessen haben, und das genauso wichtig ist: Solange bei mir (oder anderen) nicht weitergeholfen wird, solange Verantwortung gescheut wird (ich <u>darf</u> das sagen, da die Lockerungen in acht bis neun Stufen vor sich gehen, wobei keine Öffentlichkeit gefährdet wird, zum Beispiel halbgeschlossene Station, Ausgang nur mit drei Pflegern usw.), die keine Gefahr brächte (durch Kontrolle), solange man mir nicht gleichzeitig menschlich helfen will, <u>solange gibt es auch keine Sicherheit für die Öffentlichkeit</u>!

Ich bin einfach zu sensibel. Tatsache ist, dass die Stimmen, die früher von Fortschritt sprachen, tatsächlich eiskalt und klirrend geworden waren. Ich schlief erst um zwölf Uhr ein, lag heulend im Bett, nicht mehr an Hilfe glaubend, verlor die seelische Orientierung an Bezugspersonen (das sind Arzt und Psychologin schließlich) und wurde krank. Wer nicht kam, war der Arzt. Überall nur Ablehnung.

Ich war in verzweifelter Stimmung. Wurde ich gerufen, fing ich an zu zittern. Pure Angst, wo etwas helfende Hand sein sollte. Wo war die Zeit (Anfang 1973), als der Arzt zu meiner Mutter am Telefon sagte: »Um Ihren Jungen braucht man sich gar keine Sorgen zu machen. Er arbeitet gut mit, auch in der Therapie, und man braucht gar nicht auf ihn aufzupassen. Er wird es schon schaffen.«

Was bewirkte die Wendung zu dem Nicht- oder Nicht-mehr-helfen-wollen? Als Nächstes bekam ich zu hören, dass Leute mit Tabletten entlassen worden seien. Es gebe KONTROLLE. Meine Frau wäre die idealste Kontrollperson.

Nun auch fort mit den Trieb dämpfenden Mitteln (weil sie offensichtlich nicht als zu Heilung beitragend angesehen werden, also sinnlos). Die Mittel waren schon mal fort, und ich fühlte mich geplagt. Ich bat um Wiedereinsetzung. Dieses Mal bin ich gar nicht beeinträchtigt, genauso impotent wie sonst. Wer in meiner Stimmung (Depression) lebt, denkt nicht an Sex, ob mit oder ohne Tabletten. Gestern zufällig beim Arzt.

Mein Verhalten ist zurzeit so falsch, dass es wehtut, aber sehr, sehr wohl begründet. Natürlich fühle ich mich hilflos und einsam, aber es hat gute Gründe. Es ist ja keine Änderung (Hilfe) zu sehen, nicht der geringste Vertrauensbeweis. Ich kann um nichts bitten, das sich nicht bewährt hat. Also – keine Brücke – Vereinsamung, Selbstisolierung.

In der letzten Woche waren Herren vom Kastrationsausschuss bei mir. Es ging um Entweder – Oder. Knallhart, nicht im Geringsten therapeutisch. Diese Herren sind mit Sicherheit auf eines fixiert. Die denken, dass ein Triebtäter keine Kinder haben darf. Bei denen wäre es lächerlich, etwas anderes anzunehmen. Kein Wort von meiner Frau. Logisch. Für sie ist sie ein kriminalpolitisch störender Faktor. Tendenziös bis zum Äußersten. Sex sei nicht das Wichtigste. Okay! Aber ganz ohne ist es genauso extrem schlecht!

Es wurde fast beleidigend argumentiert. (»Wollen Sie sich im Gehirn rumrühren lassen?«) usw. Nun ist eingestellt.

So viel für heute.

Viele Grüße bis zu Ihrem nächsten Brief

von Ihrem »verstockten«

Animal Jürgen

* * *

11. Mai 1975

Haben Sie vielen Dank für Ihren letzten lieben Brief. Ich habe mich wieder sehr gefreut. Schön, dass Sie Ihr Versprechen zum Besuch wahr machen. Da Sie hier als »sehr vernünftig« angesehen werden, habe ich keinen Zweifel, dass es glatt geht.

Um es Ihnen gleich zu sagen, unter der Last der Isolierung wollte ich zurück zur Gruppen- + Einzeltherapie. Ich konnte es aber nicht allein. Mir fehlte der Mut. Auf Drängen meiner Frau u. meiner Eltern schaffte ich es schließlich. Unsere Psychologin hatte mir schon vor vier Wochen mal eine »Eselsbrücke« gebaut, aber ich hatte, wie gesagt, nicht den Mut. Die Einsamkeit, Hölle für einen sensiblen Menschen, trieb mich zurück. Zweifel sind nicht ausgeräumt. Ich hoffe, das nun Frau Meffke mir klarmachen kann, dass die Therapie ein <u>Endziel</u>, ein psychologisches, hat, dass sie nicht »Kastrations-ausge-richtet« ist (klarmachen: es gibt nur eines – <u>das</u>!), und wenn sie wirklich auf psychische Umstrukturierung ausgerichtet ist, bin ich voll dabei.

Schauen Sie, was meine Bezugspersonen angeht, bin ich fast krankhaft schüchtern (Grund: Ich habe oft das Gefühl, immer noch als Tier, als Bestie, als Ungeheuer angesehen zu werden, zu Unrecht. <u>Denn es ist einfach nicht mehr so.</u> »Die müssen mich doch eigentlich hassen. Sie werden mich kei-nen Schritt vorwärts kommen lassen. Sie wollen gar nicht.«). Habe ich ein Problem, ich melde mich nicht. Geht es mir schlecht – ich melde mich nicht. Kann ein Termin nicht ein-gehalten werden – ich melde mich nicht. Ich bringe es nicht fertig.

<u>Sachlich</u> betrachtet, ist nicht alles auf Kastration ausgerich-tet, aber diese verdammten Gefühle, das verdammte Zweifeln. Es ist beschissen, so was, wirklich. Ich reagiere (einer meiner Fehler) viel zu sehr gefühlsmäßig. Die Isolierung hätte nicht zu sein brauchen, hätte ich nicht einen Ausdruck völlig in den falschen Hals bekommen. Ein Missverständnis, nicht mehr. Verdammte Mimose.

Schade, dass ich Ihre Ansicht (die in diesem Punkt <u>keiner</u> hier teilt) nicht teile. Getrennter Tötungstrieb – von sadisti-scher Sexualität. Meine Meinung: Man <u>kann</u> es nicht trennen. Aber Sie haben jedes Recht, auf Ihrer Meinung zu bestehen. Außerdem macht es mir Sie nur sympathischer, dass Sie mich nicht gerne kastriert sehen würden…

Auf »Schlimmes« muss ich Sie vorbereiten… Früher wog ich dreiundsechzig Kilogramm, heute fünfundsiebzig. Ich bin richtig dick geworden. Und etwas aufgeschwemmt (Sextablet-ten). Aber sonst – alles klar. Mittlerweile trage ich auch eine Brille. Man wird nicht jünger…

Gestern war meine Frau hier – heute kommen meine Eltern.

Mit meinem Vater – hoffentlich bringt er den Mut auf. Das Bett ist schon bestellt. Ansonsten können mich meine Eltern bald nicht mehr besuchen … [da sie zu gebrechlich wurden; M. B.].

Schreiben Sie mir doch bitte, ob Sie eine kleine Gratiszaubervorstellung (Karten) haben wollen. Ich bereite dann etwas vor.

So, … gleich kommt das Mittagessen u. danach schlafe ich.
So muss ich jetzt langsam Schluss machen.
Bis zum nächsten Mal bin u. bleibe ich
Ihr schwarzes Schaf Jürgen

* * *

18. Juni 1975

Sie werden sicher eine gute Begründung dafür finden, dass in Bezug Resozialisierung dieselbe vorrangig Kurzstraflern zugute kommt. Wahre Resozialisierungsbereitschaft zeigt sich nicht in relativ leichten Fällen. Angst vor der eigenen Courage höchstens. Sie werden das, meinen Gedanken, als »genauso schnell rauskommen« auslegen. Davon ist nicht die Rede. Vom Anfassen des heißen Eisens ist die Rede.

»Das muss langsamer, behutsamer vor sich gehen«, werden Sie sagen. Mit Recht, jeder denkende Mensch wird Ihnen da recht geben. Langsam, aber zumindest beginnen. Da setzt meine Kritik an. Wer im Knast sitzt, zehn Jahre, fünfzehn Jahre, hat vom Sinn der Resozialisierung her das grundsätzlich gleiche Recht auf Resozialisierung. Aber er bekommt keine. Mögen Sie das richtig finden, ich finde es nicht richtig.

»Nicht jeder kann resozialisiert werden.« Längst nicht jeder, okay. Versucht werden muss es bei jedem. Weil – siehe oben! Humanität. Und wenn die Kriminalität nicht zurückgeht (wie es in Schweden schien)? Dann wäre Resozialisierungsbemühung nichts als Humanität. Verschwendete Humanität, wie ein Polizist oder Staatsanwalt sagen würde. Falsch! Humanität um ihrer selbst willen, ohne »Forderung«, nur sie ist echte Humanität. Die Humanität <u>hinter</u> Mauern (die keinem schadet) ist gemeint. Wie kann <u>das</u> falsch sein?

Darum wunderte ich mich über Ihre Worte. Laut Gesetz hat es ein »Unheilbar« quasi als Vornherein nicht zu geben. Legen Sie das Gesetz anders aus?

Von mir Neues: Gut versorgt, morgen kommt Gisela, am Freitag meine Tante. Dann gibt es wieder eine Zaubervorstellung.

Alles soll besser werden – auf jeden Patienten einen Pfleger. Einzelzimmer statt der Schlafsäle. Therapie mehr. Wann? Laut STEG in etwa fünfzehn Jahren ... Das werde ich ja wohl noch erleben.

»Animal« – Sie sicher nicht ... Aber genug andere. Fachleute. Fälschlicherweise. Wie wäre es mit MONSTER? Oder BEAST?

Viele liebe Grüße wie jedes Mal von Ihrem oft an Sie denkenden Schützling

Jürgen

PS: Danke schön nochmals für den schönen Besuch und das Kishon-Buch. Klasse.

* * *

30. Juni 1975

Zuerst vielen Dank für Ihren letzten langen Brief.

Sie sehen es juristisch, sachlich, ich sehe es moralisch. Es interessiert mich nicht so sehr, ob Auslese gehalten muss, wer »würdig« ist. Ich sehe es moralisch. Moralisch gesehen, ist der Versuch zur Sozialisierung (ich habe den Unterschied sehr wohl begriffen) bei <u>jedem</u> Straffälligen ein <u>Muss</u>, ein <u>Befehl</u> gar. Wer das rein sachlich sieht, die moralische Verpflichtung außer Acht lässt, sieht nur mit einem Auge, finde ich. Auch der bewusste Paragraf (Besserung) ist ein <u>Muss</u>, ein <u>Befehl, moralisch</u>, humanitär gesehen.

Sachlich haben Sie, in jedem einzelnen Punkt recht. Aber da Sie kein einziges Wort der Moral oder Humanität fanden, sind unsere Meinungen eben nicht ganz dieselben. »Warum moralisch sehen, wenn Sie selber, die Täter, jede Moral vermissen ließen oder lassen?« Das werden Sie wohl denken. Oder fragen.

Rein sachlich, eiskalt sachlich, wäre da zu entgegnen, was kein Mensch der Welt infrage ziehen darf: »Wer an der Gesellschaft moralisch gesündigt hat, hat trotzdem Anspruch auf Moral u. Humanität, da diese ihren Wert in sich selbst tragen und unteilbar sind, ob Generaldirektor oder Mörder.« Schädigte jemand mich moralisch, berechtigt mich das nicht, dem Täter un- oder nicht-moralisch zu antworten.

»Theorie« nannten Sie das… Ich halte einen Staat, der diese Bezüge außer Acht lässt, nicht für einen Sozialstaat. Sollte man da wirklich solche Scheuklappen anlegen? Nur in eine Richtung sehen. Hüten Sie sich vor Gedanken, wem »noch zu helfen« sei. Ein solcher Gedanke ist in sich von höllischer Gefährlichkeit. Denn: Wer entscheidet das? Welcher Mensch hat das (göttliche) Recht, das zu entscheiden? Wem ist »noch zu helfen«? Ich spreche mir das Recht ab, dies zu entscheiden.

Wenn auch nur ein einziger »alter Ganove«, dreizehnmal rückfällig, sich ändern will, u. er erhält diese Chance NICHT, fällt diese Unmoral (es ist eine) auf die ganze Sache zurück. Irgendwie. Denn nichts geschieht ganz umsonst. Sicher, »sachlich« gesehen, gehört er nicht zu den »Würdigen«, aber… Sachlichkeit ist gut, aber sie, auch staatlich (Gesellschaft, Kultur) ohne jedes Gefühl auszuüben, bedeutet Gefahr, computerhaft zu agieren u. zu reagieren.

Meine Tante Maria war da. Es war prima. Eine richtige kleine Zaubershow. Sonntag kommen meine Eltern u. meine Frau. Der Fernkurs steht so gut wie fest. Keine Schule, aber Weiterbildung im Schriftstellerischen. Sie werden mir zugeben, dass da ein Talent vorhanden ist. Zurzeit überlege ich: Pseudonym oder nicht? Was sagen Sie? Schreiben »lernen« brauche ich nicht mehr allzu viel, es käme viel mehr auf Leute an, die

Verlage an der Hand haben, Manuskripte weiterleiten können, Verkaufshilfen usw. Die beste Story ist unverkauft <u>nichts</u> wert.

Ja, die neue Therapie. Die Stadt darf ich Ihnen nicht nennen, aber es ist sehr weit weg. Hypnose-Therapie. Ob es dazu kommt, kann ich nicht sagen. Ich bin »unbelastet«, kann also auch über Chancen nichts sagen. Jedenfalls, ein Plus, der Fachmann ist dort, und <u>ja</u>, er ist bereit (hatten wir drei Jahre lang noch nie). Unterstellt man, dass Ihre Theorie stimmt (mehr psychologische Motive als sexuelle), wäre es <u>die</u> Therapie.

Aber vielleicht kommt es gar nicht dazu. Im zehnten Jahr ohne Hilfe ist man wohl zu Recht »egal«, ich hoffe auf nichts, es ist mir sogar relativ gleichgültig. Aber nach zehn Jahren ohne Förderung, da macht man sich kaum noch Hoffnungen. Ich glaube so schnell nichts mehr. Selbst in meinem Fall reicht ein Jahrzehnt, will man <u>überhaupt</u> helfen, mal die Hand zu reichen, »gebremste« Förderung usw. Aber »sachlich« sind ja Hoffnungen nicht begründbar. Also mache ich mir keine.

1000 Grüße von Ihrem unsozialisierbaren Schützling

Jürgen

* * *

16. Juli 1975

Zuerst vielen Dank für Ihren letzten lieben Brief. Ich hoffe, dass dieser Brief Sie noch vor Ihrem Urlaub erreicht. Es wäre wirklich schade. Es sind ja relativ viele Fragen, die Sie stellen, und so, wie ich eingestellt bin, sollten sie sofort beantwortet werden …

<u>Niemandem</u> kann man etwas anlasten, wenn es noch keine spezielle hundertprozentige Heilmethode gibt. Ich muss das als Tatsache anerkennen. Obwohl ich es mit dem Verstand nicht fassen kann. Sie glauben nach der Lektüre über die Hirnoperation, ich hätte Ihnen etwas verschwiegen. <u>Nein!</u> Als ich Ihnen zuerst davon schrieb, wusste ich nicht mehr als das, was ich schrieb! Der dicke Hammer kam erst in Homburg respek-

tive danach. Genauer: Vor etwa drei Wochen erfuhr ich erst, was Sie in der Zeitung lasen. Tun Sie mir bitte nicht unrecht: Die »normale« Operation wird nur an einem Punkt im Gehirn vorgenommen. Kein Triebtäter ist bis dato anders operiert worden. Wieder die Sonderstellung: Bei mir hätte man an vier Stellen operieren müssen. Aggressionszentrum, Erotisierungszentrum, Antriebszentrum …

Bis vor drei Wochen wusste ich all das nicht, zum Beispiel dass sieben von hundert Operierten sterben, dabei oder danach. Und so weiter. Mir ist es klar: Ich wäre ein schwachsinniger Klumpen Fleisch.

Es ist klar, dass, wenn ich auch bei der Hirnoperation, wie seit einem Jahrzehnt, »anders als alle« sein soll, ich meine Haltung zu dieser Operation noch überdenken muss. Oder wollen Sie Ihren Briefpartner nicht behalten …?

Nein, keinen einzigen Grund gibt es, an mir zu zweifeln. Wenn mir Beschränkungen auferlegt werden, kann ich nichts dafür. Aber ich bin hundert Prozent ehrlich. Anders kann eine Freundschaft nicht aufrechterhalten werden. Sie sind schon eine meiner wenigen Bezugspersonen, Sie werden es nicht erst. In gewisser Weise hängt man mehr an einer Bezugsperson, als an einem lediglichen Freund. Denken Sie daran, was mit Kindern geschieht, denen man ihre Bezugsperson nimmt …

Zur Hypnose-Behandlung …: Meiner Ansicht nach hat sie eine große Chance. Das Problem war, so sagten auch Sie mir, nicht so sehr der Sexualtrieb wie die Fantasie. Sie ist mit allen herkömmlichen Mitteln nicht zu verändern. Das kann man nur bis zu einem gewissen Grad selbst (ist geschehen), aber nicht völlig. Die Hypnose kann aber, was ich für erwiesen halte (gelesen, schon vor Jahren) die PSYCHE verändern. Der Sexualtrieb ist dann nicht mehr zu verändern, weil (weiß ich aus Dämpfungsmittel-Erfahrung. Was die Zeitung darüber schrieb, war falsch) er sich (logischerweise) der veränderten Fantasie anpassen muss. Hauptsächlich also die Psyche. Das, bin ich überzeugt, ist zu erreichen. In Jahren. Noch ein positiver Punkt: Ich hatte nie einen willigen Fachmann. Nun haben wir einen.

So, nun muss ich langsam zum Schluss kommen. Seien Sie also bis nach Ihrem Urlaub aufs Herzlichste gegrüßt. Ich erwarte schon die erste Ansichtskarte.

Ihr Jürgen Bartsch

* * *

16. September 1975

Lassen Sie mich gleich Ihren letzten lieben Brief beantworten, da ich ja relativ viel Zeit habe. Anders als Sie. Also lassen Sie sich nicht »hetzen« von mir, ich weiß, wie wenig Zeit Sie haben, also lassen Sie sich auch Zeit.

Fangen wir beim Einfachsten an – Ted Lesley. Scheinbar haben wir in Deutschland keine guten Mentalisten. Diese sprechen zwar stets (wie ich) von »Experimenten«, aber trotzdem muss es klappen. In einer Zauber-SHOW habe ich Lesley gesehen, und da war er guter Durchschnitt. Nichts »Metaphysisches« jedenfalls. Was ein Mentalist auf der Bühne ja sein soll. Es waren viele Punkte, die ich als Fachmännlein zu beanstanden hätte: Er sprang wie ein Kaninchen auf der Bühne umher. Er begrüßte die Zuschauer nicht, ignorierte sie, war fast krankhaft nervös. Brachte (ja… ich… äh…) keinen vernünftigen Satz zustande. Versprach ein Experiment (»ohne Apparate«) und baute doch eine kleine Apparatur auf.

Letztlich brachte Lesley, so aufgeregt, wie er war, es nicht zustande, den Zuschauern zu sagen, was er vorhatte. Wäre ich Zuschauer gewesen, wäre ich empört gewesen. Vielleicht (viele Magier tun das, ich habe es vor einem Bühnenauftritt immer getan) hätte er vorher eine Valium 5 nehmen sollen…

Zu den Zähnen: Ich war noch nicht beim Zahnarzt. Vielleicht nächste Woche. Ob der Zahnverfall mit den Medikamenten zu tun hat, weiß ich nicht. Aber Medizin… Irgendwie ist es tragisch. Kennen Sie den Unterschied zwischen süchtig und abhängig? Wenn man <u>süchtig</u> ist, braucht man immer mehr, man kann ohne das Zeug nicht leben. Wenn man <u>abhängig</u> ist, steigt die eingependelte Dosis zwar <u>nicht</u>, aber man kann ohne das Zeug nicht leben.

Ich meinerseits bin durch dreieinhalb Jahre Tranquilizer total abhängig geworden. Habe ich es nicht, wird es schlagartig abgesetzt, wird es für mich lebensgefährlich. Ich gerate sofort in Erregungszustände und habe keine Kontrolle mehr über mich, keinen eigenen Willen. Würde ich <u>schlagartig</u> entzogen, würde ich toben, der Kreislauf würde durchdrehen, und von Selbstmordgedanken wäre ich nicht weit entfernt. Wenn ich letztes Jahr nach Homburg nicht meine Medizin wiedererhalten hätte, hätte man mich ans Bett fesseln müssen. So, wie es jetzt ist, spüre ich (mit Medizin) keinerlei Beeinträchtigung, ich merke das Zeug gar nicht mehr, aber … zweimal haben wir es versucht, auf klein-klein aber – schade. Meine Frau sagte mir, so wie sie es sieht, würde ich erst <u>nach</u> einer Entlassung langsam davon loskommen.

Die Sache mit dem Bleistiftanspitzer ist Gott sei Dank vergessen.[2] Lassen Sie es uns bitte ganz, ganz schnell vergessen, ja? Das Fortnehmen der Zaubersachen hatte nichts damit zu tun. Es war ein zu großer Karton. Keine räumlichen Möglichkeiten. Keiner soll »viel« haben hier. Sie verstehen? Ich <u>darf</u> weitermachen. Aber meine <u>besten</u> Sachen (die ich nicht mehr kriege, von wegen Glas oder Metall oder Seil) werde ich nicht mehr bekommen. Alles geht jetzt nach Austausch. Es ist ein

---

[2] Nach Bartschs Darstellung hatte sich ein Insasse mit der Klinge eines Bleistiftspitzers verletzt, der laut Anstaltsleitung Bartsch gehörte. Er selbst gab aber an, den Spitzer nie (von seinen Eltern) erhalten zu haben, da er von der Anstaltsleitung zurückgehalten worden sei. Folge war dennoch, dass Bartsch alle scharfen Gegenstände abgenommen wurden: »Alle meine Zaubersachen, die mir <u>Überlebenshilfe</u> waren, abgenommen (Karton, sechzig mal vierzig Zentimeter). Das Liebste, das ich hier hatte. Ich bin verzweifelt. Aber ich muss mich zusammennehmen. So weh es auch tut. Und es tut weh. <u>Solches</u> Verhalten, und mit demselben Menschen, der mir das antut, Therapie? Wohl kaum.«

schlechtes Gefühl für mich, sieben gute Sachen abzugeben und evtl. sieben nicht so gute Sachen zu bekommen. Außerdem: An Bestellungen quasi nur noch Karten u. Papier möglich. Die Gründe sehe ich ein, ich greife niemanden an, aber ich muss mir unter solchen Umständen doch überlegen, ob ich mein Hobby nicht doch auf Eis legen muss (Aufgeben – NIE!).

Heute kommt (ich bestelle einen Gruß von Ihnen!) meine Mutter nach hier, – eben wegen der Zaubersachen. Ganz außerplanmäßig. Das habe ich bei meinen Eltern noch nie erlebt…

Ja, der Wasserreis. Er wird nur mit Wasser zubereitet und gekochten Birnen gemischt. Sonst könnte man das Zeug ja nicht essen. Es treibt viel Wasser raus, ja. Aber ohne Zucker und alles, da glaube ich nicht, das es viel Kalorien hat. Aber ich behelfe mir ja noch mit Gemüsesaft, Möhrensaft, Sauerkrautsaft (puh!), F.D.H.-Schlankheitshappen usw. Das muss einfach was werden. So,…nun muss ich für heute langsam schließen. In einer Stunde wird meine Mutter hier sein.

Viele Grüße also bis zum nächsten Mal von
Ihrem
Schützling Jürgen

* * *

1. Oktober 1975

Meine Kurzgeschichten werden nicht zensiert. Ich schreibe sie und sammele sie. Die meisten sind eher Novellen zu nennen. (Etwa sieben bis acht Seiten.) Sie sind allgemein gehalten, und kein Wort über meinen Fall. Sie sind fast alle sozialkritisch, gleichzeitig aber mit Unterhaltungswert. Natürlich soll mal ein Buch draus werden, irgendwann. Ich habe ein Gedicht von einem Kirchenschriftsteller mit aufgenommen, weil ich spürte, es gehört in diese Art Buch. (Mit seiner Erlaubnis, versteht sich.) Ich suche noch jemanden für das Vorwort. Aber das wird sich finden.

Einige Themen, die ich beschrieben habe: Der Mann im Gefängnis, der seine sterbende Mutter sehen will; die alte Frau, die ins Altersheim abgeschoben wird; ein Fall von Kindesmisshandlung; der Mann, dem es unmöglich ist, zu heiraten, aus psychologischen Gründen; die Frau, die einen schweren Unfall hatte und umschulen muss; der Zehnjährige im Heim, dessen Mutter eine Prostituierte ist usw. »Lösungen« kann man nicht aufzeigen. Weil jeder Fall individuell ist.

Aber meine Hausaufgaben für die Fernschule werden natürlich zensiert. Die Zensuren sind recht gut. Eine Drei bis Zwei wäre es in der Hauptschule. Gerade gestern habe ich wieder neun Aufgaben abgesandt. Mit meinem eigenen Stand bin ich nun bei zehn Geschichten, plus »Einleitung«.

Zu Ihren anderen Fragen: Ob ich Weihnachten noch in Eickelborn bin, ist ungewiss. Sie wissen ja, wie unberechenbar die Planung der Justiz ist. Es können vier Wochen oder vier Monate sein. Ich selber bekäme, Justiz-üblich, erst einen Tag vorher Bescheid.

Mein kranker Weisheitszahn ist raus… Im Augenblick geht's wieder. Aber Sie haben recht. Es geht jetzt bergab mit den Zähnen.

Die Abmagerungskur? Im nächsten Brief. Wir werden erst heute oder morgen gewogen. Mal sehen…

Sonst gibt es nicht viel Neues zu berichten. Bald ist Grippe-Impfung. Gestern war Gisela da. Schon Samstag kommt sie wieder… Mein Vater wird sich in den nächsten Monaten zum Besuch fahren lassen müssen. Operation – dieses Jahr wohl nicht mehr. Es ist traurig. In der letzten Zeit habe ich sehr viel Malefiz gespielt. Kennen Sie das Spiel?

So, nun muss ich für heute langsam schließen. Seien Sie… bis zum nächsten Mal aufs Herzlichste gegrüßt von

Ihrem alten Jürgen

* * *

14. November 1975

Der Geburtstag ist vorbei, danke für die Glückwünsche.
Gott sei Dank kam ich um die Prozedur herum. Sogar zwei Zi-
garren bekam ich. Von Günther, der meinen Geburtstag seit
zwei Jahren im Kopf behalten hatte, der über fünfundzwanzig Jahre in Anstalten herumhängt, nie entlassen werden kann
(ein Tobsuchtsanfall pro Jahr, wer da gerade neben ihm steht,
hat Pech gehabt, wie zum Beispiel Pfleger Schindler) und nie
in Gemeinschaft kommen kann (zwei Stunden – die erste
Schlägerei). Ein sehr, sehr armer, bedauernswerter Mensch.

Er hat es wohl noch viel schwerer als wir anderen. Fünfundzwanzig Jahre Einzelzelle, da kommt einen leicht ein Gruseln
an ... und das im Nachthemd (andere Wäsche zerreißt er ...).
Aber auch ich kriege langsam das Gruseln, wenn ich an die Sache mit München denke. Bossi hat inzwischen einen »dringenden« Brief ans Ministerium (Arbeit, Gesundheit, Soziales) geschrieben. Trotzdem geht natürlich nichts vorwärts. Ich
selber weiß zurzeit <u>überhaupt nichts</u>. Das ist fatal, psychisch,
weil ich letzte Zeit sowieso zu viel ans Jahr zuvor denke, dieselbe Jahreszeit, dieselbe Kälte tagsüber, Dunkelheit morgens
usw. Ja, ich denke viel zu viel an die Fehlzündung mit Homburg vor fast genau einem Jahr.

Ich hänge zurzeit total in der Luft. Mehr gibt es da im Moment nicht zu sagen ...

Schon heute freut sich auf Sie ... ,
Ihr Sorgenkind Jürgen

* * *

3. Dezember 1975

Haben Sie vielen Dank für Ihren letzten Brief, den ich gestern bekam. Ich habe mich wieder sehr darüber gefreut. <u>Beide</u>
haben wir recht ... Sie mit der Tatsache, dass ich Verwandte
und Freunde habe (an erster Stelle meine Frau), die mich auch
in Jahren nicht allein lassen würden. Eine Tatsache, für die ich

wahrscheinlich nie genug dankbar sein werde. Auf der anderen Seite steht das Wort von Fallada: Jeder stirbt für sich allein [Titel eines Romans von Hans Fallada; M. B.], jeder ist letztlich ganz allein, was Lebensentscheidungen anbetrifft. Jeder.

Es gilt also für jeden. Aber auch hier muss man eine sachliche Einschränkung machen: Ich stehe da wohl »alleiner« als jeder andere Gefangene hier. Mein bester Kamerad hier bekam einen Brief von einem Verwandten, in dem stand (im Brief, nicht im Verwandten), »der, mit dem Du da zusammen bist, müsste, käme er jemals heraus, am nächsten Laternenpfahl aufgehangen werden!« So was erlebe ich im Monat etwa fünf- bis sechsmal.

Und, gedankenlos, ein anderer: »Auf Abteilung 3 A gebe ich Dir eine Stunde.« – »Und dann?« – »Dann bist du tot.« – Ist es so? Ich kann es Ihnen nicht sagen. Zumindest muss man es für möglich halten. Verstehen Sie, dass mich so was über Jahre hinweg fertig macht? Verstehen Sie also, dass meine Lebensentscheidungen einsamer Natur sind, schwermütiger sind, als die Ihren oder anderer? Ich weiß doch nie, was wirklich kommt.

Aber zu Ihrer Frage: Nein, ich werde die Flinte nicht ins Korn werfen. Noch nicht. Geht die Kastration auch noch schief, erwarte ich allerdings Verständnis von Ihnen für alles, auch Suizid. Es gibt eine Grenze dessen, was ein Mensch ertragen kann. Diesen Gedanken sollten Sie ganz nüchtern mittragen. Ich weiß schon, was kommt: An meine Frau denken. Richtig.

Aber ein derartiger Verzweiflungszustand bedingt einen Ausnahmezustand, und der lässt keinen nüchternen logischen Gedanken zu. Das ist keine Ausrede, ich weiß, wovon ich rede – damals, in Duisburg-Hamborn, dreißig Schlaftabletten, drei Tage im städtischen Krankenhaus, nicht wach geworden, »der kratzt uns ab«, Gefängnispfarrer ans Bett gesetzt usw.

Na, anderes Thema: Ich will Ihnen kurz sagen, was sich getan hat, seit Sie … hier waren: Ein von meinen Eltern angeregtes Gespräch mit dem Arzt über diese Problematik kam nicht zustande. Vom Kastrations-Ausschuss habe ich noch nichts

gehört. Inzwischen habe ich das mir immer wieder empfoh-
lene Fachbuch durchgelesen. Es behandelt nur dies Thema.
Negativ: <u>Entsetzlich</u>, wegen welcher Dinge Menschen zwangs-
weise kastriert wurden (Exhibitionismus), erschreckend, wie
die Nazigräuel »versachlicht« werden: »Der Täter sollte wegen einer Hasenscharte aufgrund des Erbgesundheitsgeset-
zes sowieso sterilisiert (!) werden. So würde beides in einem
erledigt.« – »Patient in Mauthausen [ein KZ in Österreich;
M. B.] verstorben.« – »Patient wurde 1942 der <u>Polizei</u> übergeben. Seitdem keine Nachricht mehr.« – Ein Patient: »Man hat
mir mit Gestapo u. Vergasung gedroht.« – Weiter redet der
Autor des Öfteren freimütig von Menschen als <u>Material</u> usw.
Das sagt doch nichts über den Wert der Sache u. nichts über
heute.

Was an Positivem zu lesen ist, ist WEIT ÜBERWIEGEND.
Hier nur ein paar Beispiele: »Kinderschänder«, »Gewalttäter«,
»Sadisten« werden als <u>sehr gut</u> behandelbar bezeichnet. Den
stärksten Erfolg hat der Eingriff bei Freiwilligkeit (»Ich <u>will</u> davon loskommen«). Zweitausendfünfhundert Überprüfte. Zeit-
raum: bis zu dreißig Jahren Abstand. Quote (Rückfall) am Geringsten: ein bis drei Prozent.

Folgen: Potenz u. Libido erhalten: nur zehn Prozent; stark
abgeschwächt: fünfundvierzig Prozent; abgetötet: fünfundvierzig Prozent. In sehr engen Grenzen GV mit der Frau noch
möglich: Ein Drittel der Patienten, aber nur unter <u>Mithilfe</u> der
Ehefrau. Haarkleid: So geringe Änderung, dass <u>für mich ohne
Belang</u>. Gewicht: fünfzig Prozent keine Gewichtsveränderun-
gen, fünfundzwanzig Prozent bis zu 19,5 Kilogramm Über-
oder <u>Unter</u>-Gewicht (fünfundzwanzig Prozent).

Zwei Drittel der Operierten erleben eine Beruhigung des
Nervenkostüms (im Fachjargon Wallachisierung [<u>ärztliche</u> Bezeichnung!] genannt). Verweiblichung: noch erträgliche Ver-
änderungen wohl unvermeidbar: Mehr Haupthaar, leichte
Brustentwicklung, Fett in (auf) der Hüftgegend. (Was beileibe
nicht in <u>jedem</u> Fall eine Verunschönerung ist.)

Am Sonntag habe ich Gisela (sie macht ab Montag andert-halb Wochen Urlaub, will mich jeden zweiten Tag besuchen. Ist das nicht klasse!? – Ob ich sie verdient habe ...?) einen DIN-A4-Block zum Abtippen mitgegeben. Ein weiterer Block ist zur Hälfte fertig. Und bald soll's weitergehen ... Hauptsache, man schmiert geistig nicht ab ...

Zur Magie: Schön, das es Ihnen gefallen hat. Mehr? Gerne. Ich werde für Sie ein Programm vorbereiten ... Karten, ein we-nig Hellsehen oder Telepathie. Oder ein im Buch gewähltes Wort »fernlesen«? Mir fällt schon genug ein. Ich mache dann mal ei-nen Zettel fertig. Wenn der nächste Brief kommt, werde ich das geschenkte Buch AUS haben, ich schreibe Ihnen dann davon ...

Für heute 1000 Grüße Ihr hopeless case Jürgen

* * *

14. Januar 1976

Schön, dass Sie Weihnachten so gut verbracht haben. Be-klagen kann ich mich auch nicht. Meine Eltern waren da. Aber Gisela, worüber ich endlos traurig war, musste beide Tage ar-beiten. Und Heiligabend ist ja Besuchsverbot. Froh – eigent-lich muss ich es sein ... Viermal Weihnachten hier – davon zweimal über die Feiertage in der Box (Keller).

Dieses Jahr nicht. Ich bin weniger, viel weniger labil, als früher. Aber das Recht auf Traurigkeit und Depressionen be-halte ich mir vor. – Es war nicht gerade toll – es war wie immer. Tannenbaum, Fernsehen, keine Feier, kein Gottesdienst. Kei-ner (was sind das für herzlose Seelenkrüppel, die Sohn, Mann, Bruder hier vergessen!?), am ersten Weihnachtstag, außer mir, hatte von meiner Abtlg. Besuch. Zum Kotzen! Einer ging über die Feiertage freiwillig in die Box. Er packte es nicht. Wir alle packten es kaum. Wir steckten voll von Tränen und Aggression bis zum Hals. Ich nicht ausgenommen.

Letztlich war ich auch verwirrt, weil ich von der Münste-raner Kommission nichts hörte. Ich schrieb einen Brandbrief.

Nun endlich habe ich Nachricht. Die »Konferenz« wird Ende Jan./Anfang Feb. stattfinden. Das ist schon mal etwas. Dann ein paar Wochen warten auf die Entscheidung. Dann ein paar Wochen warten aufs Messer.

Davor Angst? Ja, sicher, aber es bringt mich nicht um. In diesem Punkt bin ich gut belastbar. Ich weiß ja, was mich erwartet, weil ich die Reaktionen meines Körpers genau kenne: Depressionen stärkster Art, aber wohl nur ein paar Tage (hoffe ich). Dann die sich »steigernde« sexuelle Ruhe bis fast zur Windstille. Fast, denn totale Windstille, das ist nicht. Ich sagte Ihnen ja…, dass ich meinen Körper u. seine Reaktionen sehr genau kenne. Sollte immer noch »zu viel« da sein, kann man »Androkur« dazu nehmen.

Wenn man immer noch »zu viel« feststellt oder glaubt, feststellen zu müssen, kann man immer noch was nehmen. Den Strick. Denn dann ist nichts mehr drin. Weder will noch kann man dann noch helfen. Gut…, dass Sie es akzeptieren, im Grunde. Es gibt eine Grenze seelischer Aufnahme- und Verarbeitungsfähigkeit. Sie ist erreicht.

Hoffentlich… schreibe ich nicht alles doppelt, aber das ist kaum möglich, der letzte Brief war vor Weihnachten, nicht? Gisela will mir, nun, da wir über zwei Jahre verheiratet sind, so nahe sein, wie es irgend geht. Gibt es einen (sie will ab April hier arbeiten, Klatsch stört sie nicht mehr, und man wird sehen, ob es »Ablehnungsgründe« gibt…) besseren Beweis unserer Liebe? Was unsere Ehe betrifft, denkt man hier nicht im Traum daran, uns echt zu helfen.

Ein Kinofilm wurde uns in der Kirche gezeigt: DIE BRÜCKE. Der Film war sehr gut. Kennen Sie ihn auch?

Wenn es irgend geht, wird Gisela (keiner bringt solche Ruhe in mich wie sie) mir vor, während oder vor – nach der Operation beistehen. Sie wäre der beste Beistand, und sie ist immerhin »beruflich geeignet«. Ob's was wird?

1000 Grüße…, Ihr Papiertiger JÜRGEN.

Am 28. April 1976 starb Bartsch unmittelbar nach der von ihm herbeigesehnten Kastration beim Herausschieben aus dem Operationssaal. Die beiden zur Narkose verwendeten Chemikalien waren vertauscht worden; einen Narkosearzt gab es bei dieser OP nicht. So kam es, dass das Betäubungsmittel stark überdosiert war. Der Arzt, der die Kastration, abgesehen von diesem Behandlungsfehler, offenbar erfolgreich durchgeführt hatte, wurde wegen fahrlässiger Tötung in zwei Fällen (sechs Tage zuvor war eine zweiunddreißigjährige Frau unter ähnlichen Umständen bei einer OP desselben sechzigjährigen Arztes gestorben) zu einer neunmonatigen Freiheitsstrafe (allerdings auf Bewährung) verurteilt.

Ein letzter Brief Bartschs darf hier nicht fehlen. Er hat ihn an die Wand seiner Gefängniszelle geschrieben, bevor er einen – allerdings nicht ernst zu nehmenden – Selbstmordversuch unternahm. Diesen Brief darf man absolut wörtlich nehmen, auch wenn einem das den Verstand rauben möchte. Wie schon gesagt: Paraphile Täter haben kein Mitgefühl. Sie schreiben die Wahrheit daher so herunter, wie sie ihnen in den Sinn kommt – egal, wie unangemessen und verletzend das ist. Doch wer kein Herz hat, kann sich auch nicht vorstellen, wie es sich anfühlt, wenn die Herzen anderer brechen.

»Und ich weiß genau, wie Du gelitten hast! Ich erfuhr, dass Du die 16000 DM [Belohnung; M. B.] bekommen hast. Meine ehrliche Meinung ist, daß Du sie verdient hast! Trotzdem solltest Du die 1000 DM zurückgeben, und evtl. noch etwas dazu tun, die Graßmanns [Eltern eines von Bartschs Opfern; M. B.] sind arm und haben selber kein Geld! Ich weiß, wo sie wohnen; da wohnen keine reichen Leute! Kannst Du mir verzeihen, Peter? Ich wünschte es mir doch so sehr, auch wenn ich es [wegen Selbstmord; M. B.] nicht mehr hören kann! Ich kann Dich verstehen, wenn Du sagst: Es war zu schlimm, ich kann nicht! Aber glaub mir, Peter, es würde mir sehr, sehr viel bedeuten! Ich hatte Dich nämlich damals schon allen Ernstes sehr lieb gewonnen! Die Tatsache, daß ich Dich trotzdem getötet hätte, mag ein Beweis sein, wie stark meine Neigung mich selbst in der Gewalt hatte!«

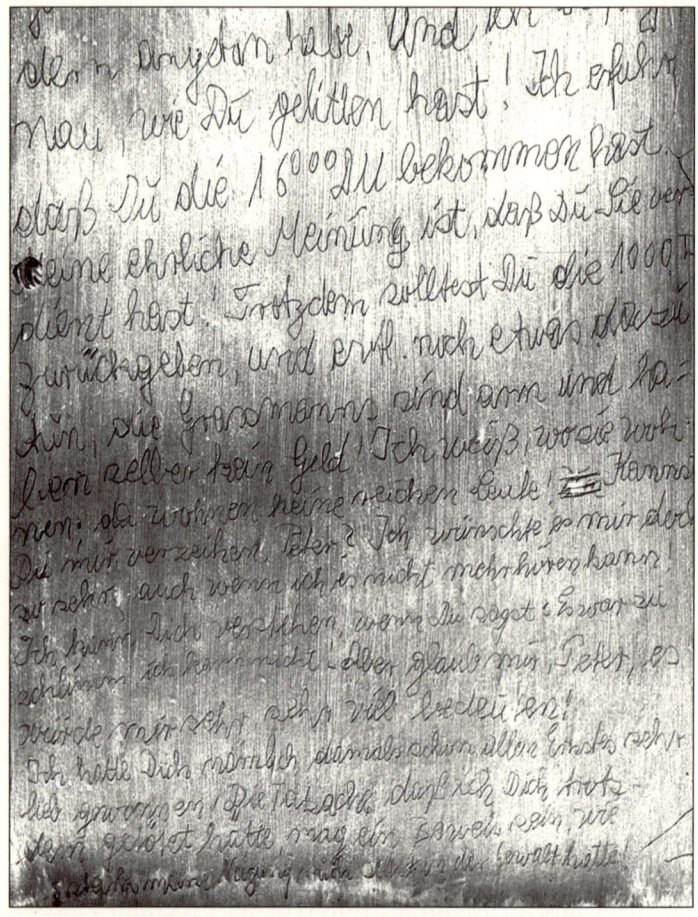

Abb. 36: Im Gefängnis schrieb Bartsch Abschiedsbriefe an die Wand; hier derjenige an sein letztes Opfer, das überlebte. Man beachte den intensiven, für das Opfer aber absolut unangemessenen Tonfall und Inhalt. Fehlendes Einfühlungsvermögen und Mangel an wirklichem Mitleid kennzeichnen paraphile Täter.   (Repro: M. Benecke)

Luis Alfredo Garavito Cubillos

Der pädophile homosexuelle Sadist Luis Alfredo Garavito Cubillos (geb. 25. Januar 1957) nimmt in der Kriminalgeschichte
aus zwei Gründen eine Sonderstellung ein. Erstens ist die
durch Skelettfunde bewiesene Anzahl seiner Opfer mit wahrscheinlich über dreihundert Leichen sehr hoch, und zweitens
könnte er der erste Serienmörder sein, der seinen Lebensabend
in Freiheit verbringt.

Bei den Toten handelt es sich vorwiegend um Jungen im Alter von – genau: erneut acht bis zwölf Jahren. Damit zeigt sich,
dass Garavito wie Jürgen Bartsch ein pädophiler Täter ist, der
sich diese Altersspanne nicht nur aussucht, weil Kinder in diesem Alter vielleicht leichter zu überwältigen wären, sondern
weil diese Gruppe die einzige ist, auf die sich seine Fantasien
richten. Und das ist nicht die einzige Ähnlichkeit zum deutschen Täter aus den 1960er-Jahren. Garavito ist erstens ebenfalls homosexuell, zweitens klar sadistisch und beging seine
Taten drittens in praktisch allen Details wie sein deutsches
Pendant. Eigentlich erstaunlich – denn beide wussten weder
etwas voneinander, noch hatten sie sonst eine auffällige Ge-
meinsamkeit in ihrer Umwelt: anderer Kontinent, andere Zeit,
anderes soziales Klima.

Garavitos Taten fanden mit rasender Geschwindigkeit zwischen 1992 bis 1999 statt. Die Leichen wurden fast alle gefunden, nachdem Garavito sie auf einer riesigen Karte einge-
zeichnet hatte. Auch hier gibt es eine Parallele zu Bartsch, der
immer dieselbe Höhle benutzte: An mehreren Stellen in Kolumbien hatte Garavito jeweils Plätze ausgewählt, an denen er
viele Kinder umbrachte. Dass er den Lageplan zeichnete und
die Taten damit nicht nur gestand, sondern auch noch durch
Spuren und Knochen beweisbar machte, hat einen besonderen Grund. Je mehr Leichen gefunden werden, umso größer
die Chance, dass Garavito wieder auf freien Fuß kommt. Denn
zum Zeitpunkt seiner Verhaftung wurde in Kolumbien das

Strafrecht modernisiert. Unter anderem wurde verboten, Strafen zusammenzurechnen. Stattdessen gibt es nur noch eine Höchststrafe im Gefängnis, die höchstens fünfundzwanzig bis vierzig Jahre dauern kann – nicht länger. Würde man am Tag der Freilassung Garavitos eine weitere seiner Leichen finden, könnte er erneut für zwanzig Jahre ins Gefängnis geschickt werden. Findet man aber schon jetzt alle Leichen, so bleibt es bei der einmaligen Höchststrafe.

Zunächst eine kurze Übersicht über Garavitos Taten.

Abb. 37: Vor dem Gefängnis von Villavicencio in Kolumbien mit Dr. Rodriguez beim ersten Besuch bei Luis Alfredo Garavito Cubillos. Direkt hinter der Mauer saß der Serientäter mehrere Jahre in einem zur Einzelzelle umgebauten Lagerraum – ebenerdig, mit Gärtchen vor der Tür und Vorhängen vor dem Fenster, aber getrennt von allen anderen Gefangenen.

(Foto: M. Benecke)

Ein Politiker in Verdacht

Am 22. April 1999 entdeckte ein umherstreifender, wohnungs-
loser Mann am Stadtrand der etwa vierhunderttausend Ein-
wohner großen Stadt Villavicencio einen Mann, der einen sexuellen Übergriff auf einen Jungen beging. Die Tat geschah in
einem Gestrüpp nahe einer asphaltierten Straße, ein denkbar
ungünstiger Ort für ein solches Delikt, denn jeder zufällig Vorbeikommende hätte die Schreie gehört. Der Täter war offenbar
sehr abgebrüht, sehr erfahren oder beides.

Der mutige Zeuge verscheuchte den Täter und meldete die
Tat sofort der Polizei. Die nahm die Mitteilung zur Kenntnis
und schickte den Mann wieder fort, ohne ihn nach seinem
Namen gefragt zu haben. Der Zeuge, dessen Meldung eine der
bittersten Serientaten der Neuzeit beendete, ist bis heute nicht
wiederaufgetaucht.

Immerhin begann die Polizei sofort mit der Suche nach
dem Verdächtigen. Da sie aber – wohl auch wegen ihres Des-
interesses an einem im Vergleich zur alltäglichen Gewalt in
Villavicencio wenig beeindruckenden Delikt – niemanden fand,
schwärmten die örtlichen Taxifahrer zur Patrouille aus. Noch
am selben Tag wurde auf diese Weise ein Mann aufgespürt, der
auf die Personenbeschreibung passte, die der Zeuge gegeben
hatte. Der aufgegriffene Mann hatte keine Papiere bei sich, gab
aber aus dem Gedächtnis die Ausweisnummer und den Namen eines Lokalpolitikers einer anderen Stadt an. Da es damals in Kolumbien kein brauchbares Meldewesen gab, konnten die Angaben zunächst nicht überprüft werden.

Damit wäre die Sache schon beinahe erledigt und der Mann,
der natürlich alles abstritt, wieder frei gewesen. Weil der angebliche Politiker aber auf die Frage, wohin er denn wolle, einen
Ort angab, der um neunzig Grad versetzt zur Richtung lag, die
er tatsächlich zu Fuß eingeschlagen hatte, wurden die Polizisten misstrauisch. War an der Anzeige des Obdachlosen womöglich doch etwas dran? Da man nichts Genaues wusste, wurde

der Fremde erst einmal ins Gefängnis gebracht. Dass damit ein Serienmörder aus dem Verkehr gezogen war, konnten die Polizisten nicht ahnen. Denn dass die mindestens zweihundert als verschwunden gemeldeten Kinder aus ganz Kolumbien Opfer eines einzigen Täters sein könnten, auf diese Idee war noch niemand gekommen. Eine Fahndung gab es daher nicht.

Die einzige Zeichnung, mit der nach dem Mörder von angeblich nur »einem« Kind gesucht wurde, war zwar schon 1996 veröffentlicht worden, passte aber auf viele Kolumbianer. Außerdem waren die Taten oft so weit voneinander entfernt be-

Abb. 38: Typischer Tatort im Fall Garavito: nahe einer aus der Stadt führenden Straße, oft nur durch Sträucher sowie andere Pflanzen und den Verkehrslärm geschützt. Hier ein Tatort in Villavicencio direkt an einer Straße, die von Sonnenuntergang bis Sonnenaufgang (ab ungefähr achtzehn Uhr bis sechs Uhr morgens) in absoluter Finsternis liegt. Typisch auch der Bach, in dem Garavito sich nach vollbrachter Tat waschen konnte.   (Foto: M. Benecke)

gangen worden. Der Zusammenhang war aufgrund fehlender Spurenuntersuchungen (wegen Geldmangels wurden keine genetischen Fingerabdrücke erstellt, obwohl Spermien gefunden wurden) ohnehin nicht klar. Systeme wie das Serientäter-Erkennungsprogramm VICLAS fehlten, und in Villavicencio, wo der Krieg zwischen Paramilitärs und Guerilla besonders stark tobte, fielen Tote kaum mehr auf. Zudem war gerade die Tatserie von Pedro Alonso Lopez mit etwa siebzig Opfern bekannt geworden (»Anden-Monster« oder »Anden-Würger«). Obwohl er bevorzugt Mädchen umgebracht hatte, meinte ein von der Polizei befragter Psychiater, dass seine Vorlieben sich wohl geändert haben müssten. Da es in Kolumbien keine Möglichkeit zum Vergleich der damals bereits verfügbaren Serientäterstudien gab, konnten die Ermittler nicht erkennen, dass diese Aussage hoch unwahrscheinlich war.

Wegen der Leichenfäulnis wurde zunächst auch nicht erkannt, dass die Opfer nicht erwürgt worden waren, wie es Alonso Lopez stets getan hatte. Man tappte also im Dunkeln und hoffte, dass es sich um späte Funde handelte, die aber noch dem alten Täter zuzuschreiben waren.

Entdeckung der Serie und erste Ermittlungen

Dass es sich trotzdem um eine neue und andere Tatserie handeln musste, dämmerte einigen Polizisten und Staatsanwälten dennoch. Denn schon im Jahr zuvor (Februar 1998) waren (wieder in hügeligem und mit tropischen Gräsern hoch bewachsenem Gelände) in der Nähe der Stadt Genua zwei beieinanderliegende Kinderleichen gefunden worden. Sie waren nackt, begannen zu faulen und waren sehr schwer misshandelt worden. Bei der Suche am folgenden Tag tauchte eine dritte Kinderleiche auf, die nur wenige Meter entfernt lag.

Es handelte sich also weder um eine Entführung noch um Kriegsgeschehen. Die Kinder waren gefesselt, und an den Unterseiten von Pflanzen fand sich noch reichlich Blut. Es stammte aus den vielen tiefen Schnitten in den Körpern. Selbst die Köpfe und Geschlechtsteile der Kinder waren teils vollständig, teils halb abgeschnitten. Außerdem fanden sich Bissspuren und deutliche Hinweise auf anale Penetration. Das Tatmesser lag im Gras bei den Leichen; die Leichenliegezeit konnte nicht genau ermittelt werden.

Rätselhaft blieb den Polizisten ein etwa siebzig Meter vom Leichenfundort entfernt aufgebauter Unterstand, in dem Kondome und pornografische Bilder gefunden wurden. Hierbei handelte es sich, wie sich später zeigte, um den Rückzugsort einer anderen Person, die dort ihren privaten Leidenschaften nachging, ohne Kinder zu töten. Die räumliche Nähe zum Tatort war ein makabrer Zufall.

Die getöteten Jungen waren zwischen elf und dreizehn Jahre alt und stammten aus sozial schwachen, wenngleich nicht zwingend verelendeten Verhältnissen. Es waren aber clevere Kinder, die, solange sie denken konnten, auf der Straße gearbeitet hatten: Abfallsammlung, um die Schweine zu füttern, Straßenverkauf von Feuerzeugen, Losen, Süßigkeiten oder Obst mittels Bauchläden und Ähnliches. Die Eltern arbeiteten ebenfalls in schlecht bezahlten Jobs.

Am unbegreiflichsten war aber, dass die toten Kinder eng befreundet gewesen waren. Dennoch waren sie an zwei aufeinanderfolgenden Tagen jeweils gegen zehn Uhr vormittags verschwunden, ohne einen Hinweis zu geben, wohin sie gegangen waren. Wie war das möglich?

Man sprach noch einmal mit den Müttern, und nun trat ein entscheidendes Detail zutage. Eines der verschwundenen Kinder hatte zu Hause kurz gemeldet, dass es mit einem Mann gegen Bezahlung Rinder treiben würde, und war dann wieder verschwunden. Die anderen Kinder hatten davon nichts erzählt, wohl weil sie das Geld für sich behalten und nicht wie sonst jeden Pfennig zu Hause abliefern wollten.

Ausweitung der Ermittlungen

Nun wurde eine vier Personen umfassende Ermittlungsgruppe gebildet, die der Sache auf den Grund gehen sollte. Zuständig wurde die Staatsanwaltschaft aus dem Landesteil Armenia (im mittleren Westen Kolumbiens). Diese Gegend war 1988 von einem schweren Erdbeben zerstört worden, sodass dort eine kaum brauchbare Infrastruktur herrschte. Da die Taten zum Teil in Armenia stattgefunden hatten, erhoffte man sich hier die sinnvollste Ausgangsposition.

Die vier Ermittler forschten landesweit nach weiteren Morden an Jungen, die übereinstimmende Merkmale der Leichen und Fundorte zeigten. Zu ihrem zunehmenden Unbehagen kamen dabei Dutzende Funde von toten Kindern aus den vergangenen Jahren ans Licht. Die Kinderleichen waren aber in vielen Fällen nicht identifiziert und ihre Verletzungen gelegentlich unzureichend beschrieben worden.

Erschwerend kam hinzu, dass die oft nur bei Schuluntersuchungen gewonnenen Daten zum Zustand der Zähne der Kinder teils schwer erreichbar waren, da sie beim Erdbeben entweder völlig verschüttet oder – im besseren Fall – aus baupolizeilich gesperrten Gebäuden geborgen werden mussten. Dies trug dazu bei, dass bis heute siebenundzwanzig Leichen aus der Tötungsserie nicht offiziell identifiziert sind. Immerhin gelangen einige Personenerkennungen durch Überlagerung von Passfotos mit Fotos der aufgefundenen Schädel, als man sie ins Institut für Rechtsmedizin in Bogotá sandte.

Bei ihren Nachforschungen stießen die Ermittler auf eine Tötungsserie von vier Kindern im Alter von acht bis zehn Jahren in der Region Valle aus dem Jahr 1995. Zwei der Jungen waren Cousins gewesen, und alle vier waren um die Mittagszeit letztmalig auf dem Marktplatz eines Städtchens in Valle gesehen worden. Die Kinder stammten wiederum aus sozial schwachen Verhältnissen, wurden aber erneut als aufgeweckt beschrieben. Auch sie hatten Lotterielose und Kleinkram auf der Straße verkauft.

Alle vier Leichen wurden in Sichtweite der Stadt in hoch bewachsenen, auf Hügeln gelegenen Zuckerrohrfeldern gefunden. Nun wurde langsam deutlich, dass es sich nicht um Alonso Lopez handelte, sondern um einen noch unbekannten, umherwandernden Täter.

Da in Valle niemand gesehen hatte, dass die Kinder mit Gewalt fortgebracht worden waren, hatten sie sich vermutlich freiwillig aus der Stadt entfernt – wohl wieder wegen eines lohnenden Nebenjobs. Wie Luis Alfredo Garavito später eingestand, bot er vielen Kindern tatsächlich den Verdienst von etwa fünf Tagen Straßenarbeit für Hilfstätigkeiten an. Die Arbeiten passte er den betreffenden Regionen Kolumbiens an. Bei der Tötungsserie in Genua bat er sie beispielsweise, wie schon erwähnt, um Hilfe beim Viehtreiben, in Valle um das Schlagen von Zuckerrohr und anderswo um den Transport von Obstkisten, die er auch tatsächlich mit sich führte. Obdachlosen Straßenkindern versprach er Drogen, spielsüchtigen Kindern bezahlte er Automatenspiele. Sehr oft spendierte er in kleinen Läden Kuchen und Limonade, dann lud er sie auf weitere Erfrischungen bei sich »zu Hause« ein.

Besonders das Versprechen eines schnellen Nebenverdienstes half bei der Tatverdeckung, da die Kinder ihre Arbeit auf der Straße nur kurz zu unterbrechen meinten und sich deshalb nicht abmeldeten. Zweitens folgten sie ihm freiwillig etwas abseits von Straßen und Wegen, weil Garavito vorgab, dort zu wohnen. Und drittens verschwiegen sie ihren Eltern den kleinen Zusatzverdienst sowie den genauen Auftrag samt Auftraggeber, um über das Geld frei verfügen zu können.

Wie schon gesagt, Kinder im Allgemeinen und besonders Kinder, die viel Zeit auf der Straße verbringen, sind gewitzt. Es dürfte daher auch gut möglich sein, dass einige es für Geld in Kauf nahmen, dass Garavito an ihnen sexuelle Handlungen vornehmen könnte. Ihr kindliches Alter darf dabei nicht täuschen – das Ausmaß sexueller Handlungen an Kindern ist in den armen Gegenden der Welt nicht mit zentraleuropäischem Maßstab zu messen. »Wenn man zu Kindern nett ist«, berichtete Garavito dazu aus seiner Erfahrung, »dann kann man mit ihnen machen, was man will. Die Kinder verstehen ganz genau, wofür sie das Geld erhalten.«

Garavito versuchte dabei stets, seine Opfer zum Mitgehen zu bewegen, ohne dass sie sich zu Hause abmeldeten, notfalls durch Ablenkung, kleine Geschenke und schöne Geschichten – eine weitere deutliche Parallele zu Jürgen Bartsch. Nicht immer gelingt das den pädophilen Serientätern, doch da ihr Zwang ihnen kaum andere Beschäftigungen erlaubt, haben sie viel Zeit zum Üben. Serienmörder sind Bestien, aber sie werden von Tat zu Tat charmanter.

Erste Spuren

Am 21. Juni 1996 wurde in der Stadt Pereira eine weitere Leiche gefunden, die keiner Entführung zugeordnet werden konnte, und zwar die eines dreizehnjährigen Jungen. Eigentlich hätte jetzt auffallen müssen, dass es sich um eine Mordserie handelte und dass Garavito der Täter war. Denn kurz zuvor war er im Städtchen Boyaca nach der Tötung eines zwölf Jahre alten Jungen verhaftet worden. Dieser Junge war am 8. Juni samt seinem Fahrrad am frühen Nachmittag verschwunden. Auch er war Garavito freiwillig gefolgt, denn ansonsten wäre das Fahrrad wahrscheinlich zurückgeblieben. Die faulende Leiche dieses Jungen war fünf Tage später geköpft und mit abgeschnittenem, in den Mund des Opfers gestecktem Penis gefunden worden.

Die Mutter ließ sich aber nicht so leicht abwimmeln wie viele andere der sozial schwachen Eltern, die in der Polizei nicht immer Verbündete fanden. Sofort nach dem Verschwinden ihres Sohnes hatte sie auf eigene Faust Nachforschungen angestellt und dabei festgestellt, dass das Kind zuletzt in einem kleinen Laden gesehen wurde. Dort hatte ein Fremder mit mehreren Kindern gestanden und ihnen Naschwerk gekauft. Die Personenbeschreibung deutete auf den zu dieser Zeit in der Stadt anwesenden Luis Alfredo Garavito hin, der nach seiner Festnahme aber gar nicht bestritt, mit den Kindern unterwegs gewesen zu sein. Nur mit der Tötung wollte er nichts zu tun gehabt haben. Da keine Beweise oder direkten Hinweise darauf vorlagen, dass er der Täter war, musste er nach wenigen Tagen wieder freigelassen werden.

Dass Polizei und Staatsanwaltschaft (vielleicht mangels Ausbildung und Vernetzung) nicht erkannten, dass es sich um eine Serie handelte, verblüfft zwar im Nachhinein. Andererseits wurde fast zur selben Zeit Kanada von einer Tötungsserie an Teenagern heimgesucht, die auch nicht erkannt wurde (vgl. *Mordmethoden*, S. 204–261). Es ist hinterher oft leichter, wichtige von unwichtigen Spuren zu scheiden – steckt man aber mitten im Fall, so ist das gar nicht so einfach. Besonders wenn die Ermittler wie in Kolumbien ohne Computer und gegeneinander statt miteinander arbeiten, da sie zu verschiedenen Einheiten gehören.

Reise in die Vergangenheit

Doch so langsam begann der Apparat anzurollen. Ein Staatsanwalt aus Villavicencio übernahm die Sache; er wirkt bis heute traumatisiert und berichtete mir, dass er möglicherweise ein Gesandter Gottes gewesen sei, um den Serientaten ein Ende zu setzen.

Bei seinen Nachforschungen stieß er auf eine frühe Tötung im Heimatdorf Garavitos. Im November 1993 war ein Nachbarskind einer Schwester von Garavito getötet worden. Der elfjährige Junge war am Tag nach den Halloween-Feiern um sechs Uhr morgens verschwunden. Der Abend des 31. Oktober gilt in Kolumbien als »Abend der Kinder«, und entsprechend werden dort, ähnlich wie in den USA, Süßigkeiten an die von Haustür zu Haustür gehenden Kids verschenkt. Der tote Junge war nach Auskunft der Eltern am Morgen nach Halloween früh aufgestanden, um sich auf die Suche nach nachts aus den Taschen der anderen Kinder verloren gegangenen Süßigkeiten zu machen. Ein Kind auf der Suche nach Süßigkeiten – eine wirksamere Möglichkeit, um den Jungen zu sich zu locken, gab es wohl nicht. Garavito, der die Kinder normalerweise vormittags fortlockte, erkannte das, wich von seinem gewohnten Schema ab und griff das Kind schon morgens auf.

Der Zwang wird deutlich

Im Verlauf der Ermittlungen trat den Beamten das Vorgehen des Täters immer deutlicher vor Augen. Er suchte gezielt – teils aus Gruppen von Freunden – Jungen im Alter zwischen sechs und etwa dreizehn Jahren aus. Alle hatten eine helle Hauttönung, nicht die in Kolumbien ebenfalls anzutreffenden indigenen oder negroiden Züge (erneut eine Parallele zu Bartsch, dessen Opfer eine zarte, helle, nur wenig behaarte Haut hatten). Die beiden einzigen Ausnahmen machte Garavito bei einem stark gehbehinderten Sechzehnjährigen im März 1994 und einem dunkelhäutigen Dreizehnjährigen im Juli 1997.

Alle Leichen waren auf ähnliche Art gefesselt und wiesen zahlreiche Schnitte auf. Der Hals war fast immer durchtrennt oder tief eingeschnitten. Meist fanden sich in den Knochen des vierten Halswirbels Kerben – sogar die Halsdurchtrennungen wurden also auf stets gleiche Weise ausgeführt.

An vielen Fundorten fanden sich leere Flaschen billigsten Schnapses (Garavito war Alkoholiker) sowie Vaseline-Behälter für den Analverkehr. Die noch erkennbaren Wunden wurden immer mit Messern verursacht, die gelegentlich schartig gewesen sein mussten; es handelte sich also um irgendwelche Messer, die Garavito am Tatort liegen ließ oder fortwarf. Notfalls nahm Garavito auch einfach einen Spieß oder einen anderen spitzen Gegenstand, um die Kinder zu töten, beispielsweise als er im Januar 1997 einen zehnjährigen Jungen erstach, nachdem er ihn auf die gewohnte Art gefoltert hatte.

Echte Ausweidungen der Leichen fanden sich bei Garavito nicht, wenngleich manchmal innere Organe durch tiefere Schnitte hervorragten. Dies ist ein Unterschied zu den Taten Bartschs, der die Organe ausdrücklich aus den Leichen zog. Die Kinder waren immer in hoch mit Pflanzen bestandene, etwas außerhalb von Orten oder Städten meist hügelwärts gelegene Gelände gelockt worden. Diese Hügellagen halfen Garavito nach eigener Aussage dabei, mögliche Verfolger schneller zu entdecken.

Den Ermittlern kam es zunächst besonders seltsam vor, dass die Taten um das Wochenende herum begangen worden waren. Da der Täter offenbar nicht örtlich gebunden war und in ganz Kolumbien tötete, konnte er kein normaler Arbeiter sein, sondern jemand, der durchaus auch wochentags Zeit für seine Taten hatte. Garavito gab folgenden Grund dafür an: Die Kinder verkauften ihren Krimskrams am Wochenende bevorzugt auf den dann besonders belebten Marktplätzen. Im Gewühl fiel es besonders leicht, die Kinder unerkannt anzusprechen und zu kleinen Hilfsleistungen wie dem schon genannten Transport einer Obstkiste anzuheuern.

Das führte dazu, dass die Kinder keine Angst hatten – welcher Mörder würde schon mitten auf dem Marktplatz und am hellen Tag seine Opfer suchen? Außerdem fiel Garavito als Fremder an Wochenend-Markttagen auch in kleinen Städten nicht auf. Dass er sich dabei auch noch verkleidet habe, bestreitet Garavito allerdings. Im Januar 2006 sagte er dazu:

»Ich habe mich nicht verkleidet, sondern einfach die jeweilige Berufskleidung getragen. Wenn ich als Bauer gearbeitet habe, sah ich eben wie ein Bauer aus. Es stimmt, dass ich auch einmal die Kleidung eines Geistlichen getragen habe, al-

lerdings war ich da für eine Stiftung unterwegs. Die jeweiligen
Arbeitspapiere trug ich bei mir! Ich habe immer viel gearbeitet, weil ich eben gern viel Geld habe. Die Polizei hat das alles
verdreht und behauptet, ich hätte mich absichtlich verkleidet,
um die Opfer zu täuschen. Das stimmt aber nicht.«

Vermutlich liegt die Wahrheit in der Mitte – Garavito war
wohl schlau genug, den Vorteil der ohnehin notwendigen An-
passung an örtliche oder eben Bekleidungsgewohnheiten für
seine mörderischen Absichten zu nutzen.

Doch all diese Dinge waren noch lange nicht bekannt. Alles deutete auf einen vergleichsweise starr an seinem Vorgehen
festhaltenden Einzeltäter hin. Besonders von der Presse wurde
aber eine ganz andere Theorie diskutiert: Ein Satanskult mit
vielen Mitgliedern sollte die Tätergruppe sein. In Wirklichkeit
gab es dafür keinerlei Hinweise. Weder wurden Kerzen, Tü-
cher, Aufschriften oder irgendwelche anderen angeblich »satanischen« Symbole oder Gegenstände gefunden, noch waren
bislang zwei gleichzeitig an voneinander entfernten Orten be-
gangene Tötungen bekannt geworden. Doch das wäre bei einem landesweit verbreiteten Kult mit derart hoher Opferzahl
anzunehmen gewesen. Allerdings schien der Reiseverlauf des
Täters keinem erkennbaren Muster zu folgen.

Die Theorie, dass die Morde etwas mit illegalem Organhandel zu tun haben könnten, wurde wegen der unsterilen Bedingungen an den Orten der Tötung (im Freien, belegt durch
die vielen Blutspuren) rasch fallen gelassen. Außerdem muss,
wer Organe verkaufen will, die Blutuntergruppen von Spen-
der und Empfänger kennen. (Angesichts des Grauens, das sich
den Ermittlern bot, kam es aber auch nach dem Geständnis
Garavitos noch zu interessanten Einfällen. Die Ermittler fragten mich beispielsweise, ob die Ursache seiner Taten nicht
auch die allerdings sehr traurige Musik aus der Geburtsgegend
Garavitos, dem Departement El Quindío, sein könnte.)

Es gab noch eine Auffälligkeit der Tatorte, die auf einen Serientäter hindeutete. Offenbar unterteilte der Mörder ein ihm

geeignet erscheinendes beziehungsweise bereits erprobtes, etwas abgelegenes Gebiet gleichsam in Sektoren. Dann führte er jeweils eine Tötung pro Unterabschnitt durch. Die Leichen begrub oder verscharrte er dabei nie. Das bedeutet, dass die neuen Opfer hin und wieder förmlich über die Leichen gestolpert sein müssen.

Nur in sehr wenigen Fällen führte er sogenannte defensive Leichenzerstückelungen zu Transportzwecken durch – und zwar wenn er ausnahmsweise eine Tötung in einer Wohnung beging. Nur diese Leichenteile packte er in Säcke und warf sie dann, mit Steinen beschwert, in Flüsse.

Seine Gründlichkeit ermöglicht es Garavito übrigens bis heute, aus dem Gedächtnis die genauen Ablagestellen der Leichen anzugeben.

Garavito wird erkannt

Im März 1999 rief die Polizei mehrere Personen an, deren Telefonnummern sie in den Taschen des angeblichen Bürgermeisters, der nun im Gefängnis von Villavicencio saß, gefunden hatte. Die Angerufenen wussten rasch, wie der Mann wirklich hieß, den ihnen die Polizei da beschrieb: Luis Alfredo Garavito Cubillos. Doch warum hatte er seinen Namen nicht angegeben? Die Strafe für das Sexualdelikt an dem Jungen würde dadurch ja nicht geringer.

Also forschten die Polizisten weiter. Ein Team der Staatsanwaltschaft, die in Kolumbien eine eigene Ermittlungstruppe unterhält, stellte nun die entscheidende Verknüpfung her.

Die Staatsanwaltschaft sammelte schon seit Längerem Unterlagen gegen Pädophile. Da Garavito im Verdacht stand, mit Kindern Sexualkontakte zu unterhalten, hatte man auch seine Eltern und Verwandten, ganz unabhängig von den jetzigen Ermittlungen, um Belastungsmaterial gebeten. Eine Vertrauensperson Garavitos übergab den Ermittlern nun einen Koffer, in dem sich zahlreiche beschriebene, aber nicht zu entziffernde Notizzettel und Fotos befanden. Besonders eigentümlich waren die aus allen möglichen Arten von Ausweisen herausgetrennten Fotos von Jungen sowie eine rätselhafte Strichliste. Man entschloss sich zu einer Durchsuchung von Garavitos Wohnung, das heißt seines Zimmers bei der Familie, mit der Garavito zusammenlebte, wenn er »nach Hause« kam, und der er ein liebevoller Vater war. Dort fanden sich weitere Notizen, in kleinen Buchstaben und Symbolen auf Kalenderblätter geschrieben, die aber nach wie vor unverständlich waren. Wie sich später zeigte, waren das die akribisch geführten Sachinformationen zu allen Tötungen. Warum Garavito diese Listen führte, ist unklar, weil er sich bis heute an alle Orte und Taten erinnern kann. Vielleicht sollten die Aufzeichnungen Trophäen ersetzen, da Garavito, abgesehen von den Ausweisfotos, keine Erinnerungsstücke von seinen Tötungen besaß.

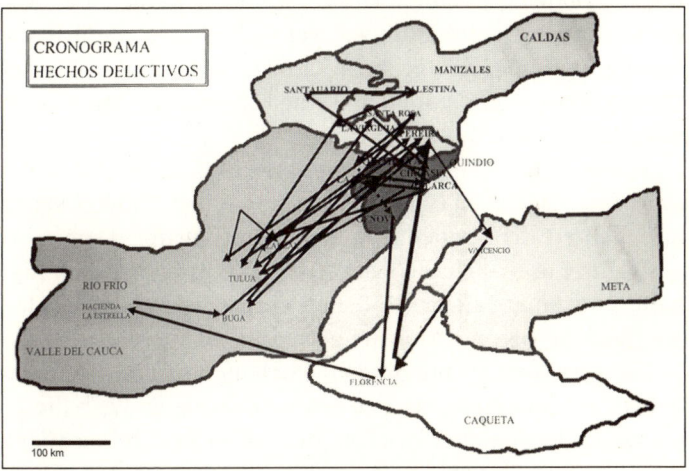

Abb. 39: Garavito konnte aus dem Gedächtnis die Lageorte aller Leichen angeben und in selbst gezeichnete Karten – jede von ihm nummeriert und zweifach signiert, sowie mit Namen, Alter und Herkunft der Kinder versehen – einzeichnen. Hier die Karte einer der Tötungsregionen.
(Zeichnung: CTI Armenia [Tatortgruppe]/M. Benecke)

Wegen der Fundstücke aus dem Koffer richtete sich nun, nach jahrelangem Rätseln, der Verdacht der vierköpfigen Ermittlergruppe aus Armenia endlich gegen den enttarnten »Bürgermeister« als Serientäter. Es bedurfte aber erst noch eines Treffens des Teams aus Armenia (aus dieser Gegend stammte Garavito, von dort kamen auch der allgemeine Pädophilie-Verdacht und der Kofferfund) mit dem aus Villavicencio (dort saß Garavito im Gefängnis), bis wirklich allen Beteiligten klar wurde, dass sie damit einen der größten Fälle von Serienmord überhaupt gelöst hatten – und der Täter längst eingesperrt war.

Seine Identität wurde vorsichtshalber erst bei einem weiteren Treffen aller mit den Todesfällen beschäftigten Dienststellen im Juli 1999 intern bekannt gegeben. Der Öffentlichkeit blieb diese Information aber noch vorenthalten, um eine ungestörte Aufklärung aller Taten im Hintergrund durchführen zu können. Außerdem sollte verhindert werden, dass Garavito von seinen Mithäftlingen eventuell getötet wurde, bevor seine Blutgruppe, sein genauer Zahnstatus (er hatte viele der Opfer gebissen) und vor allem seine Lebensgeschichte zusammengetragen waren.

Erst drei Monate nach diesem letzten Treffen, am 28./29. Oktober 1999, sagte man Garavito, dass sein echter Name bekannt und mehrere der Leichen gefunden worden waren. Damit war aus dem Kinderschänder, der ein einzelnes Kind belästigt hatte und unter falschem Namen einsaß, mit einem Schlag ein überlebensgroßes Monster geworden.

Garavito reagierte blitzschnell. Vor laufender Polizeikamera bat er Gott und die Menschen um Verzeihung und gab die Taten zu. Es dauerte aber Wochen, bis das Ausmaß seiner Todesserie klar war. Seit 1992 hatte er mit Sicherheit über zweihundert, eher aber über dreihundert Jungen umgebracht und an weiteren Hunderten sexuelle Handlungen vorgenommen. Die Zeitschrift *Semana* taufte ihn »la bestia«, die Bestie. Diese Bezeichnung ist übrigens eine weitere Parallele zu Jürgen Bartsch, der diesen Begriff gelegentlich in Briefen und halb scherzhaft auf sich selbst anwendete.

Abb. 40: Als Garavitos echter Name und sein Geständnis öffentlich bekannt wurden, taufte ihn die kolumbianische Zeitschrift *Semana* »la bestia«, die Bestie.   (Foto: CTI Armenia [Polizei]/M. Benecke)

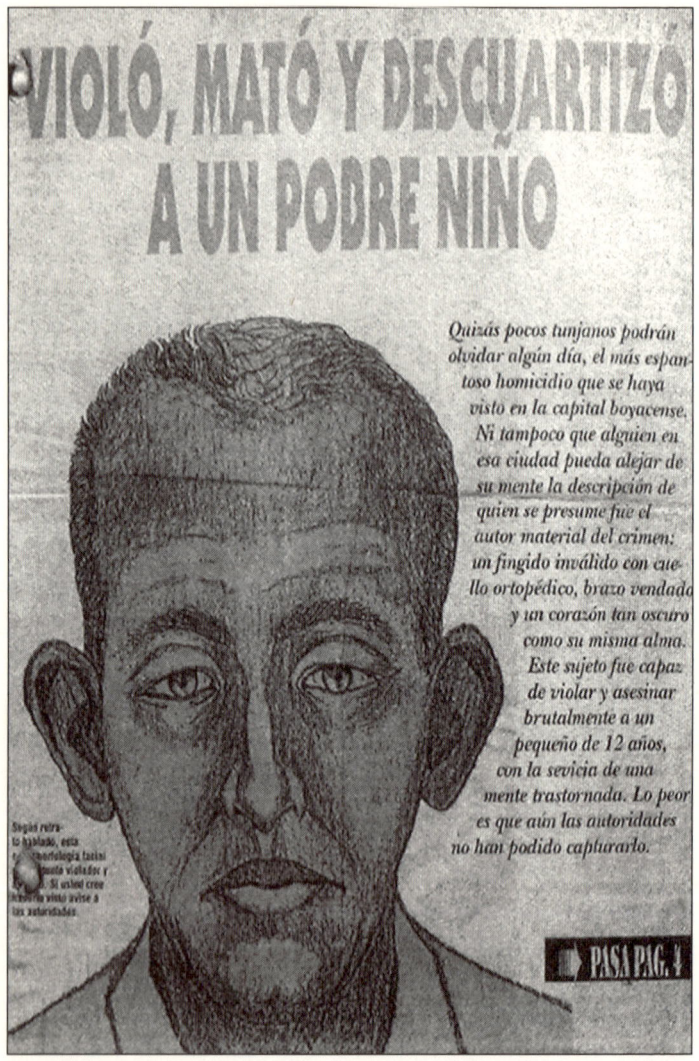

Abb. 41: Luis Alfredo Garavito Cubillos saß bereits unter falschem Namen im Gefängnis ein, als er 1999 identifiziert wurde. Hier einer der ersten Artikel vom 3. Dezember 1996, in dem nach dem noch unbekannten Mann gesucht wird, der einen (!) Jungen getötet haben soll. (Foto: M. Benecke)

Garavito hofft auf Freilassung

Rechtlich gesehen ist Garavitos Fall in einer Sackgasse. Bis etwa 2003 wurden gemäß der Karte Garavitos immer mehr Leichen gefunden. Keiner der Fälle kam aber je so vor Gericht, wie wir es bei Morden kennen. Stattdessen wurden die Taten, um öffentlichen Aufruhr zu vermeiden, in einem sogenannten Strafbefehlsverfahren abgewickelt (*sentencia anticipada*, Artikel 40 des kolumbianischen Strafgesetzbuches). Dabei willigt der Angeklagte in eine zuvor festgelegte Strafe ein, die der Richter dann ohne Verhandlung, aber rechtsverbindlich festlegt. Voraussetzung sind ein Geständnis des Täters sowie der sichere Beweis, dass die Taten nicht von einer anderen Person begangen worden sind. Bei meinem letzten Besuch war Garavito mit siebzig Schuldsprüchen für hundertsechzig Tötungen verurteilt.

Obwohl die meisten Laien (wie ich) das Strafbefehlsverfahren nicht kennen, existiert es auch in Deutschland. Hier wird es allerdings nur für deutlich harmlosere Vergehen angewendet. Ein Beispiel dafür war zuletzt der TV-Moderator Michel Friedman, der mit Kokain und osteuropäischen Prostituierten in Verbindung stand. Im Juli 2003 wurde er ohne Hauptverhandlung zur Zahlung von siebzehntausend Euro verurteilt – eben per Strafbefehl.

Zwischen 2000 und 2006, als gerade gegen Garavito ermittelt wurde, kam es zu einer grundlegenden, teils auch rückwirkenden Änderung des kolumbianischen Strafrechts. Er kann deswegen nicht zu einer wirklich lebenslangen Haft bis zu seinem Tod verurteilt werden. Egal, wie viele Schuldsprüche noch folgen werden, die Höchststrafe beträgt fünfundzwanzig bis vierzig Jahre Gefängnis. Vor dieser Strafrechtsreform hätten die Einzelstrafen zusammengerechnet werden können, was eine Haftdauer von derzeit zweitausendsechshundert Jahren ergeben hätte.

Das erklärt auch, warum sich Garavito seit seiner Enttarnung so stark bei der Leichensuche engagiert und dazu bereitwillig die Karten zeichnete. Denn bei guter Führung müssen Gefangene in Kolumbien – wie auch in Deutschland – vorzeitig entlassen werden. Da eine Sicherungsverwahrung weder in einem Gefängnis noch in einer Psychiatrie in Kolumbien rechtlich vorgesehen ist, darf Garavito also mit gewissem Recht auf seine Freilassung spätestens im Alter von etwa siebenundsechzig Jahren hoffen. Selbst wenn er erst etwas später freigelassen werden sollte, könnte er seinen Lebensabend vielleicht in Freiheit verbringen.

Dass er dort überleben könnte, ist nicht ausgeschlossen. Das zeigt der Fall von Karla Homolka, die in Kanada zusammen mit ihrem Gatten Paul Bernardo mehrere Jugendliche einschließlich ihrer eigenen Schwester getötet hatte (vgl. mein Buch *Mordmethoden*, S. 204–261). Homolka ist am 4. Juli 2005 nach zehn Jahren Haft und Therapie entlassen worden und trat danach sogar in einer Talkshow auf.

Obwohl Garavito wie alle an paraphilen Zwängen leidenden Menschen mit heutigen Mitteln nicht therapierbar ist und eine Kastration oder Gehirnverödung wie im Fall Bartsch zum Glück gar nicht erst angestrebt wird, gibt sich der Täter gewandelt. Er ließ sich am 18. August 2003 im Gefängnis von Calarcá von einer evangelischen Kirchengruppe taufen und meint, seine Dämonen nun los zu sein. Mir schrieb er in eine Bibel seinen dazu passenden Lieblingspsalm:

»Psalm 3: ›Ach Herr, wie sind meiner Feinde so viel und setzen sich so viele wider mich! Viele sagen von meiner Seele: Sie hat keine Hilfe bei Gott. Aber du, Herr, bist der Schild für mich und der mich zu Ehren setzt und mein Haupt aufrichtet.‹«

Für die Zeit nach seiner Freilassung hat Garavito schon Pläne. Sollte er nicht zu alt sein (er hofft sogar auf ein neues Verfahren, das ihm seiner Meinung nach noch vor Ablauf der fünfundzwanzig Jahre die Freiheit bescheren könnte), dann möchte der »Geläuterte« gern Politiker oder Pastor werden – »egal, in welcher Glaubensgemeinschaft«.

Die Arbeit mit einem Serientäter

Weil ich oft danach gefragt werde, möchte ich kurz andeuten, wie sich die Arbeit mit einem Serientäter für mich darstellt. Dabei ist es vor allem notwendig, dass ich in Garavitos Fall nicht mit den Angehörigen der Opfer (oder überlebenden Opfern) arbeite, weil ich dann vielleicht meine Sachlichkeit verlieren könnte. Bis dahin versuche ich, das zu tun, was meine kolumbianischen Kollegen nicht tun wollen, weil sie Garavito so hassen: einige scheinbar nebensächliche Fragen zu ermitteln (etwa seine Vorliebe für eine bestimmte Schnapssorte, deren Deckel er an vielen Tatorten hinterließ) und etwas über seine Gedankenwelt zu erfahren (Zeichnungen seiner Träume, einfache Intelligenztests und so weiter). Bitte wundern Sie sich nicht, wenn die folgenden Anmerkungen etwas gefühlsleer erscheinen – ich arbeite nicht mit Gefühlen, sondern mit Spuren.

Besonders auffällig erscheint mir, dass Garavito sich im Gespräch nicht lange auf ein Thema konzentrieren kann. So war er beispielsweise sehr daran interessiert, die Zahl der Opfer anderer Serientäter zu erfahren. Also bot ich ihm an, die Lebensgeschichten von Jürgen Bartsch und Vater Denke darzustellen. Garavito konnte sich trotz seines selbst geäußerten Interesses nur wenige Minuten konzentrieren und hat daher bis heute kaum etwas über die Fälle erfahren. Jeder Gedanke, der ihm gerade in den Sinn kommt, scheint ihn abzulenken.

Im persönlichen Kontakt ist Garavito verbindlich und aufmerksam, gibt sich um das Wohlergehen anderer besorgt und legt großen Wert auf einwandfreie Körperpflege und ein gepflegtes Erscheinen. Bei meinem ersten Treffen mit ihm erkannte ich ihn gar nicht, weil er so aussah, wie ich mir einen Gefängnisdirektor vorstelle: Brille, Scheitel, weißes Hemd, rasiert, Aktenstapel in der Hand. Erst als mein Übersetzer mich darauf hinwies, dass ich seit einiger Zeit neben Garavito stand, wurde mir mein Irrtum klar. Der unrasierte, struppige Mann, der von zwei bulligen Wachen umgeben war, war nicht Garavito, sondern der Gefängnisdirektor!

Im Umgang mit den Wärtern und den wenigen Inhaftierten, von denen Garavito keine Gewalttaten zu fürchten hat, ist er freundlich, zugleich aber recht bestimmend. »Es ist erstaunlich, wie er Stück für Stück das Vertrauen seiner Umgebung gewonnen hat – ebenso wie er es mit jedem seiner Opfer tat«, formulierte der Journalist Aranguren Molina treffend, dem Garavito im Jahr 2002 in der Haft ausnahmsweise ein unangemeldetes Gespräch gewährt hatte. Diesen Eindruck kann ich nur bestätigen. Die Wärter mögen Garavito, der keine Schwierigkeiten macht und im Alltag ein netter Kerl ist. Das geht so weit, dass er, nachdem ich nach einer intensiven Gefängniskontrolle im Jahr 2005 ohne Stifte, Tonband oder Papier vor ihm stand, mir alles bereitgelegt hatte: In einem Krankenzimmer, das er zu einem Büro umgewandelt hatte, lagen für mich Leerkassetten, Kugelschreiber und ein Diktiergerät mit frischen Batterien.

Solange Garavito über Dinge spricht, die ihm behagen, ist er offen und unverstellt. Tatsächlich hat er weder die Polizisten – abgesehen von anfänglichen Falschaussagen in den ersten Vernehmungen als »Bürgermeister« und Beschönigungen seiner Zwänge – noch mich jemals nachweislich angelogen.

Dass er allerdings behauptet, in Freiheit »keiner Fliege« mehr etwas zuleide zu tun, ist angesichts des völligen Fehlens auch nur der elementarsten Therapie (und wohl auch mangels Therapierbarkeit) sowie einer nicht im Geringsten erkennbaren, tiefen Beschäftigung mit seinen Tatmotiven schwer glaubhaft. Er selbst ist von seiner Bekehrung zum gläubigen Christen vielleicht wirklich überzeugt – wer will das schon beurteilen –, doch aus einem pädophilen Sadisten wird durch eine Taufe kein Messdiener.

Das zeigt sich auch an Gesprächen, die von den Teilen seines Lebens handeln, über die Garavito lieber nicht sprechen würde. Obwohl er sowohl mir als auch der Polizei gegenüber einräumt, einigen Kinderleichen die Genitalien abgeschnitten und in den Mund gesteckt zu haben, versucht er, sein Bild in der Öffentlichkeit schönzufärben. Einem kolumbianischen Fernsehteam berichtete er 2006 beispielsweise:

»Ich habe wirklich kein einziges der Opfer missbraucht. Umgebracht ja, aber nicht missbraucht. Von den Kindern sind doch eh nur Knochen übrig, die zwei bis drei Jahre herumlagen und an denen kein Fleisch mehr ist. Wie wollen Sie da beweisen, dass diese Personen missbraucht wurden? Die Staatsanwaltschaft hat ja noch nicht einmal Spermaspuren gefunden! Ich habe einfach niemanden missbraucht oder gar vergewaltigt.«

Diese absurde Aussage zeigt, was das Strafbefehlsverfahren ohne Verhandlung bewirkte: Garavito wurde nie öffentlich gezwungen, sich mit seinen Taten auseinanderzusetzen. Denn dass er auf seine Opfer nicht nur nach deren Tod einwirkte, sondern auch während die Jungen noch lebten, ist gut belegt.

Ein überlebender Junge berichtete beispielsweise, wie er sich vor Garavito ausziehen musste und dann von ihm massiv geschlagen und gebissen wurde, unter anderem in die Genitalien: »Ich habe überall geblutet, und alles war zugeschwollen, auch mein gesamtes Gesicht.« Dann nahm Garavito sexuelle Handlungen an dem Kind vor. Als es versuchte zu fliehen, stach er mehrfach auf das Opfer ein und brüllte: »Du kannst nicht entkommen!« Weit über zehn deutlich sichtbare Stichnarben am Körper des Jungen sind bis heute erkennbar und belegen seine Aussage.

Wie schon angedeutet, ging Garavitos Raserei so weit, dass sogar die Rechtsmediziner vom Zustand der Opfer geschockt waren. Eine Kollegin, die wie das oben zitierte Kind lieber anonym berichten wollte, erinnerte sich:

»Das war das brutalste Verbrechen, das ich je auf dem Tisch hatte. Die Leiche war geköpft. Als ich mir später in meinen Unterlagen angesehen habe, welche und wie viele Verletzun-

gen – besonders Einstiche und blaue Flecken – der Körper aufwies, musste ich weinen.«

Garavitos sonstige Interessen drehten sich in den ersten Jahren nach seiner Festnahme vor allem um das Weltgeschehen,
wie es sich in den Medien darstellt: Katastrophen, Flugzeug-
unglücke, Serientaten und Kindesmissbrauch, der ihn nach eigener Aussage sehr mitnimmt (Garavito wurde als Kind sehr
schlecht behandelt). Mit bösem Willen könnte man in diesen
Themen die Fortsetzung einer üblen Grundeinstellung sehen.
Andererseits interessieren sich aber auch »normale« Menschen
für genau diese Themen, wie ein Blick in die Abendnachrich-
ten zeigt.

Den Ermittlern schilderte Garavito durchaus glaubhaft
sein Mitleid mit einem von ihm misshandelten Kind, das
während der Tat (!) von einem früheren sexuellen Missbrauch
erzählte. Das hatte ihn aber nicht gehindert, das Kind zu tö-

Abb. 42: Der Serientäter beim Gebet vor der Taufe. Links sein Priester Didier
Amariles, zweiter von links Luis Alfredo Garavito, daneben weitere Gemein-
demitglieder der protestantischen Kirche.   (Repro: M. Benecke)

ten. Genau wie Jürgen Bartsch »mochte« Garavito seine Opfer also – wenngleich auf eine unsagbar grausame Art (vgl. dazu auch den Text des Briefes von Bartsch an sein letztes Opfer in Abb. 36, S. 250).

Tiefer gehende Untersuchungen zur Persönlichkeit, Lebens- und Krankengeschichte Garavitos gibt es eigentlich nicht. Au- ßer mit seinem Priester Didier Amariles und mir spricht er der- zeit mit niemandem ausführlich, und auch hier versucht er zu taktieren. Selbst die zuvor sehr intensive Zusammenarbeit mit der Polizei aus seiner Heimatregion Armenia hat er im Jahr 2006 eingestellt, weil er sich von den Beamten hintergangen fühlte.

Da Garavito nach zwei Haftverlegungen nun in einem Hochsicherheitsgefängnis mit zahlreichen Zugangsbeschrän- kungen sitzt, könnte es passieren, dass weder er noch wir je er- fahren werden, warum er zum Trinker mit erheblichen Stim- mungsschwankungen, Kindermörder und zur emotionslosen »Bestie« geworden ist, die sich aber nichts mehr wünscht, als zu seiner Lebensgefährtin und dem »gemeinsamen« Kind zu- rückzukehren.

Da Garavito sich selbst vor der Einsicht abschirmt, dass der Dämon ihn keineswegs verlassen und er sehr wohl Kinder ge- foltert hat, ist es vielleicht ohnehin zu spät für weitere Nach- forschungen. Pfarrer Amariles ist jedenfalls überzeugt, dass »Gottes Gnade so unendlich ist, dass sie auch die Menschen erreichen kann, die schrecklichste Taten begangen haben«. Selbst wenn das stimmt, hilft es Garavito nicht, sich mit sei- nen Taten auseinanderzusetzen. Er schiebt die Schuld derzeit – wenn er sie überhaupt zugibt – auf seine Eltern oder einen teuflischen Einfluss, der ihn umfangen habe. Das weiß auch Amariles. Auf die Frage, ob er für Garavito die Hand ins Feuer legen würde, antwortete er, das würde er für niemanden tun…

Die für mich überraschendste Feststellung zur Persönlich- keit Garavitos kam von meiner Übersetzerin Claudia Zapata, die einmal einen langen Tag allein mit Garavito verbrachte.

An diesem Tag durften nur Frauen die Gefangenen besuchen, und ich bat Claudia, einige Bildertests mit Garavito durchzuführen. Sie beobachtete dabei etwas, was mir bis dahin nie aufgefallen war, obwohl ich ihm schon oft gegenübergesessen hatte. Egal, auf welches Thema Garavito zu sprechen kam – die Sehnsucht nach »seiner« Familie, seine Taten, seine unschöne Kindheit –, seine Pupillen vergrößerten oder verkleinerten sich keinen Millimeter. Für Claudia ein sicheres Zeichen, dass ihr Gegenüber keine Gefühle hatte – egal, wie sehr er ihr diese auch vorgaukelte.

Was ich von Garavito gelernt habe

Meine Vermutung nach vielen Jahren des im Grunde laienhaften Kontaktes zu einem Serientäter, der schon durch die hohe Opferzahl eine Sonderstellung in der Kriminalgeschichte hat, ist die: Personen mit paraphilen Zwängen wissen genau, was sie tun. Sie können ihren Zwängen aber nicht widerstehen, egal, ob sie es mit Beten oder Saufen versuchen oder ob sie hoffen, nach der ersten Tat Erlösung zu finden. Sie sind gefangen in ihren wiederkehrenden Fantasien. Solche Fantasien haben zwar auch rachsüchtige Zuschauer im Gerichtssaal – der Unterschied ist aber, dass die Täter ihre Vorstellungen ausleben und dabei durch nichts aufzuhalten sind. Das macht sie auch außerhalb des Gefängnisses zu Eingekerkerten – in ihrer völlig abwegigen Vorstellungswelt und im steten Wissen, dass sie wirklich Bestien sind.

Diese Erkenntnis ist nicht neu und deckt sich mit der Urteilsbegründung zum Fall Bartsch aus dem Jahr 1971, in der es heißt, dass der Angeklagte zwar sehr wohl moralische Grenzen besaß, diese aber von seinem Zwang überwunden wurden, ohne dass er dagegen etwas tun konnte.

Noch einmal: Diese Beschreibungen sind und waren auch damals keine Entschuldigung für die Taten. Es spiegelt sich darin aber die Einsicht, dass wir gesellschaftlich und medizinisch nicht so weit sind, wie wir manchmal glauben. Denn solange wir noch nicht einmal die extremen Ausformungen menschlichen Verhaltens begreifen können, sollten wir bescheiden bleiben und an die Stelle von wüsten Verwünschungen gegen die Täter lieber vernunftgeleitete Forschung setzen. Denn nicht Todesstrafen, sondern Beweise und Begreifen können verhindern, dass der nächste paraphile Täter unseren Glauben an das Gute und Schöne erneut erschüttert.

Interview mit zwei Kollegen, die mit mir in den Gefängnissen waren, in denen Garavito einsitzt

Miguel Rodriguez arbeitet als Sozialrichter in Köln. Im Jahr 2002 begleitete er mich bei einem Besuch bei Luis Alfredo Garavito in dessen erstem Gefängnis in Villavicencio.

Benecke: Wie war dein erster Eindruck von Garavito?

Rodriguez: Um ehrlich zu sein: Ich habe zuerst gedacht, er sei der Direktor des Gefängnisses oder zumindest eine Person mit Leitungsfunktion, die uns dort begrüßen sollte. Sein Auftreten war souverän und freundlich, als er auf uns zukam und uns die Hand gab. Er ging mit dem Wachpersonal um, als seien es seine Mitarbeiter, und die spielten mit beziehungsweise ordneten sich seiner Autorität und Ausstrahlung unter. Das war schon ein beeindruckendes und zunächst etwas verwirrendes Schauspiel.

Benecke: Was für ein Gefühl war es, in einem Käfig mit einem pädophilen Sadisten eingesperrt zu arbeiten?

Rodriguez: So habe ich das nie empfunden. Unser Ziel war es, etwas über diesen Menschen zu erfahren. Dazu muss man ihm unbefangen begegnen, sich in gewisser Weise auf ihn einlassen und vor allem zuhören können. Ich habe während der Gespräche nur den Menschen Ga-

ravito gesehen, nicht seine Taten und seine Grausamkeit.
Dieser Mensch hat zunächst nichts Unheimliches. Er wirkt
wie der liebe Nachbar, dem man seine Kinder anvertrauen
würde, wenn man zum Einkaufen geht.

Benecke: Es ist ja nun schon fünf Jahre her, dass du mit
mir in Kolumbien warst – welches Erlebnis fällt dir als Erstes ein, wenn du zurückdenkst?

Rodriguez: Als Erstes erinnere ich mich an die Ankunft
auf dem kleinen Flugplatz von Villavicencio. Es war sehr
schwül, das Flughafengebäude nicht mehr als eine Hütte,
und überall standen junge Soldaten mit Maschinenpis-
tolen. Die Gesamtatmosphäre dort, wir zwei als einzige
Europäer am Rande des Guerillagebiets, fand ich schon
recht unheimlich und bedrohlich. Dagegen hatte man im
Gefängnis bei Garavito fast schon ein angenehmes Gefühl
von Sicherheit.

Benecke: Hast du aus dem Fall etwas für deine jetzige Arbeit als Sozialrichter gelernt?

Rodriguez: Ja und nein. Unbefangenheit ist für einen
Richter wohl die wichtigste Eigenschaft, egal, welches Gebiet er bearbeitet. Zwar habe ich Unbefangenheit nicht erst
durch Garavito gelernt, aber ich habe durch die Arbeit mit
ihm festgestellt, dass ich selbst in einem solchen Extrem-
fall in der Lage bin, nur den Fall und den Menschen zu
sehen und etwaige persönliche Empfindungen oder Ab-
scheu außen vor zu lassen. Insoweit hat mich der Fall Garavito jedenfalls darin bestärkt, mir den richtigen Beruf
ausgesucht zu haben.

Benecke: Zuletzt – hat die Begegnung mit einem Serientäter dein Leben verändert?

Rodriguez: Die Begegnung mit Garavito war eine wichtige Erfahrung. Sie hat mir vor Augen geführt, wie leicht
man sich in Menschen täuschen kann und wie nutzlos und

auch gefährlich Vorurteile sind. Niemand wirkt harmloser und vertrauenerweckender als Garavito. Und dennoch ist wohl kaum jemals jemand derart grausam und brutal mit anderen Menschen umgegangen. Man muss sorgsam sein mit seiner Meinungsbildung und besonders mit der Einschätzung anderer Menschen.

* * *

Claudia Zapata hat einen australischen und einen kolumbianischen Pass. Sie arbeitet derzeit als Molekularbiologin an der University of Queensland in Brisbane. Im Jahr 2004 begleitete sie mich nach Calarcá in der Region Armenia, ins zweite Gefängnis Garavitos.

Benecke: Hast du irgendwelche intensiven Eindrücke aus unserer tagelangen Arbeit mit Garavito mitgenommen?

Zapata: Interessant und bemerkenswert war es schon, aber nicht tief eindrucksvoll oder intensiv. Eingeprägt hat sich bei mir eher das Gespräch mit seiner Schwester und wie sie für ihren Bruder fühlt … außerdem die riesige Karte mit den Leichenfunden, die er gezeichnet hat, seine Briefe und Zeichnungen an dich und wie er sich gedanklich auf mich eingestellt hat. Auf mich strömte das aber nicht auffallend intensiv ein.

Benecke: Hat dich die Begegnung vielleicht nachträglich verändert?

Zapata: Nein, auch nicht nachträglich. Ich wusste schon vorher aus eigener Erfahrung, wozu Menschen fähig sind und wie wenig manchen Leuten das Leben anderer bedeutet. Man kann niemandem ansehen, wozu er fähig ist – nicht am Gesicht, aber auch nicht durch Gespräche oder Verhaltensbeobachtung.

Garavito ist dafür nur ein Beispiel unter vielen. Er wirkt völlig durchschnittlich und sticht durch nichts aus der Menge. Er benimmt sich genau wie jeder Durchschnittsmensch aus seiner Region, er hat sogar den dort typischen offenen Gesichtsausdruck eines ländlichen Campesinos.

Benecke: Wie würdest du seine Persönlichkeit beschreiben?

Zapata: Schwer zu sagen. Mir ist eigentlich nur aufgefallen, dass er organisiert, ordentlich und selbstbezogen ist. Und er versucht dauernd, andere für sich einzunehmen.

Benecke: Sonst noch irgendwas, das dir in Erinnerung geblieben ist?

Zapata: Bevor du mich gebeten hast, an der Sache mitzuarbeiten, kannte ich den Fall nicht. Als die Taten passierten, war ich noch jünger und lebte in Australien. Später, in Kolumbien, hat keiner mit mir darüber gesprochen, vielleicht weil die Kolumbianer ihn schnell vergessen wollten.

Alles, was ich darüber weiß, stammt also aus unserer Woche im Gefängnis in Calarcá. Auffällig war für mich, dass Garavito für alles irgendeine Rechtfertigung findet – er dreht es immer so, wie es ihm gerade passt beziehungsweise wie andere es hören wollen.

Ich glaube ihm nicht, dass er sich geändert hat. Für mich ist er ein Pädophiler, der garantiert wieder töten würde, wenn er könnte.

4. DIE EWIGE SUCHE
NACH DEM PERFEKTEN VERBRECHEN

Eine der häufigsten Fragen an jeden Kriminalbiologen ist neben »Ist das nicht ekelig?« (jein) und »Kann ich ein Praktikum machen?« (ebenfalls jein) die Frage nach dem perfekten Mord. Es hat offenbar eine große Faszination, die Polizei und alle Experten auszutricksen und unbemerkt eine Person umzubringen. Was genau daran spannend sein soll, entzieht sich meiner Vorstellungskraft – denn will man beispielsweise seinen Chef loswerden, so genügt ja ein Jobwechsel. Hasst man seine Ehefrau, sollte man sie vielleicht einfach verlassen. Und würde man am liebsten eine Person umbringen, die in der Vergangenheit Böses getan hat, dann hilft vielleicht die Einsicht, dass das Geschehene durch einen Rachemord auch nicht rückgängig gemacht wird.

Wenn es aber trotzdem unbedingt sein muss, sollte man einen bezahlten Auftragskiller anheuern. Denn was passiert, wenn man sich nach zu vielen Krimis (oder getrieben von Gier, Neid und Dummheit) für schlauer als die Ermittler hält, zeigt folgender Fall, von dem Kriminalrat Josef Wilfling, Leiter der Todesermittler im Polizeipräsidium München, berichtet.

Ein fast perfekter Mord: Tod auf dem Inka-Pfad

»Ich hörte, dass jemand den Reißverschluss des Zeltes öffnete. Durch dieses Geräusch wachte ich auf. Ich drehte mich langsam um. Ich hörte einen Schuss. Wir schliefen mit unseren Köpfen Richtung Zeltöffnung. Ich schaute zurück und sah einen Mann mit einer Waffe in der Zeltöffnung, und nachdem ich den Schuss gehört hatte, hörte ich auch, wie ein anderer

Mann schrie. Ich habe nicht verstanden, was er sagte, aber der Ton in der Stimme war so, als ob er meinte: ›Was ist passiert?‹

Der Mann, der die Waffe hielt, rief etwas zurück. Auch das habe ich nicht verstanden. Es hörte sich an wie: ›Es ist okay, nichts ist passiert!‹ Er richtete dann die Waffe auf mich und sagte ›Money‹ in gebrochenem Englisch. Ich drehte mich um, nahm aus meiner Jeans, die neben mir lag, meine Brieftasche. Ich gab sie ihm, dann zeigte er auf Ursula und sagte wieder: ›Money.‹ Ich sagte zu ihm auf Englisch: ›Wir gehören zusammen‹ und zeigte dabei auf meinen Ehering. Er schaute mich noch eine Sekunde lang an und ging dann fort.«

Mit diesen Worten schilderte der damals sechsundzwanzigjährige Ilan Tesler bei seiner Zeugenvernehmung vor der Mordkommission München, was sich in jener Nacht zum 7. Januar 1997 auf dem weltberühmten Inka-Pfad an der in dreitausendsiebenhundert Meter Höhe gelegenen Ruine Runcuracay in Peru ereignet haben soll. Das war am 22. Januar 1997.

Auf den Tag genau fünf Jahre später sprach das Schwurgericht beim Landgericht München I das Urteil: »Der Angeklagte Ilan Tesler wird wegen Mordes zu lebenslanger Freiheitsstrafe verurteilt. Die Schuld des Angeklagten wiegt besonders schwer. Der Angeklagte trägt die Kosten des Verfahrens.«

Rückblick

Am 20. Januar 1997 wird der Leichnam der damals vierunddreißigjährigen Wissenschaftlerin und Krebsforscherin Dr. Ursula Glück-Tesler von Lima/Peru nach München überführt. Den Begleitpapieren ist zu entnehmen, dass die gebürtige und zuletzt in New York lebende Münchnerin einen Kopfschuss erhalten hat, an dessen Folgen sie am 13. Januar 1997 in einer Klinik in Lima gestorben ist.

Am 21. Januar 1997 wird der in Formalin konservierte Leichnam in München nachobduziert. Die inneren Organe waren bereits entfernt. Entscheidend ist aber der Schädel. Deutlich ist das Einschussloch im linken oberen Stirnbereich erkennbar, mit einem »Fastaustritt« im Hinterhauptbereich. Das Projektil, das bei der Erstobduktion demnach noch im Schädel gesteckt haben muss, ist allerdings nicht mit übersandt worden. Ergebnis: Ursula Glück-Tesler verstarb an einem Kopfsteckschuss, wobei es sich nicht um einen aufgesetzten oder einen Nahschuss unter fünfzig Zentimeter gehandelt haben dürfte. Sonstige Zeichen äußerer Gewalteinwirkung sind nicht vorhanden.

Am 22. Januar 1997 kommt der Ehemann nach München, um an der Beisetzung seiner Frau teilzunehmen. Bereitwillig stellt er sich der Vernehmung durch die Mordkommission. Ilan Tesler wirkt gebrochen, schüchtern und gehemmt. Immer wieder betont er, wie sehr er seine Frau geliebt habe und wie sehr sie ihm fehlen würde.

Ilan Tesler schildert, seine Frau und er seien am Weihnachtstag 1996 von New York nach Lima geflogen. Von dort aus hätten sie in den folgenden Tagen das Land bereist und seien am 1. Januar in der Stadt Cuzco eingetroffen. Am 5. Januar seien sie schließlich mit dem Zug nach Corihuayrachina, Kilometer 88, gefahren, dem etwa zweitausendfünfhundert Meter hoch gelegenen Ausgangspunkt ihrer auf drei Tage ausgelegten Wanderung auf dem Inka-Pfad. Einer Reisegruppe hätten sie sich nicht angeschlossen, da sie schneller vorankommen wollten, als dies in einer Gruppe möglich sei.

Schon in der ersten Nacht habe es einen Zwischenfall gegeben. Männer mit Lampen seien ums Zelt geschlichen. Ursula hätte furchtbare Angst gehabt. Dennoch hätten sie am nächsten Tag den Weg allein fortgesetzt, obwohl sie immer wieder Kontakt zu einer Gruppe von Touristen gehabt hätten, die zur selben Zeit auf dem Pfad unterwegs gewesen sei. Letztmals habe man die Gruppe in den Abendstunden des 6. Januar auf dem Campingplatz Pacamayo getroffen. Ursula und er hätten es jedoch vorgezogen, noch etwa drei bis vier Stunden wei-

ter zur Ruine Runcuracay aufzusteigen. Als man dort angekommen sei, sei es bereits dunkel gewesen. Sie hätten ihr Zelt
aufgeschlagen. Man sei an diesem Platz allein gewesen. Am
nächsten Morgen, gegen fünf Uhr, sei es dann passiert…

Zur Beschreibung der Täter und zu seinem Verdacht gibt er
Folgendes an:

»Braune Haut, schwarze Haare, kakifarbene Hose, eine
schwarze Pilotenjacke. Der Mann war unrasiert, er trug einen
Zwei- oder Dreitagebart. Er hatte nichts auf dem Kopf. Er hatte
kurze, bis über die Stirn fallende Haare. Er sah aus wie ein
Peruaner, war nicht alt, vielleicht um die dreißig. Meinem Gefühl nach war er nicht größer als ich; ich bin hundertvierund-
siebzig Zentimeter groß.

Meiner Einschätzung nach haben uns die Leute überfallen,
die auch schon in der Nacht zuvor mit Lampen an unser Zelt
geleuchtet haben. Vielleicht sind sie uns gefolgt. Ich meine
aber auch, dass der Täter anfänglich gar nicht die Absicht hatte
zu schießen.

Die schlimmsten Verbrechen sollen laut Auskunft des deutschen Konsulats in Cuzco von Armeeangehörigen und der Polizei selbst begangen werden.«

Kriminalhauptkommissarin Iris von Ohain beschlich bei
dieser Aussage des sehr schüchtern, aber intelligent wirkenden jungen Witwers ein ungutes Gefühl. Die Vorstellung, dass
ein Räuber die Frau erschoss und den Mann leben ließ, war
gewöhnungsbedürftig. Und warum hatten die Täter Geld genommen, die teure Ausrüstung aber zurückgelassen?

Eigenartig war auch, dass der Ehemann im Verlauf der weiteren Vernehmung ein gewisses Verständnis für den Schützen
aufzubringen schien, nach dem Motto, seine Frau sei ja selbst
schuld gewesen. Hätte sie nicht nach der Waffe gegriffen, hätte
der Räuber möglicherweise gar nicht geschossen. Konnte er
wirklich den Dreitagebart des Schützen bemerkt haben? War
es nachvollziehbar, dass er stundenlang neben seiner sterben-
den Frau sitzen geblieben sein will, anstatt sofort Hilfe zu ho-

len? Warum war er mit ihr überhaupt zu einer so einsamen
Stelle aufgestiegen, obwohl sich dreihundert Höhenmeter
unterhalb ein bewachter, sicherer Campingplatz befand und
seine Frau wegen des Vorfalls in der vorangegangenen Nacht
ohnehin schon Angst gehabt haben soll? Eine Menge Unge-
reimtheiten, aber keine Beweise.

Vor allem aber war zum damaligen Zeitpunkt das Wichtigste nicht erkennbar: ein Tatmotiv!

Dr. Ursula Glück-Tesler war beruflich gut situiert und
hätte eine große Karriere vor sich gehabt. Sie war aber nicht
reich. Und wie Ilan Tesler angab, sei das Leben seiner Frau
auch nicht sehr hoch versichert gewesen. Es habe lediglich
eine Lebensversicherung auf Gegenseitigkeit gegeben, die bereits 1993 in Israel abgeschlossen worden sei und aus der er
hunderttausend US-Dollar zu erwarten hätte. Tötet man deshalb vier Jahre später einen Menschen, den man aufrichtig
liebt?

Nach der Beisetzung seiner Frau am 24. Januar 1997 auf dem
Waldfriedhof in München verließ Ilan Tesler Deutschland sofort wieder. Seine Schwiegereltern waren misstrauisch und hatten unbequeme Fragen gestellt. Beispielsweise warum er seine
alte, abgegriffene Geldbörse noch habe, wenn er sie doch angeblich den Räubern ausgehändigt haben will. Ilan Tesler reagierte auf solche Vorhaltungen wie immer, wenn er sich in die
Enge getrieben sah. Er wandte sich ab, sagte kein Wort mehr,
setzte sein unnachahmliches Grinsen auf und spielte den Beleidigten.

Seine Spur verlor sich. Nur hin und wieder meldete er sich
bei Michael Glück in München, dem älteren Bruder seiner verstorbenen Frau. Anscheinend wechselte er häufig seinen Aufenthaltsort, pendelte zwischen New York, Kalifornien und Israel hin und her und unternahm zahlreiche Reisen in alle Welt.
Seinen Laptop hatte er immer dabei und kommunizierte über
ihn tagtäglich mit Freunden, Verwandten und Bekannten. Tausende von E-Mails, in denen er seine Befindlichkeiten schil-

derte, setzte er ab, und allen Adressaten suggerierte er seinen
Verdacht, bei den Verbrechern könne es sich nur um Polizisten
oder Militärangehörige gehandelt haben.

Zwei Jahre stagnierten die Ermittlungen. Über die deutsche
Botschaft in Lima war lediglich in Erfahrung gebracht worden, dass die peruanische Polizei Ilan Tesler im Verdacht hatte,
seine Frau selbst erschossen zu haben, da es seit Jahren auf
dem Inka-Pfad außer einfachen Diebstählen keine Raubüber-
fälle oder sonstigen Gewalttaten mehr gegeben habe.

Hand aufs Herz! Wer hätte unter diesen Voraussetzungen
reelle Chancen gesehen, dieses Verbrechen jemals aufklären zu können? Ein Tatort in einer entlegenen Hochgebirgs-
region! Ein Land, in dem nach allgemeiner Vorstellung Touristen häufig Opfer von Raubüberfällen werden und in dem
staatliche Strukturen wie Sicherheit und Ordnung nur in be-
schränktem Maße funktionieren sollen! Keine Tatwaffe, kein
Projektil, keine Patronenhülse, keine Zeugen, keinerlei Beweismittel!

Das Zelt sei in Peru zurückgeblieben, er wisse nicht, ob es
noch existiere, so Tesler, er habe es im deutschen Konsulat in
Cuzco zurückgelassen. Ebenso die Schlafsäcke. Es gab keinerlei Ermittlungsansätze, aber dafür ein Tatopfer, dessen Lebens-
mittelpunkt in den letzten Jahren ausschließlich im Ausland
lag! Keine Chance, sollte man glauben.

Die Wende

Im Januar 1999 erhielt die Familie Glück von einer Versiche-
rungsgesellschaft in New York eine Anfrage nach bestimmten
Unterlagen. Grund: Ilan Tesler habe die Auszahlung von dreihunderttausend Dollar aus einer Lebensversicherung beantragt. Und nicht nur das, er habe bereits aus zwei anderen Versicherungen etwa vierhunderttausend US-Dollar ausbezahlt
bekommen. Ebenso fünfzigtausend Dollar aus einer Reisever-

sicherung und weitere dreihundertneunzigtausend DM aus israelischen Versicherungen.

Kriminalhauptkommissarin Iris von Ohain hatte immer
geahnt, dass irgendetwas mit dem Tod von Ursula Glück-Tesler
nicht stimmte. Deshalb hatte sie Ilan Tesler im Januar 1997 vorsorglich zur Aufenthaltsermittlung ausschreiben lassen. Man
konnte ja nicht wissen!

Tatsächlich kam Ilan Tesler am 9. April 1999 nach München.
Er stellte sich einer erneuten, stundenlangen Zeugenvernehmung. Ganz offensichtlich ahnte er nicht, dass die Ermittler
bereits wussten, wie ungewöhnlich hoch er das Leben seiner
Frau versichert hatte. Die Familie Glück jedenfalls hatte eisern
geschwiegen und von den Nachfragen aus den USA nichts ver-
lauten lassen. Nur so ist zu erklären, warum Ilan Tesler weiterhin log. Erst auf entsprechende Vorhaltungen räumte er nach
und nach ein, einige Versicherungen abgeschlossen zu haben.
Das sei für amerikanische Verhältnisse allerdings völlig normal, rechtfertigte er sich. Aber ist es normal, monatlich mehr
für Versicherungsbeiträge auszugeben, als man verdient? Und
warum hatte er dies bisher verschwiegen, wenn es so normal
war?

Am 13. April 1999 wurde Ilan Tesler wegen Mordverdachts
festgenommen, am folgenden Tag erging auf Antrag des Staatsanwalts Thomas Bott Haftbefehl. Damit begann ein Ermitt-
lungsmarathon, der wohl einmalig in der deutschen Kriminalgeschichte sein dürfte. Nachforschungen in Europa, Nord- und
Südamerika, Asien und Australien waren erforderlich.

Reise nach Peru

Außergewöhnlich, anstrengend und abenteuerlich war die
Dienstreise nach Peru, die sich vom 11. bis zum 29. März 2000
hinzog. An ihr nahmen neben Staatsanwalt Thomas Bott die
beiden Sachbearbeiter, Kriminalhauptkommissarin Iris von

Ohain und Kriminalhauptkommissar Rudolf Assmann, teil,
verstärkt durch Kriminalhauptkommissarin Stephanie Lück,
die als Diplomatentochter in Südamerika aufgewachsen war
und perfekt Spanisch sprach, was sich als äußerst wertvoll erweisen sollte. Die Beamten des Erkennungsdienstes, Kriminalhauptkommissar Füll und der Fotograf Kai Haussels, sollten
dort einen Tatortbefundsbericht anfertigen. Ebenfalls mit dabei war der Schusswaffenexperte des Bayerischen Landeskri-
minalamts, Ingenieur Axel Manthei.

Am Rande sei erwähnt, dass der Fotograf Kai Haussels
aufgrund seiner Körpergröße von zwei Meter zehn bei den
eher kleinwüchsigen Peruanern für einiges Aufsehen sorgte,
ebenso wie übrigens auch Iris von Ohain, die mit einer
Größe von einem Meter zweiundachtzig auch in Deutschland für eine Frau relativ groß ist. Da Rudolf Assmann einen Meter neunzig misst und Axel Manthei mit einem Meter fünfundachtzig auch nicht gerade klein ist, dürften die
Peruaner geglaubt haben, München sei die Stadt der Riesen.
Nur gut, dass Staatsanwalt Thomas Bott mit seinen ein Meter
fünfundsechzig eher dem peruanischen Landesdurchschnitt
entsprach. Dadurch konnte die peruanische Empfangsde-
legation doch noch erleichtert aufatmen, als die deutschen
Gäste nach und nach auf dem Flughafen in Cuzco (dreitau-
senddreihundert Meter über dem Meeresspiegel) aus der Maschine stiegen. Die mitgeführte Ausrüstung wog übrigens
etwa dreihundert Kilogramm, das persönliche Gepäck der
Teilnehmer nicht mitgerechnet.

Die umfangreichen Ermittlungen in der Hauptstadt Lima
und in Cuzco sowie die Organisation des beschwerlichen Auf-
stiegs zu dem in dreitausendsiebenhundert Meter Höhe gelegenen Tatort wäre ohne die Hilfe des Verbindungsmannes des
Bundeskriminalamts in Lima, Kriminalhauptkommissar Hu-
bert Hofmann, nicht möglich gewesen.

Ermittlungen zu Schusswaffen in Südamerika

Axel Manthei untersuchte alles, was im Zusammenhang mit
Schusswaffen überhaupt möglich war: die Bewaffnung der Polizei, die im Land übliche und erwerbbare Munition und die
Möglichkeiten, in Peru an illegale Schusswaffen zu gelangen,
was übrigens keine Schwierigkeit darstellt. Nur die nachweislich sichergestellte Patronenhülse vom Tatort war spurlos verschwunden. Eigenartigerweise hatte sich zuletzt der Anwalt
dafür interessiert, der Ilan Tesler in Peru vertreten hatte.

Aber Axel Manthei hatte Teile des zersplitterten Projektils
erhalten, die aus dem Schädel der Leiche Ursula Glück-Teslers
entfernt worden waren. Er konnte nachweisen, dass bei der Tat

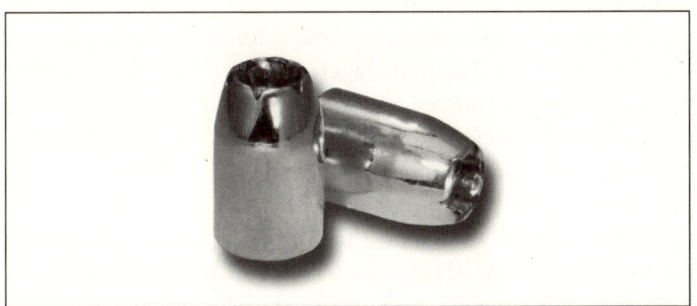

Abb. 43: Hohlspitzmunition vom Typ Speer Gold Dot, die zur Zeit des Falls
in Peru nicht erhältlich war. Teile des zersplitterten Geschosses wurden durch
die Geistesgegenwart eines Führers im Zelt gefunden und waren später ein
wichtiges Beweismittel.   (Foto: Speer Inc.)

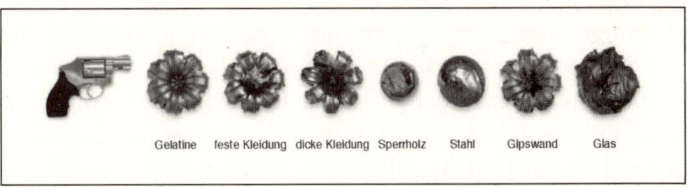

Abb. 44: Projektile zersplittern je nach dem Material, auf das sie auftreffen,
unterschiedlich; hier am Beispiel eines Hohlspitzgeschosses Gold Dot (wie
im Fall Inka-Pfad) im FBI-Test.   (Foto: Speer Inc.)

amerikanische Hohlspitzmunition der Marke Speer, Typ Gold Dot, Kaliber 9 Millimeter verwendet worden war – Munition, die damals in Peru nicht zu bekommen war.

Ermittlungen in Lima und Cuzco

In der Klinik in Lima, in der Ursula Glück-Tesler am 13. Januar 1997 gestorben war, konnten wertvolle Erkenntnisse zum Verletzungsbild gewonnen werden. Die Vernehmung der dortigen Ärzte erfolgte nach einem Fragenkatalog, den die Rechtsmediziner in München aufgestellt hatten. Es konnten sogar noch die Röntgenbilder sichergestellt werden, auf denen der exakte Schusskanal zu sehen war.

Die Stadt Cuzco, etwa tausend Kilometer südöstlich von Lima gelegen, ist das »Basislager« für alle Touristen, die den Inka-Pfad durchwandern wollen. Hier widmeten sich Iris von Ohain und Rudolf Assmann erst einmal der deutschen Honorarkonsulin Maria Jürgens de Hermoza, in deren Konsulat Ilan Tesler am 8. Januar 1997 von der peruanischen Polizei vernommen worden war, wobei die Konsulin einen erstaunlichen Entlastungseifer gezeigt hatte. Bei ihr soll laut Tesler auch das Zelt und die sonstige Ausrüstung zurückgeblieben sein. Allerdings hatte die Konsulin bei zahlreichen telefonischen Nachfragen immer wieder behauptet, ihr peruanischer Ehemann habe das Tatzelt und die restliche Ausrüstung längst verbrannt.

Einige Monate vor Beginn der Peru-Reise hatten sich die Gegenstände auf wundersame Weise doch noch gefunden, allerdings erst nachdem Kommissar Hofmann beim Ehemann vorgesprochen und entsprechende Recherchen durchgeführt hatte. Erst vor Gericht sollte die Konsulin zugeben, dass sie das Zelt in ihrem Privathaus aufbewahrt hatte, da sie fest von der Unschuld ihres Schützlings überzeugt gewesen sei. Bleibt die Frage, warum sie dann in dem Zelt ein belastendes Indiz

gesehen hat und es für besser hielt, es den Ermittlungsbehörden vorzuenthalten. Das Zelt wurde nach München geschickt
und dort gründlich untersucht. Die gesicherten Spuren waren
äußerst aufschlussreich, wie sich noch erweisen sollte.

In Cuzco warteten bereits zwei peruanische Anwälte auf die
deutschen Ermittler. Sie waren von der Familie des Beschuldigten engagiert worden und wollten unbedingt bei der Tatortaufnahme dabei sein, was jedoch von der Ermittlungsrichterin
vor Ort abgelehnt wurde.

Tatortaufnahme am Inka-Pfad

Am 20. März 2000 brach der Tross zum Inka-Pfad auf. Er bestand aus der gesamten deutschen Delegation, dem örtlich
zuständigen Staatsanwalt und der Ermittlungsrichterin nebst
Gerichtsschreiber mit Uraltschreibmaschine sowie fünf Polizeibeamten. Die wichtigste Person aber war Fredy Medina, der
Fremdenführer, der seinerzeit mit seiner Touristengruppe als
einer der Ersten am Tatort war. Er kümmerte sich um Zelte und
Verpflegung. Seine neunzehn einheimischen Träger schleppten
die gesamte Ausrüstung. An alles war gedacht: Video- und Fo-
toausrüstung, Filmmaterial, Funkgeräte (Handys funktionier-
ten nicht), Metallsuchgerät, Windmesser, Laserentfernungs-
messer und vieles mehr. Die persönliche Ausrüstung musste
jeder selbst tragen. Das Wetter war kalt und regnerisch, wie zu
dieser Jahreszeit üblich.

Die peruanischen Träger sind wahre Naturwunder und an
die dünne Höhenluft gewöhnt. Nur mit Sandalen »beschuht«,
überwinden sie Berge und Täler, als würde unsereiner einen
Sonntagsspaziergang machen. Nachts schlafen sie im Freien,
zugedeckt mit dünnen Plastikplanen. Mit ihren schweren Las-
ten – sie tragen bis zu fünfzig Kilogramm – eilen sie voraus,
bauen die Zelte am Abend auf und bereiten bis zum Eintreffen
der Touristengruppen das Essen vor. Jeder von ihnen erhielt

zehn US-Dollar pro Tag, für diese Menschen ein außergewöhnlich guter Verdienst. Wie viel davon sie allerdings an Fredy Medina abgeben mussten, wurde nicht bekannt. Es sind begehrte Jobs in Peru, und schon fünf Dollar Tagesverdienst liegen weit über dem Landesdurchschnitt.

Genau wie das Ehepaar Tesler am 5. Januar 1997 fuhr man mit dem Zug von Cuzco nach Corihuayrachina, Kilometer 88, dem Ausgangspunkt des auf fünf Tage ausgelegten Marsches mit dem Zielort Machu Picchu, der sagenumwobenen, weltberühmten Inka-Stadt. Die zweiundfünfzig Kilometer, die man würde zurücklegen müssen, erscheinen nicht viel, aber sie haben es in sich. Höhenkrankheit, Kurzatmigkeit, Übelkeit, Schwindel und Durchfall sind die Begleiter der solche Höhen nicht gewohnten Mitteleuropäer, und irgendwann wird jeder Schritt zur Qual. Der Inka-Pfad ist ein abgeschlossener Naturpark und gehört zum Nationalpark Machu Picchu. Er steht unter staatlicher Aufsicht, am Ein- und Ausgang gibt es Kontrollposten. Arbeiter sind ständig dabei, den teilweise schon von den Inkas mit Findlingen ausgelegten Pfad zu reparieren und instand zu halten.

Der »Eingang« befindet sich bei Kilometer 88, wo sich jeder Wanderer in ein Buch eintragen und dreißig US-Dollar Gebühr entrichten muss.

Die einzigen Touristen, die am 5. Januar 1997 in das Kontrollbuch eingetragen waren, waren Ursula Glück-Tesler und Ilan Tesler. Nicht ungewöhnlich, denn es war Regenzeit. Außergewöhnlich war aber die Uhrzeit: 16.45 Uhr. Normalerweise beginnt niemand so spät am Nachmittag die Wanderung, da es um halb acht Uhr abends bereits dunkel ist.

So gelangte man rasch zu jener Stelle, an der auch das Ehepaar Tesler in der ersten Nacht ihr Zelt aufgeschlagen hatte und an der laut Tesler Männer mit Lampen um das Zelt geschlichen sein sollen. Ein außergewöhnlich steiler und unbequemer Platz, direkt am Wegesrand, an dem ein aufgeschlagenes Zelt für Vorbeikommende nicht zu übersehen ist. Kein

vernünftiger Mensch würde an dieser Stelle campieren. Nur
fünfzig Meter weiter wäre ein ebener, bequemer Platz gewesen.
Warum haben sie nicht dort ihr Zelt aufgeschlagen? Einzige
plausible, wenn auch nicht beweisbare Erklärung: Dort wären sie vielleicht nicht allein gewesen, und dann wäre die Version von den Unbekannten, die sie schon in der ersten Nacht
in Angst und Schrecken versetzt hätten und die ihnen wahrscheinlich gefolgt sein dürften, nicht mehr haltbar gewesen.

Nach einer Übernachtung ging die Tour weiter, und schließlich erreichte der fast vierzigköpfige Tross nach einigen Strapa-
zen das Camp Pacamayo, ein ausgewiesener, geräumiger Platz
mit festen Gebäuden und fließendem Wasser. Tesler hatte seinerzeit, als sie gegen sechzehn Uhr dort angekommen waren,
darauf gedrängt, noch weiter zur Ruine Runcuracay aufzusteigen. Dort oben, in dreitausendsiebenhundert Meter Höhe,
das hatte er vorher schon durch das Zoom seiner Videokamera
ausmachen können, würde man ganz allein sein.

Abb. 45: Das Ermittlungsteam in Peru: Münchner und peruanische Kripo mit
Trägern.   (Foto: mit freundlicher Genehmigung
von Josef Wilfling, KIII, Polizeipräsidium München)

Rekonstruktionen

Das Camp Pacamayo war Ausgangsbasis für die vorgesehenen Rekonstruktionen und Versuche. Als alle Expeditionsteilnehmer tief und fest schliefen, kam es zu einem unglaublichen Vorfall: Obwohl fünf Polizisten das Camp sicherten, wurde mitten in der Nacht ein Zelt aufgeschlitzt und ein Rucksack gestohlen. Die im Zelt schlafende Dolmetscherin schrie laut auf, Chaos brach aus, und obwohl die Polizisten sofort die Verfolgung aufnahmen, konnten die Diebe in der Dunkelheit flüchten, vermutlich den Weg zurück Richtung Eingang. Nach oben zur Ruine konnten sie nicht laufen, denn dort warteten Ingenieur Axel Manthei, Kommissarin von Ohain und Kommissar Assmann, die schon vorab aufgestiegen waren, um alle Vorbereitungen für die Rekonstruktionen und Schussversuche der nächsten beiden Tage zu treffen. Als sie über Funk vom Überfall informiert worden waren, schalteten sie sofort grelle Scheinwerfer ein und leuchteten den schmalen, steinernen Weg aus, der zu ihnen heraufführte. Aber es kam niemand. Sofort dachte man an die beiden Anwälte aus Cuzco, die so verärgert gewesen waren, dass sie nicht hatten mitkommen dürfen. Sollte durch diesen Überfall demonstriert werden, wie gefährlich dieser Pfad ist und dass Diebe nicht einmal vor einem starken Polizeiaufgebot zurückschreckten?

Am Originalschauplatz des Verbrechens, einer kleinen Wiese etwa fünfzig Meter neben der Ruine Runcuracay, von der aus man übrigens auf das Camp Pacamayo hinunterschauen konnte, wurde am nächsten Tag ein Vergleichszelt aufgebaut – genau an der Stelle, an der drei Jahre zuvor das Tatzelt gestanden hatte, wie man anhand des bereits sichergestellten Film- und Fotomaterials Teslers rekonstruieren konnte.

Einen breiten Raum der Rekonstruktionen am Tatort nahm das Öffnen des Tatzeltes ein. Tesler hatte, bevor das Originalzelt im Konsulat »gefunden« worden war, immer wieder behauptet, es habe nur einen bogenförmigen Reißverschluss im

Eingangsbereich gehabt, das Vorzelt sei nicht verschließbar gewesen. Tatsächlich aber hatte das Zelt drei Reißverschlüsse. Einer verschloss das Vorzelt, zwei weitere das Innenzelt. Durch zahlreiche Versuche mit verschiedenen Personen konnte bewiesen werden, dass sich die Reißverschlüsse nur dann gut öffnen ließen, wenn man beide Hände benutzt und das Zelt gut verspannt ist. Beim Öffnen mit nur einer Hand verklemmte sich bei fast allen Versuchen der Zipper, und ein weiteres Öffnen war dann nur sehr schwer möglich und wäre von den Insassen bemerkt worden. Keinem der Versuchspersonen war es gelungen, mit nur einer Hand das Zelt zu öffnen, ohne die Waffe wegstecken oder die Schusshand zu Hilfe nehmen zu müssen.

Es blieb also die Frage, wie der Räuber geschafft haben könnte, was keiner der Versuchspersonen gelungen war. Zumal Tesler angegeben hatte, er habe das Öffnen des Reißverschlusses gehört und gleichzeitig eine Pistole gesehen. Wie hätte dieser Überraschungsangriff funktionieren sollen, noch dazu, wenn der Täter gleich drei Reißverschlüsse hätte öffnen müssen? Damit war auch die Erklärung dafür gefunden, warum sich Tesler angeblich nicht erinnerte, wo er das Zelt gekauft hatte und wer der Hersteller war, obwohl er es eigens vor der Reise neu erstanden hatte. Kein Zweifel, er wollte die Beschaffung eines Vergleichszeltes verhindern.

Eine wichtige Zeugin

Gewöhnlich brechen die Touristen nach dem Frühstück gegen acht Uhr von ihren Lagern auf, um die Wanderung fortzusetzen – so seinerzeit auch die Gruppe des Führers Fredy Medina, mit der das Ehepaar am Tag vorher verschiedentlich Kontakt gehabt hatte. Nur eine Teilnehmerin hatte eine Ausnahme gemacht:

Am Dienstag, dem 7. Januar 1997, um fünf Uhr morgens, verlässt die argentinische Zahnärztin Ana Bertolotti als Erste

der insgesamt siebzehnköpfigen Touristengruppe ihr Zelt auf
dem Campingplatz Pacamayo. Alle anderen schlafen noch. Ihr
persönlicher Träger Eilio Puma macht sich daran, das Gepäck
der Frau aufzunehmen. Ziel ist die berühmte Inka-Stadt Machu Picchu. Bereits am Vorabend hatte sie ihrem Führer Fredy
erklärt, eher als die anderen zu dieser letzten Etappe aufbre-
chen zu wollen, um in der dünnen Höhenluft nicht hetzen zu
müssen. Am späten Nachmittag wolle sie nämlich noch rechtzeitig den Zug zurück nach Cuzco erreichen.

Vor ihnen liegt ein steiler Aufstieg hinauf zur Ruine Runcuracay und von dort weiter zum gleichnamigen Pass in etwa
viertausend Meter Höhe. Dann würde es bis Machu Picchu
etwa acht Stunden fast nur noch bergab gehen.

Der Pfad ist mit breiten Findlingen ausgelegt und daher gut
begehbar. Nach zwanzig Minuten beginnt es zu regnen. Ana
Bertolotti geht langsam und vorsichtig. Der Aufstieg dauert
etwa vierzig Minuten, und sie nimmt keinerlei Auffälligkeiten
wahr, weder optisch noch akustisch. Bevor sie die Ruine erreichen, hört der Regen wieder auf, und es ist inzwischen auch
hell geworden.

Als sie und ihr Träger die Ruine erreichen, ein rundes, gut
erhaltenes Bauwerk aus der Inka-Zeit, sehen sie ein Zelt, das
rechter Hand auf einer Wiese steht, etwa fünfzig Meter unterhalb der Ruine. Ana Bertolotti möchte gern ein Foto von
der Ruine machen, will aber nicht das störende Zelt auf dem
Bild haben und geht deshalb den Pfad ein Stück weiter nach
oben.

Plötzlich, noch bevor sie das Foto machen kann, taucht,
von oben kommend, ein Mann auf. Beim unmittelbaren Zusammentreffen mit ihr erschrickt dieser offensichtlich. Anstatt
an ihr und ihrem Träger vorbeizugehen, kehrt er um und rennt
die Stufen des Pfads wieder hinauf. Dann aber kommt er doch
wieder auf sie zugelaufen. Kurz vor ihr stoppt er abrupt, dreht
sich um und hastet die Stufen abermals hinauf. Dieser Vor-
gang wiederholt sich fünf- bis sechsmal. Der Mann benimmt

sich wie ein aufgeschrecktes Tier, das in eine Falle gelaufen ist. Während er offensichtlich völlig verunsichert ist und wie gehetzt hinauf- und hinunterläuft, spricht er kein Wort.

Schließlich bleibt er doch vor ihr stehen. Er spricht sie in Englisch an. Die Frau spricht kaum Englisch und kann ihn nicht verstehen. Sie sieht aber, dass sein T-Shirt im Bauchbereich blutverschmiert ist und die Hose im Gesäßbereich einen auffallend kreisrunden Blutfleck hat. Außerdem sind seine Hände voller Blut.

Da Ana Bertolotti an dem Mann selbst keine Verletzungen erkennen kann, nimmt sie an, dass möglicherweise ein Begleiter von ihm verletzt sein könnte. Da er von oben gekommen ist, vermutet sie, irgendwo weiter oberhalb könnte jemand gestürzt sein.

Als Ärztin versucht sie, etwas über die Art der Verletzungen zu erfahren. Sie fragt: »*Donde?*« (Wo?). Daraufhin berührt der Mann seinen Hinterkopf. Sein weiteres Gestikulieren kann sie allerdings nicht einordnen.

Das seltsame Verhalten des Mannes macht ihr Angst. Sie sagt: »*Medicos*« und »*Doctor*« und zeigt in Richtung Camp Pacamayo, da sich dort Dr. Rosell aufhält, ein peruanischer Arzt, und der Weg nach unten nicht weit ist. Tatsächlich sagt der Mann: »*Gracias*« und geht nach unten. Sie sieht ihm nicht mehr nach, sondern setzt ihren Weg fort.

Aufgrund des Vorfalls und ihrer Annahme, ein Begleiter dieses Mannes könnte weiter oben gestürzt sein, achtet sie auf Blutspuren, kann aber keine entdecken. Nach zirka einer Stunde trifft sie auf mehrere Arbeiter, die von ihrem Träger über den seltsamen Vorfall informiert werden.

Erst am Nachmittag, als sie in Machu Picchu eintrifft, erfährt sie von der dortigen Polizei, dass eine Frau auf dem Trail niedergeschossen worden sein soll. Ana Bertolotti ist schockiert. Einen so schwerwiegenden Vorfall hätte sie nicht vermutet; darauf hatte das merkwürdige Verhalten des Mannes auch nicht schließen lassen.

Ilan Tesler hatte diese Begegnung mit »einer Touristin und ihrem einheimischen Träger« in seinen ersten Vernehmungen verschwiegen. Dann, als er erfahren hatte, dass die Zeugin ermittelt werden konnte, schilderte er das Zusammentreffen ganz anders. Nicht von oben sei er gekommen, sondern aus dem Zelt, als er die Frau und ihren Träger hatte vorbeilaufen sehen. Wenn er der Täter gewesen wäre, hätte er sie doch einfach nur vorbeilaufen lassen müssen. Stattdessen sei er ihnen nachgelaufen, habe auf Hilfe gehofft und mit der Hand eine Schussbewegung angedeutet, indem er den Finger an seinen Kopf gehalten habe, um zu demonstrieren, es sei geschossen worden. Aber die Frau habe nur »Nein, nein« gesagt und sei einfach weitergegangen.

Ana Bertolotti war über einen Aufruf in argentinischen Medien (Fernsehen, Zeitungen) ermittelt worden. Sie war nach München gekommen und eingehend vernommen worden. Auf den Stufen der Bavaria wurde die Begegnung mit Ilan Tesler nachgestellt – eine beeindruckende Rekonstruktion.

Staatsanwalt Thomas Bott testete mehrfach, wie lange man brauchen würde, den Weg hinunter zum Camp Pacamayo zu laufen, um dort Hilfe zu holen. Tesler hatte wahrheitswidrig angegeben, er habe drei bis vier Stunden für den Aufstieg gebraucht und deshalb darauf verzichtet, nach unten zu laufen, weil es zu weit gewesen wäre. Tatsächlich benötigte der Staatsanwalt ganze zwölf Minuten nach unten und fünfunddreißig Minuten wieder nach oben.

Schussversuche am Tatort

Ingenieur Axel Manthei führte mehrere Schussversuche durch. Es sollte die Frage geklärt werden, ob man einen Schuss, abgegeben an der Ruine, unten im Camp Pacamayo hätte hören müssen oder können. Auf dem Weg waren im Abstand von einigen hundert Metern Trail-Teilnehmer postiert. Die Versuche zeigten, dass man die Schüsse erst dann deutlich hören konnte, wenn man etwa die Hälfte des Weges nach oben bis zu einer Biegung hinter sich hatte.

Diese Stelle dürfte die Zeugin Bertolotti ziemlich exakt gegen fünf Uhr fünfundzwanzig erreicht haben. Da sie nichts gehört hatte, ist davon auszugehen, dass der Schuss auf jeden Fall vorher gefallen sein muss.

Verbleib der Tatwaffe

Für die Ermittler gab es keine Zweifel mehr. Er war nach oben gelaufen, um irgendwo die Waffe zu entsorgen. Im Grunde genommen hätte er sie überall den Hang hinunterwerfen können, sie wäre in diesem schluchtenartigen Gelände nie mehr gefunden worden. Aber Täter sind vorsichtig und gehen auf Nummer sicher, das zeigt die Erfahrung. Das war wohl auch der Grund, warum Tesler immer wieder glaubhaft machen wollte, man würde keine Waffe finden. Er war sogar bereit, Suchaktionen zu bezahlen. Bis zu dem Zeitpunkt, als er im Rahmen einer der vielen Vernehmungen gefragt wurde: »Warum sind Sie eigentlich so sicher, dass man keine Waffe finden würde? Es kann doch sein, dass der Täter sie gleich danach weggeworfen hat?« Tesler hatte sofort erkannt, einen Fehler gemacht zu haben. Nie mehr verlangte er ab diesem Zeitpunkt die Suche nach der Tatwaffe.

Aber dadurch war sein ursprünglicher Tatplan deutlich geworden: Seine Frau wird in einer einsamen Gebirgsregion in dreitausendsiebenhundert Meter Höhe erschossen, und man findet weit und breit keine Tatwaffe. Damit scheidet er als Täter aus, zumindest ist ihm die Tat nicht nachzuweisen. Einfach, aber nicht schlecht. Er musste die Waffe nur außerhalb des Bereichs bringen, den man seiner Vorstellung nach noch hätte absuchen können.

Oberhalb des Tatorts, in etwa zwanzig Minuten zu erreichen, befinden sich zwei Lagunen beziehungsweise kleinere

Seen. Laut Axel Manthei ein idealer Ort, um eine Waffe für immer verschwinden zu lassen. Tauchgänge in dieser Höhe sind nicht möglich, die Suche in den Lagunen wäre außerdem aufgrund des tiefen, schlammigen Grundes aussichtslos gewesen. Aber selbst wenn man die Waffe gefunden hätte, wären nach so langer Liegezeit die individuellen Merkmale nicht mehr bestimmbar und der Beweiswert wäre gleich null gewesen. Sollte Tesler die Waffe in einen der beiden Seen geworfen haben, und geht man davon aus, dass sich die Tat um fünf Uhr ereignet hat, hätte er für den Hin- und Rückweg etwa vierzig Minuten gebraucht. Und um etwa fünf Uhr vierzig traf er auf die Zeugin Bertolotti…

Verhalten des Tatverdächtigen am Tatort

Am zweiten Tag versuchten die Ermittler zu rekonstruieren, wie sich die Situation dargestellt haben könnte, als Fredy Medina mit seiner Gruppe etwa vier Stunden nach Schussabgabe zum Tatort kam. Ilan Tesler hatte angegeben, seiner Frau Erste Hilfe geleistet zu haben, indem er die Wunde gesäubert und die Zunge festgehalten haben will, um einen Erstickungstod zu verhindern. Noch einmal wurde nachvollzogen, was sich seinerzeit ereignet hatte:

Am 7. Januar 1997 bricht Fredy Medina morgens um acht Uhr mit den anderen sechzehn Personen seiner Gruppe zur letzten Etappe auf. Etwa gegen neun Uhr treffen die Ersten an der Ruine Runcuracay ein. Als sich einige Leute in der Ruine befinden, kommt Tesler auf sie zu. Er trägt jetzt keine blutverschmierte Kleidung mehr.

Mehrere Leute hören vom Zelt her ein lautes Röcheln und Stöhnen. Tesler sagt: »*Someone shot my wife*« (Jemand hat meine Frau erschossen). Der Arzt Rosell, der ausgebildete Sanitäter Lopez sowie Fredy Medina eilen zum Zelt. Dort finden sie die schwer verletzte Frau. Sie liegt in Rückenlage in einem Schlafsack, dessen Reißverschluss zugezogen ist. Am Kopf sieht der Arzt geronnenes Blut. Er beginnt es zu entfernen. Jetzt erst bemerkt er die Schusswunde. Er stellt fest, dass noch keine Versorgung erfolgt ist.

Die Frau lebt, atmet selbstständig, ist jedoch nicht ansprechbar. Er untersucht sie, macht Tests und diagnostiziert einen komatösen Zustand. Dann legt er ihr einen Kopfverband an und überwacht Puls und Pupillen.

Fredy Medina leitet Rettungsmaßnahmen ein, indem er Träger losschickt. Ilan Tesler steht untätig dabei oder bewegt sich im Bereich des Zeltes.

Auf Fragen des Arztes berichtet er von einem Überfall durch zwei Männer. Auf seine Frau sei geschossen worden, ihm habe man tausend Dollar geraubt. Die Täter seien uniformiert gewesen, eine Art Polizeiuniform. Sie hätten Mützen getragen. Während des Überfalls sei er außerhalb des Zeltes gewesen, seine Frau innerhalb. Etwas später fragt auch der Sanitäter Lopez nach dem Tathergang. Ihm erzählt Tesler, er habe geschlafen, als der Schuss gefallen sei, sei erst vom Geräusch aufgewacht.

Aufgrund der Wetterlage kann ein Hubschrauber nicht landen. Es vergehen Stunden. Tesler begibt sich mehrfach ins Zeltinnere und sucht herum. Fredy Medina bemerkt dies und sucht das Zeltinnere selbst ab – und findet die Hülse einer Neun-Millimeter-Patrone. Er zeigt sie Tesler, der sie in die Hand nehmen will. Aber Medina gibt ihm die Hülse nicht. Tesler meint, es handle sich zweifelsfrei um Kaliber neun Millimeter, schließlich habe er beim Militär das Klassifizieren von Munition gelernt.

Fredy Medina steckt die Hülse in eine kleine Plastiktüte und übergibt diese später der Polizei. Und er sucht das Zeltinnere nach weiteren Spuren ab und findet etwas, das später von entscheidender Bedeutung sein sollte. Am Boden, ziemlich genau in der Zeltmitte, stellt er Geschossteile, vermischt mit Hirnmasse, fest, die alle in einem gut handtellergroßen

Bereich konzentriert sind. Obwohl es ihn große Überwindung kostet, sammelt er die Teile auf und verwahrt sie in einer Plastiktüte.

Tesler hatte in seinen Vernehmungen wahrheitswidrig behauptet, Fredy Medina habe ihm die Hülse in die Hand gegeben, deshalb könnten seine Fingerabdrücke darauf sein. Es wäre ein wichtiges Indiz dafür, dass er die Waffe selbst geladen hat. Deshalb der Versuch, vorbeugend eine Erklärung für seine möglicherweise vorhandenen Fingerspuren zu liefern. Da Fredy Medina definitiv ausschloss, die Hülse aus der Hand gegeben zu haben, bezeichnete ihn Tesler später als Lügner, der mit den Verbrechern wahrscheinlich unter einer Decke stecke.

Die Helfer bauen eine provisorische Trage. Dr. Rosell, Sanitäter Lopez, Fredy Medina und zwei über Funk verständigte und herbeigeeilte Beschäftigte des Nationalen Kulturinstituts tragen die Schwerverletzte zu einem etwa zehn Kilometer entfernten Hubschrauberlandeplatz. Ilan Tesler trägt während des Transports seinen sowie den Rucksack seiner Frau.

Auf dem Weg kommen ihnen zwei Polizeibeamte entgegen. Am Hubschrauberlandeplatz befragen sie Ilan Tesler erneut. Sie glauben ihm nicht, denn beide sind erfahrene Beamte und seit vielen Jahren für diesen Bereich zuständig. Noch nie haben sie von einem bewaffneten Raubüberfall gehört.

Der Polizeibeamte Puntaca und sein Kollege Calderon durchsuchen sowohl den Rucksack des Opfers als auch den von Ilan Tesler. Im Rucksack von Ursula Glück-Tesler finden sich deren Geldbörse mit Ausweisen, zweihundert Dollar sowie dreihundert peruanischen Soles (etwa siebzig Euro). Im Rucksack Ilan Teslers finden sie schließlich ebenfalls eine Geldbörse mit ähnlichem Inhalt. Man zeigt ihm diese und hält ihm vor, wie dies mit seiner Tatversion, er habe den Räubern seine Geldbörse gegeben, zu vereinbaren sei. Tesler schweigt nur und wendet sich ab.

Ursula Glück-Tesler und Ilan Tesler werden mit dem Hubschrauber nach Cuzco geflogen, die Schwerverletzte wird in ein Krankenhaus gebracht. Gegen zweiundzwanzig Uhr holen sie Ilan Tesler zur Vernehmung ab und untersuchen seine Hände auf Schmauchspuren. An beiden Händen werden Bleianhaftungen festgestellt, negativ ist die Analyse auf Barium und Antimon [aus Schmauch; M. B.].

Anschließend wird Ilan Tesler in das Konsulat von Maria Jürgens de Hermoza gebracht. Hier erhält er Gelegenheit zu telefonieren. Als Erstes ruft er die Reiseversicherungsgesellschaft in New York an und will unter anderem wissen, ob sie die Kosten für den Rücktransport einer Leiche auch wirklich übernehmen würde. Zu diesem Zeitpunkt lebt Ursula noch.

Tatversion des späteren Tatverdächtigen

Um dreiundzwanzig Uhr beginnt die polizeiliche Vernehmung, bei der auch ein von der Honorarkonsulin verständigter Anwalt anwesend ist. Die Täter beschreibt er nun wie folgt:

»Das Einzige, was ich bemerken konnte, war, dass die Person, welche die Waffe trug, eine hellgrün-gelbliche Hose trug und einen Kasack, Typ weites Sakko in schwarzer Farbe. Ich konnte auch bemerken, dass er wie ein Mestize aussah, mit schwarzen Haaren. Er hatte keine Gebirgsschuhe an. Betonen möchte ich, dass er einen kurzen Haarschnitt hatte, nach Art der Militärangehörigen. Den anderen konnte ich nicht erkennen, weil er außerhalb des Zeltes war. Ich hörte nur, wenn sie miteinander sprachen.«

Die peruanischen Ermittler glauben ihm nicht. Zu viele Widersprüche. Da aber bei der Untersuchung seiner Hände nur Bleianhaftungen und keine sonstigen Bestandteile festgestellt worden waren, die im Pulverschmauch einer abgefeuerten Patrone gewöhnlich enthalten sind, fehlt ein Beweis. Das Blei an seinen Händen war zwar durchaus ein gewichtiges Indiz dafür, dass er einen Schuss abgefeuert haben könnte – wie sonst sollte Blei an seine Hände gekommen sein –, und

das Fehlen sonstiger Substanzen hätte sich nach über fünfzehn Stunden auch leicht erklären lassen, aber es war halt
nur ein Indiz und kein Beweis. Und Indizien greifen erst
dann, wenn sie zu einer Kette geworden sind, nahtlos anein-
anderpassen und am Ende ein Gesamtbild ergeben, ähnlich
wie ein Puzzle.

Außerdem müssen die Ermittler auch aus einem anderen
Grund kapitulieren. Ilan Tesler hat einflussreiche Schützen-
hilfe bekommen. Die deutsche Honorarkonsulin, seit zwanzig Jahren in Cuzco und mit einem Einheimischen verheiratet,
entwickelt einen zunehmend ausgeprägten Beschützerinstinkt
für den jungen Israeli. Sie ist eine einflussreiche Persönlichkeit, vor der die misstrauischen Polizisten schließlich kuschen
müssen. Sie glaubt dem mitleiderregenden jungen Mann, der
behauptet, die Täter hätten uniformähnliche Kleidung getragen. Die Konsulin ist der Meinung, die Polizei wolle nur von
den wahren Tätern aus den eigenen Reihen ablenken und sich
unbequemer Ermittlungen entledigen. Mit scharfen Worten
unterbricht sie schließlich die Vernehmung ihres Schützlings,
die in ihrem Haus durchgeführt worden ist und zu der sie einen Anwalt hinzugezogen hat.

Bewertung der Schussabgabe

Sein wichtigstes Gegenargument, das später auch von seinen Anwälten immer wieder ins Feld geführt wurde, nämlich:
»Wenn ich der Täter war, warum habe ich sie dann überleben
lassen und nicht ein zweites Mal geschossen?«, ist aus folgenden Gründen ad absurdum geführt:

Mit Sicherheit wäre Tesler sofort inhaftiert worden, wären
auf Ursula zwei Schüsse abgegeben worden. Niemand, wahrscheinlich nicht einmal mehr die Konsulin, hätte ihm dann
noch die Version vom Raubüberfall geglaubt. Einerseits hatte
er ja behauptet, der Schütze habe wahrscheinlich gar nicht die

Absicht gehabt zu schießen, andererseits soll er dann gleich zweimal geschossen und ihn überleben lassen haben?

Ein weiteres stichhaltiges Argument, warum er keinen zweiten Schuss abgegeben haben konnte, lieferten die Rechtsmediziner. Der Schuss war nicht sofort tödlich. Aber das konnte Tesler nicht wissen, denn zunächst musste Ursula mindestens einige Minuten das Bewusstsein verloren haben. Es muss also für Ilan so ausgesehen haben, als sei sie tot, was ihn veranlasst haben dürfte, die Tatwaffe sofort zu entsorgen. Nachdem er zurückgekommen war, musste er feststellen, dass die Schwerverletzte röchelte und schwer atmete. Jetzt aber hatte er keine Waffe mehr und konnte nur noch hoffen, dass sie sterben würde, ohne vorher das Bewusstsein erlangt zu haben. Nur deshalb war er vier Stunden sitzen geblieben, ohne Hilfe zu holen.

Natürlich könnte man jetzt die Frage stellen, warum er sie nicht anderweitig endgültig getötet hat. Aber wie? Erschlagen, erstechen, erwürgen oder erdrosseln? Das hätte deutliche Spuren hinterlassen! Bliebe noch ein Ersticken mit weicher Bedeckung. Aber genau das hätte die Überwindung einer Hemmschwelle bedeutet, die wesentlich höher anzusiedeln ist als die feige Abgabe eines Schusses auf eine schlafende Person. Und Tesler war feige!

Ursula Glück-Tesler wird am 10. Januar 1997 in eine Klinik nach Lima geflogen. Maria Jürgens de Hermoza begleitet Tesler persönlich zum Flughafen in Cuzco. Auf dem Rollfeld sagt er zu seiner Beschützerin, das Reisetagebuch seiner Frau sei von den Polizisten in Machu Picchu einbehalten worden, sie solle sich unbedingt um die Herausgabe kümmern. Aber das Tagebuch war leider nicht mehr aufzufinden, zumindest nicht für die Ermittler ...!

Am selben Tag trifft Ursulas Bruder Michael Glück aus München ein. Im Krankenhaus fällt ihm das seltsame Benehmen seines Schwagers auf. Er weiß von seiner Schwester, dass Ilan Tesler wiederholt Versicherungsbetrügereien begangen hatte.

Auch er ist misstrauisch, und unvermittelt fragt er ihn: »Ilan, warst du das?« Und Ilan reagiert nicht, wie ein Unschuldiger reagieren würde, nämlich mit Empörung oder Sprachlosigkeit, sondern antwortet ganz lapidar: »Wo denkst du hin, ich habe Ursula geliebt.«

Am 13. Januar 1997 werden die Apparaturen mit Einverständnis des Ehemanns abgeschaltet, nachdem Ursula Glück-Tesler für hirntot erklärt worden war.

Mithilfe der Honorarkonsulin kann Ilan Tesler am 14. Januar 1997 ungehindert ausreisen, obwohl er zu einer erneuten Vernehmung vorgeladen ist. Um die Überführungsformalitäten muss sich Michael Glück kümmern.

Ermittlungen in Peru, USA und Israel

Fünf Haftprüfungen waren zu überstehen, bis die Staatsanwaltschaft München I am 12. Juli 2000 die Anklageschrift vorlegen konnte. Dreizehn Rechtshilfeersuchen nach Peru, USA und Israel waren gestellt worden. In allen drei Ländern wurden die Ermittlungen in hervorragender Weise unterstützt, ganz besonders kooperativ war aber die Kriminalpolizei in Israel. Dorthin hatte die erste Dienstreise der Sachbearbeiterin und des Staatsanwaltes geführt, um Ermittlungen zum Umfeld des Beschuldigten und den dort abgeschlossenen Versicherungen zu führen sowie die Wohnung der Eltern in Rehovot zu durchsuchen.

Auch die israelische Botschaft in Berlin unterstützte die Ermittlungen der deutschen Kriminalpolizei in jeder Hinsicht. Zum ersten Mal seit Kriegsende war ein Israeli in Deutschland des Mordes beschuldigt worden. Ein heikles Thema, das muss man nicht verhehlen. Umso bemerkenswerter war die Zusammenarbeit mit den israelischen Behörden, die selbst nach mehreren Interventionen seitens der Familie Tesler objektiv und sachlich urteilten.

Eine Dienstreise führte zwei Kollegen der Arbeitsgruppe »Peru« in die USA. Mithilfe des FBI wurden wichtige Erkenntnisse zu den dort bestehenden Versicherungen gesammelt. Zahlreiche Zeugen aus dem Umfeld des Beschuldigten und des Opfers wurden vernommen. Den dubiosen Versicherungsabschlüssen und aufschlussreichen Betrügereien des Ilan Tesler im Vorfeld der Tat war dort die Privatdetektei Data-Source auf die Spur gekommen. In den USA ist es üblich, dass Versicherungen Detektive einsetzen, wenn sie Verdacht schöpfen.

Ermittlungen zu Lebensversicherungen

Die äußerst komplizierten Ermittlungen zu den zahlreichen Versicherungen in Israel und den USA konnten nur durch professionelle Versicherungsexperten nachvollzogen werden. Dieser Abschnitt war besonders umfangreich und arbeitsintensiv, aber natürlich sehr wichtig, schließlich lag darin das Tatmotiv begründet.

Ilan Tesler hatte mit Versicherungsabschlüssen jongliert wie ein Zirkusartist mit seinen Utensilien. Insgesamt waren dreizehn Versicherungsangebote eingeholt, geprüft, abgeschlossen, widerrufen, neu beantragt und verändert worden. Am Ende war das Leben von Ursula Glück-Tesler allein in den USA durch eine Kapitallebensversicherung, eine Risikolebensversicherung, eine Unfallversicherung und eine Reiseversicherung im Gesamtwert von 838 505,00 DM abgesichert, hinzu kamen noch die bereits erwähnten israelischen Versicherungen über 383 383,00 DM, die übrigens unmittelbar nach ihrem Tod ausgezahlt worden waren.

Insgesamt wurden über hundert Zeugen vernommen, manche mehrfach und einige sehr lange und ausführlich. Nur wenige Zeugen hatten ihren Wohnsitz in Deutschland, die meisten lebten auf der ganzen Welt verstreut und mussten erst

mühsam ermittelt werden. Am Ende aber war zu allen Lebens-
abschnitten des Beschuldigten und des Opfers sowie zu ihrem
gemeinsamen Lebensweg ein klares Bild gewonnen worden,
das in erheblichem Widerspruch zu dem stand, das Ilan Tesler gezeichnet hatte.

Kommunikationsauswertung

Tausende von E-Mails des Beschuldigten wurden ausgewertet, jede einzelne gelesen. Sein elektronisches Tagebuch, das
er gelöscht hatte, war von den Technikern des Kommissariats
343 zumindest teilweise wiederhergestellt worden und lieferte
wertvolle Erkenntnisse. Das gesamte Tagebuch war in Israel
ausgedruckt aufgefunden worden. Aus dem Bekannten- und
Freundeskreis der allseits sehr beliebten Ursula waren zahlreiche Briefe zur Verfügung gestellt worden, in denen sie die
Probleme mit »ihrem Ilan« geschildert hatte.

Ursula hatte seit ihrer Jugend Tagebuch geführt. Täglich,
ohne Ausnahme, hatte sie ihre Erlebnisse und Empfindungen in Schulheften niedergeschrieben – auch auf Reisen.
Diese Aufzeichnungen waren im Besitz von Ilan Tesler. Der
aber hatte die Herausgabe trotz eindringlicher Bitten verwei-
gert. Aber warum? Seine Begründung, darin seien vertrau-
liche Dinge aus ihrer Ehe enthalten, die niemanden etwas
angehen würden, war angesichts einer Mordanklage nicht
nachvollziehbar.

Offensichtlich enthielten diese Tagebücher nichts, was ihn
hätte entlasten können, denn ansonsten hätte er sie wohl sofort präsentiert. Geht man davon aus, sie hätten weder Entlas-
tendes noch Belastendes enthalten, macht es ebenfalls keinen
Sinn, sie zurückzuhalten. Durch die Herausgabe hätte zumindest der Eindruck vermieden werden können, man habe etwas
zu verbergen. Deshalb bleibt nur eine einzige logische Erklärung: Die Tagebücher der Ursula Glück-Tesler müssen Infor-

mationen enthalten haben, die es vor den Ermittlungsbehörden und dem Gericht zu verheimlichen galt.

Nachdem aufgrund der vielen E-Mails und Briefe ohnehin die intimsten Dinge aus seinem Leben bekannt geworden waren und Ilan dies auch wusste, muss es etwas zu verschweigen gegeben haben, das einen Bezug zur Tat hat. Insbesondere wäre natürlich das letzte Tagebuch von Interesse gewesen, das Ursula Glück-Tesler während der Peru-Reise geführt hatte.

Finanzermittlungen

Kriminalhauptkommissar Wittmaak vom Kommissariat 241 des Polizeipräsidiums München hatte die nicht einfache Aufgabe, die Geldflüsse in USA, Israel und Deutschland genau nachzuvollziehen und transparent zu machen. Es war unglaublich, wie raffiniert und ideenreich Ilan Tesler den Fluss der Versicherungsgelder zu verschleiern versucht hatte.

Ilan Tesler unterhielt in Israel und den USA insgesamt neun Bankkonten, für Ursula Glück-Tesler gab es in Israel zwei Konten, von denen sie nichts wusste, in den USA verfügte sie über ein Girokonto und zwei Kreditkartenkonten, ein weiteres Konto hatte sie in München. Nach ihrem Tod, in der Zeit vom 1. Juli 1997 bis zum 1. Januar 1999 (kurz vor Teslers Festnahme), konnte Kommissar Wittmaak Eingänge von insgesamt 1 802 641,00 DM feststellen, obwohl »nur« 1,2 Millionen zur Auszahlung gekommen waren (eine Versicherung hatte sich geweigert, dreihunderttausend Dollar auszubezahlen). Es konnte nicht geklärt werden, wie dieser Differenzbetrag zustande kam. Möglicherweise hatte es noch weitere Versicherungen gegeben, die nicht bekannt geworden sind.

Kriminaltechnische Analysen

Die Arbeit des Rechtsmediziners Oliver Peschel und des Ingenieurs Axel Manthei vom Bundeskriminalamt wird in die Kriminalgeschichte eingehen. Diesen beiden Sachverständigen ist der Nachweis gelungen, dass die Spuren im Zelt nicht vereinbar sind mit der von Ilan Tesler abgegebenen Tatschilderung.

Anhand des am Schädel rekonstruierten Schusskanals konnte nachgewiesen werden, dass es sich um einen relativ tangentialen Schuss gehandelt haben muss, wobei das Projektil in der linken seitlichen Stirnregion eingedrungen war und sich beim Aufprall auf den Schädelknochen zerlegt hatte. Geschossteile seien an dem Knochen entlanggeglitten und durch die Kopfhaut wieder ausgetreten, was zu einem zweiten Hautdefekt neben der Einschussöffnung geführt habe, so Dr. Peschel.

Axel Manthei hatte am Zeltboden, genau an der Stelle, die vom Zeugen Fredy Medina als diejenige bezeichnet worden war, an der er Geschossteile und Hirnmasse eingesammelt habe, Bleianhaftungen feststellen können – ein objektiver Nachweis für die Richtigkeit der Angaben des Zeugen. Aber niemals, so der Experte, hätten diese Teile in der Zeltmitte zu liegen kommen können, hätte der Kopf von Ursula Glück-Tesler nahe am Eingangsbereich des Zeltes gelegen, wie von Ilan Tesler behauptet worden war. Durch Schussversuche wurde nachgewiesen, dass alle Geschossteile einschließlich der Hirnmasse an der linken vorderen Zeltwand hätten konzentriert sein müssen. In der Zeltmitte, wie tatsächlich festgestellt, hätten sie nur dann konzentriert sein dürfen, wenn sich auch der Kopf im Bereich der Zeltmitte und relativ dicht am Boden befunden hätte. Dann aber hätte sie nicht mit dem Kopf am Zelteingang liegen dürfen, sondern andersherum …

Herkunft der Schusswaffe

Woher hatte Ilan Tesler die Schusswaffe? Hatte er sie in den USA besorgt und nach Peru geschmuggelt, oder hatte er sie in Peru erworben? Diese Frage konnte letztlich nicht geklärt werden, allerdings kann mit hoher Wahrscheinlichkeit davon ausgegangen werden, dass er sie in den USA gekauft hat. Dafür sprechen einige starke Indizien, zum Beispiel die Munition. Axel Manthei stellte fest, dass diese Munitionsart hauptsächlich in Amerika gebräuchlich ist. Es hätte schon eines sehr großen Zufalls bedurft, wenn Tesler ausgerechnet in Peru an diese Munition gekommen wäre. Auffallend war, dass Ilan Tesler am 16. Oktober 1996, also rund zweieinhalb Monate vor der Tat, in Florida einen Führerschein erwarb, obwohl er bereits einen besessen hatte. Wozu benötigte er diesen zweiten Führerschein?

Fest steht, dass man in Florida nur mit einem im Land erworbenen Führerschein eine Waffe kaufen kann. Aber wie reist man mit einer Schusswaffe samt Munition per Flugzeug von den USA nach Peru? Ein Sicherheitsoffizier der amerikanischen Flugsicherheitsbehörde gab die Antwort. Befindet sich die Schusswaffe im aufgegebenen Gepäck, wird sie nicht als Bedrohung angesehen, da ein Zugriff während des Flugs nicht möglich ist. Nur das Handgepäck wird sorgfältig durchsucht. Einem Vielflieger wie Ilan Tesler war das mit Sicherheit bekannt. Speziell für den Flug am 24. Dezember 1996 von New York nach Lima, auch das konnte überprüft werden, hatte es keine besonderen Sicherheitschecks gegeben.

Unabhängig davon, ob Ilan Tesler die Schusswaffe aus den USA mitgebracht hatte oder ob er sie illegal in Peru erworben haben könnte: Er selbst lieferte den Beweis dafür, dass er vor Antritt der Wanderung auf dem Inka-Pfad bereits eine Schusswaffe besaß.

Er gab nämlich die Erklärung dafür ab, warum die Polizei glauben könne, er sei im Besitz einer Schusswaffe gewesen. Ursula und er hätten in den Tagen vor Antritt der Wanderung ein Ehepaar aus Deutschland kennengelernt. Mit der Frau habe sich Ursula sehr gut verstanden. Er habe gehört, wie sich die beiden unterhalten hätten. Die Frau habe Ursula gefragt, ob sie nicht Angst habe, allein auf die Wanderung zu gehen. Und Ursula habe scherzhaft geantwortet: »Nein, wenn wir überfallen werden, dann erschießen wir die Räuber.« Er gehe davon aus, dass aufgrund dieser Äußerung seiner Frau der falsche Schluss gezogen werde, er habe eine Waffe besessen.

Das Ehepaar, eine deutsche Biologin und ihr Ehemann, ein in Deutschland lebender Peruaner, machte dazu aufschlussreiche Angaben. Beide bestätigten, das Ehepaar Tesler bei einer Bootsfahrt auf dem Titicacasee kennengelernt zu haben. Ursula und die Frau hatten sich angefreundet, sehr zum Missfallen Teslers. Er wollte mit Ursula allein sein, ihm passte der Kontakt nicht, und deshalb zog er auch gleich in der ersten Nacht wieder aus dem Hotel aus, in dem auch dieses deutsche Ehepaar übernachtet hatte. Angeblich, weil es dort kein warmes Wasser gab.

Entscheidend war jedoch, dass die Zeugin glaubhaft versicherte, Ursula habe nie etwas von einer Schusswaffe oder von »erschießen« gesagt. Damit war klar, dass Ilan Tesler diese angebliche Äußerung seiner Frau erfunden hatte. Der Grund? Er hatte eine Schusswaffe, und seiner Frau war das bekannt. Was er nicht wissen konnte, aber befürchten musste: Ursula könnte gegenüber ihrer neuen deutschen Freundin eine Andeutung gemacht haben. Und dem galt es vorzubeugen.

Das Tatmotiv

Ilan Tesler und Ursula Glück lernen sich im Juli 1992 in Israel kennen. Die hochbegabte Wissenschaftlerin, Stipendiatin am Weizmann Institute of Science in Rehovot, verliebt sich in den ihr intellektuell unterlegenen Elektriker. Sie sehnt sich nach einem festen Partner, da die Beziehung zu einem Kollegen gerade zu Ende gegangen ist. In Ilan Tesler glaubt sie, den ersehnten Mann gefunden zu haben, obwohl ihr dieser nicht dieselben Gefühle entgegenbringt. Nach anfänglichen Ressentiments der Familie ihres neuen Freundes gegen eine Deutsche wird sie dann aber doch aufgrund ihres liebenswürdigen und offenen Wesens akzeptiert und aufgenommen.

Enttäuscht ist sie darüber, dass Ilan nicht zu ihr ziehen will, obwohl sie eine eigene Wohnung in Rehovot hat. Ihn interessiert mehr die materielle Seite der Beziehung. Insbesondere hat er ein Faible für schnelle Autos, die in Israel mit hohen Zöllen belegt sind. Ende Dezember 1992 kauft ihm Ursula einen Opel Kadett GSi in Deutschland, den er dann nach Israel überführt. Seltsamerweise wird das Fahrzeug im Dezember 1993 völlig ausgebrannt aufgefunden, wobei ein Brandbeschleuniger verwendet worden war. Die Autoschlüssel sollen angeblich aus der Wohnung der Ursula Glück gestohlen worden sein. Zu undurchsichtig für die israelische Versicherung, die sich weigert, für den Schaden aufzukommen, nicht aber für die deutsche Vollkasko, die 15 900 DM an Tesler ausbezahlt.

Die Verliebtheit Ursulas geht so weit, dass sie sich zu etwas überreden lässt, was sie wohl sonst nie in ihrem Leben gemacht hätte: Bei einer Einreise nach Israel überredet er sie, seinen Koffer vom Band zu nehmen und durch die Zollabfertigung zu schmuggeln. Daraufhin kassiert Ilan Tesler die Gepäckversicherung. Alle seine Fehler und Schwächen entschuldigt Ursula gegenüber Freunden und Bekannten immer wieder mit seinem jugendlichen Alter. Auch gegen die Vorbehalte ihrer eigenen Familie nimmt sie ihn stets in Schutz. Andererseits ist sie jedoch realistisch genug, um zu erkennen, dass sich eine tragfähige Beziehung auf Dauer wohl nicht würde entwickeln können.

Mitte 1993 erhält Ursula Glück ein Stipendium der Deutschen Forschungsgemeinschaft am renommierten Memorial Sloan-Kettering Cancer Centre und übersiedelt deshalb am

1. Juli 1994 nach New York. Obwohl ihr Ilan Tesler angekündigt hatte, mit ihrem Weggang aus Israel sei die Beziehung beendet, drängt sie ihn bei vielen Telefonaten immer wieder, nach New York zu kommen. Er empfindet ihre häufigen Anrufe als äußerst lästig und stellt eine neuerliche Beziehung nur für den Fall in Aussicht, dass keine festere Verbindung daraus würde. Er wolle sich nicht an eine Frau binden, wolle frei sein und das Leben genießen. Allerdings fehlt ihm dazu das Geld. Sein Laden in Rehovot – er handelt mit Autozubehör – steht vor dem Bankrott, die Bankschulden drücken.

Nicht aus Liebe zu Ursula, sondern weil er Freude am Reisen hat und die Welt kennenlernen will, besucht er sie in der Folgezeit mehrmals in New York und wohnt dann in ihrem kleinen Apartment, das sie vom Institut zur Verfügung gestellt bekommen hat. Bei diesen Besuchen macht ihm Ursula teure Geschenke, da sie weiß, wie sehr er materiellen Dingen zugetan ist. Sie hofft, damit die Beziehung aufrechterhalten zu können. Sie spricht von Heirat und gemeinsamen Kindern, er lehnt dies strikt ab und gibt ihr deutlich zu verstehen, er würde sich auch durch eine Familie nicht im Geringsten einschränken lassen. Er wolle Spaß haben und das Leben genießen. In dieser Zeit pflegt er aufwendige Hobbys wie Reisen und Fallschirmspringen und erwirbt eine Jachtlizenz. Dadurch gerät er jedoch in immer größere finanzielle Schwierigkeiten und sieht den einzigen Ausweg in einem erneuten Versicherungsbetrug.

Lebensversicherungen

In Israel hatte Ilan Tesler 1993 und 1994 insgesamt drei Lebensversicherungen für sich abgeschlossen, bei zweien ist Ursula Glück die Begünstigte, bei der dritten sein Vater. Am 30. Oktober 1994 lässt er das Bezugsrecht der dritten Versicherung ändern und setzt anstatt des Vaters Ursula Glück als Begünstigte ein. Sein Plan ist, sich für tot erklären zu lassen. Ursula soll

dann die Versicherungssummen kassieren und an ihn weiter-
geben. Seinen Vater, einen rechtschaffenen Handwerker aus
Rehovot, hätte er für diesen Plan wohl nicht gewinnen können, aber Ursula hat er emotional in der Hand, und so kann er
sich ihrer Mithilfe sicher sein.

Am 16. November 1994 inszeniert er »sein Verschwinden«.
Bei einem Autoverleih in New York mietet er ein Fahrzeug
und fährt in den hundertsechzig Kilometer nördlich von New
York gelegenen Adirondack-Nationalpark. Dort stellt er sein
Fahrzeug ab und hält sich fünf Tage lang versteckt. Der Plan
scheitert, weil seine Eltern, die von Ursula informiert werden,
über die israelische Botschaft eine groß angelegte Suchaktion
der örtlichen Behörden auslösen und Ursula ihn schließlich
zwingt, wieder »aufzutauchen«. Er kehrt in ihr Apartment zurück, ruft den Sheriff an und erzählt, er habe sich in den Wäl-
dern verirrt gehabt.

Im Frühjahr 1995 muss Ilan Tesler sein Geschäft schließen.
Eine interessante Arbeitsstelle in Israel ist nicht zu finden, und
so entschließt er sich, doch endgültig zu Ursula nach New
York zu ziehen. Dort würde er als ihr »Verlobter« auch eine Ar-
beitserlaubnis bekommen. Er beendet daraufhin eine inzwischen eingegangene intime Beziehung zu einer jungen Israe-
lin und reist in die USA. Aber er kommt nicht allein, sondern
mit seinem besten Freund. Notgedrungen akzeptiert Ursula,
dass auch dieser Freund in ihr nur dreißig Quadratmeter großes Apartment einzieht, obwohl sie ihn nicht ausstehen kann.
Erst nach einigen Wochen zieht der Gast auf ihr Drängen hin
wieder aus.

Mit seinem Weggang nach New York kündigt Ilan Tesler
seine drei Lebensversicherungen mit der Begründung, er benötige in Israel keine Versicherungen, wenn er in New York
lebe. Eigenartigerweise kündigt er aber nicht die auf das Leben
von Ursula Glück abgeschlossenen Versicherungen, sondern
bezahlt die hohen Beiträge bis zuletzt weiter und sogar aus
eigener Tasche. Ursula Glück weiß davon nichts.

Kaum lebt Tesler in New York, setzt sich seine »Versicherungswut« fort. Zeitweise spiegelt er die Absicht vor, selbst Versicherungsagent werden zu wollen. Ein Ansinnen, dem Ursula Glück wohlwollend gegenübersteht, ist es für sie doch nur wichtig, dass Ilan etwas »Vernünftiges« macht. Sie selbst steht Versicherungen ausgesprochen ablehnend gegenüber und betrachtet sie als völlig überflüssig. Aber um seine Bemühungen, beruflich etwas zu tun, nicht zu untergraben, hat Ilan Tesler leichtes Spiel, die nötigen Unterschriften für die einzelnen Verträge zu bekommen. Eine Freundin von Ursula bekommt mit, dass diese gar nicht liest, was sie wieder einmal unterschreibt.

Während Ilan Tesler dabei ist, die günstigsten Versicherungsbedingungen auszuloten, ändert er auch seinen Lebensplan. Um eine längerfristige Arbeits- und Aufenthaltserlaubnis zu bekommen, muss er Ursula Glück heiraten. Sie zu dieser Eheschließung zu überreden fällt ihm nicht schwer, allerdings stellt Ursula Glück eine Bedingung: Sie will ein Kind. Der Kinderwunsch der Dreiunddreißigjährigen ist so groß, dass sie dafür sogar ihre Karriere aufgeben würde. Ilan Tesler teilt den Kinderwunsch nicht und kann sie dazu überreden, damit noch zu warten. Sie ist zunächst einverstanden.

Am 1. August 1995 wird die Ehe in New York geschlossen, ohne dass die Familien der beiden davon wissen. Sie erfahren erst später davon.

In der Folgezeit arbeiten Ilan Tesler und sein Freund in einem Elektronikladen als freie Mitarbeiter und bauen Autozubehör ein, der Monatsverdienst beträgt aber nur etwa fünfhundert Dollar. Damit kann er sich seine kostspieligen Wünsche nicht erfüllen – er will beispielsweise einen Jet-Ski kaufen –, und es kommt vermehrt zu Auseinandersetzungen mit seiner Frau, die auf teure Statussymbole keinerlei Wert legt. So weigert sie sich auch, ein neues Auto zu kaufen, das er unbedingt haben will. Er wirft ihr vor, geizig zu sein, und bestraft sie, indem er sie ignoriert und nicht mehr mit ihr spricht. Ihm ist bewusst, dass seine auf Harmonie bedachte Frau sehr darunter leidet. In seiner egozentrischen Art und seiner Gleichgültigkeit ihr gegenüber tangiert ihn das jedoch in keiner Weise.

In der zweiten Jahreshälfte 1996 gibt Ilan Tesler seine Arbeit auf. Seine familiäre und berufliche Situation empfindet er als unerträglich. Ursula versucht, die Wogen zu glätten, und nimmt für ihn zwei Kredite von insgesamt elftausend Dollar auf, obwohl sie in München über ein Sparguthaben von vierzigtausend DM verfügt. Bis heute ist nicht geklärt, warum sie das getan hat. Ende 1996 hat Ilan Tesler in den USA und in Israel monatlich insgesamt etwa fünfhundert Dollar an Versicherungsbeiträgen zu entrichten, obwohl er in enormen finanziellen Nöten steckt und kein Einkommen hat.

Ursula Glück-Tesler, die darauf bedacht ist, dass er seine Schulden abzahlt, überlässt ihm dafür die monatliche Erhöhung ihres Stipendiums von etwa siebenhundert Mark und unterstützt ihn auch sonst so weit als möglich. Dass er so viel Geld für Versicherungsprämien vergeudet, hätte sie nie geduldet.

Ilan Tesler braucht das Geld seiner Frau aber auch für andere Dinge, unter anderem für Spielbankbesuche in Atlantic City und Las Vegas, wo er sogar einige Male größere Summen gewinnt, letztendlich aber wie jeder Spieler alles wieder verliert. Er besucht seinen Bruder, einen Angehörigen der israelischen Armee, der sich zu einer Fortbildung in Florida aufhält, genießt mit diesem das Nachtleben in Bars und Klubs und vergnügt sich mit Frauen.

In dieser Phase der immer drängender werdenden finanziellen Probleme tritt nun etwas ein, womit Ilan nicht gerechnet hat. Im November 1996 setzt Ursula die Pille ab und plant endgültig und unwiderruflich ein Kind.

Wohl spätestens jetzt reift in ihm der Plan, seine Ehefrau zu töten, um sich dann mit den Versicherungsgeldern ein schöneres Leben machen zu können. Ursula reist gern. Sie freut sich auch auf die Reise nach Peru. Ursprünglich allerdings war diese erst für den Februar 1997 geplant. Doch Ilan Tesler hat es im November 1996 plötzlich sehr eilig. Ursula meint es ernst mit ihrem Kinderwunsch. Den »ehelichen Pflichten« kann er sich auch nicht gänzlich entziehen. Doch eines ist ihm klar: Würde Ursula schwanger werden, wäre sie nie mehr bereit, die beschwerliche Reise nach Peru mitzumachen. Sein Plan wäre gescheitert.

Obwohl Ursula in ein wichtiges Projekt eingebunden ist und eigentlich keinesfalls bereits im Dezember 1996 diese Peru-Reise machen will, wird sie wie immer vor vollendete Tatsachen gestellt. Ilan Tesler informiert sich, plant alle Einzelheiten, besorgt die Tickets und schließt noch eine Woche vor Reisebeginn eine ungewöhnlich umfassende Reiseversicherung ab, obwohl bereits ausreichender Versicherungsschutz durch die Bezahlung mit Kreditkarte bestanden hätte – allerdings ohne Leichenrückführungsgarantie.

Am Weihnachtstag 1996 treten sie die Reise an, von der Ursula Glück-Tesler nicht zurückkehren sollte – wobei man die Eheringe zu Hause lässt!

Der Prozess

Am 8. Januar 2001 begann vor dem Schwurgericht München I die Hauptverhandlung gegen Ilan Tesler. Vorsitzender Richter war Dr. Hanreich, Beisitzer waren Richterin Bauer und Richter Tüting, dazu kamen noch – wie bei Prozessen vor dem Schwurgericht üblich – zwei Schöffen.

Allein die Hauptakten umfassten über zwanzigtausend Blatt. Ein zweihundertseitiger Ermittlungsbericht (Schlussbericht) fasste die Ergebnisse zusammen. Die Kosten betrugen insgesamt dreihunderttausend Euro, nicht gerechnet die Kosten der Justiz.

Dreiunddreißigmal war der Beschuldigte von den Sachbearbeitern vernommen worden. Obwohl er von den Anwälten Sprechverbot erhalten hatte, hatte er immer wieder ausloten wollen, welche Erkenntnisse vorlagen und wie der Stand der Ermittlungen war. Er hatte sich stets überlegen gefühlt, gelauscht und geplaudert!

In der Hauptverhandlung allerdings schwieg der Angeklagte. Das war zwar sein Recht, erschwerte aber die Aufgabe des Gerichts und erforderte eine umso genauere und gewissenhaftere Prüfung jedes einzelnen Indizes.

Anklagevertreter war Staatsanwalt Michael Höhne, der den Fall von Thomas Bott übernommen hatte, nachdem dieser zum Zivilgericht berufen worden war. Keine leichte Aufgabe für Höhne, der sich in den komplexen Fall nachträglich einarbeiten musste. Über Monate hinweg galt es, alle bisherigen Erkenntnisse nachzuvollziehen, und über weitere Monate bis zum Beginn der Hauptverhandlung war er mehr Kriminalist als Jurist. Schließlich musste er vor Gericht gegen drei sogenannte Staranwälte antreten. Um es vorwegzunehmen, er hat diese Aufgabe bravourös gemeistert, konnte in allen Punkten die überzeugenderen Argumente vorbringen.

Ilan Tesler wurde von zwei Münchner und einem israelischen Verteidiger vertreten. Letzterer nahm jedoch nicht an der mündlichen Hauptverhandlung teil.

Der Prozess dauerte ein ganzes Jahr, bis nach sechsundfünfzig Verhandlungstagen das Urteil gesprochen werden konnte. Die beiden kriminalpolizeilichen Sachbearbeiter, Iris von Ohain und Rudolf Assmann, waren an allen Verhandlungstagen im Gerichtssaal, was sicherlich ein Novum darstellte.

Die Aktenlage war derart umfangreich, dass selbst die Anwälte stöhnten. Es gab praktisch nichts, was die Beamten nicht ermittelt hatten. Jeder Zeuge, der nur im Entferntesten bekannt geworden war, war vernommen worden. Trotzdem wurde immer wieder der Vorwurf erhoben, einseitig ermittelt zu haben. Völlig zu Unrecht angesichts der Tatsache, dass nun wirklich nicht selektiert worden war. Hatten die Sachbearbeiter beispielsweise wissen können, ob sich die Aussage der von ihnen mühsam beigebrachten Zeugin Bertolotti als be- oder entlastend erweisen würde? Verfügten sie über hellseherische Fähigkeiten, um im Voraus einschätzen zu können, ob durch die Spuren am Tatzelt die Angaben des Beschuldigten bestätigt oder widerlegt werden würden? Konnten sie vorab wissen, ob die Ermittlungen zu den Versicherungen und den Geldflüssen letztendlich beweisbar gegen den Angeklagten sprechen würden? War ihnen von Haus aus bekannt, dass es auf dem Inka-Pfad seit Jahren keine ähnlichen Gewalttaten mehr gegeben hatte?

Der Inka-Pfad wird jährlich von etwa einer viertel Million Touristen frequentiert. Das bedeutet, dass von 1995 bis 1999 1,25 Millionen Touristen den Pfad bewanderten. Mit Ausnahme von Ursula Glück-Tesler war niemand Opfer eines Tötungsdelikts geworden.

Selten war ein Tatort anschaulicher, genauer und akribischer dargestellt worden. Jeder Meter wurde dem Gericht durch Fotoaufnahmen präsentiert. Im Gerichtssaal hingen große Lagekarten und Bildaufnahmen. Dadurch konnten sich die Richter und Schöffen ein genaues Bild der dortigen Örtlichkeiten einschließlich des Tatorts verschaffen.

Das Schwurgericht machte sich seine Aufgabe nicht leicht. Und dafür ist diese Kammer auch bekannt. Jedes Detail wurde akribisch geprüft und kritisch bewertet. Jede Zeugin und jeder Zeuge wurde erschöpfend vernommen. Nichts, aber auch gar nichts, was im Rahmen der Ermittlungen zusammengetragen worden war, blieb unberücksichtigt. Zum ersten Mal in der Justizgeschichte wurde die Vernehmung eines Zeugen in Israel per Videokonferenz aus dem Gerichtssaal durchgeführt, sie dauerte vier Stunden.

Das Gericht hatte sich mit insgesamt mehr als sechzig Beweisanträgen der Verteidigung auseinanderzusetzen. Wohl einmalig dürfte sein, dass ein Angeklagter, der während der gesamten Verhandlung geschwiegen hatte, im Rahmen seines Schlussworts über dreißig weitere Beweisanträge stellte.

Das Gericht war am Ende von der Schuld des Angeklagten überzeugt. Der Grundsatz in dubio pro reo (im Zweifel für den Angeklagten) konnte nicht greifen, weil das Gericht keine Zweifel hatte!

Der erste Strafsenat des Bundesgerichtshofs verwarf die Revision des Angeklagten im März 2003, da keine Rechtsfehler vorlagen. Damit war das Urteil endgültig und rechtskräftig.

Schlussbemerkung

Insbesondere die beiden Sachbearbeiter, Iris von Ohain und ihr Kollege Rudolf Assmann, hatten in diesen drei Jahren intensivster Ermittlungstätigkeit Tausende von Überstunden geleistet und waren dabei bis an die Grenzen ihrer psychischen und physischen Belastbarkeit gegangen. Ihre hohe Motivation war auch nicht dadurch getrübt worden, dass gelegentlich die Frage aufgeworfen wurde, ob sich ein solcher Ermittlungsaufwand überhaupt lohnen würde, zumal der Ausgang völlig ungewiss war. Dazu folgende Anmerkung:

Das Leben ist das kostbarste und höchste Rechtsgut, das wir Menschen haben. Wer ein Menschenleben vorsätzlich vernichtet, begeht das schwerste Verbrechen, das wir kennen. Daraus ergibt sich die zwingende Verpflichtung, von staatlicher Seite aus alles zu tun, um eine solche Straftat aufzuklären. Würde man die Aufklärung davon abhängig machen, welcher Aufwand, welche Kosten und welche Erfolgsaussichten damit verbunden sind, wäre dies der Anfang vom Ende unseres Rechtsstaates.

5. BETRÜGER, NERDS UND EINE GOLDPRINZESSIN

>»Without evil there would be no good, so it must be good,
> to be evil sometimes.«
Satan (in *South Park: The Movie*)

Damit dieses Buch nicht durchweg blutig, grimmig und kniffelig daherkommt, möchte ich hier, wie schon in *Mordmethoden*, einen älteren Fall bringen, der aber viele Bezüge zur Gegenwart hat. Wo ich letztes Mal den Räuber Kneißl auswählte, der später zum Prototyp des Kinderbuch-Hotzenplotzes, Medienstars und Schürzenjägers mutierte, soll es dieses Mal eine charmante Betrügerin sein. Vielleicht erwärmt sich auch Ihr Herz für die kluge Henriette Wilke, deren Fall Willibald Alexis und Julius Eduard Hitzig im 19. Jahrhundert wie folgt beschrieben haben. Und sollten Sie über die freche Tat schmunzeln, dann denken Sie an die Menschen, die Frauen auch heute noch ins Netz gehen. Besonders breitgetreten wurde in den letzten drei Jahren beispielsweise der Fall jener Blondine, die man auch schon als »Busenwitwe« bezeichnet hat. Laut Zeitungen ist sie nie älter als fünfunddreißig Jahre und stammt wie unsere Goldprinzessin aus bürgerlichen Schichten. Mit Charme und Tränen versucht sie, sich in höhere Schichten – zeitweise, wenngleich letztlich erfolglos, sogar in den Adel – vorzukämpfen. Ob sie dabei scheitern oder siegen wird, ist derzeit noch offen. Schauen Sie in der Zwischenzeit, wie es der Goldprinzessin auf ihrem steilen Weg mitten ins milde Herz des Königs ergangen ist. Schreibweise und Sprache des Textes wurden maßvoll der heutigen Zeit angepasst.

Die Goldprinzessin

In den Jahren 1835 und 1836 gab es nur wenige Menschen in
Berlin, die nicht von der Goldprinzessin gehört hätten. Sie
war allgemein Gegenstand der Unterhaltung und beschäftigte die höheren Kreise der Gesellschaft. Doch noch mehr war
sie Gegenstand der Neugier, der Bewunderung und des Stau-
nens in den unteren Schichten. Wenn ihr Wagen durch die
Straßen rollte, raunte man sich zu: »Dort kommt sie.« Wenn
er vor einem Haus, einem Laden hielt, sammelten sich Neu-
gierige in respektvoller Entfernung, aber auch die Fenster der
umliegenden Häuser öffneten sich. Selbst Personen, die sonst
dem Kitzel für Wunderdinge mit ungläubiger Miene oder einem verächtlichen Achselzucken begegneten, konnten nicht
widerstehen, den Kopf hinauszustecken, um zu erfahren, wie
das Wunderkind denn aussah.

Man sagt, dass Berlin, so wie alle großen Städte, wo es viele
Müßiggänger gibt, wenn nicht alljährlich, so doch ein ums andere Jahr zur Belebung des Alltagslebens einer Nahrung aus
dem Reich des Wunderbaren bedürfe. Wenn dieses Verlangen
nur lebhaft genug werde, dann böte sich der Stoff von selbst
dar.

Die Goldprinzessin von Berlin schien zu den Spukgestalten
der eher schalkhaften Art zu gehören. Sie galt zwar als anmuti-
ges Mädchen. Die Kritik behauptete aber schon bald nach Auf-
kommen der ersten Gerüchte, dass sie bloß eine Mystifikation
sei. Es passte alles zu gut zusammen, um wahr zu sein.

Aufgetaucht – man wusste nicht wie – entfaltete die junge
Dame einen Glanz, der Neid erregte. In einer unglaublich ele-
ganten Kutsche fuhr sie durch die Berliner Straßen, und Spazierfahrten, anfänglich mit gemieteten Pferden und Wagen,
wurden bald darauf mit eigenen bestritten. Sie hatte mindestens zwei schöne Pferde gekauft, deren Futterlieferungen allein monatlich über fünfzig Taler kosteten.

Außerdem wurden ihr für die gleiche Summe täglich noch

zwei zusätzliche Pferde bereitgestellt. Anfangs hatte sie sich
mit bescheidenen Wohnungen begnügt, doch schon bald mie-
tete sie größere, kostbarere, dann eine ganze Villa, zuerst in
Charlottenburg, dann im Tiergarten. Sie richtete sie selbst mit
dem ausgesuchtesten Mobiliar ein. Sie hielt einen Diener, der
sehr im Vertrauen seiner Herrin zu stehen schien, einen Kut-
scher, eine Köchin, ein Dienstmädchen und eine Gesellschafterin!

Man sah die schicke Kutsche und die Dame mit ihrer Be-
gleiterin Tag für Tag auf den Straßen; im Winter war sie fast jeden Abend im Theater. Sie hielt stundenlang vor den besten
Geschäften an und kaufte dort kostbare Stoffe, Schmuck, Uhren, silberne Leuchter, Geschirr, auch Kunstsachen.

Die Goldprinzessin war schnell die gefeiertste Kundin für
die Kaufleute, von ihnen aufgesucht und mit Angeboten be-
drängt. Aber nicht mit diesen allein, auch mit den Wagen-
fabrikanten stand sie im lebhaftesten Kontakt. Sie tauschte ihren Wagen mehrmals auf deren Vorstellungen ein, um immer
den elegantesten zu haben, und so machten diese Fabrikanten
und Kaufleute mit der liebenswürdigen Dame doppelt gute
Geschäfte. Sie war nicht schwierig im Handel und zeigte dem
Publikum die neuesten Moden, war doch ihre Kutsche vor den
Kaufläden schon zu einer echten Schau geworden. Zugänglich
und freundlich besorgte sie jedem Geld, der es benötigte, zumindest hieß es so, und die Armen umlagerten ihre Tür mit
mündlichen und schriftlichen Bittgesuchen. Man sagte, dass
alle etwas von ihr erhielten.

Die Rede war außerdem von Reisen, die sie nach Brüssel
und London unternommen hatte; man war sich sicher, dass
sie mehrmals nach Hamburg und in die böhmischen Wälder
gefahren war. Nach Karlsbad und Prag fuhr sie mit vier zusätzlichen Pferden. Von dort hatte sie viele exquisite Gegenstände
mitgebracht, und auch in Berlin machte sie ihren Bekannten
sehr kostbare Geschenke – silberne Kronleuchter, Uhren und
Gemälde.

Der Gattin eines reichen jüdischen Bankiers, mit der sie früher in Verbindung stand, gefiel ein Wagen beim Sattler Konrad sehr; die Bankiersfrau führte mit dem Sattler deshalb Verhandlungen. Als die Goldprinzessin das erfuhr, kaufte sie den Wagen schnell für tausendfünfhundert Taler und bot ihn der Dame zum Geschenk an. Das Geschenk wurde abgelehnt, die Geschichte aber bekannt.

Sie hatte zwar solche Bekannte, aber ihr eigentlicher Umgang entsprach nicht dem Glanz, mit dem sie auftrat. Sie kam in die höhere Gesellschaft nicht hinein, und dieselbe kam auch nicht zu ihr.

Das verstärkte den bestehenden Verdacht gegen sie. Man sagte, sie sei die Braut des reichen brasilianischen Grafen Villamor, der sich in Hamburg, Brüssel oder Baden in sie verliebt hätte, mit ihr verlobt sei und sie jetzt reisen und in Berlin verweilen lasse, um sie für die höheren Kreise, in denen er sie einführen wolle, auszubilden. Eine andere Version besagte, dass sie die Braut eines überaus reichen Senators in Hamburg sei, dessen Name damals viel in Berlin im Zusammenhang mit einer anderen Heiratsangelegenheit genannt wurde. Auch deutsche Grafen, ja sogar Fürsten hatten die Ehre, als Verlobte der interessanten Fremden genannt zu werden.

Am meisten sprach für den Brasilianer. Er hätte einerseits den ungeheuren Reichtum erklärt – sie sollte oft Anweisungen von ihrem Bräutigam erhalten haben, sich von ihren früheren kleinkarierten Begriffen zu befreien und noch mehr Geld auszugeben –, andererseits hätte die ausländische Verbindung aber auch ihre Zurückhaltung von der Gesellschaft verständlich gemacht.

Der brasilianische Graf kannte entweder die Berliner Gesellschaft nicht, oder er wollte seine Braut aus der Ferne beobachten und verehren.

Henriette Wilke, diesen bescheidenen Namen führte die reiche Dame, war nicht schön. Wenigstens lag in den gewöhnlichen Zügen ihres sonst regelmäßig hübschen Gesichts nichts von einem ungewöhnlichen Zauber, der auf den ersten Blick fesseln kann. In den Gesellschaften, in denen man sie früher gesehen hatte, galt sie als unbedeutend. Wie konnte ein reicher Graf sich so sterblich in sie verliebt haben, dass er mit so ungeheuren Kosten die junge Dame zum Heiraten verführen wollte? Auch dafür wusste der Volksmund eine ausreichende Erklärung: Henriette hatte einen blendend weißen Teint und ins Rötliche gehende blonde Haare; Graf Villamor war nach dessen Vorstellungen ein Mulatte oder gar ein Schwarzer. Weiße Haut bedeutet in Südamerika Adel und Schönheit. Der Farbige, mag er reich sein, auch Graf, ist hingegen ein Wesen niederer Art, der seine Blicke zu keiner einheimischen weißen Schönheit erheben darf. Er muss Länder suchen, wo diese Beschränkung nicht herrscht.

Wer an die anderen Bräutigame, Senatoren oder Grafen glaubte, wusste von einer so abschreckenden Hässlichkeit derselben, dass es schon für eine Art Opfer galt, wenn ein einigermaßen wohlgestaltetes Mädchen sich entschloss, ihnen die Hand zu reichen. All diese Umstände erschienen als Indizien, einen weiblichen Glücksritter vor sich zu haben.

Es sprachen aber auch ebenso viele Indizien dagegen:

Henriette Wilke war keine Unbekannte. Sie war ein Berliner Kind aus Charlottenburg. Früh hatte sie ihre Eltern verloren. Eine sehr geachtete, wohlhabende Familie, bei der ihre Großmutter arbeitete, nahm sich der kleinen Henriette an und gab ihr eine Erziehung, die über ihren schlichten Geburtsstand hinausging. Sie war damals von einer Familie zur anderen gekommen und dabei stets mehr wie eine Tochter denn eine Dienstbotin behandelt worden. Nachdem sie als Kindermädchen in einer jüdischen Bankiersfamilie einige Zeit verbracht hatte und auch dort dem Familienkreis näherstand, als es in der Regel bei Kindermädchen der Fall ist, war sie zu einer alten, unverheirateten Dame nach Charlottenburg gezogen. Diese kannte Henriette noch von den Eltern. Die bejahrte Dame hatte einen hervorragenden Ruf und kam aus einer angesehenen Familie. Schon die Namen der mit der Dame bekannten Familien sowie das Ansehen, das diese in Berlin genossen, war für Henriette eine Art Bürgschaft, sodass die Polizei keinen Anlass hatte, sie mit lästigen Fragen und einer strengen Beobachtung zu verfolgen.

Ihre Person und ihre Herkunft waren ja bekannt, und sie machte keinen Hehl daraus. Nur die Quelle ihres Reichtums war unbekannt; da sich aber nirgends die Spur eines großen Diebstahls oder einer Betrügerei zeigte, da niemand gegen sie Klage erhob und da nicht einmal Verdächtigungen einliefen, war kein Grund vorhanden, gegen sie einzuschreiten, nur weil sie mehr ausgab, als sie eingenommen habe, was man vernünftigerweise annehmen durfte.

War die Polizei auch nicht verpflichtet zu glauben, dass sie einen reichen Brasilianer zum Bräutigam habe, so war sie doch auch nicht berechtigt, es zu bezweifeln.

Zudem, wäre sie eine Abenteuerin, was könnte der Zweck ihres Auftretens sein? – Sie drängte sich nicht in die Gesellschaft reicher und vornehmer Familien, wie Personen dieses Schlags es tun, um Gelegenheit für Diebstähle und Betrügereien zu finden, sie lebte eigentlich ganz für sich. Auch die Leute, mit denen sie sich ansonsten umgab, waren nicht gefährlich. Ihr Diener, ein unverdächtiger Mann, hatte früher bei den achtbarsten Herrschaften und zu deren Zufriedenheit gearbeitet. Ihre Gesellschafterin war eine gebildete Dame, die Tochter eines ehemaligen höheren Justizbeamten, der nun Universitätslehrer und ein namhafter Schriftsteller war.

Und wen hätte sie auch betrügen sollen und worum? Dummköpfe um Geld und Güter? Sie sagte ja selbst, dass sie persönlich kein Vermögen habe, sondern alles der Großmut ihres Bräutigams verdanke. Mit ihren Reizen schien sie niemanden umgarnen zu wollen, da sie sich als Braut eines angesehenen Fremden ausgab, der jeden Augenblick kommen und sie abholen konnte. Außerdem traf sie auch nicht der leiseste Verdacht eines unsittlichen Lebenswandels. Ihr ganzes

Auftreten hatte vielmehr etwas Bescheidenes. Während sie ihre Gesellschafterin mit Ketten und Federn schmückte, ging sie verhältnismäßig einfach gekleidet, wenngleich die Stoffe kostbar waren.

Was sie kaufte, bezahlte sie bar und für hohe Preise. Man kann nach den späteren Ermittlungen eher annehmen, dass sie dauernd betrogen wurde. Sie nahm, was ihr gefiel, sie fragte wenig nach dem Preis, und die Verkäufer wussten den Glanz des Reichtums, den sie um sich verbreitete, und die Wahrnehmung, dass das Geld leicht in ihrer Hand saß, zu ihrem Vorteil zu nutzen.

Sie war auch außerordentlich wohltätig. Die Armen, die ihre Tür belagerten, gingen nie mit leeren Händen fort. Sie gab nicht Groschen oder Taler, sondern ihre Almosen gingen bis in die Hunderte. So rettete sie einen verarmten Edelmann durch eine solche außerordentliche Gabe. Erst als der Ruf ihrer Großmut sich in der Stadt verbreitete und die Hilfsbedürftigen von nah und fern sich scharenweise zu ihr drängten, sah sie sich zu ernsteren Prüfungen der Anliegen genötigt.

Sie schämte sich ihrer armen Verwandten nicht; auch vor deren Türen hielt oft ihr Wagen. Sie ging zu ihnen hinein, häufiger aber ließ sie diese aus dem Haus kommen und unterhielt sich freundlich mit ihnen von ihrem Wagensitz aus. Würde eine Glücksritterin sich so öffentlich als Verwandte armer Leute aus den niedrigsten Ständen vor aller Welt gezeigt haben?

All dies sprach für sie. Schon gegen zwei Jahre dauerte diese Geschichte, und der Glanz ihrer Erscheinung hatte sich nicht gemindert. Warum will man die einzige gegebene Erklärung nicht annehmen? Die ihr Wohlgesinnten sprachen die Besorgnis aus: Wenn der brasilianische Graf nur nicht das arme Mädchen sitzen lässt! Die ihr kritisch Gesinnten ließen sich dagegen ihre Zweifel nicht ausreden. Sie hörten mit sarkastischem Lächeln die Lobpreisungen auf die bekannte Unbekannte und antworteten darauf, dass ein Krug nur so lange zum Brunnen geht, bis er bricht, und der Tag werde schon kommen, wo die Polizei die bewunderte Prinzessin abholen werde.

Unter den gläubigen Gemütern befand sich der Besitzer einer bekannten großen Möbelhandlung in Berlin, Herr Schröder. Die Wilke hatte in seinem Lager viele Käufe für ihre Einrichtung gemacht. Sie hatte alles bar bezahlt; er hielt sie für reich und hatte sich eines Tages die Frage erlaubt, ob sie, die über so große Kapitalien gebiete, ihm wohl zur Vergrößerung seines Geschäfts einige Tausend Taler verschaffen könne.

Die Wilke erwiderte, wenn sie volljährig würde (sie war erst dreiundzwanzig Jahre alt), wäre sie gern bereit, ihm das Geld zu geben. Inzwischen wolle sie sehen, ob sie ihm vielleicht bei einer guten Freundin Geld beschaffen könne. Schon am folgenden Tag kam die Wilke zu Schröder und eröffnete ihm, dass ihre mütterliche Freundin, die Demoiselle Niemann in Charlottenburg, gern bereit sei, ihm fünftausend Taler und nur zu vier Prozent und ohne weitere Sicherheit zu leihen. Das Geld läge in Pfandbriefen gegen aufgenommene fünfhundert Taler vor. Um die Pfandbriefe zu erhalten, benötige sie genau diese Summe, und wenn Schröder die fünfhundert Taler vorstrecken wolle, könne das ganze Geschäft bald abgemacht werden.

Schröder erkundigte sich nach dem Ruf der alten Niemann, und nachdem er nur Vorteilhaftes und völlig Beruhigendes über sie erfahren hatte, ging er selbst nach Charlottenburg und händigte die fünfhundert Taler der alten Dame in Gegenwart der Wilke aus. Die fünftausend Taler sollte er nun in einigen Tagen erhalten.

Aber schon kurz darauf kam die Wilke wieder zu ihm: Die Abholung der Pfandbriefe lasse sich erst gegen Zahlung von tausend Talern bewirken; die Niemann müsse daher noch fünfhundert Taler haben. Dafür versprach sie ihm statt der fünftausend Taler ein Darlehen von achttausend Talern. Schröder ließ sich, nach einigen Verhandlungen, zur Zahlung von weiteren fünfhundert Talern bewegen, aber nur nachdem er die Zuverlässigkeit der Niemann noch einmal gründlich überprüft hatte. Diese verpflichtete sich schriftlich, ihm am 28. Juni 1836 ein Kapital von achttausend Talern zu leihen und die tausend Taler zurückzuzahlen.

Statt des Geldes kam erneut die Wilke zu ihm und verkündete, dass Frau Niemann sich bereit erklärt hätte, noch eins draufzusetzen. Sie hätte sich mit ihrer Familie besprochen, und statt achttausend Taler wolle sie ihm zwanzigtausend Taler leihen. Um den höheren Betrag der Pfandbriefe einzulösen, benötige sie noch einmal fünfhundert Taler. Schröder wollte zwar nicht, ein weiterer Besuch bei den beiden Damen stimmte ihn aber um. Er zahlte zum dritten Mal fünfhundert Taler, für die ihm am 10. Februar zwanzigtausend Taler ausgehändigt werden sollten.

Der 10. Februar verstrich, aber das Geld kam nicht. Stattdessen erhielt er die Antwort, dass er am nächsten Montag wenigstens achttausend Taler erhalten solle. Am Montag erschien die Wilke, ohne Geld, jedoch mit der Nachricht, da die Bank die versprochene Auszahlung nicht durchgeführt habe, werde sie es von einer anderen Bekannten besorgen. Schröder glaubte ihr und zahlte zu den eintausendfünfhundert Talern, die er nicht verloren glaubte, der Wilke noch hundert Taler, die sie zur Einlösung zu brauchen vorgab. Auch über diese letzte Einzahlung erhielt er von Frau Niemann einen Schein, und der 13. Februar wurde als Zahlungstag bestimmt.

Am selben Tag erfuhr Schröder, dass auch ein Futterhändler in Charlottenburg von der Wilke Kassenscheine zur Einlösung der Pfandbriefe erhalten hatte. Einen dieser Scheine im Wert von dreihundert Talern hatte die Wilke aber zum Kauf von zwei Pferden ausgegeben.

Er stürzte nach Charlottenburg und traf die Wilke und ihre Gesellschafterin Alfrede bei Frau Niemann an. Auf seine heftigen Vorwürfe antwortete die Gesellschafterin mit gleicher Heftigkeit, er urteile vorschnell. Es könne ihm doch völlig egal sein, ob die Wilke ihre Privatschulden (also die Pferde) mit seinem Kassenschein oder ihrem eigenen Geld bezahlt habe. Henriette Wilke selbst schien zuerst verlegen, später empört.

Die heftige Szene endete mit einer Aussöhnung, welche die Gesellschafterin bewirkte. Schröder ließ sich dabei überreden, noch bis zum 27. Februar zu warten.

Als auch am 27. Februar kein Geld kam, erwuchs bei Schröder eine sehr begreifliche Angst. Er ging zur Polizei. Der damalige Polizeipräsident Gerlach fand keinen Grund, gegen die Wilke und noch weniger gegen die anerkannt unbescholtene und wohlhabende Demoiselle Niemann, die noch dazu Eigentümerin des Hauses in Charlottenburg war, einzuschreiten. Auch der berühmte Polizeirat Duncker musste sein Einschreiten beenden, als die Wilke sich ihm gegenüber als vollkommen unbescholtene Bürgerin ausweisen konnte.

Schröder blieb nichts anderes übrig, als gegen Frau Niemann zu klagen. Inzwischen verständigte man sich jedoch. Schröder beschränkte seine Forderung auf die Rückzahlung der tausendsechshundert Taler und auf ein kleines Kapital von achttausend Talern. Beides wurde ihm zugestanden. Damit er nicht erneut misstrauisch wurde, bat Henriette Wilke Demoiselle Niemann, ihm das Geld schon einmal vorab zu zeigen, das er erhalten solle. Die Niemann holte aus ihrem Schrank ein versiegeltes Paket mit der Aufschrift »Zehntausend Taler in pommerschen Pfandbriefen«. Schröder verlangte die sofortige Übergabe. Henriette Wilke, die wie immer für die Niemann das Wort führte, erklärte, dass dies wegen der Familienverhältnisse nicht ginge. Er könne die Pfandbriefe erst am 30. März erhalten.

Auch am 30. März erhielt er sein Geld nicht. Die Wilke kam aber mit ihrer Gesellschafterin zu ihm und erklärte, dass die Familienverhältnisse es Frau Niemann immer noch unmöglich machten, das Versprechen zu erfüllen. Zu seiner vollkommenen Sicherheit und damit er keinen Verdacht schöpfe, gab sie ihm aber das versiegelte Paket mit den zehntausend Talern in Pfandbriefen. Sie bat ihn, das Paket erst am 5. April zu öffnen. Wenn bis dahin keine Zahlung erfolgt sei, könne er die im Paket liegenden Pfandbriefe verkaufen, den versprochenen Betrag behalten und das übrige Geld Frau Niemann geben.

Alle schienen nun zufrieden. Zwar hatte Schröder den Versuch gemacht, die Erlaubnis zur Öffnung schon für den 2. April zu erhalten. Als er aber scherzhaft drohte, es auch ohne Erlaubnis zu tun, hatte die Gesellschafterin, Demoiselle Alfrede, ihm das Entwürdigende dieser eigenmächtigen Handlung erklärt: Es würde die gute Niemann aufs Äußerste beleidigen. Sie halte den Möbelhändler aber für einen so ehrbaren Mann, dass sie sicher sei, er werde das Paket nicht öffnen. »Am 5. April werde ich die Öffnung in Gegenwart von Zeugen vornehmen«, erwiderte Schröder. Bei dieser Äußerung schienen die Wilke und ihre Gesellschafterin sichtbar ins Schwitzen zu kommen.

Am 4. April ersuchte die Wilke den Schröder, das Paket bei der Niemann in Gegenwart ihrer Verwandten zu öffnen. Schröder versprach es zwar, ging aber am 5. April stattdessen, auf polizeiliche Anweisung, zu einem Notar, der die Siegel erbrach und statt der zehntausend Taler in Pfandbriefen in dem Kuvert nur mehrere Bogen leeren Papiers fand.

So war das Rätsel mit einem Schnitt ins Packpapier gelöst. Ein Betrug lag vor, der weit mehr ahnen ließ. Aber wer waren die Betrogenen, wer die Betrüger? Von den Betrogenen war nur Möbelhändler Schröder bekannt, dessen tausendsechshundert Taler aber unmöglich für den Lebenswandel der Goldprinzessin ausgereicht haben konnten. Das Geld war ihm ja auch erst vor kurzer Zeit entlockt worden. Woher kam also das Geld für all die Verschwendung? Und war Henriette Wilke die alleinige Betrügerin?

Sie hatte ja nur als Vermittlerin für die Demoiselle Niemann gehandelt. Frau Niemann hatte das Geld empfangen, die Quittungen ausgestellt, das Paket mit leerem Papier im Schrank gehabt, es Schröder gezeigt und ihm später zugestellt. Die Gesellschafterin Alfrede hatte am lebhaftesten zu Schröders Täuschung das Wort geführt.

Es schien also ein ganzes Komplott weiblicher Schwind-
ler versammelt, die man sofort hätte verhaften sollen. Das geschah aber nicht, und sogar mit Recht, wie man bald sah.

Dramatis personae oder: Das Ensemble des Betrugs

Ehe wir zur Auflösung schreiten, gehen wir neun Jahre zurück,
um die Hauptpersonen in der Tragödie kennenzulernen. Das
überwiegende Interesse an diesem Fall ist psychologischer Natur. Man muss die Persönlichkeit der Betrogenen kennen, um
das kühne, leichtsinnige und schamlose Intrigenspiel zu begreifen, das jedem, der mit solchen Personen nichts zu tun hat,
unglaublich erscheinen muss.

In Charlottenburg lebte in ihrem Haus eine siebzigjährige
unverheiratete Dame, die wir Niemann genannt haben. Sie
war eine durchaus achtbare, unbescholtene Dame und Tochter eines längst verstorbenen, hohen Beamten. Sie lebte von
den Mieten ihres Hauses und von einem Vermögen von etwa
zwölftausend Talern, das sie in Staatspapieren und Pfandbriefen selbst in Verwahrung hatte.

Sie lebte zurückgezogen und genoss, weil sie niemandem
wehtat und alle Verbindlichkeiten gewissenhaft erfüllte, die
allgemeine Achtung, verbrauchte aber bei ihrer großen, an
Geiz grenzenden Sparsamkeit nicht alle Einkünfte, sodass ihr
Vermögen im Verlauf der Jahre noch anwuchs. Sie galt daher
als sehr reich.

Man konnte sie, wie auch die spätere Untersuchung ergab,
nicht für eigentlich schwachsinnig erklären. Aber das Alter
und die Zurückgezogenheit hatten sie, die immer schon etwas
beschränkten Verstandes war, schwach gemacht. Misstrauisch
war sie vor allem gegen ihre nächsten Verwandten. Sie freute
sich zwar über deren Aufmerksamkeiten und Liebesbeweise,
sah darin aber oft nur Zeichen einer klugen Berechnung und
Spekulation auf ihr Erbe. Sie hatte ein schwaches Selbstgefühl

und setzte ihr Vertrauen in Fremde, die sie nicht kannte und daher auch nicht fürchtete. Von den Ränken und Listen, die in der Welt vorkommen, hatte sie keinen Schimmer.

Frau Niemann kannte Henriette Wilke seit der Geburt: Henriette war die Tochter des Hausdieners einer nahen Verwandten gewesen. Frau Niemann wurde die Patin des Kindes. Sie kümmerte sich umso mehr um das Kind, seit eine andere Dame, die sich der kleinen Henriette aus Mitleid angenommen hatte, Frau Niemann auf dem Totenbett bat, nun allein die Obhut über das Mädchen zu übernehmen.

Henriette wurde also von Frau Niemann aufgenommen, bis man eine Stelle als Kindermädchen in einer reichen Bankiersfamilie in Berlin für sie fand. Das freundschaftliche Verhältnis änderte sich aber dadurch nicht. Henriette erzählte der alten Dame alles, was sie erlebte: von den Herrschaften im neuen, reichen Haus, den Spazierfahrten, die sie mit der Bankiersfamilie machte, und den interessanten und vornehmen Bekanntschaften.

Dort lernte sie auch die Fürstin Radziwill kennen. Sie war von königlichem Geblüt und für ihre Leutseligkeit, Bildung und Wohltätigkeit bekannt. Dass sie sich der jungen, angenehmen Waise Henriette annahm, war daher kein Wunder. Sie hatte sich schon oft um Menschen aus dieser Gesellschaftsschicht gekümmert und für Erziehung und Fortkommen ihrer Schützlinge Sorge getragen.

Henriette bat ihre Förderin nun, ihr dabei zu helfen, an einer Schule angestellt zu werden. Hierzu, behauptete sie, benötige sie ein gewisses Geldpolster. Auch Frau Niemann gab Henriette daraufhin fünfhundert Taler. Voll Dankbarkeit besuchte diese ihre Wohltäterin nun noch öfter, berichtete lebhaft von der Schule und bald, dass sie den Abschluss als Lehrerin nun geschafft habe. Sie habe dabei so gut abgeschnitten, dass man sich über ihre Fähigkeiten gewundert hätte. Fürstin Radziwill habe deswegen angeregt, dass Henriette noch etwas durch die Welt reisen sollte, um sich weiterzubilden.

Sie reiste auch wirklich nach Hamburg ab, und während ihrer Abwesenheit empfing Frau Niemann den ersten eigenhändigen Brief von der Fürstin Radziwill. Da die Korrespondenz zwischen der Fürstin und der alten Dame später sehr lebhaft wurde, können wir nur einige dieser charakteristischen Briefe mitteilen. Wir halten es aber doch für angemessen, diesen ersten Brief, so weit er sich aus den von Staub und Alter angefressenen Aktenstücken herstellen lässt, ganz mitzuteilen.

»Wertgeschätzte Mademoiselle Niemann.

Erlauben Sie, dass ich Sie so nennen darf, denn ein Vertrauen verdient das andere.

Ich wollte Ihnen nur mitteilen, dass die Schulübernahme unseres guten Jettchens (Henriette) in Ordnung geht und dass Sie, liebe Mademoiselle Niemann, die Sparbücher sowie die hundert Taler, welche die Schule als Pfand einbehalten hatte, am 1. Oktober zurückerstattet bekommen.

Empfangen Sie meinen, des Schulrats und der Stadt allerherzlichsten Dank; denn durch Ihre große Güte, liebe Mademoiselle, haben wir etwas Großes zustande gebracht. Das Mädchen hat einen außerordentlichen gescheiten Kopf und hellen Verstand, sodass man bedauern muss, dass es kein Mann ist. Für König und Vaterland wäre das besser!

Unser gutes Jettchen befindet sich jetzt in Hamburg bei Herrn Humbert; in den kommenden Tagen kehrt sie zurück. Wir haben Jettchen fünfhundert Taler vorgestreckt, es sind aber doch noch einige Ausgaben hinzugekommen, mit denen wir nicht gerechnet hatten. Jetzt sitzen wir auf zweihundertfünfzig Talern, die wir noch nachzahlen müssen.

Der König, der sich über Jettchens Fortkommen sehr freut und den Unternehmungsgeist des jungen unschuldigen Kindes bewundert, wünscht, dass ihr Fonds um vierhundert Taler erhöht wird, sodass er sechshundertfünfzig Taler beträgt. Der König bietet Ihnen an, davon pro Halbjahr sechs Prozent abzuzahlen.

So bin ich nun von Seiner Majestät, unserem gnädigen König, beauftragt, Sie, beste Mademoiselle, zu fragen, ob Sie bereit wären, dem Staat mit dieser Summe auszuhelfen. Der König bewundert Ihre Liebe und Güte und lässt Ihnen ausrichten,
dass er Sie persönlich angeschrieben hätte, derzeit aber aus-
wärts beschäftigt ist.

Der Justizminister wird Sie im Namen Seiner Majestät so
bald wie möglich besuchen, weil der König wünscht, dass
diese Sache nur durch Sie, gute Mademoiselle Niemann, durch
mich und durch ihn selbst abgemacht werden soll. Auf diese
Weise will er Henriette fördern, weil das nicht nur dem Staat,
sondern auch ihr unberechenbaren Nutzen einbringen kann.

Damit habe ich nun den Antrag Seiner Majestät an Sie,
beste Mademoiselle, ausgerichtet und hoffe im Vertrauen zu
Gott und Ihrer Liebe, dass das Unternehmen gesegnet sein
möge. Sie erwarten Ihr Jettchen ganz gewiss schon zurück. Ihr
erster Gang wird zu Ihnen führen; sobald sie aus dem Post-
wagen steigt, fährt sie nach Charlottenburg.

Bitte sagen Sie ihr aber nichts vom König. Er will Henriette
durch ein eigenhändiges Schreiben überraschen. Zeigen Sie
ihr auch nicht diesen Brief, sondern sagen ihr, ich wäre bei Ihnen gewesen und hätte mit Ihnen gesprochen.

Wollen Sie nun gütigst die Bitte des Königs erfüllen und
schreiben ein paar Zeilen an den Justizminister. Legen Sie die
Staatsschuldscheine dazu, versiegeln Sie alles und geben es
Jettchen mit. Sie soll den Brief dann gleich zum Justizminister bringen.

Leben Sie wohl, gute Mademoiselle Niemann, der Himmel
segne Sie, ich werde nächstens so frei sein und Sie besuchen.
Jettchen soll mich am Tag zuvor bei Ihnen anmelden.

Louise Fürstin Radziwill

Königliche Hoheit«

Eine alte Dame wird weichgekocht

Wie hätte die alte, gerührte Dame einer fürstlichen Bitte, vorgetragen in einem mehr als leutseligen Brief, widerstehen können! Ihr Herz war erweicht, ein Acker fruchtbar gemacht für
weitere Aussaat. Sie tat, um was sie gebeten worden war, schrieb
an den Minister, siegelte vierhundert Taler ein und händigte
ihrem Jettchen, das zur rechten Zeit kam, den Brief aus.

Bald darauf erhielt sie durch deren Vermittlung auf einem
Fünfzehn-Silbergroschen-Stempelbogen folgende Quittung:

»Ein Königlich-Preußisches Schuldepositorium bescheinigt
hiermit, dass es von Demoiselle Henriette Niemann aus Charlottenburg neunhundert Taler in Staatsschuldscheinen gegen
zwölf Prozent Zinsen jährlich geliehen bekommen hat.

Berlin, den 9. August 1834

Ein Königl.-Preuß. Schuldepositorium

H. L. P. Wilke

Schulvorsteherin

Maaßen

Staatsminister«

Wenn noch ein Zweifel in der alten Dame gewesen wäre,
hätte ihn dieses Dokument vollständig beseitigt. Es war auf einem Stempelbogen, der Name eines Ministers stand darunter,
ihr Jettchen hatte es, mittlerweile schon als Schulvorsteherin,
mit unterzeichnen müssen, und ihr waren zwölf Prozent Zinsen versprochen worden.

Aber Henriette oder Jettchen, so wurde sie gewöhnlich genannt, musste sich weiter ausbilden. Sie musste weiter reisen.
Die Gräfin Osten-Säcken, eine spezielle Freundin der Fürstin Radziwill, nahm sie mit nach Frankreich und England.
Doch kehrte sie schon Anfang Oktober 1834 zurück, nachdem sie ihrer Patin von Hamburg aus geschrieben hatte, dass
sie auf einem Schiff in der Nähe dieser Stadt die Bekanntschaft des Grafen Villamor gemacht und sich mit ihm verlobt
habe.

Ihre Erzählungen bei der Rückkehr flossen über von Seligkeit und Entzücken. Wie reich habe der großmütige Graf sie
beschenkt; von seinem Geld würde sie eine eigene Wohnung
mieten und eine schöne Einrichtung kaufen. In einem halben
Jahr wolle er sie abholen.

Die Fürstin Radziwill habe erklärt, dass der Graf Villamor
ein Bekannter des Königs sei. Aus der Direktorenstelle an der
Schule dürfte nun wohl leider nichts werden.

Henriette Wilke fuhr nun häufig zur Fürstin Radziwill,
wo sie auch tatsächlich die Bekanntschaft des Königs Friedrich Wilhelm III. machte – eine für sie und die alte Niemann
höchst einflussreiche Bekanntschaft. Zuvor müssen wir jedoch die Beziehung zur Fürstin Radziwill näher betrachten. Die alte Dame war ohne ihr Wissen und ihren Willen in
eine Korrespondenz mit der edlen Fürstin geraten, die, immer inniger werdend, endlich in eine Art von Freundschafts-
bund zwischen beiden, die sich nur aus ihren Briefen kannten, mündete.

Die Briefe der Fürstin atmeten sämtlich eine Güte und
Herzlichkeit, wie sie auch in Romanen selten vorkommt, aber
auch hier und da ihre reellen Zwecke hat.

So heißt es in dem einen: »Meine gute, liebe Niemann, al-
lemal freue ich mich, wenn mein Jettchen mir einen Brief von
Ihnen bringt. Aber, gute Niemann, warum sagen Sie mir so
vielen Dank für das, was ich zu tun schuldig bin? Waren Sie
denn nicht gegen mich so liebevoll und freundschaftlich, dass
ich Ihnen das nie vergelten kann!« Die Fürstin verspricht Frau
Niemann zudem, ihr teuren Stoff für einen neuen Sofaüber-
zug zu senden. Zum Schluss aber bittet sie, wenn die Niemann
Pfandbriefe über verschiedene, kleinere Beträge habe, dieselben zu schicken. Sie werde diese zu einem guten Verkaufspreis
gegen andere tauschen.

Die adlige Frau schüttete aber auch ihr Herz vertrauensvoll
bei der neuen Freundin aus; sie machte sie zur Mitwisserin
ihres Kummers:

»Meine gute, liebe Mamsell Niemann, ich wollte Ihnen endlich einmal sagen, was für ein freundschaftliches Gefühl ich für Sie beste Seele in meinem Herzen trage!

Sie nehmen an all meinen Schicksalen einen so innigen, so ungeheuchelten Anteil, und ich sollte Ihnen meine Dankbarkeit dafür nicht an den Tag legen? Gerne wäre ich schon zu Ihnen gekommen, meine Beste, um an Ihrer Seite, an Ihrem teilnehmenden Herzen meinen Kummer auszuschütten, allein meine Umstände wollen es mir nicht erlauben. Auch eine Fürstin kann sich in eine traurige Lage versetzt sehen, in eine solche Lage, die sie niemandem beschreiben darf, sondern ausharren muss, bis Gott sie ändert!

Unser Jettchen ist eine glückliche Braut! Wohl ihr, sie verdient es, glücklich zu sein, sie ist ohne Falsch und ein gutes Kind, ihre kleinen Faseleien habe ich von Herzen verziehen.

Jetzt, meine liebe Freundin, will ich Ihnen Lebewohl sagen, bald werde ich einmal bei Ihnen sein. Schreiben Sie mir ein Briefchen, und schicken Sie's mir durch das gute Jettchen, nicht mit der Post, weil ich die Briefe von der Post nicht selbst öffne. Ich erwarte Ihren Brief mit Sehnsucht. Könnte ich Sie doch nur erst sprechen!

Ich fuhr kürzlich an Ihrem Haus vorbei und sah Sie mit einigen Damen vor der Tür stehen. Da wäre ich gern ausgestiegen, aber ich wollte Sie nicht stören.

Noch einmal: Leben Sie wohl, meine gute Mamsell Niemann, und erfreuen Sie bald mit einem Brief Ihre Sie aufrichtig liebende Freundin

Louise de Radziwill«

Über diesen seltsamen Brief mit der bedeutungsschwangeren Stelle »Auch eine Fürstin kann sich in eine traurige Lage versetzt sehen« gab Henriette der alten Dame auf Nachfrage eine für die Niemann zuerst überraschende Erklärung: Die Fürstin stehe gegen ihren Bruder Prinz August wegen Brillanten vor Gericht.

Deshalb befinde sie sich in Geldverlegenheiten und brau-

che gerade siebenhundert Taler, die sie nirgends auftreiben
könne, wenn die Niemann ihr dieselben nicht verschaffen
wolle.

Dass die edle Fürstin sich in einer solchen Lage befand,
geht auch aus anderen Briefen an ihre Freundin hervor, die,
beiläufig gesagt, wie die meisten Damenbriefe ohne Datum
sind. In dem einen heißt es:

»Dass Sie betrübt sind, liebe Gute, kann ich mir sehr gut
denken und es Ihnen nicht verargen, denn es geht mir ebenso.
Ich muss mir das Meinige erbetteln und habe es vor Weihnachten nicht zu erwarten. Ich möchte gern reisen, doch der
Monarch ist zu stur, um mir das Geld dafür zu geben.«

Die »gute Niemann« half der Fürstin aus ihrer Not, indem
sie ihr siebenhundert Taler durch die Wilke übersandte. Das
war nicht das letzte Mal. Die Korrespondenz zwischen beiden
drehte sich von nun an um die drückenden Verhältnisse der
Fürstin, um ihre Dankbarkeit, um ihre Geschenke, die sie Frau
Niemann sandte, um ihre Wünsche, die Dame doch endlich
einmal persönlich zu sehen – Wünsche, deren Realisierung
aber immer etwas im Weg stand.

Da heißt es beispielsweise: »Von der Dankbarkeit Ihres
Herzens bin ich fest überzeugt, und es tut mir weh, wenn Sie
mir danken für das, was ich Ihnen zu geben schuldig bin. Die
Reihe zu danken ist an mir.«

Die Fürstin will Frau Niemann auch ein Weihnachtsge-
schenk senden. Dazu heißt es in einem Brief von ihr:

»Ich war so frei, für Sie, meine Gute, Stoff für einen Oberrock zu kaufen. Jettchen weigert sich aber, Ihnen diesen zu
bringen, weil Sie sonst glauben könnten, sie hätte mir gesagt,
für Sie einzukaufen. Das stimmt aber nicht, sondern es war
mein eigener Wunsch. Ich bin auf Jettchen entsetzlich böse,
denn ich will meinen Willen durchsetzen. Sie soll es Ihnen
übergeben.

Was sagen Sie zu unserem guten Monarchen? Er meint es
so gut mit Ihnen und spricht so gern von Ihnen. Jettchen ist

mittlerweile mit dem König sehr vertraut, was mir viel Freude macht. Ende Mai wird der Graf Villamor hier sein. Er wird sie überraschen. Meine Freude ist groß.

Was denken Sie wohl von mir, meine gute Niemann? Ich habe so oft versprochen, Sie zu besuchen oder Sie zu mir kommen zu lassen, aber der passende Augenblick war immer noch nicht da. Doch bald wird es so weit sein. Dann wollen wir manches Stündchen uns von den Bildern der Vergangenheit erzählen, die noch so lebhaft vor Augen stehen.

Bitte Jettchen wegen dem Stoff schimpfen! Schicken Sie mir bald eine Antwort durch das liebe Mädchen.«

Es fehlte nicht an Störungen dieses schönen Verhältnisses. Die Familie der alten Dame erfuhr nur in Andeutungen von der Verbindung mit der Fürstin Radziwill und später mit dem König. Aber das immer engere Zusammenhalten von Frau Niemann mit Henriette Wilke hatte dem Bruder und den Nichten Besorgnis eingeflößt. Sie gaben ihrer Tante beziehungsweise Schwester Winke und Warnungen, und darüber kam es zu Reibereien. Die Nichten konnten nicht verbergen, dass die Anwesenheit von Henriette bei der Tante sie in Unruhe versetzte. Die kleinen Geschenke, die Henriette ihnen sendete, waren ihnen ein Ärgernis. Es gab Verstimmungen.

Und wie unglücklich die gütige Fürstin war, dass sie immer wieder an einer persönlichen Zusammenkunft mit der alten Dame gehindert war! Das geht auch aus diesen Zeilen hervor:

»Die Prinzessin der Niederlande wird heute hier erwartet, und da sind sämtliche Damen vom Hofe bestellt, um sie im Palais zu begrüßen. Sie, gute Niemann, werden mir die Freude machen, am Mittwoch ein Tässchen Kaffee bei mir zu trinken, und dabei soll uns niemand stören. Jettchen weiß noch von gar nichts, bitte ihr auch ja nichts zu sagen, denn das liebe Kind würde sich gewiss grämen, dass sie nicht dabei sein darf.«

Solche Briefe wurden dann durch andere Briefe erwidert, in denen die gute alte Dame nicht Worte genug für ihre gerührte Dankbarkeit und Beschämung zu finden wusste. Die

Konzepte und Originale davon finden sich ziemlich vollständig in den Akten. So schreibt Frau Niemann der Fürstin, deren
Tochter gerade gestorben war:

»Gott legt den Menschen Prüfungen auf, die wir mit Vertrauen zu ihm ertragen müssen, indem er die schöne Hoffnung des Wiederfindens in unsere Herzen gelegt hat, welches
uns die Beruhigung gibt, dass sie für uns nicht verloren seien,
sondern wir sie in einer besseren Heimat als verklärte Engel
wieder begrüßen werden. Gott wolle Eurer Königlichen Hoheit mütterliche Trauer mit diesem Gedanken lindern.

Henriette wünsche ich, dass ihr Verlobter es recht gut mit
ihr meint. Es ist ein starker Entschluss von ihr, so weit in ein
fremdes Land zu gehen, wo sie niemand kennt. Es scheint,
dass sie zu etwas Außerordentlichem bestimmt ist. Ich hätte
gewünscht, dass sie Eure Königliche Hoheit früher kennengelernt hätte, da Sie ihr den Weg zu ihrem Glücke bereitet
haben.«

Der Glaube in der alten Dame war übrigens erst nach und
nach gewachsen. Zu Anfang schien es ihr selbst doch überraschend und kaum glaublich, dass ein so einfaches Mädchen
wie ihre Henriette nicht nur Zutritt zum Hof, sondern auch
das tiefe Vertrauen der Fürstin – und das auch noch in so kurzer Zeit – erworben haben sollte.

Während Henriettes erster Reise nach Hamburg hatte sie
deshalb mit der Post zwei Briefe an die hohe Dame gerichtet, in denen sie, dunkel auf die Verhältnisse anspielend, um
eine Audienz bat. Das erste Mal wurde ihr dies abgeschlagen,
weil die Fürstin krank sei, auf den zweiten erhielt sie unter
dem 10. November 1834 folgende Antwort von der Hofdame
der Fürstin, Fräulein von Langen:

»Ich muss leider im Auftrag Ihrer Königlichen Hoheit sagen, dass der Brief, den Sie ihr geschrieben haben, ganz unverständlich ist. Die Fürstin weiß nicht, wen Sie unter Jettchen
verstehen, auch hat sie nichts erhalten, wie Sie es zu vermuten scheinen.

Sie werden daher gebeten, deutlicher darzulegen, was Ihr Anliegen ist und wer Jettchen ist.«

Dieses Schreiben hätte Frau Niemann vielleicht die Augen geöffnet. Doch ehe sie es erhielt, war Henriette von ihrer Reise zurückgekehrt. Sie kam plötzlich in die Stube und berichtete, dass die Fürstin Radziwill eben einen reitenden Boten gesandt habe. Der habe ausgerichtet, die Fürstin sei darüber aufgebracht, dass die Niemann sich erdreiste, direkt durch die Post Briefe an sie zu schicken, da diese ja auch von anderen Personen am Hof gelesen werden könnten und dadurch die Beziehung zwischen den beiden herauskäme.

Dadurch würde ein Geheimnis veröffentlicht, dessen gewissenhafte Bewahrung Seine Majestät der König ausdrücklich verlangt habe. Sie, die Niemann, möge sich nicht wieder trauen, das allerhöchste Vertrauen des Königs so zu unterwandern. Dieses Mal wolle sie ihr noch vergeben. Zur Täuschung ihrer Umgebung habe sie einen Brief an Frau Niemann gesandt, in dem sie so tat, als wisse sie nicht, worum es ginge.

Erst danach kam der Brief der Fürstin an. Nur wer wusste, was in den geheimsten Zimmern des Hofes vorging, konnte vorhersehen, was darin stehen würde. Damit war bewiesen, dass Henriette der Fürstin wirklich nahestand. Was sollten dagegen die Warnungen ihrer Nichten bedeuten? Sie schrieben, dass sie beim Pförtner des Radziwill'schen Palais nach den Besuchen Fräulein Wilkes gefragt hätten. Der Portier hatte darauf halb verächtlich, halb entrüstet geantwortet, wie man darauf käme, dass so jemand bei seiner Fürstin Zutritt habe! – Doch das kam Frau Niemann nun nur noch wie schändliche Verleumdung vor, die ihre nächsten Verwandten begingen, um das Mädchen von ihr fernzuhalten.

So hatte also der Versuch von Frau Niemann, mit einem Brief an die Fürstin die Wahrheit zu erfahren, ihren Glauben nur noch gefestigt. Von nun an wagte sie nicht mehr, irgendetwas zu tun, das bei den hohen Personen Missfallen erregen könnte.

Das war also das Bild, das Henriette Wilke von ihrer Freundschaft zur Fürstin Radziwill entworfen hatte. Weniger deutlich
war ihr Verhältnis zu König Friedrich Wilhelm III.

Henriette Wilke hatte den »guten König« bei der »guten
Fürstin« kennengelernt; er hatte Gefallen an ihr gefunden; er
hatte sie oft gesehen; sie war in seinem Palais gewesen und
hatte fortwährend dort Zutritt; er interessierte sich für sie und
ihren Schulplan; später für die Verlobung, die er billigte, für
ihren Bräutigam, den Grafen Villamor, den er kannte, wenigstens dem Ruf nach; sie durfte ihn »Papa« nennen, eine vertrau-
liche Benennung, die der König dem allgemeinen Glauben
nach gern von den jungen Mädchen, für die er sich interessierte, hörte, so wie sie auch die Fürstin Radziwill nur »Mama«
nannte.

Das alles hatte Henriette Frau Niemann erzählt. Sie konnte
es auch glauben, denn man hörte in Berlin von solchen Dingen. Es war vielmehr schön, dass Henriette das Glück hatte,
dem König vorgestellt zu werden und ihm zu gefallen, wohl
durch ihre Anmut, Frische und Natürlichkeit. Der König
wollte zur Abwechslung nichts Gelehrtes, Geistreiches und
Vornehmes; der Zauber der Natur, des gesunden Menschen-
verstandes, der Schalkheit, der Herzensgüte zog ihn an. Wer
ihn so gewonnen hatte, für den interessierte er sich bis in die
Details des Familienlebens, wie die Briefe der Fürstin Radziwill zeigen, in der solche Nachfragen des Monarchen geschildert sind.

Nachdem Frau Niemann schon sehr viel Geld hergege-
ben hatte, um den Schulfonds zu füllen, wurde sie für noch
größere Dinge vorgesehen. Henriette Wilke wusste vom König, dass er Geld von einigen Untertanen leihen wollte, um
die andernfalls nötige Abgabenerhöhung zu vermeiden. Er erklärte Frau Niemann brieflich, dass Seine Majestät von ihr als
bekannt zuverlässiger Person erwarte, dass auch sie ihm Geld
leihen werde. Fast zur selben Zeit empfing sie auch folgende
Kabinettsorder:

»Wir von Gottes Gnaden

Friedrich Wilhelm III., König von Preußen, tun der Mademoiselle Niemann hierdurch kund und zu wissen, dass Wir ihr für so viele Uns in treuer Freundschaft geleistete Dienste wieder einen Freundschaftsdienst erzeigen wollen. Wir haben nämlich beschlossen, Ihnen die Abgaben, die Sie auf Ihrem Grundstück und Äckern erlegen möchten, abzulassen, und Sie werden denn daher solcher vom 1. Januar 1834 enthoben und hierüber vom Polizeipräsidenten Gerlach eine Bescheinigung erhalten.

Bitte aber bis dahin niemandem von dieser Sache, sei es auch den nächsten Blutsverwandten, etwas wissen zu lassen. Unsere kleine Gesandte wird Ihnen wiederum eine dringende Bitte von Uns ans Herz legen, die Wir nicht gern zu Papier bringen möchten. Leben Sie wohl und noch lange zum Wohl meiner Untertanen.

Ich versichere Ihr

in Freundschaft Ihr

Friedrich Wilhelm«

Die mündliche Bitte betraf natürlich ein Darlehen. Unterwürfig übergab die sich hochgeehrt fühlende Frau Niemann erneut einen Teil ihrer Staatsschuldscheine an die »kleine Gesandte«, die sie dem König übergeben sollte.

Aber der König brauchte immer mehr Geld. Nachdem die Niemann ihre Staatsschuldscheine fortgegeben hatte, kamen ihre Pfandbriefe an die Reihe, und als auch diese zu Ende waren, wurde sie bewogen, auf ihr Haus in Charlottenburg zuerst viertausend, dann noch dreitausend Taler Hypothek aufzunehmen. Das war mehr, als das Haus wert war – sie tat es trotzdem, für ihren König.

Insgesamt gingen etwa zwölf Briefe des Königs oder Kabinettsschreiben ein, die alle eigenhändig geschrieben waren, damit am Hof niemand etwas von diesem Geheimnis erfahren konnte.

»Unserer lieben treuen Niemann

Unser herzliches Willkommen!

Zuerst Unserer guten Niemann Unseren herzlichen Dank für die dreitausend Taler, die richtig in Unsere Hände gekommen sind; nicht imstande sind Wir, Euch diese Gefälligkeit zu lohnen, wie sich's gehöret. Euch aber nach Euer Verdienst zu lohnen, schwöre ich, beteuern Wir Euch hiermit.

Im Vertrauen auf Eure unbegrenzte Liebe und Gefälligkeit wagen Wir noch eine Bitte: Wäre es Euch wohl möglich, Uns Euer Kapital noch bis zum 1. Januar in Händen zu lassen, worauf Wir Euch bei der Wiederkehr von Fräulein Henriette Wilke in vier Wochen tausend Taler auszahlen werden. Die Schulden der Elberfelder Feuerkasse haben die Gebrüder Rothschild unternommen zu decken. Der Kassenschaden darf nicht publiziert werden, das heißt, Wir müssen Gelder aufnehmen, auch von der Fürstin Radziwill.

Willigen Sie ein, Unsere gute Niemann, so lassen Sie es Uns bald durch wenige Zeilen wissen. Wir bitten Euch aber, hierin wie schon in den anderen Angelegenheiten, die größte Verschwiegenheit zu beobachten, besonders gegen Eure Verwandten. Lebt wohl, gute Getreue, zürnt uns nicht, bei Unserer Rückkehr sprechen Wir Euch persönlich Unseren schuldigen Dank aus.

Noch einmal lebt wohl, behaltet in gutem Andenken Euren Euch wohlgewogenen

König

Friedrich Wilhelm

Bewahrt diesen Brief als Sicherheit für die sechzehntausend Taler (die in Unsern Händen sind), so auch für die dreitausend, die Ihr auf Euer Grundstück aufgenommen habt.«

* * *

»Unserer treuen, viel geliebten Niemann

Unseren herzlichen Gruß!

Wir freuen Uns herzlich zu hören, dass es Euch, Unsere gute Niemann, besser geht, und daher sind Wir gesonnen, Euch am Freitag oder Sonnabend auszuzahlen, und zwar auf Unserem Palais zu Berlin. Wir würden es eher getan haben, wäre Uns nicht ein treuer Freund abberufen worden, was Uns in tiefste Trauer versetzt hat.

Gute Niemann, die Zinsen von Eurem Kapital wollen Wir Euch gern in Staatsschuldscheinen auszahlen, es fehlen Uns deren, haben Sie doch die Güte, Ihren Bruder darum durch ein Paar Zeilen ersuchen zu lassen, weil er selbst Uns gesagt, dass er welche hat, wenn Not am Mann sein sollte.

Henriette wird Ihnen sagen, wie Sie es anfangen sollen, da Wir sie gestern schon durch die Fürstin Radziwill davon in Kenntnis haben setzen lassen.

Lebt wohl, ich erwarte Euch Freitag!

Euer wohlgeneigter König

Friedrich Wilhelm«

* * *

»Gott grüß Euch, liebe gute getreue Niemann!

Unzählige Male haben Wir schon gewünscht, Euch kennenzulernen und Euch bei uns zu sehen! Was werdet Ihr von Uns denken, gute Niemann. Sie halten Uns für keinen gerechten Monarchen, doch Gott sei bei Uns, am Montag sollt Ihr es erfahren, dass Wir dennoch Einer sind.

Montagnachmittag, gute liebe Niemann, fahret hin zu unserer Cousine, der Frau Fürstin de Radziwill, trinkt dort Kaffee und kommt von da zu Uns mit Henriette. Die Fürstin ist auf Euren Besuch eingerichtet.

Am Dienstag kommen Sie noch einmal zu mir… Eine zweite Niemann gibt es nicht, bringen Sie morgen Ihre Hausjungfer mit. Bitte aber, sich übermorgen gegen 5 Uhr bei Uns einzufinden, nicht später.

Übermorgen werde ich Euch einen Brief, einen sogenannten Abbittebrief, Eures Herrn Bruders überreichen. Ihr werdet bestimmt alles von ihm wissen, wie er sich gegen Uns benommen, und gewiss werden Wir dann Eure Verzeihung schon erhalten haben.

In Bälde sehen wir uns.

Euer Euch wohlgewogener

König

Friedrich Wilhelm«

* * *

»Unseren herzlichsten Gruß und die innigsten Wünsche für Dero dauernde Gesundheit zuvor.

Wohl haben Sie Ursache, gute treue Niemann, bös und zornig auf Uns zu sein, doch Gott sei mein Zeuge, dass Wir nie schlechte Absichten zum Grunde hatten.

Leider müssen Wir noch einmal, aber zum letzten Mal, aufschieben. Sonnabendnachmittag, eher kann ich Sie nicht sehen; hielten Wir dann nicht Wort, dann sind Wir nicht würdig, von der Erde getragen zu werden. Sie haben viel, ja sehr viel für Uns getan und gewirkt, nie können Wir Dank genug für Sie haben, doch wie als Mensch Wir danken können, werden Wir Ihnen danken, dazu möge Gott Uns helfen.

Nun bitten Wir herzlich, Henriette keine Vorwürfe zu machen. Es ist nicht ihre Schuld. Das Nähere wird sie Ihnen erzählen. Sie weiß alles. Sie wird alles in Ordnung bringen. Halten Sie Uns immerhin für ungerecht. Wir sind überzeugt, dass Sie am Sonnabend Ihr strenges Urteil über das zurücknehmen.

Viel Ärger und Verdruss haben Wir durch Ihren Herrn Bruder gehabt, besonders bei der Aufnahme von tausend Talern … den Gott möge selig haben. Noch einmal, treue Niemann, sein Sie Uns nicht böse, ich bitte Sie darum; zürnen Sie nicht Ihrem

Ihnen wohlgeneigten
König
Friedrich Wilhelm«

* * *

»Unsere gute Niemann!

Ihren Pfandbrief von achttausend Talern haben Wir richtig empfangen, auch dabei versprochen, Ihnen Staatsschuldscheine dagegen zu schicken, doch Wir ließen Ihnen am Donnerstag sagen, Uns noch einen desgleichen von tausend Talern zu übersenden. Sie sollen dann am Sonnabend zu Uns kommen und das Ihrige in Empfang nehmen. Durch Henriettes Ungehorsam aber hat sich die Sache wieder verzögert. Wir sind ob diesem Ungehorsam sehr erzürnt. Lassen Sie sich dies genauer erklären und erteilen Uns dann genauen Bescheid hierüber, was der Sache zum Grunde liegt. Wir haben bis jetzt väterlich gehandelt und werden nie aufhören, es fernerhin zu tun.

Euer wohlgewogener
König
Friedrich Wilhelm«

* * *

»Berlin, den 21. Dezember

Unserer vielgetreuen Niemann versichern Wir hiermit Unsere Liebe und Wohlwollen!

Zu Unserem Bedauern haben Wir gehört, dass Ihnen die Fahrt nach Berlin ein Unwohlsein zugezogen hat. Gott gebe, dass es Ihnen bald besser gehe.

Wir wollen Euch hierdurch bekunden, dass Wir gesonnen sind, Euch nicht allein dies der Jettchen geliehene Kapital in Form von Staatsschuldscheinen zurückzuliefern, sondern auch das der Fürstin und Uns geliehene.

Da aber jetzt die neuen Scheine erst hergestellt werden müssen, so sind Wir entschlossen, Euch diese selbst zu besorgen, da dies doch für Euch viele Umstände verursachen würde. Bitte, meine treue Niemann, Uns in ein paar Zeilen zu schreiben, ob Unser Wille Euch gefällt. Zu Mittwoch bitten Wir Uns ein Schreiben von Euch durch Unsere kleine Schatzmeisterin aus.

Gott erhalte Euch und schenke Euch frohe und zufriedene Festtage, und fangt mit einem ebensolchen Herzen das neue Jahr an, dies ist der aufrichtige Wunsch Eures Euch wohlgewogenen

Königs

Friedrich Wilhelm«

Auch der König hatte in dieser Korrespondenz die unglückliche Angewohnheit der Damen, seine Briefe selten zu datieren, sodass wir nicht gewiss sind, ob sie in der historischen Reihe aufeinanderfolgen.

Wenn auch einiges in diesen Kabinettsschreiben undeutlich ist, so spricht doch der Gesamtinhalt deutlich genug. Der König ist wie die Fürstin Radziwill mit allem, was in dem Haus der alten Dame vorgeht, vertraut, er kennt alle Klatschgeschichten, den Zwiespalt der Familie, auch er warnt vor den Verwandten, er kennt die einzelnen Gläubiger und Schuldner der Niemann, er gibt ihr guten Rat, wie sie mit ihnen verfahren soll, er scherzt unmutig über die kleinen Unarten der liebenswürdigen Abgesandten, er schreibt mit derselben holdseligen Popularität und ist endlich ebenso dienstfertig und ebenso in Geldbedrängnissen wie die Fürstin Radziwill.

Die Niemann hatte mittlerweile kein Vermögen mehr und erhielt nicht einmal Zinsen, weil immer etwas dazwischenkam, wenn der König ihr die Schuldscheine überreichen wollte. Erst sollte sie diese erhalten, bevor der König nach Teplitz ging, dann aber erst, wenn er zurückkehrte. Danach hinderte der Besuch in Kalisch, schließlich sollte sie die Schuldscheine zum 1. Januar 1836 haben. Sie drängte nun auf Rückzahlung, mehrmals, auch recht kurz und dringend. Wir lesen, dass der König sich daraufhin selbst als unwürdigen König bezeichnet, für den Fall, dass es zu weiteren Verzögerungen kommen sollte. Aber die Schuld lastete schwer auf ihm: Er konnte nur vertrösten.

Endlich erhielt Frau Niemann vom König durch die Wilke eine verschlossene Mappe mit dem dazugehörigen Schlüssel, in der sich ihr Geld in Form von Schuldscheinen befinden sollte. Zugleich wurde sie angewiesen, sich ja nicht zu wagen, die Mappe zu öffnen, bevor der König es ihr erlaube. Er werde deshalb den Kammergerichtsrat Ballhorn zu ihr schicken, aber der Kammergerichtsrat Ballhorn wurde krank, und so verzögerte sich auch der ersehnte Zeitpunkt von Woche zu Woche.

Demoiselle Niemann hatte ein starkes Vertrauen und war nicht von weiblicher Neugier geplagt wie König Blaubarts Frauen. Obgleich sie den Schlüssel in Verwahrung hatte, obgleich die Wilke ihr gesagt hatte, sie werde sich überrascht finden, wenn sie die Mappe öffne, denn der König habe sie königlich für ihr Vertrauen belohnt, und anstatt der neunzehntausend Taler, die sie im Ganzen dem Staat geliehen habe, werde sie gegen fünfzigtausend Taler in Papieren finden, widerstand sie der Versuchung und öffnete sie nicht.

Der Luxus und Aufwand, den die Wilke trieb, stach sehr auffällig von dem bescheidenen Haushalt der alten Dame ab. Aber dies konnte das Band der Eintracht zwischen beiden nicht stören. Die Niemann war so durch das Glück bezaubert, das ihren Liebling Henriette hob und trug, dass sie auch ihrerseits alles tat, ihr das Leben angenehm zu machen. Sie glaubte zudem, dadurch ihrem König gefällig zu sein ...

Es kam ihr nie in den Sinn, dass Henriette den Aufwand mit ihrem – der Niemann – Geld bestreite. Sie war mit allem zufrieden, sie glaubte alles, was Henriette ihr sagte, sie folgte ihr in unterwürfiger Befangenheit in ihren wechselnden Angaben über den Quell ihres Vermögens.

Anfänglich glaubte sie, dass Henriettes Geld von den Geschenken des Grafen Villamor herrühre, auch von einem Lotteriegewinn, den Henriette in Hamburg gemacht haben wollte; später hatte sie es von »Mama«, dann von »Papa« erhalten.

Das war auch nötig, denn mit einem Mal schienen die Heiratspläne mit dem Grafen Villamor in den Hintergrund zu treten. Er zögerte vielleicht zu lange, Brasilien war ihr zu fern, und sie hatte einen neuen Bräutigam, einen Adjutanten des Königs, den Grafen von Witzleben, eine Partie, mit der der König anfänglich sehr zufrieden war. Sie blieb ja im Lande und in seiner Nähe. Sie hatte schon kostbare Ringe mit dem Grafen gewechselt, die sie der alten Dame zeigte.

Nur die Fürstin Radziwill war, wie aus einem ihrer Briefe zu ersehen, mit der Partie nicht einverstanden. Es heißt darin: »In Henriettes Verlobung willige ich nicht ein, wie Sie schon wissen werden. Ich habe einen Besseren für Henriette. Tun Sie mir den Gefallen und verwahren den Ring noch acht Wochen.« – Später ging diese Verlobung auseinander, weil der Graf von Witzleben sich eines Hochverrats schuldig gemacht hatte!

Die Niemann glaubte alles – auch dass ihr König, der bekanntlich in seinen Privatfinanzen stets sehr wohl arrangiert war, immerfort Geld bedurfte, dass er es, um der Elberfelder Versicherungskasse beizuspringen, nötig habe, eine Privatperson anzusprechen, dass er nie sein Wort halten konnte, das Geliehene zurückzuerstatten, dass es ihm nicht einmal möglich war, die Zinsen aufzubringen.

Ja, sie glaubte, als sie wenigstens auf die Zinszahlung heftig drang, dass Henriette nun ein Recht habe, das zu tun, was Frau Niemann selbst streng untersagt war: Henriette öffnete jetzt mit dem Schlüssel die geheimnisvolle Mappe und nahm ein

Papier, angeblich im Wert von tausend Talern, heraus, um es
zu Bargeld zu machen. Frau Niemann blieb bei diesem Glauben, auch als aus dem Umtausch in Bargeld und der Zinszahlung nichts wurde.

Während der alten Dame so langsam das Geld knapp wird,
fährt das Glückskind mit vier Pferden, einer Gesellschafterin
und Bediensteten in den böhmischen Bädern umher und
machte Ausflüge nach Prag. Ihre Briefe atmen Seligkeit über
das freie, wonnige Leben.

Sie macht angesehene Bekanntschaften, sie sieht und besucht alles, kauft ein und genießt das Leben wie die sorgen-
freieste Person der Welt. Geschenke werden gekauft, Ein-
richtungen für ihre Wohnung bestellt. Der Mělníker Wein
schmeckt ihr besonders, sie will davon einige Flaschen sowie eingemachte Forellen nach Berlin mitbringen, sonst aber
nichts: Ihre Verwandten und Freunde hätten schon genug
von ihr erhalten.

Dafür aber überschüttet sie ihre teure Niemann mit Erzählungen, Klatschereien und Liebesbeteuerungen. Wie nur ein
liebenswürdiges, unschuldiges Mädchen, das zum ersten Mal
auf Reisen ist, berichtet sie alles den Lieben nach Hause oder
lässt es durch die Gesellschafterin schreiben. Noch das Geringste ist ihr von Wichtigkeit, sie erzählt die Sagen und Märchen des Karlsbader Tales. So, wie sie von den anderen Glauben fordert, erscheint sie selbst gläubig. Man könnte an eine
Romanschreiberin denken. Vornehme Bekanntschaften macht
sie auch dort: Die Tochter der Herzogin von Berry hat ihr dauernd Kusshände zugeworfen, dieser und jener Prinz war er-
freut, sie zu sehen und zu sprechen, und leider musste sie nur
aufpassen, nicht dem lieben »Papa« um den Hals zu fallen, der
gerade in Teplitz weilte.

Die Geldbedrängnis des Königs wurde immer größer, das
Geld immer knapper. Die dreiundsechzigjährige Magd der
Niemann hatte noch ersparte zweihundertfünfundsiebzig
Taler in Staatsschuldscheinen. Befragt, ob sie diese gegen gute

Verzinsung und eine angemessene Belohnung dem König leihen wolle, willigte sie gern ein. Eine Köchin sollte die Ehre haben, ihrem König Geld zu leihen, und dabei noch gewinnen!
Warum sollte sie das nicht wagen, was ihre Herrschaft mit solcher Bereitwilligkeit tat?

Sie wurde mit dem Gelöbnis tiefster Verschwiegenheit in
das Geheimnis eingeweiht. Zudem musste sie der Wilke Geld
borgen, etwa dreißig Taler von ihren Ersparnissen. Zuletzt
musste Frau Niemann sich alles Geld von ihrer Gesellschafterin und ihrem Diener leihen. Bei ihrer Verhaftung fand man
nicht einen Taler bares Geld vor.

Inzwischen war die Angelegenheit mit dem Möbelhändler
in Gang gekommen. Um Neujahr 1836 teilte Henriette ihrer
mütterlichen Freundin mit, dass der König die Absicht habe,
dem Möbelhändler Schröder ein Kapital von acht- bis zehntausend Talern vorzuschießen, damit dieser imstande sei, die
Ausstattung für den Prinzen von Hessen-Darmstadt vorzuneh-
men. Der König wollte das nicht in eigenem Namen machen
und wünschte, dass seine immer bereite Freundin, die Niemann, ihn vertrete. Die loyale Untertanin war auch dazu bereit, obgleich sie nicht einmal eine schriftliche Zeile vom König erhielt; sie war der festen Überzeugung, die Wilke sei der
Mund des Monarchen.

Die weiteren Verhandlungen gingen so vor sich, wie sie
nach den Angaben Schröders erzählt sind. Er konnte das Geld
nicht bekommen, er musste erst fünfhundert, dann noch zweimal fünfhundert und endlich hundert, also zusammen tausendsechshundert Taler, vorschießen, damit der König seine
versetzten Pfandbriefe einlösen konnte! Davon war die Niemann fest überzeugt. Sie selbst erhielt die ersten tausendfünfhundert Taler aus Schröders Händen, quittierte sie und übergab sie Henriette, die sie dem König in den Palast überbrachte.
Dass sie wirklich dorthin gehen würde, stand für Frau Niemann außer Zweifel. Aber der König löste die Pfandbriefe
nicht ein und zahlte nicht. Schröder wurde mit seinem Drän-

gen sehr unangenehm, aber gleichzeitig war es Frau Niemann
zur heiligen Pflicht gemacht worden, den wirklichen Kredit-
geber nicht zu verraten.

Henriette vertröstete Frau Niemann von Tag zu Tag und behauptete, dass das Geld für Schröder demnächst vom Palais
eingehen werde. Als indes die Ungeduld der unglücklichen Alten, die nicht allein die erhaltenen tausendsechshundert Taler quittiert hatte, sondern auch der schriftlich versprochene
Geldbetrag immer größer wurde, sagte die Wilke, sie wolle
ihrer Freundin helfen.

Sie ließ sich die verschlossene Mappe des Königs geben –
die doch nur der Kammergerichtsrat Ballhorn öffnen sollte –,
schloss sie auf, nahm ein Paket heraus, das sie mit fünf Sie-
geln und der Aufschrift versah: »Zehntausend Taler in pommerschen Pfandbriefen für Herrn Schröder in Berlin«.

Dieses Paket, von dessen Inhalt Frau Niemann fest überzeugt war, wurde dem Möbelhändler zuerst gezeigt, dann von
der Wilke ausgehändigt und ein Termin zur Öffnung ausgemacht, der aber immer weiter hinausgeschoben wurde.

Erst am 5. April, dem letzten Termin, kam die Wilke mit einer seltsamen Äußerung zur Niemann: Seine Majestät der König sei im höchsten Grade erzürnt gewesen, dass sie, die Wilke,
jenes Paket dem Schröder überliefert hätte. In diesem Paket
befänden sich nämlich leere Papiere und nicht Pfandbriefe.

Seine Majestät hätten beabsichtigt, an die Stelle der leeren
Zettel Staatsschuldscheine zu legen. Er wäre nun besorgt, dass
sein Name beim Öffnen des Pakets in ein schlechtes Licht gerückt werden könnte. Nun käme alles darauf an, Herrn Schröder zu bewegen, dass er noch bis zum 9. April warte, bis dahin
werde der König gewiss das Geld auftreiben.

Aber Schröder ließ sich ebenso wenig überreden, wie die
Niemann in ihrem festen Glauben erschüttert wurde. Schröder erstattete, nachdem er noch einmal zu einem letzten Versuch nach Charlottenburg gekommen war und wenigstens ein
letztes schriftliches Anerkenntnis des Schuldverhältnisses von

der Niemann ertrotzt hatte, bei der Polizei Anzeige – und das Ungewitter brach los.

Polizeirat Duncker erschien plötzlich in Charlottenburg. Die Wilke hätte, wenn sie nachgedacht hätte, darauf vorbereitet sein müssen. Aber nichts davon. Als gedankenloses Kind des Augenblicks überließ sie sich dem Moment und seinen Eingebungen, aber ihre Fantasie ließ sie nun im Stich.

Zu diesem Zeitpunkt war der Polizei nur der Betrug an Möbelhändler Schröder bekannt. Wie die Sache lag, erschien die alte Demoiselle Niemann als wissentliche Betrügerin, ja sogar als Haupttäterin. Henriette Wilke und die Gesellschafterin Alfrede erschienen nur als Helferinnen. In den Befugnissen und gewissermaßen auch in der Pflicht des Polizeibevollmächtigten hatte es also gelegen, alle drei Personen zu verhaften, um der Sache auf den Grund zu gehen. Es gehörte Dunckers psychologischer Scharfblick dazu, hier richtig zu entscheiden und, indem er die eigentliche und allein Straffällige zum Geständnis nötigte, zwei durch ihre Leichtgläubigkeit schon hart gestrafte Frauen vor einer Festnahme zu bewahren.

Die Wilke leugnete, schwankte aber. Frau Niemann verteidigte ihren Glauben sowohl der Polizei als den Gerichten gegenüber. Duncker sagte der alten Dame auf den Kopf zu, dass sie betrogen worden sei und dass er sie verhaften müsse, wenn sie weiter schweigen wolle.

Sie erwiderte: »Man mag mich für eine Betrügerin halten; ich weiß, ich bin es nicht. Man mag mich ins Gefängnis bringen, und es schmerzt mich sehr, meine äußere Ehre gefährdet zu sehen, ich lasse mich aber getrost verhaften. Ich werde mein Geheimnis nicht verraten, ich darf es nicht, und wenn es auch mein Leben kosten sollte.

Sie, Herr Polizeirat, scheinen ein guter Mann zu sein und versichern mir, Sie könnten nicht anders handeln. Ich will aber wünschen, dass Sie später selbst nicht bereuen, was Sie an mir tun, und dass Sie sich nicht schaden.

Ich weiß, dass ich wieder zu Ehren komme, ich habe einen Beschützer und Erretter, den ich nicht nennen werde, der aber meine Befreiung gewiss in wenigen Tagen erwirken kann und wird.«

Henriette Wilke hatte die Frechheit, in Dunckers Gegenwart darauf zur Niemann zu sagen: »Sie müssen am besten wissen, liebe Niemann, ob Sie Ihr Geheimnis dem Herrn Polizeirat offenbaren dürfen. Es tut mir leid, dass Sie zu mir nicht offen genug gewesen sind, um mich in den Stand zu setzen, selbst zu wissen, was ich sagen kann und soll.

Hätten Sie mir doch gleich gesagt, was Sie vorhatten, wie viel Gelder Sie besaßen und woher Sie dieselben bekommen haben!

Nun habe ich immer nur nach Ihrem Willen gehandelt und kann deshalb selbst über nichts weiter Auskunft geben.«

Die Niemann erwiderte darauf: »Sei ruhig und ängstige dich nicht, mein Kind; ich verrate nichts und bewahre unser Geheimnis.«

Henriette Wilke war nicht so stark; sie legte schon vor dem Polizeirat ein ziemlich vollständiges, außergerichtliches Geständnis ab. Er veranlasste darauf noch am selben Tag eine gerichtliche Vernehmung der alten Niemann. Auch hier erklärte sie zuerst: »Wo ich mein Geld habe, ist ein Geheimnis, welches ich nicht verraten darf.« Erst auf die eindringliche Erklärung des Richters, dass ihr Geheimnis nicht aus den Akten dringen werde, erklärte sie zitternd: »Ich habe es dem König in Verwahrung gegeben. Er hat zwölftausend Taler durch Henriette Wilke von mir fordern lassen. Henriette Wilke hat Seiner Majestät das Geld persönlich auf seinem Palais übergeben.«

Hierauf folgte die gesamte Geschichte, die wir schon kennen. Frau Niemann schloss mit den Worten: »Ich bin ganz fest von der Redlichkeit der Henriette Wilke überzeugt, weil es unmöglich ist, dass sie die Handschrift von so hohen Personen, wie Seiner Majestät des Königs und der Fürstin Radziwill, nachgemacht haben kann!«

Die Gerichtspersonen registrierten: Die Niemann erscheine so sehr von Henriette Wilke eingenommen, dass nichts den Glauben an ihre Redlichkeit erschüttern könne. Über die Zweifel, die sie in den Gesichtern der Gerichtspersonen zu sehen glaubte, war Frau Niemann entrüstet und forderte eine Entschuldigung, weil die Ehre der Wilke dadurch gekränkt werde.

Endlich – die Wilke hatte jetzt erst gestanden, auch sämtliche Briefe der Fürstin Radziwill und des Königs selbst geschrieben zu haben – gingen Frau Niemann die Augen auf. Mit dem Ausdruck des natürlichsten und tiefsten Schmerzes rief sie aus: »Wenn das so ist, da bin ich hintergangen. Ach Gott, ich bin um mein ganzes Vermögen betrogen!«

Und so war es. Die unglückliche Alte war durch ihr blindes Vertrauen nicht allein um ihr ganzes Vermögen gebracht worden. Sie war nun auch auf die Mildtätigkeit genau der Verwandten angewiesen, deren Warnungen sie mit Entrüstung von sich gewiesen hatte. Sie hatte sich zudem zu einer schriftlichen Verpflichtung gegen den Möbelhändler Schröder verleiten lassen, der sie nicht mehr nachkommen konnte. Wie diese Verbindlichkeit gelöst wurde, ist nicht bekannt.

Kaum war alles überstanden, als auch schon eine andere Frage die Gemüter in Berlin beschäftigte. Würde der König der bejammernswerten Frau Niemann, als Trost für ihre Leiden und als Belohnung für ihre mehr als loyale Aufopferung und blinde Unterwürfigkeit in seinen angeblichen Willen, ihr eine kleine Pension für die wenigen ihr noch verbliebenen Lebenstage gewähren?

Ein Teil des Publikums hielt das für gewiss. Entsprechende Bitten wurden jedoch abgewiesen, weil das als eine Aufmunterung für ähnliche Betrügereien hätte verstanden werden können. Zudem sagte man sich, dass die Aufopferung der alten Demoiselle Niemann vielleicht gar nicht so tugendhaft war. Denn sie gab ja nicht, ohne an das Nehmen zu denken. Dass der Justizminister ihr zwölf Prozent für ihr Kapital bewilligt hatte und der König bei der Rückgabe es mehr als verdoppeln wollte, hatte der Liebe zu ihrem Land und der treuen Hingabe zum König offenbar nicht widersprochen.

Was die Niemann zu ihrer Verteidigung vorbrachte, war einfach und naheliegend. Sie hatte weder die Handschrift des Königs noch die der Fürstin Radziwill je gesehen. Sie hatte kein Misstrauen gegen die Wilke, die ihr, der mütterlichen Freundin und Wohltäterin, zu innigstem Dank verpflichtet sein musste. Ihr vor fürstlichen und königlichen Personen in Ehrfurcht erstarrendes Gemüt hielt es für absolut unmöglich, dass jemand, und am wenigsten ein so junges, unschuldiges Mädchen, es wagen könne, die Handschrift ihres Königs nachzuahmen, ein solches Majestätsverbrechen zu begehen.

Sie berief sich ferner darauf, dass sie sich nie um Staatsangelegenheiten gekümmert, nie etwas von den einschlägigen Verhältnissen gewusst habe und dass die Wilke nie verlegen gewesen sei, sondern stets mit der größten Bestimmtheit und Sicherheit ihre Angaben gemacht habe, auch dass sie auf die mehrfachen Verdächtigungen durch die Verwandten der Niemann und andere nie die geringste Verlegenheit gezeigt, sondern immer mit völliger Ruhe geantwortet habe. Da ihr die tiefste Verschwiegenheit zur heiligsten Pflicht gemacht war, konnte und mochte sie mit niemandem darüber sprechen; und so war es möglich, dass sie so lange in ihrer Täuschung verharren konnte. Auch gab es keinen Grund, gegen ihre Gesellschafterin Alfrede einzuschreiten. Auch sie war befangen von Henriettes angeblicher Redlichkeit.

Nur Henriette Wilke blieb als Schuldige übrig. Alle Spuren auf Mitschuldige deuteten ins Leere. Alles, was sie war, war sie durch sich selbst, alles, was sie erreicht hatte, verdankte sie ihrem eigenen Genius.

In einem seidenen violetten Kleid, bunt gesäumten Atlastuch und feinen weißen Strümpfen wurde Henriette Wilke ins Stadtvogteigefängnis eingeliefert, dieselbe, die wenige Monate vorher mit vier Pferden in Karlsbad eingezogen war und durch ihren Luxus, ihre Ausgaben und Vergnügungspartien

die reichsten und vornehmsten Besucher des Badeorts aus-
gestochen hatte, in deren Gesellschaft umherzufahren angesehene Fremde sich zu Ehre und Vergnügen rechneten. Einige
Aktenblätter weiter, wo ihre kostbare Kleidung verzeichnet
steht, finden wir schon ihre Bitte um etwas neue Wäsche; aber
der Bericht zählt so weniges Weißzeug als in Beschlag genommen auf, dass man vermuten muss, sie habe, wenn es ihr nicht
gestohlen worden war, in den letzten Jahren bereits das Nö-
tigste veräußert, um zu leben!

Vor dem Richter legte sie nach anfänglichem Zögern ein
vollständiges Geständnis ab. Mit weiblicher Schlauheit suchte
sie hier und da einiges zu beschönigen, weniger das Verbre-
cherische als das, was sie in ungünstigem Licht als töricht und
unwissend darstellen könnte. Das Maß ihrer Schuld war voll,
und es kam deshalb auch nicht darauf an, ihre Reisen nach
Hamburg strenger zu verfolgen, als es geschehen war. Auch
dort war sie schon der Polizeibehörde durch ihre Verschwendung aufgefallen und hatte einmal wenigstens die Weisung
erhalten, die Stadt zu verlassen.

Ob sie mit Sporen an den Füßen ausgefahren sei, einen Jo-
ckey als Vorreiter, Zigarre im Mund, wie ein dortiger Wirt, bei
dem sie gewohnt hatte, behauptete, sie aber in Abrede stellte,
tut nichts zur Sache und würde nur zu ihrem Charakter einen
Zug mehr liefern.

Und was war nun das Motiv eines so großen, mit solcher
Ausdauer von einem jungen Mädchen verübten Betrugs? In
ihrer Aussage vom 4. Mai 1836 heißt es:

»Zu den Betrügereien gegen die Niemann bin ich dadurch
gekommen, dass ich durchaus keine Lust hatte, mir durch
niedrige Arbeit bei anderen Leuten meinen Unterhalt zu verschaffen. Da ich selbst kein Vermögen besaß, kam ich auf den
Gedanken, mir die Mittel zu einem selbstständigen Leben
durch Schwindeleien zu verschaffen.

Als ich auf die Art erst einmal von der Niemann Geld erhalten hatte, wurde ich durch die Leichtigkeit, mit der ich das

Geld von ihr erhielt, nur aufgemuntert, darin weiter fortzufahren.

Anfänglich und bis zu der Zeit, wo ich sah, dass die Niemann Geld auf ihr Grundstück aufnehmen musste, hielt ich sie für sehr reich und glaubte, es mache auch keinen großen Schaden, wenn ich ihr von ihrem Überfluss abzapfe. Erst als sie auf ihr Haus Schulden aufnehmen musste, um Geld zu bekommen, merkte ich, dass sie kein Vermögen mehr besaß, aber da war ich nun einmal drin und konnte nicht mehr zurück.«

Befragt, ob sie denn nie weitergedacht habe und dass ihr Betrug irgendwann entdeckt werden müsse, antwortete sie mit völliger Unbefangenheit:

»Mir ist nie der Gedanke gekommen, dass mein Vorgehen entdeckt werden könnte, und ich habe auch nie daran gedacht, dass meine Betrügereien doch einmal ein Ende nehmen müssten, dass ich dann nichts hätte, wovon ich meinen Lebensunterhalt bestreiten könnte. Ich habe alles, was ich von der Niemann und anderen erhalten, ausgegeben, um meinen Hang, als große Dame in der Welt zu leben, ausführen zu können.

Ich habe sehr viel Geld gebraucht für meine Reisen, Wagen, Pferde, Dienstpersonal, für Geschenke an Reiche, für Almosen an Bedürftige, sodass ich begreiflicherweise nichts übrig behielt als die paar Sachen, die man noch bei mir gefunden hat.«

Henriette Wilke spielte übrigens die Rolle, die sie so gut gelernt hatte, im Gefängnis weiter. Mit in einem Fingerhut gesammeltem Blut – wie sie behauptete, aus dem Daumen einer Mitgefangenen – schrieb sie auf ein entwendetes Blatt Papier Folgendes:

»Eure Majestät unser allergnädigster König wollen huldvoll entschuldigen, dass eine alte siebzigjährige Person es wagt, vor Allerhöchst Dero Thron eine Bitte zu legen.

Von Ew. Majestät allbekannten Herzensgüte und Milde fest überzeugt, hege ich schon im Voraus die feste Hoffnung, dass

Ew. Majestät sie mir erfüllen werden. Eure Königliche Majestät wird nicht unbewusst sein, wie vor einiger Zeit ein junges Mädchen mit Namen Wilke sowohl in Berlin als auch in Charlottenburg, ihrem Wohnorte, viel Aufsehen unter den Einwohnern erregte, weil sie von niederer Herkunft war und durchaus gar kein Vermögen besaß. Mit einem Mal trat sie auf, besaß Vermögen, lebte danach, teilte aber besonders reichlich davon unter den Armen aus, welches ihr die Liebe und Teilnahme Tausender zuzog.

Auch hat sie sich nie einen Tadel oder Vorwurf zuschulden kommen lassen, in Hinsicht eines schlechten, liederlichen Lebenswandels. Doch jetzt machte es ein Umstand nötig, dass es ans Licht kommen musste, wo sie dies Vermögen herbekommen hatte. Dies junge Mädchen war von Jugend auf nie an Abhängigkeit gewöhnt, denn sie wurde erzogen beim verstorbenen Geheimrat ... hernach von dessen Schwägerin, nach deren Tode ihr nichts übrig blieb, als bei anderen Leuten ihr Fortkommen zu suchen.

Der Zufall führte sie zu mir nach Charlottenburg; ich bin ihre Patin, sie suchte Zuflucht bei mir, ich schenkte ihr häufig bedeutende Summen Geldes, welches in ihr vorzüglich den Grund zu einem leichtsinnigen Charakter legen musste. Dies freudenvolle Leben gefiel ihr, sie suchte von dieser Zeit an, sich in den Besitz meines Vermögens von achtzehntausend Talern zu bringen, dadurch, dass sie mir vorspiegelte, sie stehe mit Eurer Königlichen Majestät in Verbindung und Eure Königliche Majestät wünschten dies Vermögen zu besitzen, und brachte mir auch Schreiben von Ew. Majestät, die sie aber selbst ausgefertigt hatte.

Jetzt befindet sich dies junge Mädchen in kriminalistischer Haft und Untersuchung, was mich tief, tief schmerzt und mich alte Person dem Tode nahe bringt, da ich die eigentliche Schuld bin mit meinem Gelde, in ihr diesen Leichtsinn gebracht zu haben. Euer Königlicher Majestät Name wurde missbraucht, doch Eure Allerhöchst Dero Gnade, die so manchem

Übeltäter schon das Leben schenkte, lässt mich mit fester Zuversicht hoffen, dass Eure Königliche Majestät auch an diesem jungen Mädchen das Wort der Gnade und Milde werden ergehen lassen!

Ich bin alt; solange ich noch leben werde, wird Gott mir durchhelfen, auch verlassen mich meine Verwandten, die nicht vermögend sind. Ich habe ihr vergeben, was sie mir getan hat, mein Tod würde es sein, wenn die Strafe an ihr vollzogen würde, die ihre Richter jetzt über sie verhängen. Ich werfe mich daher mit festem Vertrauen auf Eurer Königlichen Majestät Gnade zu Allerhöchst Dero Füßen und flehe Eure Königliche Majestät an, diesem jungen Mädchen zu vergeben, die schwere Strafe von ihr zu nehmen und die Türen ihres Kerkers zu öffnen! Oh! Ew. Majestät, ich bitte Sie um Gottes willen, Allerhöchst dieselben wollen mein Flehen erhören und mir die letzten Stunden meines Lebens durch dieses Gnadenwort versüßen!

Um die Wunden und das Blut Jesu bitte ich Eure Königliche Majestät um Erfüllung meiner Bitte! In tiefster Demut verharre ich –

Niemann«

Darunter stand:

»Liebe gute Alfrede, nur diese Zeilen können uns alle wieder in Ruhe bringen. Die Niemann muss dies wörtlich abschreiben, und Sie, gute Alfrede, müssen diese Zeilen dann dem König im Namen der Niemann selbst abliefern; sollten Sie aber den König nicht persönlich zu sprechen bekommen, wozu Sie sich bei Müller melden müssen, so binden Sie Müller dies Schreiben auf die Seele und bitten um schleunige Antwort, denn es gilt, ein Menschenleben zu retten!

Oder sehen Sie zu, dass Sie die Liegnitz sprechen können. Doch wahrscheinlich wird der König die Bitte das erste Mal nicht gewähren können, dann verabsäumen Sie ja nicht, zum zweiten und dritten Mal zu schreiben, aber nur so, dass je-

des Schreiben sich auf obigen Brief bezieht; ja keine Erwähnung von meinem früheren Verhältnis, auch nicht bei einer
persönlichen Unterredung; wenn Sie eine solche haben sollten, dann bitten Sie ja herzlich für mich; sagen Sie, dass meine
Reue groß wäre und ganz in Melancholie überginge. Das Übrige wird Ihnen Gott eingeben.

Die Niemann ist keineswegs um ihr Vermögen gebracht;
sobald ich frei bin, ist sie im Besitz desselben und wir alle
glücklich; ich wollte keinen Verrat begehen, darum leide ich
jetzt unschuldig; ich durfte mich nicht anders benehmen, ich
durfte nicht anders handeln, ich redete stets die Wahrheit zur
Niemann; glaubt die Niemann, dass dies Unwahrheiten sind,
und zeigt sie diesen Brief, so bin ich in drei Wochen tot, und
alles ist unglücklich, denn ich sterbe unschuldig; mit meinem
Gott bin ich versöhnt, ich sehne mich nur nach seiner Wohnung.

Befolgen Sie alles pünktlich, und wir sind glücklich. Die
Niemann soll sich nicht grämen, was ihr versprochen ist, kriegt
sie, nur ich muss frei sein; sie muss nur nicht nachlassen mit
Bitten beim König, sie soll die Gerichte nur tun lassen, was
sie wollen, sie soll nur ruhig sein, nur Verschwiegenheit über
diesen Brief gegen jedermann.

Henriette«

Die Sache wurde durch eine Mitgefangene verraten, der Zettel
bei einer anderen gefunden, als sie aus dem Gefängnis entlassen wurde. Die Schrift blieb ohne Wirkung.

Das Urteil wurde am 21. Mai 1836 in erster Instanz gesprochen. Nach preußischen Gesetzen wurde der Betrug nur durch
eine Geldstrafe im doppelten Wert der Summe, um die der
Verbrecher jemanden übervorteilt hatte, und erst im Unver-
mögensfalle mit einer gleich abzuschätzenden Leibesstrafe ge-
büßt.

Den verdoppelten Betrag schätzte der zuständige Richter
auf 42 450 Taler und verurteilte die vermögenslose Wilke dafür

unter Einbeziehung der verschiedenen Verschärfungsgründe zu zwölfjähriger Strafarbeit. In zweiter Instanz wurde dieses Urteil vom Kammergericht bestätigt.

Den polizeilichen Antrag, die Betrügerin auch wegen der beleidigten Majestät zur Untersuchung zu ziehen und zu bestrafen, hatte das Gericht nicht berücksichtigt.

So weit der Bericht von Alexis und Hitzig.

Im Alltag treffen wir ja immer wieder auf Menschen, die mehr scheinen wollen, als sie sind. Im Fall von Henriette Wilke war es neben der Geltungssucht aber auch ein solider Shopping-Rausch, dem sie erlag. Doch damit sind wir schon bei Neigungen, die fast jeder kennt. Manche Menschen geben ein Vermögen für Schmuck, Schuhe oder Handtaschen aus, andere für Autos – wobei Letztere fast immer über Kredite finanziert sind. Und sind Kredite nicht im Grunde auch schon Hochstapelei? Man leistet sich dabei schließlich etwas, das man sich eigentlich nicht leisten kann.

Einer der bekanntesten Hochstapler der letzten Jahre war der Briefträger Gert Postel. Ihm gelang es, durch Täuschung, Charisma und handfeste Fälschungen sowie die Gutgläubigkeit und mangelnde Sorgfalt seiner Umgebung unter anderem, psychiatrische Gutachten zu schreiben, die vor Gericht verwendet wurden, als Arzt fest angestellt zu werden und eine Privataudienz beim Papst zu ergattern. Wer sich über diese Betrügereien ärgert, dem hält Postel vor, doch nur Schwächen im System ausgenutzt zu haben. So gesehen könnte man Henriette Wilke und Gert Postel für Menschen halten, die zwar Schlechtes tun, damit aber verhindern, dass es so oder schlimmer noch einmal passiert.

Man denke an den Kreditkarten-Skandal im Juni 2005. Hacker hatten sich in das Netzwerk der Firma Card Systems Solutions eingeklinkt und die Daten von dort kopiert. Während die Banken selbst – schon aus Imagegründen und durch frühere Angriffe gewarnt – sehr sicherheitsbewusst gewesen

waren, hatte die genannte Firma aus Tucson im US-Bundes-
staat Arizona nicht aufgepasst. So konnten die Hacker schät-
zungsweise vierzig Millionen Kartennummern ermitteln.
Dies ist eine typische Schwachstelle: Eine Zulieferfirma beziehungsweise hier eine Firma, die eigentlich nur Daten zwischen Kunden, Händlern und den Kreditkarten-Firmen hin
und her schiebt, fühlt sich weniger bedroht als das Unternehmen, in dessen Auftrag sie arbeitet. Aber das ist natürlich
Unsinn. Die Bedrohung ist genau die gleiche, denn die Kre-
ditkarten-Nummern ändern sich nicht – egal, ob man sie der
Bank oder dem Zulieferer klaut.

Guido Rudolphi, ein Schweizer Fachmann für Computer-
sicherheit, beschreibt gut, wie leicht man sich die Finger an
derartigen Spielchen verbrennen kann. »Manche Hacker«, berichtete er, »wollen einfach nur beweisen, was sie können. Andere wollen mit den Daten Geld verdienen. Und dann gibt es
noch Hackergruppen, die sich einfach gegenseitig übertrump-
fen wollen: Wer hat mehr Netzwerke geknackt, wer hat mehr
Kreditkarten-Daten verkauft, wer hat die wichtigste Behörde
ausgetrickst und so weiter.

Aber das ist nicht alles. Mit den geklauten Kreditkarten-Daten werden im Zweifel ganze Armeen von Leuten ausgerüs-
tet, die damit ›shoppen‹ gehen – beispielsweise für die russi-
sche Mafia.«

Dass man nicht viel von solchen Diebstählen hört, liegt
wie bei der Niemann daran, dass die betroffenen Firmen um
ihr Renommee fürchten. Sie zeigen die Taten in der Regel gar
nicht an. Genau hier kommen die Hacker ins Spiel: Sie zwin-
gen die Firmen, die Sicherheitslücke nicht nur zuzugeben,
sondern auch sie zu stopfen, da die Hacker selbst das Sicher-
heitsloch bekannt machen. Wer sich allerdings als hackender
Mahner oder hochstapelnder Betrüger mit Mächten anlegt, die
stärker sind als er, muss vorsichtig sein. Besonders wenn man
auf die Seite der Datenverkäufer wechselt, kann es gefährlich
werden, wie der folgende Fall zeigt.

Tod eines Nerds

Nerd: Oft abwertend gebrauchte Bezeichnung für Personen, die sich hauptsächlich mit Computern oder anderen Bereichen aus Wissenschaft und Technik beschäftigen und deren zwischenmenschliche Fähigkeiten entweder schwach ausgeprägt sind oder zumindest diesen Eindruck erwecken.

Der folgende Fall ist eine harte Nuss. Jahrelang haben sich die Journalisten Susanne Opalka und Olaf Jahn mit ihm beschäftigt und nebenbei die Staatsanwaltschaft dazu gebracht, ein Verfahren wieder aufzurollen, das bis heute wie ein gestandener Wahntraum daherkommt. Denn entweder weiß wirklich niemand, warum Lars-Oliver Petroll im Jahr 2001 erhängt an einem Baum im Grunewald aufgefunden wurde. Oder jemand weiß es, wird aber gewiss niemals die Wahrheit erzählen. Entscheiden Sie selbst, welcher Version Sie glauben möchten oder können: Mord oder Selbstmord?

Zählen Sie dabei bitte nicht allzu sehr auf mich, den Autor. Denn obwohl ich bei der Fallnachstellung in einem Seil an derselben Stelle wie der Tote hing, bin ich bis heute nicht sicher, wie ich als Richter entscheiden würde. Dass es dabei nicht nur um einen toten Software-Programmierer, sondern auch um einen der größten Betrugsfälle der deutschen Geschichte geht, macht die Sache nicht einfacher. Aber interessanter…

Eine überordentliche Leiche

Am Morgen des 29. September 2001 radelt ein Rentner auf der Suche nach Pilzen durch den Grunewald. An einem recht breiten Spazierweg, nicht weit von der Berliner Avus entfernt, findet er an einer Eiche hängend eine Person. Er ruft per Handy die Polizei. Bis zum Eintreffen von Feuerwehr und Kriminalpolizei hat er zwanzig Minuten Zeit, sich die Sache genauer anzusehen.

Die schöne Eiche ragt gut fünfzehn Meter in die Höhe; der Ast, an dem die Leiche hängt, ist etwa zwölf Meter lang und führt waagerecht, etwa drei Meter über dem Waldboden, vom Baumstamm weg.

Merkwürdig ist, dass die Füße der Leiche mitten in einem sauber aufgeschichteten, hohl gestapelten Holzgebilde hängen. Es handelt sich um eine Art Hohlpyramide. Unten wurden Birkenstämmchen im Quadrat versetzt aufeinandergelegt, während sich die Öffnung der Konstruktion nach oben hin verengt und dort dreieckig ist. Das ganze Gebilde ist etwa fünfundachtzig Zentimeter hoch, und die Füße des Toten befinden sich nur etwa vierzig Zentimeter über dem Boden. Das bedeutet, dass die Leiche tief in die Öffnung hineinhängt.

Abb. 46: Der Wald, in dem Lars-Oliver Petroll erhängt aufgefunden wurde, ist recht offen und wird von breiten Wegen durchzogen. Direkt an einem dieser Wege, an dem sich nachts auch Pärchen tummeln, soll Petroll sich getötet haben.   (Foto: M. Benecke)

Wie ist es da möglich, dass die Holzteile so ordentlich auf-
einanderliegen? Sterbende Erhängte treten oft reflexartig mit
den Beinen aus. Dabei hätten mehrere der Scheite herabfal-
len müssen. Wurde der Tote also in die Schlinge gelegt, dann
am Baum hochgezogen und zuletzt mit dem Holz gleichsam
umbaut?

Wohl nicht: Die Leiche hat Schmutz an den Händen, was
nach Meinung der Tatortbeamten »durch das Aufstapeln des
Holzes hervorgerufen« wurde.

Als die Feuerwehr den Toten vom Baum schneidet, belassen sie den Strick am Hals. Das ist kriminalistisch und rechtsmedizinisch gewünscht. Denn anders ist weder festzustellen,
um welche Art Knoten es sich gehandelt hat, noch lässt sich

Abb. 47: Der eigentümliche Stapel, in dem die Leiche des Programmierers
Lars-Oliver Petroll im Jahr 2001 hing. Hier bei der Tatort-Nachstellung im
Jahr 2003.   (Foto: S. Reibe/M. Benecke)

entscheiden, ob die Verletzung des Halses durch das Seil – die Strangmarke – mit dem aufgefundenen Seil und Knoten übereinstimmt. (Das Seil könnte ja von einem Täter auch nachträglich um den Hals gelegt worden sein.)

Auch das Seilstück, das sich noch am Ast befindet, schneiden die Feuerwehrleute ab.

Die Kriminalpolizei macht sechs leider nicht sehr aussagekräftige Fotos und beginnt mit der Beschreibung des Fundorts. Im Wald ist das keine leichte Aufgabe, denn wer weiß schon, was hinterher für die Ermittlungen wichtig sein wird? Die Blätter? Das Holzgebilde? Der Strick? Der nahe gelegene Jägerzaun? Nichts davon? Vermutlich nichts davon, denn alles sieht nach Selbstmord aus, und in solchen Fällen werden die Ermittlungen sehr schnell beendet.

Die Leiche ist sehr ordentlich gekleidet: schwarze Nike-Windjacke, blauer Fleece-Kapuzenpullover von Levis, lindgrünes T-Shirt von Hugo Boss, dunkelblaue Levis-Jeans und hellbraune Mountain-Athletics-Ledersportschuhe. Abgesehen davon ist ein dunkler Dreitagebart zu sehen, der Körper ist schlank, 1,76 Meter groß und dreiundsiebzig Kilogramm schwer. Die Leichenstarre ist ausgeprägt. Das bedeutet, dass der Tod vor mindestens mehreren Stunden eingetreten ist.

Ein Fitnesskunde in Verdacht

Seltsamerweise trägt der Tote keine Papiere bei sich. Für einen recht jungen Selbstmörder – er wird vorläufig auf knapp dreißig Jahre geschätzt – ist das ungewöhnlich. Warum sollte er seine Identität verschleiern? Aber ganz abgesehen davon: Warum würde sich ein Selbstmörder direkt an einem Weg erhängen, an dem er mit hundertprozentiger Sicherheit von Spaziergängern oder den nachts sich in der Nähe tummelnden Homosexuellen gefunden werden muss? Solch makabre Späße pflegen Suizidenten nicht zu machen. Viel näher liegt, dass der Tote schon zu Lebzeiten aus irgendeinem Grund keine Papiere bei sich trug. Oder dass jemand sie ihm wegnahm. Nicht einmal eine Fahrkarte oder der berühmte Quittungszettel aus der Reinigung oder einem Fotoladen finden sich in der Kleidung. Stattdessen ziehen die Polizisten aus der linken hinteren Hosentasche der Leiche drei Telefonkarten, eine im Wert von sechs und zwei zu zwölf DM hervor. In der vorderen rechten Tasche finden sich 6,69 DM Kleingeld. Seltsam, dass ein Mensch in Markenklamotten nur so wenig Geld bei sich trägt.

Doch auch die Suche auf dem Waldboden ergibt nichts Weiteres. Etwa hundert Meter entfernt liegt allerdings ein zerrissenes Schreiben, in dem ein »Kündigungsrückzug« für einen Fitnessklub ausgefüllt ist. Die darauf angegebene Adresse führt zu einem türkischstämmigen Berliner, der in Neukölln wohnt. Als ein Schutzpolizist dort abends um sieben Uhr klingelt, öffnet der putzmuntere Verfasser des Briefes, ein neunundzwanzig Jahre alter Schlosser, die Tür. Er kann nicht der Tote von der Grunewald-Eiche sein. Als Täter kommt er auch nicht infrage, denn bei einem Selbstmord gibt es keinen lebenden Täter.

Wenig später ruft der unerwartet Besuchte allerdings bei der Polizei an und fragt nach, worum es überhaupt gegangen sei. Das wiederum wundert die Ermittler, und er wird ins Präsidium bestellt, wo der Berliner Türke nun ausführlicher befragt wird. Wie der Brief in den Wald gekommen ist, weiß er aber »nicht genau«. Allerdings will er im Juli und im August »öfter mal auf der Autobahn dort entlanggefahren« sein: »Ich war auch ab und zu mal am Wannsee im Bereich des S-Bahn-hofs Wannsee. Und ich habe mit einer Freundin eine Boots-tour gemacht. Die tote Person auf dem Foto hier kenne ich nicht.«

Für den mittlerweile grob errechneten Todeszeitpunkt des Unbekannten hat er Alibis: Er war mit einem Cousin und Freunden bis weit in die Nacht unterwegs. So weit, so gut. Warum der Brief aus dem Auto von der Autobahn in den Wald wehen sollte, bleibt zwar unklar. Aber möglich ist alles.

Das Seil

Am Tag des Leichenfundes beschreibt die Kripo das Seil wie folgt: acht Millimeter breit, aus Kunststofffasern gedrillt, am Hals der Leiche mit »einer Art Henkersknoten mit sechsfacher Umschlingung« geknüpft. Ein interessanter Knoten also, der bei Selbstmorden fast nie auftaucht – erst recht nicht in sechsfacher Umschlingung. Profis wickeln gern sieben-, neun- oder zwölfmal. Aber auch das kann man nicht zu kleinlich sehen, denn es handelt sich ja schließlich um einen Selbstmord.

Am nächsten Tag, dem 30. September, finden sich »zwischen Zaun und Eiche« – also unter dem Ast, an dem der Tote hing – Reste des Strangmaterials: vier Seilstücke von jeweils etwa einem halben Meter Länge. *Vier* Stücke? Ja, vier Stücke.

Am Ast findet sich außerdem eine Einkerbung in der Baumrinde. Die Polizisten folgern, dass dort wohl das Seil entlanggeführt war. Beim Abschneiden der Leiche hatte die Feuerwehr die Stelle nicht markiert, aber der Abdruck in der Rinde ist nicht zu übersehen.

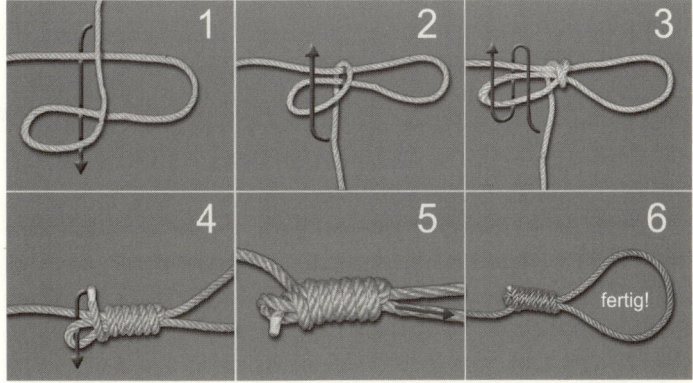

Abb. 48: Kniffelig zu knüpfen: ein echter Henkersknoten. Der Programmierer Lars-Oliver Petroll soll im Grunewald nachts einen solchen gemacht und – ohne Messer – zurechtgestutzt haben.   (Grafik: L. Fuß/M. Benecke)

Obwohl vieles für einen Selbstmord spricht, entscheidet die Kripo am 1. Oktober goldrichtig: »Es wird von hier aus eine Obduktion angeregt, da aufgrund der Auffindesituation der Leiche ein Fremdverschulden nicht mit Sicherheit ausgeschlossen werden kann.«

Am 4. Oktober, fünf Tage nach dem Leichenfund, wird der Tote rechtsmedizinisch untersucht. Dabei stellt sich heraus, dass der Tod wirklich durch Erhängen bewirkt wurde und »Spuren für eine Fremdeinwirkung beziehungsweise andere Verletzungen nicht vorhanden waren«. Drogen, Alkohol oder Medikamente hatte der unbekannte Tote nicht eingenommen.

Am 10. Oktober schließt die Staatsanwaltschaft die Akte – ein weiterer Freitoter in der Reihe der über fünfhundert Berliner, die sich jedes Jahr selbst ums Leben bringen.

Ein toter Programmierer und viele untote Interessierte

Vor dem spurlosen Verschwinden des Programmierers Lars-Oliver Petroll erhielt dessen Vater von ihm eine SMS mit den Worten: »Mir geht es gut. Alles in Ordnung.« Seitdem herrscht absolute Funkstille. Dreimal versucht Vater Petroll, seinen Sohn bei der Polizei als vermisst zu melden. Doch da der erst wenige Tage verschwunden und zudem längst volljährig ist, beschwichtigen ihn die Beamten und raten, erst einmal ein paar Tage zu warten. Ein Erwachsener dürfe sich schon mal fortbewegen, ohne sich bei seinem Vater abzumelden.

Um den verschwundenen Lars-Oliver sorgen sich allerdings noch zwei weitere Personen. Sie haben beide engen Kontakt zur Firma AUBIS, die in einen der schlimmsten Finanzskandale Deutschlands verwickelt ist, den sogenannten Bankenskandal. Im Jahr 1994 hatten sich drei Banken zur Bankgesellschaft Berlin zusammengetan, um über Tochterfirmen und fette Kredite Baugeschäfte in Berlin durchzuziehen. Weil eine der an der Gesellschaft beteiligten Banken, die Landesbank

Berlin, dem Land gehörte, wurde das Land Berlin rechtlich gesehen Bürge für die nun folgenden gewagten Geschäfte.

Besonders mit Plattenbauten versuchte die Bankgesellschaft ihr Glück. Dazu kauften die beiden CDU-Mitglie-
der Dr. Christian Neuling und Klaus Wienhold – sie waren
die Chefs der mit der Bankgesellschaft verbandelten AUBIS-
Gruppe – verschuldeten Gemeinden riesige Wohnblocks ab.
Obwohl AUBIS selbst kein Geld hatte, konnte die Gruppe über
die Bankgesellschaft auf Kredite von über dreihundert Millionen Euro zugreifen und damit arbeiten.

Ab dem Jahr 2000 häuften sich allerdings Probleme, da
die Geschäfte nicht ins Rollen kamen. Im Frühjahr 2001 trat
deswegen sogar der Berliner CDU-Politiker Klaus-Rüdiger Lan-
dowsky von seinen Ämtern (als Vorstandschef der Berlin Hyp
und Fraktionsvorsitzender) zurück. Ihm wurde vorgeworfen,
vierzigtausend Euro in bar von der AUBIS-Gruppe angenommen zu haben. Das Trauerspiel dauerte bis 2003, als das Land
Berlin durch die astronomischen Verbindlichkeiten, für die es
dummerweise gebürgt hatte, komplett in die Knie gezwungen
wurde. Nicht nur mussten zwei Milliarden Euro an Soforthil-
fen gezahlt werden, sondern auch fast zweiundzwanzig Milliarden Euro an Risikobeträgen aufgefangen werden. Doch
einen derartigen Betrag kann niemand auffangen, erst recht
nicht das sowieso schon bankrotte Land Berlin.

Zwei AUBIS-Mitarbeiter sind also auf der Suche nach ihrem
Programmierer: der Rechtsanwalt Andreas Lieske und Carola
Clement, frühere Chefsekretärin bei AUBIS und einst Geliebte
von Petroll. Diese beiden stehen nun drei Wochen nach dem
Verschwinden des Programmierers plötzlich vor der Wohnung
eines Freundes von Lars-Oliver. Der Freund heißt Sebastian
Biermann, und die erste Frage, die ihm die beiden unerwarte-
ten Gäste stellen, lautet: »Weißt du etwas von einem Päckchen,
das Lars-Oliver hat? Wo könnte es sein?«

Biermann weiß von keinem Päckchen und versteht auch
nicht recht. Nun, sagen die beiden, eigentlich seien sie gar

nicht deswegen gekommen. Eigentlich sorgten sie sich um Lars-Oliver. Es hätte sich nämlich jemand vom Reichstag gestürzt, und sie fürchten, dass es der gemeinsame Freund gewesen sein könnte. Das ist allerdings merkwürdig, denn in den Zeitungen steht, dass es sich um einen sechsunddreißigjährigen Künstler handelt. Der verschwundene Petroll ist aber erst zweiunddreißig und Programmierer, kein Künstler.

Und noch jemand macht sich kurz darauf auf die Suche nach Lars-Oliver: sein alter Freund Carsten Risken. Er ist wie Petroll Computerfachmann und versucht ab dem 1. November, Petroll in Berlin als vermisst zu melden. Doch auch er hat damit keinen Erfolg: Als Freund könne er niemanden als vermisst melden, teilt ihm ein Beamter mit.

Kurz entschlossen fährt Risken am selben Tag nach Berlin, um selbst nach Petroll zu suchen. Abends kommt er an. Um in den Hausflur zu Petrolls Wohnung zu kommen, drückt er auf alle Klingeln, bis irgendwer öffnet. Carsten Risken wundert sich: Die beiden Briefkästen Petrolls – ein privater und einer für sein geplantes Internetcafé Pashatel, quellen über.

Erwartungsgemäß rührt sich auch in Petrolls Wohnung in der dritten Etage nichts. Da der Türspion herausgefallen ist, kann Risken durch das entstandene Loch in eine verlassene und unbelebte Wohnung sehen. Er ruft daraufhin Lars-Olivers Vater an und fragt, ob es etwas Neues gibt. Doch auch der hat seit der schon erwähnten SMS nichts mehr von seinem Sohn gehört.

Einige lose Fäden verbinden sich

Zehn Tage später, am 12. November 2001, kommt Bewegung in die Sache. Da Petroll im Verfahren gegen AUBIS befragt werden sollte, war seine Wohnung schon im September aufgebrochen und nach Hinweisen auf die Arbeit der hochverdächtigen Firmengruppe durchsucht worden.

Wie üblich wurde danach ein neues Schloss in die Woh-
nungstür eingesetzt und die dazu passenden Schlüssel der
nächsten Polizeiwache übergeben. An Petrolls Tür klebte seitdem der Hinweis, dass er die Schlüssel dort abholen könne.
Weil er das aber nicht tut, schreibt die Wache ihm einen Brief,
der mit der Begründung nicht zugestellt wird, dass der Briefkasten überfüllt sei.

Deshalb ruft ein Beamter beim Landeskriminalamt an,
denn das LKA hatte damals bei der Durchsuchung das Sagen.
Dieses Telefonat – ausgelöst vom Wunsch, die Schlüssel loszuwerden – bewirkt, dass die Polizisten nun die losen Faden-
enden erkennen. Obwohl er keine Vermisstenmeldung aufgeben durfte, hatte Petrolls Vater mehrfach angerufen und
gemeldet, dass sein Sohn verschwunden sei und niemand,
auch nicht seine Freunde, wüsste, wo er sei.

Das gab aber keinen Sinn. Denn der Chefprogrammierer
von AUBIS war nicht Verfolgter, sondern Zeuge in der Sache.
Niemand beschuldigte ihn der Teilnahme an den Schiebereien
und Geschäften. Er hatte also auch keinen Grund unterzutau-
chen. Und nun endlich, am 12. November, leitet die Kripo
selbst das Vermisstenverfahren ein.

Gesucht wurde nun ein »vermisster Erwachsener«, zweiunddreißig Jahre alt, ein Meter achtzig groß, schlank, dunkel-
braune, eher kurze Haare, braune Augenfarbe, keine besonderen Kennzeichen wie Narben oder Tätowierungen. Doch es
gibt keine dazu passenden Meldungen. Also gehen zwei Polizisten drei Tage später in Petrolls Wohnung, um nach Spuren
zu suchen. Dieselbe Wohnung, die auf Lars-Olivers Freund
leer und trist gewirkt hatte, machte auf die Beamten nun einen chaotischen Eindruck. Aus der Unordnung fischen sie einige unbezahlte Rechnungen und Verträge für das Internetcafé,
das Petroll im selben Haus eröffnen will.

Interessanter sind aber sein Personalausweis und ein Foto,
die beide ebenfalls herumliegen. Um sicherzugehen, dass es
sich auf dem Foto wirklich um Petroll handelt, fragen sie in

einer Änderungsschneiderei im Erdgeschoss nach. Die Besitzerin des Ladens erkennt Lars-Oliver auf den Fotos wieder. Sie erzählt, dass sie in den vergangenen Monaten für ihn einige Pakete angenommen habe. Die seien aber schon im September von einer Freundin Petrolls abgeholt worden. Dass derweil ein Anwalt und eine einstige Chefsekretärin bei Petrolls Freunden ebenfalls auf der Suche nach Päckchen sind, wissen die Polizisten nicht.

Mit den Fotos von Petroll fahren sie zurück in die Dienststelle, durchforsten die Vermisstenkartei und landen einen Treffer: »Bei einem Vergleich des Fotos des Vermissten mit einem Lichtbild einer am 29. September 2001 im Jagen 59, 14193 Berlin, Königsweg, aufgefundenen erhängten Person konnte eine sehr hohe Ähnlichkeit festgestellt werden. Der Vermisste ist nach hier vorliegenden Erkenntnissen Zeuge in einem Wirtschaftsprozess, Az. 3 WI Js 745/01.« Dies ist das Verfahren gegen AUBIS, in dem es zunächst um Millionen, später dann um Milliarden geht.

Zwischenspiel

Kurz nach dem Verschwinden Petrolls ereignete sich ein merkwürdiges Treffen. Eine Freundin von Lars-Oliver hatte dessen Mietwagen benutzt und dabei einen Unfall gebaut. Um den Versicherungskram zu regeln, traf sie sich mit Andreas Lieske – dem AUBIS-Anwalt, der später auf der Suche nach Petroll und den Päckchen wiederauftaucht. Dabei gab Lieske eine Nachricht für Petroll weiter: Lars-Oliver solle sich bei Klaus Wienhold melden – also niemand Geringerem als einem der beiden Chefs der AUBIS-Gruppe. Zwar war Petroll deren EDV-Chef gewesen, aber zurzeit arbeitete er nicht für sie. Was wollte Wienhold von Petroll? Einen Tipp gibt Lieske: Er sei »stinksauer« auf Lars-Oliver, weil »er es wirklich getan hat«. Wenn er ihn treffe, werde er ihm ein paar in die Fresse hauen. Wienhold habe nämlich erfahren, dass Petroll der Bankgesellschaft (beziehungsweise AUBIS) »Dokumente« angeboten habe. Dokumente – vielleicht zu Paketen geschnürt und irgendwo gelagert?

Der Nebel lichtet sich

Inzwischen hat der Erkennungsdienst in Petrolls Wohnung Fingerabdrücke genommen und sie mit den Fingerlinien der unbekannten Leiche aus dem Grunewald verglichen. Nun endlich ist Leiche Nr. 1845/01 sicher identifiziert: Es ist in der Tat Lars-Oliver Petroll, früherer Leiter der EDV-Abteilung der Firma AUBIS, Päckchenverteiler und Beinahebesitzer eines Internetcafés im eigenen Wohnblock.

Vater Petroll und alle Freunde von Lars-Oliver können sich nicht vorstellen, was ihn zum Selbstmord getrieben haben könnte. Der Vater gibt aber zu Protokoll, dass sich sein Sohn bedroht gefühlt habe. Die AUBIS-Chefs hätten ihn unter Druck gesetzt, weil sein Sohn »von deren Unregelmäßigkeiten gewusst« habe. Auch von einem Päckchen, das sein Sohn einer Freundin gegeben habe, wusste er. Sie sollte gut darauf aufpassen, hatte es dann aber irgendwo hingelegt und vergessen. Darüber sei Lars-Oliver sehr böse gewesen.

Außerdem wusste er auch etwas über Carola Clement, die ehemalige Chefsekretärin und Exgeliebte von Lars-Oliver. Sie habe dem Programmierer eine Reisetasche mit Liebesbriefen des Chefs der Firma Elpag, Sven Asmus, und verschiedene Disketten gegeben. Das war eine brandheiße Information, denn die Firma Elpag belieferte die von AUBIS sanierten Wohnungen mit überteuerter Fernwärme. Die Überschüsse aus diesem verfilzten Geschäft sollen umverteilt worden sein. Wenn nun zum finanziellen Debakel auch noch eine Liebesaffäre hinzukäme, bekäme die eigentlich langweilige Finanzwiderlichkeit vielleicht noch eine sexuelle Note. Da Christian Neuling, einer der beiden AUBIS-Chefs, bis 1994 MdB und auch danach einflussreicher CDU-Politiker war, ging es also wieder um alles auf einmal: Geld, Macht, Energie – und nun vielleicht auch noch Sex.

Doch das war nur eine Finte. Die Tasche mit den angeblichen Liebesbriefen »und einigen Disketten« sollte angeblich am Flughafen Tegel in einem Schließfach liegen. Nach den Anschlägen vom 11. September, so die Geschichte von Carola Clement, sei das Schließfach geöffnet worden. Der Inhalt sei an die einzige in der Tasche befindliche Adresse – die von Elpag-Chef Sven Asmus – gesandt worden. Um die Sache noch heikler, verrückter und verwobener zu machen, berichtete Vater Petroll noch, wer das alles ursprünglich erzählt hatte: nicht etwa die ehemalige Freundin seines Sohnes, Carola Clement (die nun auf der Suche nach den Päckchen war) – sondern Tanja Wienhold, die Tochter des AUBIS-Chefs.

Weder Herr Petroll sen. noch die Polizei hatte eine Ahnung, welches Wespennest mit dieser Aussage angestochen worden war. Denn erstens waren in der Reisetasche keine Liebesbriefe, zweitens gibt es am Flughafen Tegel keine Schließfächer, und drittens wurde im Zusammenhang mit Sicherheitsüberprüfungen nach dem 11. September keine entsprechende Tasche gefunden und geöffnet.

Und noch etwas wusste zunächst keiner von Lars-Olivers Freunden. Im Juli 2001 hatte Petroll vom Konto der beiden AUBIS-Chefs Klaus-Hermann Wienhold und Christian Neuling eine Überweisung von zehntausend DM erhalten. Der Polizei, die darüber längst informiert war, musste nun eigentlich klar werden, dass hier etwas nicht stimmen konnte. In der Geschichte von der Reisetasche trafen sich direkt und indirekt alle Personen, die gerade das Land Berlin in den endgültigen Bankrott stürzten oder dabei zusahen.

Und wirklich – im Zwischenbericht der Polizei vom 28. November heißt es zum Zeugen Petroll »im Wirtschaftsstrafverfahren gegen Klaus-Hermann Wienhold und andere«, dass

- der Programmierer als EDV-Chef tiefe Einblicke in die Geschäfte von AUBIS hatte;

- er gewusst haben musste, dass es »zu großen Unregelmäßigkeiten mit der Energiefirma Elpag aus Leipzig kam«, von der die offenbar absichtlich überhöhten Energierechnungen kamen;

- er von den AUBIS-Chefs und CDU-Politikern Wienhold und Neuling zehntausend Mark überwiesen bekommen hatte;

- er sein Insiderwissen trotzdem einer der an der Bankgesellschaft beteiligten Banken – der Berlin Hyp – gegen Bezahlung angeboten hatte und damit AUBIS unter fürchterlichen Druck setzte;

- er mehreren Freunden gegenüber gesagt hatte, dass er durch Mitarbeiter von AUBIS bedroht werde;

- er am Tag bevor seine Leiche gefunden wurde, Carola Clement, die ehemalige Chefsekretärin, treffen wollte;

- er seinem Vater dann die letzte SMS sandte.

Aus alldem zog man im LKA daher den richtigen Schluss, dass »aufgrund der bisher vorliegenden Erkenntnisse ein Fremdverschulden nicht mehr auszuschließen ist«.

Ein Schließfach im Nirgendwo

Egal, ob Petroll sich umgebracht hatte, weil er sich von AUBIS bedroht fühlte, oder ob er wirklich im Auftrag von AUBIS getötet wurde, zwei wichtige Fragen blieben offen: Erstens, was befand sich in der Reisetasche und den Päckchen, die Petroll verteilt hatte? Und zweitens, woher wusste AUBIS überhaupt, dass Petroll versuchte, sein Wissen an die Berlin Hyp zu verkaufen? Denn ohne das Wissen um dieses Angebot hätte sich bei AUBIS auch niemand Sorgen um den Programmierer machen müssen. Er wäre dann halt ein schwieriger Mensch gewesen, der aber mit einigen AUBIS-Mitarbeitern befreundet war und nach Aussage der AUBIS auch schon eine Verlängerung seines Arbeitsvertrags mit ihnen ausgehandelt hatte. Niemand musste diesen Mann fürchten – es sei denn, jemand hatte ihn und seine Pläne, AUBIS auffliegen zu lassen, verraten.

Von Petrolls Plänen hätte auch vorab niemand etwas erfahren, wenn in der Gepäckaufbewahrung in Tegel nicht eines Tages eine silberfarbene Sporttasche als überfällig aussortiert und an das zentrale Fundbüro in Tempelhof weitergeleitet worden wäre. Den Gepäckschein besaß Lars-Oliver Petroll, doch erstens wussten das die Leute vom Schalter nicht, und zweitens kam der Inhaber der Abholkarte nicht. Die Tasche war am 21. Juli 2001 aufgegeben worden, und so beschlossen die Mitarbeiter des Zentralen Fundbüros nach zwei Monaten, sie zu öffnen und den Besitzer zu ermitteln. Es ist nun also Ende September – wenige Tage vor dem Tod Petrolls.

Die Mitarbeiterin findet in der Tasche zwei Umschläge, in denen Zettel mit den Namen »Asmus«, »Hölz« und »Fa. AUBIS« sind. Sie ruft also bei AUBIS an und fragt nach. Man teilt ihr mit, dass man die beiden Herren mit diesen Namen informieren werde. Tatsächlich meldet sich kurz darauf Sven Asmus, der Elpag-Chef aus Leipzig. Er beschreibt die Tasche und sagt, sie gehöre ihm. Herr Hölz von AUBIS würde vorbeikommen und sie holen; eine Vollmacht werde er sogleich durchfaxen. Und das tut er auch.

Zwei Tage später erhält Hölz die Tasche, bringt sie zur Firma und übergibt sie der Tochter des Chefs, Tanja Wienhold. In der Tasche, so ermitteln die Journalisten Olaf Jahn und Jens Anker *(Berliner Morgenpost)* sowie Susanne Opalka und Ursel Sieber (ARD Kontraste) später, war aber außer den Umschlägen noch etwas anderes: etliche »ungewöhnlich kleine Kassetten, wie Tonbänder für Anrufbeantworter. Auf ihnen waren Wochentage notiert sowie die Begriffe »Volksbank« und »H. Pottmann«.

Kleine Bandkassetten in den Händen eines EDV-Menschen einer großen Firma: Das können nur Streamerbänder sein. Auf ihnen werden große Datenmengen gesichert, meist als

Sicherheitskopien. Die Beschriftung war ganz normal: nach Thema und Datum sortiert.

Diese Bänder – und keineswegs die erfundenen Liebesbriefe – waren es, die Petroll das Leben kosteten. Mit den Bändern hätten vielleicht weit mehr Verfahren gegen die verdächtigen Mitarbeiter der Bankgesellschaft anhand von harten Beweisen abgewickelt werden können. Denn leider wurde von den weit über hundert Verfahren nur eine Handvoll abgeschlossen. Und das, obwohl zeitweise zwölf Staatsanwälte, zehn Wirtschaftsreferenten und einundzwanzig Kripobeamte in einer zweihundertfünfzig Quadratmeter großen Halle insgesamt 5750 Stehordner Akten und vier Millionen Dateien auswerten.

Doch wo sind die Bänder gelandet? Im Nirgendwo. Da die Polizei den Zusammenhang zwischen dem Tod Petrolls, seiner zunächst uninteressanten Reisetasche und dem größten Bankenskandal Deutschlands anfangs nicht sehen kann, wird As-

Abb. 49: Streamerbänder als Speichermedium, wie sie im Fall Petroll erst auftauchten und dann wieder verschwanden.   (Foto: M. Benecke)

mus nur ein einziges Mal nach den »Liebesbriefen und Disketten« befragt. Ja, die Tasche hat er erhalten. Nein, der Inhalt existiert nicht mehr. Er hat alles vernichtet. Alles, auch die Disketten.

Dass es aber vollkommen unsinnig ist, dass Asmus einen Packen Liebesbriefe ausgerechnet seinem EDV-Chef überreicht haben soll, der diese dann angeblich in einem Schließfach am Flughafen lagert und noch ein paar Disketten dazupackt, fällt niemandem auf. Mindestens ebenso unsinnig ist es natürlich auch, diese offenbar wertvollen Dinge sofort nach ihrem Rückerhalt zu vernichten.

Tatsächlich erfuhren die Chefs von AUBIS und Elpag nur durch den Anruf des Fundbüros von der Tasche. Sie dachten sich zunächst vermutlich nichts dabei, und von der Tasche hatte auch noch nie jemand etwas gehört. Petroll hatte sie heimlich mit den Datenbändern gefüllt und versteckt – niemand sonst wusste davon. Erst als die Tasche bei AUBIS beziehungsweise Elpag in Leipzig ankam, muss den Beteiligten klar geworden sein, was Petroll vorhatte. Er war alles andere als ein braver Hase, der im Dienst der Wahrheit die Bösen vor die Wand rennen lassen wollte. Er wollte sein Wissen samt der Beweise, wie sich später zeigte, verkaufen – und zwar an eine der beteiligten Banken und vermutlich für viel Geld. Doch da hatte er sich mit den Falschen angelegt.

Stille an der falschen Stelle

Das alles beweist noch immer nicht eindeutig, dass Petroll umgebracht wurde. Ein Motiv ist zwar überdeutlich zu erkennen, aber das allein reicht eben nicht. Es bleiben allerdings noch zwei Nachforschungsmöglichkeiten: den Freunden Petrolls auf den Zahn fühlen – und noch einmal an den Tatort gehen. Fast immer findet sich dort ein versteckter Hinweis, den man zunächst übersieht, weil der Zusammenhang noch unklar ist.

Auf dem Weg zu weiteren Nachforschungen ärgern sich die Journalisten Jahn und Opalka aber erst noch mit der Staatsanwaltschaft herum. Nachdem sie ermittelt haben, dass die Datenbänder in der Reisetasche offenbar der Grund für Petrolls Tod waren, ernten sie dafür kein Lob. Es wird ihnen stattdessen verboten, im Fundbüro zu filmen und sich in laufende Ermittlungen einzumischen.

»Eine gewagte Interpretation der Abläufe«, sagen die beiden Journalisten dazu, »denn bis dahin hatte sich kein Polizist oder Staatsanwalt für den wahren Inhalt der Tasche interessiert. Allerdings hätte man nun, mit diesem glücklich erlangten Wissen, die Beteiligten energisch vernehmen können – vor allem Sven Asmus aufgrund der Widersprüche in seinen Aussagen. Von wegen Liebesbriefe und Disketten! Was hat er da wohl vernichtet? Und warum? Doch der Elpag-Chef und Absender einer SMS mit dem Inhalt ›Warum soll dich einer killen?‹ an Lars-Oliver Petroll – er wird nicht noch einmal verhört. Auch Tanja Wienhold wäre eine spannende Gesprächspartnerin. Doch leider wird nur der Abholer, Herr Hölz von AUBIS, kurz befragt. Das war's.«

Statt sich weiter zu ärgern, begeben sich die beiden auf Spurensuche. Aus den Akten wissen Jahn und Opalka, dass Petrolls Freund Sebastian Biermann der Polizei gesagt hatte, dass Lars-Oliver von »Leuten der Firma AUBIS« bedroht wurde und dass er unbedingt untertauchen müsse. Darum habe er auch bei ihm, Biermann, gewohnt. Allerdings hatte eine Freundin die Computer Petrolls abgeholt, sodass sich nur noch ein Rucksack mit Klamotten und ein Nokia-Handy bei Biermann befinden. Weder der Rucksack noch Petrolls Handy interessieren die Polizei. Umso mehr sind sie für die Journalisten von Interesse. Ihr Bericht ist sehr spannend, weil er deutlich zeigt, wie schwierig es ist, nicht nur Informationen zu sammeln, sondern auch zu entscheiden, welche davon zwingend weiterführen und welche nur Randgeschichten sind:

»Ein Mehrfamilienhaus in [Berlin-]Mitte. Wir versuchen zuerst, Biermann über das Handy zu erreichen. Vergeblich. Immer wieder hören wir die Ansage: ›Dieser Teilnehmer ist vor-
übergehend nicht erreichbar. Bitte versuchen Sie es später noch
einmal.‹ Auch an seiner Wohnung kommen wir nicht weiter.
Mehrere Male am Tag schauen wir bei ihm vorbei. Doch auf
unser Klingeln kommt immer nur die eine Reaktion: Hinter
der verschlossenen Tür bellt ein Hund. Mehr nicht. Irgendwann, nach einigen Tagen, geht Biermann an sein Handy. Er
ist kurz angebunden und hat überhaupt keine Lust, mit uns zu
reden: ›Vielleicht später mal. Tschüs.‹ Später geht es uns noch
zweimal genauso. Dann endlich ist er zu einem Gespräch bereit.

Wir treffen ihn abends gegen neunzehn Uhr dreißig in einem Café am Prenzlauer Berg. Biermann ist misstrauisch. Die
Gerüchte über den ungeklärten Tod seines Freundes haben ihn
verunsichert.

Gleich zu Beginn macht er klar, dass er seinen Namen un-
ter keinen Umständen in irgendwelchen Medien sehen will.
Er habe Angst: ›Ich will nicht in einer Blechwanne enden.‹
Er schaut sich um, ob nicht vielleicht rein zufällig Rechtsan-
walt Andreas Lieske auftaucht. Und auf keinen Fall möchte
Biermann während des Gesprächs mit uns gesehen werden.
Er fürchtet sich vor den Mitarbeitern aus dem AUBIS-Umfeld.
Das Gespräch beginnt sehr vorsichtig, Biermann will heraus-
bekommen, ob er uns trauen kann, will wissen, ob wir mit
AUBIS in Kontakt sind. Als wir verneinen, wird er langsam ru-
higer und beginnt zu erzählen.

Ziemlich schnell kommt er auf seine Vernehmung durch
die Kripo zu sprechen. Er ist verwundert über die scheinbar
desinteressierte Art und Weise der Befragung. Dann wird er
richtig sauer über die Tatsache, dass der Beamte Petrolls Handy
nicht mitnehmen wollte. Ein Handy? Sehr spannend, wo ist es
denn geblieben? Biermann hat es zu Hause auf dem Küchen-
tisch liegen lassen, die Kripo wollte es ja nicht haben. Diese

Erkenntnis erstaunt ihn immer noch, hat er doch auf dem Handy nachgeschaut und festgestellt, dass ›ziemlich heiße Nachrichten gespeichert sind‹. Mehr will er aber leider nicht verraten, er will sich erst überlegen, wie er mit dem Telefon umgehen will. Wir verabreden einen neuen Treff und verabschieden uns nach einem einstündigen Gespräch. Ein wichtiger Kontakt ist geknüpft.

Einige Tage später meldet sich Biermann, dieses Mal ein wenig entspannter. Locker verabreden wir uns für den Abend, an einem neuen Ort, wieder in einer Kneipe. Petrolls Freund kommt gleich zur Sache: Er legt das Handy des Verstorbenen auf den Tisch. Dabei sagt er uns: ›Da sind viele SMS-Nachrichten drauf. Eine habe ich versehentlich gelöscht. Sie war von Mitte Juli. Der Inhalt lautete etwa: ›Die Überweisung ist raus. Sei in Zukunft vorsichtiger mit deinen Äußerungen.‹

Wir fragen Biermann noch einmal nach den letzten Tagen, an denen er Petroll erlebt hat. Sein Freund sei im September in normaler, ruhiger bis fröhlicher Laune gewesen. Ihm sei nichts Besonderes aufgefallen. Am Tag vor seinem Verschwinden sei Petroll früher als sonst schlafen gegangen. Das habe ihn gewundert. Am nächsten Tag hätten sie dann gegen Mittag gemütlich gefrühstückt. Die Stimmung sei einfach normal gewesen.

Dann gibt Biermann uns das Handy. Die Sache hat allerdings einen Haken: In dem Gerät ist kein Chip. Wie also kommen wir jetzt an die Daten, die hoffentlich noch im Handy-Speicher sind. Biermann hat einen Tipp: Er selbst habe einfach seinen eigenen Chip eingesetzt und die dazugehörige PIN-Nummer eingegeben. So konnte er die SMS-Nachrichten abrufen und die Telefonnummern. Diesen Trick demonstriert er uns und sagt großzügig: ›Den Chip könnt ihr mitnehmen. Ich brauche ihn nicht mehr.‹ Als wir uns von Biermann verabschieden, gibt er uns noch etwas mit auf den Weg: Er möchte seinen Namen nicht irgendwo in den Medien wiederfinden.

Auf der Rückfahrt in die Redaktion behandeln wir das Handy wie ein rohes Ei: bloß keinen Fehler machen. Bloß nicht irgendwie die Nachrichten löschen. Zur Sicherheit bemühen wir einen Mitarbeiter für Kommunikationstechnik im Sender Freies Berlin (SFB). Als Erstes rufen wir die Mailbox an. Ruhig sagt eine weiche, männliche Stimme: Lars-Oliver Petroll. Erschrocken begreifen wir, dass wir ihn zum ersten Mal persönlich gehört haben. Das Handy mit der D2–Nummer 0172/75 47 888 hat insgesamt siebzig Einträge im Nummernverzeichnis. Dazu sind noch einundvierzig SMS-Nachrichten gespeichert. Eine ganze Menge. Um die Telefonnummern möglichst schnell abzutelefonieren, teilen wir sie in zwei Gruppen auf. Einige der Anschlüsse sind inzwischen neu vergeben. Die Teilnehmer kennen Petroll nicht. Enge AUBIS-Mitarbeiter und Vertraute von Wienhold und Neuling sortieren wir aus, es macht wenig Sinn, sie anzurufen. Zuerst sprechen wir mit ehemaligen Kollegen. Bei den meisten Gesprächen erhalten wir die eine oder andere Information.

Viele Freunde und Bekannte zeigen sich noch immer entsetzt über Petrolls Tod. Sie wundern sich, dass wir anrufen und nicht die Kripo. Die Polizei habe noch nicht bei ihnen vorbeigeschaut. Im Verlauf der Gespräche stellen sich zwei Einschätzungen über ihren toten Freund als unumstritten heraus: Er war nie und nimmer ein Selbstmordkandidat. Und seine Charaktereigenschaften schildern alle stimmig: Ein fröhlicher, offener, leicht verspielter Frauentyp sei er gewesen. Und ein sehr intelligenter Kerl, der eine große Leidenschaft hatte: Computer, Handys, alles, was mit moderner Datenverarbeitung zu tun hatte.

Ein Satz, der uns immer wieder begegnet, lautet: ›Ohne seine Handys, seinen Cassiopeia, seine Digitalkamera, seine tragbare Festplatte und sein Leatherman wäre er nie losgezogen. Das ist schlichtweg unvorstellbar.‹ Und noch eines betonen sie immer wieder: Er liebte seine kleine Tochter über alles.

Unter den Telefonnummern ist auch eine, die Petrolls Freund Hakan gehört. Doch trotz mehrmaligem Anrufen meldet sich niemand. Nach mehreren Tagen mit immer wieder vergeblichen Anrufen machen wir uns auf den Weg nach Hamburg. Hakan gehörte zu den engsten Freunden Petrolls. Er hat oft bei ihm übernachtet. Vielleicht hat er auch einiges von seinem Beweismaterial bei Hakan gelagert.

Das kleine Familienunternehmen Hakans liegt in einer Nebenstraße der Reeperbahn. Als wir eintreten und Hakan sagen, dass wir mit ihm über Lars-Oliver sprechen wollen, ist er zunächst nur erstaunt. Er hat zwar gehört, dass sein Freund tot ist. Er soll Selbstmord begangen haben. Aber er weiß nichts von den Ermittlungen der Staatsanwaltschaft wegen Mordverdachts. In dem Geschäftsraum sind außer Hakan noch drei weitere Türken und seine Mutter. Sie alle kannten Petroll. Nach einem Moment beginnt Hakan zu erzählen: Ja, Lars-Oliver sei im Juni und im Juli bei ihm gewesen. Er wollte sich verstecken: ›Lars hatte Angst vor jemandem bei AUBIS.‹ Doch als wir Hakan fragen, ob er eine Festplatte oder andere Geräte für Petroll aufbewahrt hat, springt er wütend auf und zeigt mit dem ausgestreckten Finger auf uns: ›Seid ihr Zivilfahnder oder was?‹

Die Stimmung im Laden hat sich um hundertachtzig Grad gedreht. Die anderen drei Türken stehen hinter uns, im Halbkreis. Es kostet uns einige Mühe, den aufgebrachten Hakan wieder zu beruhigen. Wir verabschieden uns schnell. Viel erfahren haben wir nicht. Immerhin aber wissen wir, dass die Information, die wir von anderen Bekannten Petrolls bekommen haben, stimmt: Während seiner Zeit in Hamburg hat er sich zeitweise auch bei diesem Freund versteckt. Das reicht uns. Wir beschließen für uns: Unter diesen Umständen sollen sich an dieser Stelle lieber Berufenere um mögliche Beweismittel kümmern.

Die Aussichten erscheinen uns allerdings mit jedem Tag schlechter. Denn nicht einer derjenigen, die wir anrufen, ist vor uns von der Polizei befragt worden. Auch hier schält sich ein Standardkommentar heraus: ›Das wundert uns auch.‹

Parallel zu der Telefonrecherche sprechen wir auch noch einmal mit Petrolls Exfreundin Sabrina Weiser. Sie hat inzwischen den durcheinandergewürfelten Haufen aus Disketten, Festplatten, Computerteilen, Tastaturen und Papieren durchwühlt und einen Pappkarton voll Material für uns zusammengestellt. Mit dieser Ladung fahren wir zurück in die Redaktion und versuchen sofort, einige der Disketten zu öffnen.

Gleich bei einem der ersten Datenträger erleben wir eine Überraschung. Als wir die darauf gespeicherten Dateien öffnen, blickt uns plötzlich Lars-Oliver Petroll an. Es sind Bilder aus seiner Zeit in Hamburg. Für uns ist es ein mulmiger Moment. Petroll blickt uns auf den Aufnahmen genauso an, wie seine Freunde und Bekannten ihn geschildert haben: Er hat kurz geschorene Haare, einen Dreitagebart, lange Koteletten, trägt ein graues T-Shirt und Jeans. Auf seinem Schreibtisch eine Packung Players-Zigaretten, eine Packung Philipp Morris, eine Thermoskanne, mehrere Teller mit Croissants, diverse Disketten und ein Taschenrechner. Im Hintergrund stehen Rechner, Bildschirme und ein Scanner.

Petroll sitzt auf den Bildern entweder konzentriert an einem Computer, oder er agiert als Spaßvogel: Einmal hat er eine Baseballmütze mit seinen Initialen LOP auf, seine Nase ist rot geschminkt, er schielt künstlich und hält eine Bierdose ins Bild. Auch bei einer anderen Szene macht er Quatsch für den Fotografen: Er hockt bei offenem Fenster auf dem Fensterbrett und lacht. Nichts Bedrohliches, eine Ulknummer, typisch Petroll.

Bei einer anderen Diskette erleben wir unser blaues Wunder. Als wir sie anklicken, sehen wir für den Bruchteil einer Sekunde eine Excel-Tabelle und die Bezeichnungen ›Elpag‹ und ›Kontostand Görlitz.xls‹. Dann wird der Bildschirm schwarz, der Computer stürzt ab.

Wir sind ratlos. Hat Petroll wichtige Daten mit einem besonderen Schutzprogramm versehen? Auf jeden Fall lässt sich die Diskette nicht mehr öffnen.

Die Daten wollen wir aber unbedingt lesen. Deshalb wenden wir uns an professionelle Datenretter. Sie sind darauf spezialisiert, Daten, die aufgrund von Viren, Computerkriminalität oder ähnlichen Einflüssen nicht mehr verfügbar sind, wiederherzustellen. Diese Experten retten auch unsere Dateien. Was wir entdecken, sind Kernkalkulationen der AUBIS-Gruppe. Jetzt haben wir den ersten Beweis dafür in den Händen, dass Lars-Oliver Petroll tatsächlich Material gegen AUBIS kopiert und versteckt hat.

Nach und nach finden wir immer mehr Datensammlungen aus dem Herz der Immobiliengruppe: Tabellen zu Miet- und Kreditkalkulationen, Listen mit Leerstandstabellen zu einzelnen Wohnanlagen und Vorgänge aus dem Zahlungssystem Genolite; auch die interne Verteilung der Garagenplätze, eine ganze Reihe von Arbeitszeugnissen für Mitarbeiter, Mahnschreiben von Handwerksfirmen an AUBIS, Terminplanungen der Geschäftsführer, Reisekostenabrechnungen und Unterlagen über die Berechnung der Wärmelieferungen.

Neben dem Sichten der Daten arbeiten wir immer weiter an den Telefonnummern aus Petrolls Handy und an den SMS-Nachrichten. Es fällt auf, dass Petroll in der für ihn heißen Phase im Mai/Juni 2001 häufig Nachrichten von der Nummer 0173/2194850 erhält. Darunter auch eine mit der schon erwähnten Frage: ›Warum soll dich einer killen?‹

In einer anderen geht es anscheinend um einen verschwundenen Datenträger aus Petrolls elektronischem Notizbuch. Zunächst läuft bei Petroll nachts um zwei Uhr dreiunddreißig die Nachricht ein: ›Noch mal. Habe gelöscht.‹ Wenige Stunden später fragt der Absender: ›Ich habe den Chip vom Cassiopeia?‹ Dann lautet eine drängende Frage: ›Bei dir alles okay? Hab noch keine Mail.‹ Wer sendet diese Nachrichten? Es dauert einige Zeit, bis wir im weiten Kreis der AUBIS-Mitarbeiter eine Antwort finden: Unter der Nummer 0173/2194850

war Elpag-Chef Sven Asmus zu erreichen. Er hat Petroll innerhalb kurzer Zeit siebzehn Nachrichten geschickt. Es scheint
zu stimmen, was Bekannte Petrolls beobachtet haben wollen:
Asmus und Petroll sind befreundet und ziehen öfter mal zusammen um die Häuser.

Vor ganz andere Aufgaben stellt uns eine Telefonnummer,
die im Handy unter dem Namen ›Yaliki‹ abgespeichert ist. Bei
Anruf meldet sich ein Christian. Auf die Frage, ob er Lars-Oliver Petroll kenne, beginnt er zu stottern. Wir meinen zu hören, dass er Petroll kannte. Aber wirklich verständlich sind die
Sätze nicht. Klar ist: Er kennt den Namen Petroll. Der Mann
wirkt zutiefst verschüchtert. Aber es ist nichts weiter aus ihm
herauszukriegen. ›Yaliki‹ – was ist das für ein Name? Woher
kommt er? Im Internet stoßen wir auf eine spannende Deutung des Worts. Es kommt im Dialekt der australischen Yapa-
Ureinwohner im Bereich Warlpiri (dreihundert Kilometer
nordwestlich von Alice Springs) vor. Dort heißt ›Yaliki‹ unter
anderem: ›das da‹, ›dort‹. Ein verdeckter Hinweis auf ein Ver-
steck? Nach allem, was wir bisher von Petroll gehört haben,
ist bei diesem Sicherheits- und Technikfreak überhaupt nichts
auszuschließen.

Also auf nach Lengerich, wo er wohnt. Sechs Stunden über
Autobahnen und Landstraßen, dann stehen wir bei Christian
vor der Tür. Wir klingeln. Niemand öffnet. Irgendwann kommt
ein großer junger Mann aus dem Mehrfamilienhaus. Auf Verdacht rufen wir ›Christian?‹. Er macht sofort kehrt, rennt ins
Haus zurück und kommt an diesem Tag nicht wieder raus. Ans
Telefon geht er auch nicht.

Irgendwann ist es klar: Yaliki will nicht. Es hat keinen Sinn,
länger auf ihn zu warten. Wir fahren zurück nach Berlin. Von
dort aus klappern wir weiter die Telefonnummern ab. Eine
davon (›Franzi‹) führt uns zu einem Girl aus dem Leipziger
Nachtklub Metropolis. Das haben wir bereits zuvor erfahren:
Asmus und Petroll waren öfter in der Nachtszene unterwegs.
Eine direkte Bestätigung dafür hatten wir bislang noch nicht.

Doch Franzi erinnert sich an einen Lars. Ob der aber Lars-Oliver Petroll hieß, weiß sie nicht. Nur, dass er manchmal mit einem Freund im Metropolis war. Mehr kann sie nicht sagen. Als wir sie abschließend fragen, ob der Lars gern Red Bull mit Wodka getrunken habe, hören wir durch das Telefon ein ehrlich empörtes Schnauben. Dann schnaubt Franzi in tiefstem Sächsisch: ›Mid mia … mid mia nua Schambonja. Isch bin doch ti Franzi vom Däbel Dännsing.‹«

Es tauchen aber auch ganz andere Zeugen auf, die mit der Staatsanwaltschaft sprechen. Darunter ist der frühere AUBIS-Mitarbeiter Eberhard Kranich. Er hat bisher geschwiegen, weil es für ihn bis zu Petrolls Tod »nur um Geld« ging. Jetzt will er auspacken. Er berichtet nicht nur von den Verbindungen zwischen Elpag und AUBIS, sondern schildert auch eine Szene aus dem August 2001, einen Monat vor Petrolls Tod:

»Sven Asmus erzählte mir, ohne danach gefragt zu werden, dass Petroll zurzeit gerade den Versuch unternimmt, Wienhold zu erpressen, und ihm droht, für den Fall, dass er nicht zahlt, die Bank und die Staatsanwaltschaft mit umfangreichem Datenmaterial zu versorgen. Asmus führte an: ›Er will uns also hochgehen lassen.‹ Außerdem fügte er noch wortwörtlich hinzu: ›Wenn er das durchzieht, kann es sein, dass er das nicht überlebt.‹«

Und weiter sagt er: »Damals habe ich die Äußerungen des Herrn Asmus nicht sehr ernst genommen, doch als ich Anfang Januar erfuhr, was mit Petroll kurze Zeit nach meinem Treffen mit Asmus geschehen war, bekamen die Worte für mich eine ganz neue Bedeutung. Petroll kannte ich gut genug, um zu wissen, dass er kein Selbstmordkandidat war.«

Und nun endlich reagiert das System. Das LKA wird um Mithilfe gebeten. Es geht um einen möglichen Mord. Doch lange wird nicht ermittelt. Nach einer Tatortbesichtigung kommen die LKA-Ermittler zu dem Schluss, dass »die bisherigen Ermittlungen eindeutig für eine Selbsttötung Petrolls durch

Erhängen sprechen«. Die Birkenhölzer sollen griffbereit im – tatsächlich stark genutzten – Wald gelegen haben. Die Hölzer muss er dann als Steighilfe aufgeschichtet haben, auf die Pyramide geklettert sein, das Seil um den Ast geschlungen und sich daran erhängt haben.

Viel mehr ist auch wirklich nicht zu tun, denn die Rechtsmediziner können auch nur bestätigen, dass Petroll an einer Erhängung gestorben ist. Hinweise für Gewalt durch andere Personen finden sie nicht: »Befunde, die zwingend an eine andere Deutung (als eine Selbsttötung) denken lassen, sind nicht erkennbar.« Es gibt also keinen Hinweis auf einen Mord. Es gibt aber auch keinen Hinweis darauf, dass kein Mord stattgefunden hat. In einem Satz: Es gibt keine Hinweise in irgendeine Richtung.

Dass Petroll aber durch Erhängen gestorben ist, streitet niemand ab. Diese neutrale Feststellung kann man allerdings auch noch verdrehen, wie der »Einstellungsbescheid« – also die schriftliche Begründung, warum die Ermittlungen eingestellt wurden – demonstriert. Dort heißt es: »Die Staatsanwaltschaft kommt an den eindeutigen Feststellungen des international renommierten Gerichtsmediziners Prof. Dr. med. Dr. h. c. Volkmar Schneider nicht vorbei, wonach ein Fremdverschulden am Tod Petrolls auszuschließen ist.« Das hat Prof. Schneider aber nicht gesagt. Die Staatsanwälte sind einer der häufigsten Verwechslungen vor Gericht auf den Leim gegangen: Wenn der Sachverständige das eine (Mord) nicht bestätigt, dann muss das andere (Selbsttötung) automatisch richtig sein. Doch so einfach ist es nicht.

Wie dem auch sei, die Leiche war ohnehin nicht mehr untersuchbar, als die Ermittlungen in Fahrt kamen: Petrolls Körper war samt aller Kleidungsstücke einschließlich der Schuhe eingeäschert worden.

Verstrickungen am Fundort

Susanne Opalka und Olaf Jahn arbeiteten mittlerweile auf journalistischer Seite allein und produzierten nebenher noch ihre Sendungen und Artikel. Fast ein Jahr nach dem Tod des Nerds beschließen sie, den Fundort noch einmal selbst unter die Lupe zu nehmen.

Dazu kaufen sie unter anderem ein fünf Meter langes, dreifaseriges Kunststoffseil mit einem Durchmesser von acht Millimetern – genau der Beschreibung der Polizei entsprechend. Mit einer Anleitung aus dem Internet basteln sie einen Henkerskknoten und bringen ihn samstagsmorgens um acht Uhr an der Eiche an. Die nächsten fünfzehn Stunden verbringen sie im Wald mit Filmaufnahmen, bis es ihnen zu gruselig wird:

»Mit zunehmender Dunkelheit wird es uns auch zu viert unheimlich. Drei Generatoren dröhnen und sorgen dafür, dass wir die alte Eiche ausleuchten können. Die Stimmung ist gespenstisch. Allein der Gedanke, dass wir dort nachts allein umherwandern sollten, ist uns allen unheimlich. Dass Petroll in dieser Lage noch die Nerven hat, sich einen Baum mit hohen Ästen auszusuchen, aus zusammengesuchten Birkenscheiten einen Holzstapel als Steighilfe zu bauen – das erscheint uns völlig abwegig. Aus Respekt vor dem Toten legen wir am Baum eine weiße Rose nieder. Dann verlassen wir in ziemlicher Hast den Wald.«

Der Redaktionsleiter von Jahn und Opalka hat kurz darauf eine Idee und empfiehlt ihnen, mit Fritz Koraske zu sprechen. Koraske war eine Art Polizeioffizier bei der Nationalen Volksarmee der DDR gewesen. Zu seinen Aufgaben hatte es unter anderem gehört, Selbstmorde von Soldaten aufzuklären. In fast dreißig Jahren hatte er Hunderte Fälle von »Tod durch Erhängen« untersucht. Er knüpft für die Journalisten einen Henkersknoten und erklärt, dass der Knoten, einmal zugezogen, nicht mehr verrutscht – auch nicht bei ruckartigen Bewegungen. »Wenn Ihnen ein Profi das Seil so zuzieht«, erklärt er, »dann haben Sie nicht den Hauch einer Chance. Bei der Nationalen Volksarmee haben die Nahkampfspezialisten das als Erstes gelernt: leise und schnell zu töten. Dem Opfer bleiben da nur zwei, drei Sekunden zum Reagieren. Für diese kurze Zeit können Sie die Arme leicht festhalten. Aber – wer sagt Ihnen eigentlich, dass der Mann nicht gefesselt war?«

Eine in der Tat gute Frage. Denn eine Fesselung würde erklären, warum das Opfer den Birkenstapel nicht umgeworfen hätte.

Und noch etwas fällt dem Tötungsexperten auf den Fotos vom Fundort auf, welche die Journalisten gemacht haben. Die Kerbe am Ast, über dem das Seil hing, scheint recht breit zu sein. Hätte Petroll sich selbst erhängt, dürfte sie eigentlich nur

Abb. 50: Nachstellung des Falls Petroll am echten Ast und mit den echten Birkenscheiten. Der Kriminalbiologe wird am Baum hochgezogen, um die Einkerbung am Ast und Abfärbungen aufs Seil zu prüfen.

(Foto: S. Reibe/M. Benecke)

so schmal sein wie das Seil selbst. Dass die Kerbe breiter ist, könnte darauf hindeuten, dass Petroll in der Schlinge am Ast hochgezogen wurde. Dabei würde die Kerbe breiter werden, weil das Seil hin und her rutscht.

Es müsste auch am Seil zu erkennen sein, ob das Opfer mit dem Seil am Baum hochgezogen wurde oder sich bloß in die Schlinge fallen ließ. Beim Hochziehen würde eine gewisse Länge des Seils über die Rinde gezogen und müsste dabei schmutzig werden. Beim Selbstmord hingegen würde nur der Teil des Seils anschmutzen, der um den Ast geschlungen war.

Auch der Holzstapel gefällt dem pensionierten Ermittler nicht: »Das wirkt doch wie im Nachhinein aufgebaut. Wie ein Täuschungsmanöver, um vom wirklichen Geschehen abzulenken.«

Abb. 51: Versuche am echten Ast im Fall Petroll. Eine deutliche Kerbe entsteht nur, wenn die Leiche am Ast hochgezogen wird, nicht jedoch bei einer echten Erhängung ohne Hochziehen der Leiche. (Foto: M. Benecke)

Ein Grund mehr, sich das echte Seil anzusehen. Denn auch im Obduktionsbericht der Rechtsmedizin findet sich der Hinweis auf Verschmutzungen des Seils: »Dieses Seil wurde vermutlich am Ast befestigt. Am Seil selbst sind deutliche schwarze Fremdanhaftungen an der Oberfläche.« Fragt sich nur, über welche Strecke der Schmutz reicht. Wie gesagt, das Seil muss her.

Nach drei Wochen gelingt es Opalka und Jahn, die Seilstücke anzusehen: drei Stücke, jedes zwischen dreißig und vierzig Zentimeter lang und verschmutzt – und zwar sehr stark, jeweils nahezu über die ganze Länge. Doch wo ist der Henkersknoten und wo die Schlinge, die über den Ast führte? Und wieso sind es nur drei kurze Stücke?

Ein kurzes Experiment gibt Aufschluss. Wenn man eine dreifache Handfesselung durchschneidet, bleiben drei einzelne, gleich lange Seilstücke übrig, jeweils um die dreißig Zentimeter lang. Handelt es sich hier gar nicht um das Seil, mit dem Petroll am Baum hing, sondern um den Beweis einer Fesselung? Das wäre eine Sensation, weil damit die Begründung der Staatsanwaltschaft widerlegt wäre, dass es keinerlei Hinweise auf die Beteiligung anderer Personen gäbe.

Nun müssen die Stücke also nur noch mit dem »langen« Seil, das zur Erhängung benutzt wurde, verglichen werden. Sind sie am Ende aus verschiedenen Materialien? Von anderer Farbe? Dann wäre wohl sicher gezeigt, dass Petroll gefesselt in die Schlinge gehängt wurde. Doch der Seilinformant schüttelt den Kopf: »Mehr war nicht da. Keiner weiß, wo der Strick geblieben ist. Vermutlich ist er einfach vernichtet worden.« Unerwartet, bei Freitoden aber meist wahr: Der Strick wird einfach in den Abfall geworfen. Wer sollte ihn auch haben wollen? Der Bestatter, die Angehörigen, das Institut für Rechtsmedizin? Niemand kann bei einem Selbstmord mit einem nun überflüssig gewordenen Seil etwas anfangen.

So verlief also auch die Seilspur im Sand des Ermittlungs-

getriebes. Solange unklar blieb, ob die drei anderen Seilstücke – waren es übrigens nicht ursprünglich vier gewesen? –
zum Hauptseil gehörten oder nicht, konnte hier keine weitere
Aussage erfolgen.

Eines fragten sich Opalka und Jahn aber doch: Wie sollte
Petroll eigentlich das Seil zerschnitten haben, wenn sein stän-
diger Begleiter – ein Leatherman-Taschenmesser – fehlte und
am Fundort der Leiche kein einziger scharfer Gegenstand gefunden wurde? Hatte sich Petroll etwa Tage vorher genau diesen Baum ausgesucht, zu Hause das Seil zurechtgeschnitten,
in der Schlinge hängend noch drei bis vier überstehende Enden von verschiedenen Seilstücken abgeschnitten und sich
dann erhängt? Denn wenn er sein Messer einfach hätte fallen lassen – wo war es dann? Sollte etwa jemand unter einer
aufgeknüpften Leiche herumgekrochen sein und es geklaut
haben? Hatte Petroll es mit Wucht und in sehr hohem Bogen irgendwo in den Wald geworfen, wo es niemand finden
konnte? Warum sollte er das tun? Hier passte nun wirklich
gar nichts mehr zusammen.

Allerdings passte das Fehlen aller persönlichen Gegenstände sehr gut zu der Tatsache, dass irgendjemand all das von
Petroll hatte verschwinden lassen, was für die Abwehr eines
Erpressungsversuchs von Belang gewesen wäre. Denn weder
seine tragbare Festplatte, die er nach Aussage seiner Freunde
immer bei sich trug, noch sein Cassiopeia-Minicomputer, noch
seine Digitalkamera, die er als elektronisches Tagebuch nutzte,
tauchten jemals wieder auf. Seltsam ist auch, dass Petroll seinem Freund Biermann gesagt hatte, dass er sich am Abend seines Verschwindens mit Carola Clement treffen wollte – der
Exsekretärin von AUBIS also, die auch alles über die silberne
Reisetasche mit den »Liebesbriefen« wusste und die zusammen mit AUBIS-Anwalt Andreas Lieske auf der Suche nach den
vermeintlichen »Päckchen« war.

Diese Aussage Biermanns hätte Carola Clement bei der
Kripo normalerweise schwer in Bedrängnis gebracht. Sie stritt

aber rundweg ab, dass ein abendliches Treffen mit Petroll geplant war. Aus dem Befragungsprotokoll der Polizei:

Frage: »War dem nun so?«

Clement: »Er war nicht bei mir.«

Frage: »Waren Sie denn verabredet?«

Clement: »Nein.«

Frage: »Wann hatten Sie den letzten persönlichen oder telefonischen Kontakt?«

Clement: »Mitte Juni habe ich ihn mehrfach in der Firma gesehen … Das definitiv letzte Telefongespräch hatte ich mit ihm am 27. September.«

Frage: »Warum können Sie sich an dieses Datum so genau erinnern?«

Clement: »Weil ich eine Art Tagebuch führe.«

Frage: »Gab es anlässlich des Telefonats vom 27. September eine Verabredung?«

Clement: »Nein, von einem Treffen oder einer Verabredung war keine Rede.«

Wie sollte man diese Aussage widerlegen? Es gab keine Handy-Daten, mit denen man hätte prüfen können, ob der Programmierer nicht doch an diesem Abend mit Frau Clement gesprochen hatte; und Zeugen gab es erst recht nicht.

Auch ansonsten gab sich Carola Clement schmallippig. Als sie von den Ermittlern gefragt wurde, ob sie gewusst habe, dass Petroll Datenmaterial beiseitegeschafft habe, sagte sie mit beneidenswerter Kühle: »Das entzieht sich meiner Kenntnis. Ich habe das auch nur aus der Presse, und daher kann ich zu diesem Thema überhaupt nichts sagen.«

Ein Ende mit Schrecken

Damit endet die Causa Petroll. Er hatte seine Kräfte an Mächten erprobt, die wesentlich mehr zu verlieren hatten als er. Er hatte seine Finger direkt auf dem roten Knopf, und seine Daten hätten vermutlich viele der Beteiligten an einem der größten Finanzskandale Deutschlands noch weiter hinabgerissen, als es schon geschah. Für wie lächerlich gering man aber die Bedrohung anfangs hielt, zeigt die Tatsache, dass er mit zehntausend Mark abgespeist wurde, während die in den Skandal verwickelten Manager nebenbei Scheinfirmen auf den Kaimaninseln gründeten und zweistellige Millionenbeträge hin und her schoben.

In welcher Liga die Beteiligten wirklich spielen, wurde erst deutlich, als am 16. April 2002 der Haftbefehl gegen den AUBIS-Chef und CDU-Politiker Neuling nach sechswöchiger Untersuchungshaft ausgesetzt wurde. Er wurde gegen die unvorstellbar hohe Kaution von neunhundertfünfzig Millionen – also fast einer Milliarde! – Euro freigelassen.

Meine abschließende Stellungnahme zum Tatort lautete: »In diesem Fall gibt es viele unbeantwortete Fragen, und die verschwinden nicht. Im Gegenteil. Je mehr man sich mit diesem Fall beschäftigt, umso zwingender drängen sich die Fragen auf.«

Auch der Berliner Abgeordnete Frank Zimmermann, Vorsitzender des Untersuchungsausschusses zum Bankenskandal, hat sich vergeblich für eine Wiederaufnahme der Ermittlungen eingesetzt. Er ist sich sicher: »Schon nach dem, was wir bisher wissen, ist im Fall Petroll ein Fremdverschulden deutlich wahrscheinlicher als ein Freitod.« Bei dieser Einschätzung mag auch eine Rolle gespielt haben, dass AUBIS-Chef Wienhold früher bei der 2. Mordkommission der Berliner Polizei gearbeitet hatte … sogar ein entsprechender Brief ging bei der Polizei ein. Er stammte von Kurt Schulz, einem ehemaligen Kommissar und Kollegen Wienholds. »Betr.: Hinweis zur bisher ungeklärten Todesursache des Herrn Lars-Oliver P., Bezug:

Ermittlungsverfahren gegen AUBIS-Gruppe«, schreibt der Pensionär. Da Wienhold in seiner aktiven Dienstzeit auch bei der Mordkommission war, »dürfte es mit entsprechendem Fachwissen in Mordangelegenheiten nicht schwierig sein, gegebenenfalls in eigener Sache zu handeln. Nach meinem Erachten erscheint eine Nachprüfung angebracht. Hochachtungsvoll und mit freundlichen Grüßen«!

Doch es hilft alles nichts. Die Ermittlungen werden eingestellt, die Akten zugeklappt und alle Seilstücke, Sporttaschen und Streamerbänder vernichtet. Von Lars-Oliver Petroll bleiben nur Erinnerungen bei seinen Freunden (und Feinden) sowie ein kriminalistisch nicht mehr lösbarer Fall. Es ist natürlich möglich, dass der Programmierer sich wegen des selbstverschuldeten Drucks, Schulden oder aus irgendeinem anderen Grund umgebracht hat. Doch das ist weder logisch noch wahrscheinlich.

Andererseits: Wer hat behauptet, dass menschliches Dasein logisch und wahrscheinlich ist?

Nachtrag

Kurz vor Weihnachten 2001 bitten die Mordermittler noch einmal den türkischen Berliner zu sich. Er war ja nach eigenen Angaben ungefähr zur möglichen Todeszeit in der Nähe des Fundorts, allerdings angeblich nur auf der nahe gelegenen Avus. Die Polizisten fragen ihn also noch einmal eindringlich, wie sein Schreiben für das Fitnessstudio an den Fundort gelangen konnte. Ist es wirklich von der Avus Hunderte von Metern in den Wald verweht worden? Und warum wehte es überhaupt aus seinem Auto?

Nun erzählt der Befragte eine neue Geschichte. Er sei mit einem Mädchen im Wald gewesen. »Wie soll ich Ihnen das erklären?«, beginnt er. »Ich habe keine eigene Wohnung und wohne bei meinen Eltern. Nach meinem Türkei-Aufenthalt,

also nach meinem Urlaub, habe ich dort, an dieser Nebenstraße da, Sex mit einem Mädchen in meinem Auto gehabt.«

Das war es also. Der Wagen der zwei Turtelnden hatte am
Anfang des Waldwegs gestanden, der auch zur tödlichen Eiche
führte. Plötzlich war aber ein Polizeiwagen gekommen, und
jemand hatte mit einer Taschenlampe ins Innere des Autos geleuchtet. Das Mädchen und der Romeo kriegten einen Schreck
und zogen sich schnell wieder an. Im entstehenden Gewühl
war wohl der Zettel verloren gegangen.

Als der Vernehmungsbeamte fragt, wer denn das Mädchen
sei, folgt die nächste Überraschung: Der Zeuge weiß es selbst
nicht. »Sie heißt Nadine«, sagt er, »aber der Nachname ist mir
nicht bekannt.« Immerhin hat er ihre Handy-Nummer.

Doch über die Nummer kann die Adresse des Mädchens
nicht ermittelt werden: Nadine hat einen Prepaid-Anschluss,
und irgendwelche anderen Daten von ihr hat der Zeuge weder
im Kopf noch sonst wo gespeichert. Als ihr Aufenthalt dann
endlich ermittelt ist, kommt auch sie pflichtbewusst aufs Re-
vier. Dort bestätigt sie das Alibi des Schlossers vom Autosex
im Grunewald.

Da der Berliner Türke als einziger Mensch im gesamten Fall
jemals der Tötung Petrolls verdächtigt wurde, sind die Ermittlungen nach Nadines Aussage nun an ihrem Ende angelangt.
Die Staatsanwaltschaft teilt mit, dass der ohnehin nur halbherzig Verdächtigte weder jemals Kontakt zu Petroll noch zur
AUBIS-Gruppe gehabt habe. Er hat weder ein Motiv noch eine
Verbindung zum Fall. Das Verfahren wird mangels hinreichen-
den Tatverdachts eingestellt. Wenn er nicht gestorben ist, dann
flirtet er noch heute.

Im September 2006 wurde die Bankgesellschaft zwar nicht
aufgelöst, aber immerhin umbenannt. Als das große Logo –
eine Triade – vor dem Fernsehturm am Alexanderplatz herab-
schwebte, war das vielen Berliner Zeitungen ein großes Foto
wert. Die Frage, ob Lars-Oliver Petroll getötet wurde oder
nicht, wird allerdings weiter im Dunkeln bleiben.

Abb. 52: Im September 2006 trennte sich die Bankgesellschaft von ihrem alten Namen und Logo, einer Triade. Hier bei der Demontage des Logos vom
Konzerngebäude in Berlin vor dem Fernsehturm. Jetzt heißt die Bankgesellschaft »Landesbank Berlin Holding«. Die Skandale reißen aber nicht ab:
AUBIS-Manager Neuling, im Mai 2006 noch verhandlungsunfähig erkrankt,
nahm am 24. September 2006 erfolgreich am Berlin-Marathon teil.

(Foto: Clemens Bilan/ddp)

Interviews mit Programmierern

Joachim Schaaf ist fest angestellter Programmierer für Software, mit der unter anderem Waren in Katalogen abgebildet oder bestellt und ausgeliefert werden können. Dazu verwendet er das Betriebssystem Linux und die Programmiersprache Java. Die Kunden sind große Firmen oder Verbände, beispielsweise Versandhäuser, Pharmafirmen, Rundfunksender und politische Parteien.

Frage: Beschreib deinen Job bitte mal so, dass ein Laie es versteht.

Schaaf: Ich entwickle sehr umfangreiche Computerprogramme. Mehrere Programmierer arbeiten monatelang daran. Es dauert nach der Entwicklung noch mal mehrere Jahre, in denen wir Verbesserungen oder Erweiterungen einbauen. Ein Teil der Ideen dafür kommt aus der Entwicklungsabteilung – die Kollegen dort wissen, welche Programme sich verkaufen lassen. Viele Wünsche kommen aber auch direkt von den Kunden beziehungsweise werden von uns zusammen mit Kunden erarbeitet.

Frage: Warum macht es dir Spaß, solche Riesensoftware zu programmieren?

Schaaf: Die Arbeit ist abwechslungsreich. Es gibt oft neue Aufgaben, und man kann in gewissen Grenzen eigene Ideen umsetzen. Das Interesse für Technisches spielt natürlich eine große Rolle – Dinge zu reparieren und zum Laufen zu bringen und so weiter. Das ist wie im Comic *Dilbert*: »I just can't wait to plug you in, my little darling.«

Man kann also etwas Echtes und Praktisches tun – theoretisches Programmieren geht nicht, auch wenn manche das denken.

Mir gefällt auch, dass ich mir das notwendige Wissen selbst erschließen kann, weil die Dokumentationen und Werkzeuge frei im Netz verfügbar sind. Das Wissen wird nicht von oben doziert, sondern ich habe es mir – zusammen mit den Mitgliedern der Gemeinschaften im Internet – selbst angeeignet. Unter anderem wegen der freien Informationsverbreitung ist Programmieren anarchisch, subversiv und avantgardistisch – oder kann es zumindest sein.

Frage: Was machst du, wenn du im Firmennetzwerk auf Daten oder E-Mails deiner Firma oder deiner Kollegen stößt, die dir nicht passen oder die halb legal sind? Du kannst ja nicht so tun, als hättest du sie nicht gesehen.

Schaaf: In den meisten Fällen sind die Daten der einzelnen Computerbenutzer durch Lese-/Schreibrechte geschützt, man kommt also nicht ohne Weiteres an »fremde« Daten ran. Als Administrator, der zum Beispiel die E-Mails einrichtet, kann das aber schon mal vorkommen.

Wenn ich in diesem Zusammenhang von illegalen Aktivitäten erfahren würde, dann wäre beispielsweise der Betriebsrat der richtige Ansprechpartner. Ist mir aber noch nicht passiert.

Frage: Im Berufsalltag geht es also offenbar weniger anarchisch zu. Findest du es trotzdem richtig, dass manche Hacker Daten illegal runterladen, dann veröffentlichen und so auf Sicherheitslücken hinweisen?

Schaaf: Ich finde es im Prinzip richtig, Sicherheitslücken beispielhaft auszunutzen und öffentlich auf den Fehler hinzuweisen. Wenn es also etwa ein Problem beim Online-Banking gibt, dann ist das Aufklärungsbedürfnis der Öffentlichkeit wichtiger als der mögliche Imageschaden der Bank. Heutzutage ist das Sicherheitsbewusstsein aber ohnehin besser entwickelt als noch vor ein paar Jah-

ren. Es weisen auch nicht mehr nur Hacker auf Sicherheitslücken hin.

* * *

Klaus Fehling arbeitet unter anderem als Theaterautor. Er
setzt dabei auch »Wikis« ein, mit denen er offene Web-
seiten gestaltet, die von jedem Betrachter unkompliziert
geändert werden können. Dieses Verfahren nennt sich Ba-
sar-Methode. Am bekanntesten ist es durch die Wikipedia
geworden, bei der von jedem Benutzer Wissen im World
Wide Web bereitgestellt und diskutiert wird.

Fehling ist ein Pionier, der offenen Betriebs- und Denk-
systemen zum praktischen Durchbruch verhilft. Das läuft
der klassischen Art des Programmierens (unbekannte Programmierer und von anderen nicht veränderbare Pro-
gramme/Webseiten; »Kathedralen-Methode«) zuwider.

Frage: Beschreib bitte mal deine Programmierarbeit.

Fehling: Ich sorge dafür, dass Menschen, die zusammen
an einer gemeinsamen Sache arbeiten – beispielsweise
eine Theatergruppe mit Regisseur, Bühnenbildner, Schauspieler und so weiter –, möglichst immer dann (und nur
dann) die (und nur die) richtigen Informationen zur Verfügung haben, wenn sie sie brauchen.

Außerdem helfe ich mit Rat und Technik dabei, dass
jeder seine Ergebnisse und Informationen für andere einfach im Netz zur Verfügung stellen kann. Durch die offen angelegten Programme können beispielsweise auch
Außenstehende mit Kommentaren und eigenen Beiträgen
problemlos und sofort Einfluss auf den Inhalt der Seiten
nehmen.

Frage: Warum macht dir das Spaß?

Fehling: Für meine künstlerische und journalistische Ar-

beit ist die Technik ein wunderbares Hilfsmittel. Reibungs-
lose und trotzdem zielgerichtete Kommunikation kann
viel Spaß machen.

Frage: Was machst du, wenn du im »Firmen«-Netzwerk
auf Daten oder E-Mails stößt, die dir nicht passen oder die
halb legal sind? Du kannst ja nicht so tun, als hättest du
sie nicht gesehen.

Fehling: Ich lese nicht ungefragt die E-Mails anderer.
Wenn ich jedoch beispielsweise auf *deinem* Webserver, den
ich ja auch verwalte, im Rahmen meiner Arbeit auf Daten
stoßen würde, die einen von uns oder Dritte in Schwierigkeiten bringen könnten, würde ich den Verursacher ermitteln und sie/ihn darauf ansprechen.

Die Frage ist aber eigentlich blöd. Was ist »halb legal«,
und wie kommst du darauf, dass ich nicht so tun kann,
als hätte ich die Daten nicht gesehen? Genau das würden
nämlich, denke ich zumindest, die meisten machen: so
tun, als hätten sie nichts gesehen.

Frage: Was hältst du davon, wenn sogenannte Hacker
auf Sicherheitslücken in fremden Computersystemen/
-netzen dadurch aufmerksam machen, dass sie die – durch
die mangelnde Absicherung gewonnenen – Daten veröffentlichen?

Fehling: Das scheint mir nur dann angemessen, wenn
erstens durch die Lücken der Datenschutz Unbeteiligter
gefährdet ist und zweitens die für die Sicherheit dieser Daten verantwortlichen Menschen nicht oder zu spät auf einen Hinweis reagieren. Aber auch dann muss sorgfältig ab-
gewogen werden, welche Schäden (auch für Unbeteiligte)
durch eine Veröffentlichung entstehen können.

Frage: Wie würdest du eine zusammengefasste Pro-
grammierer-Ethik formulieren? »Tu, was dein Chef will« vs.
»Programmiere so, wie du willst«? – »Die Daten der Firma

sind heilig/sind nicht heilig?« – Wie steht's mit Schweige-
pflicht?

Fehling: Private Daten schützen, öffentliche Daten nützen.

Frage: Kannst du dir vorstellen, dass die Programmierer
»Tron« (Boris F., † 1998), Lars-Oliver Petroll oder Karl Koch
(† 1989) getötet wurden?

Fehling: In allen drei Fällen gäbe es starke Motive bei
verschiedenen Interessengruppen. Das würde jeder Krimi-
fan sofort für glaubwürdig halten. Allerdings erscheint
mir gerade bei diesen drei auch Selbstmord nicht abwegig.

6. TESTEN SIE IHREN VERSTAND

Im kriminalistischen Alltag müssen wir uns dauernd mit Fällen beschäftigen, die man – würde ein Freund sie erzählen – ins Reich der Sagen und Großstadtlegenden verbannen würde. Doch die Wirklichkeit ist bunter und verrückter als Romane, wie ich im Folgenden noch einmal zeigen möchte.

Ein Gefrorener im Sonnenschein

Es ist etwa sechs Uhr morgens an einem ganz normalen Wochentag in einem friedlichen Einzelhaus-Viertel von West Palm Beach, Florida. Es wird dort selten frischer als milde achtzehn Grad Celsius, meist liegt die Temperatur bei etwa fünfundzwanzig Grad. Auf einmal hört ein Anwohner einen lauten Knall. Eine Schießerei? Um diese Zeit und in dieser Gegend? Unmöglich!

Es dauert einige Zeit, bis die Ursache des Lärms gefunden wird. Vor einer weiß gestrichenen, mit einem Giebeldach gedeckten Hausgarage mit Fensterchen in Form von Sonnenstrahlen und dahinter befindlicher Villa stehen ein Transporter und ein Kleinlaster, mit der Vorderseite zur Garage zeigend. Unter der hinteren Stoßstange des Transporters liegt zum völligen Entsetzen der Anwohner eine eiskalte Leiche. Der Kopf ist zerschmettert, das Gehirn findet sich teils in der Palme auf der anderen Straßenseite, teils auf dem Briefkasten der Nachbarn sowie achtzehn Meter entfernt in einer Straßenkurve. Die Schädelkappe liegt einundzwanzig Meter entfernt von der Villa des anderen Nachbarn. Über dem Seitenspiegel eines anderen Autos hängt ein Stück Muskulatur mit Sehne. Nur die Gesichtshaut ist noch am Rumpf verblieben. Sie blickt in den Himmel.

Abb. 53: Die Leiche hatte eiskalte Haut, warme Organe und lag halb unter einem Transporter. Im Vordergrund die Aufschlagstelle.

(Foto: Jon Thogmartin)

Der Notruf wurde von der Polizei gleich in die Rechtsmedizin weitergeleitet. Die Polizei interessierte vor allem, was eigentlich passiert war, zumal der Tote eine eiskalte Haut hatte. Den Anwohnern ging es allerdings mehr darum, von den für sie widerlichen Körperbestandteilen befreit zu werden. Sie beantragten daher ein *emergency clean-up*.

Bis die Rechtsmediziner – zweieinhalb Stunden nach dem Knall – eintrafen, wurde der Körper daher mit einer Plane bedeckt. An den beiden Autos vor der Garage fand sich kein Blut. Das konnte nur bedeuten, dass der tote Mann nicht durch einen Verkehrsunfall gestorben war. Sein Körper war derart bizarr zerschmettert, dass er unmöglich ohne Gewebeübertragung von einem Auto mitgeschleift worden sein konnte. Ein Fahrzeug konnte die Leiche aber auch nicht unter den Transporter geschoben haben – erst recht nicht unbemerkt in der friedlichen Villengegend.

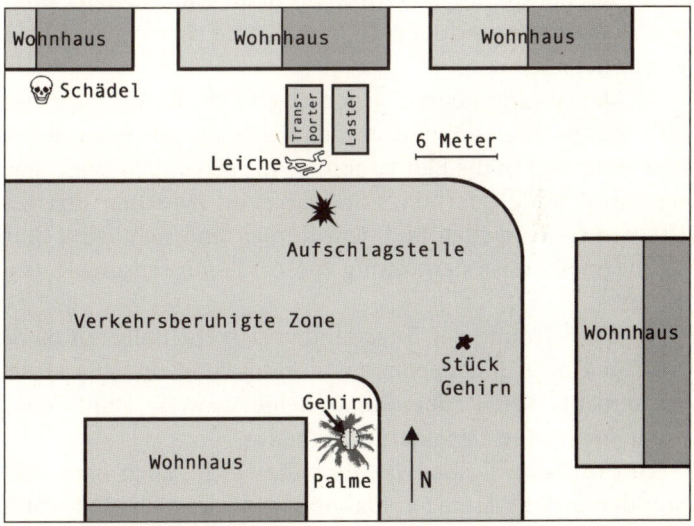

Abb. 54: Teile des Gehirns des Unbekannten fanden sich in einer Palme auf der anderen Straßenseite, die Schädelkappe lag vor dem Nachbarhaus.
(Grafik: L. Fuß / M. Benecke nach Jon Thogmartin)

Nur wenige Schritte vom Toten entfernt befand sich auf der Straße ein merkwürdiger Fleck aus Blut und Gewebe. Sollte der noch lebende (oder schon tote) Mann hier von einem sehr schnell fahrenden Auto erfasst und dann unter den parkenden Transporter geschleudert worden sein? Wohl kaum, denn in dieser Kurve und um diese Zeit raste kein Mensch durch West Palm Beach. Trotzdem musste der Fleck die Stelle sein, an dem starke Gewalt auf den Körper eingewirkt hatte. Komisch war nur, dass das Gewebe nicht wie bei einem Unfall in eine, sondern in alle Richtungen verteilt war. Man hätte meinen können, der Tote sei vom Himmel gefallen.

Doch das konnte ja schlecht sein. Andererseits: Nirgendwo fanden sich blutige Reifenspuren auf dem Asphalt. Auch die Flecken auf der Leiche stellten sich bei näherem Hinsehen nur als Fettanhaftungen, nicht aber als Reifenabdrücke heraus. Diese Leiche war nicht überfahren worden. Doch welche andere Kraft hatte dann das Gehirn bis in die Palme auf der anderen Straßenseite geschleudert? Was konnte eine solche Wucht erzeugen?

Vielleicht eine Bombe? Doch abgesehen davon, dass das Villenviertel ein wenig wahrscheinlicher Ort für einen Fremden wäre, sich in die Luft zu sprengen, gab es auch keine Spuren einer Waffe oder eines Sprengsatzes. Zwischen den verstreuten Gewebeteilen und dem Körper fand sich kaum Blut, das normalerweise sternförmig von der Explosionsquelle wegspritzt.

In der Kleidung des Toten fanden sich ebenfalls nur merkwürdige Dinge: Ein ungeöffnetes Kondom und ein halbes Foto. Sonst nichts. Kein Portemonnaie, keine Ausweise, keine Zettel. Mein Kollege Jon Thogmartin war ratlos.

Am merkwürdigsten war, dass die Leiche auch nach drei Stunden in der Wärme Floridas noch eine deutlich kühle Haut hatte. Die inneren Organe waren hingegen warm! »Das konnte ich direkt fühlen«, berichtete der Chief Medical Examiner auf die Frage, wie er das gemessen habe. »Die Verletzungen waren

so umfangreich, dass ich gleich am Fundort in die Körperhöh-
len und tiefen Wunden hineinfassen konnte. Der Temperatur-
unterschied war deutlich zu fühlen.«

Die Leiche wurde rasch weggeschafft. Im Institut für Rechtsmedizin stellte man fest, dass der tote Mann etwa dreißig Jahre
alt geworden war und nun wortwörtlich alle Knochen gebrochen hatte: Becken, Wirbelsäule, Rippen, Schulterknochen
und der Schädel waren zertrümmert. Die Haut war hingegen
erstaunlich intakt: Es fanden sich weder Schürfungen noch Ab-
lederungen, wie sie beim Überfahren eines Menschen auftreten. Die Leber und alle übrigen Organe waren hingegen breiig
zermahlen. Gift oder Medikamente hatte der Mann nicht zu
sich genommen, bevor er starb.

Bei der weiteren Besichtigung der Leiche fand sich ein Tat-
too. Es war wappenförmig und enthielt den Schriftzug »Racing« (Rennen). Dieses eigentümliche Wappen wird von zwei
Fußballvereinen benutzt, dem argentinischen Club Atletico
Racing in der Stadt Avellaneda und einem Verein in Uruguay.
Auf dem halben Foto aus der Kleidung des Toten war damit
übereinstimmend eine Person mit Fußballtrikot zu erkennen.
Das Kondom war allerdings aus der Dominikanischen Republik, sodass nun drei wirtschaftlich schwache Länder als mög-
licher Herkunftsort des Toten infrage kamen.

Thogmartin dachte nach. Nach der Regel von Arthur Co-
nan Doyle muss nach Ausschluss aller anderen Möglichkeiten diejenige richtig sein, die übrig bleibt – egal, wie unwahrscheinlich sie ist. Waren nicht während des *emergency clean-up*
mehrere Flugzeuge über den Leichenfundort geflogen? Konnte
der Mann unbemerkt aus einem Flugzeug gesprungen sein?
Ein Passagierflugzeug kam dafür nicht infrage, denn dort ist
es unmöglich, während des Flugs ein Fenster oder eine Tür
zu öffnen. Aber auch in einem Frachtflugzeug würde eine solche Handlung nicht unbemerkt bleiben. Und zumindest am
nächstgelegenen Flughafen von Miami war von keinem derartigen Vorfall berichtet worden.

Die einzig verbleibende Möglichkeit war, dass der Mann sich im Hohlraum verborgen hatte, in den die Räder des Flugzeugs geklappt werden. Hier ist Platz genug für einen blinden Passagier, der aus einem armen Land ins goldene Florida fliegen möchte. Normalerweise stürzen Menschen, die sich dort verstecken, schon beim Start in die Tiefe, weil sie sich bei dem irren Gerüttel nicht festhalten können. Gelingt es ihnen aber doch durch einen Trick oder durch aus der Not geborene Kräfte, dann fallen sie spätestens beim Landeanflug entkräftet aus der Klappe, die bei größeren Maschinen fast einen halben Kilometer über der Erde geöffnet wird. Zu diesem Zeitpunkt ist ein blinder Passagier aber meist schon tot. Bei Temperaturen um minus fünfundvierzig Grad Celsius und einer Sauerstoffknappheit, die selbst Reinhold Messner nicht überleben könnte, ist das auch kein Wunder. Sollten Sie sich jetzt herausgefordert fühlen, so seien Sie trotzdem gewarnt: Auch mit Polarausrüstung und Sauerstoffflasche werden Sie vermutlich sterben: entweder an der Taucherkrankheit (zu schnelle Dekompression) oder durch Zerquetschen mittels der gewaltigen Hydraulikteile, mit denen die Räder eingeklappt werden.

So erklärte sich also der Leichenfundort mit all seinen Eigentümlichkeiten. Der Mann, der bis heute nicht identifiziert werden konnte, muss sich an irgendeinem kleineren Flughafen in Südamerika in die Räderkammer eines großen Passagierflugzeugs geschmuggelt haben.

Allzu lang kann der Flug nicht gedauert haben, da offenbar nur seine Haut richtig durchgekühlt war, während sein Körperinneres noch ein wenig Wärme halten konnte. Beim Landeanflug auf den Flughafen von Miami war er tot und recht steif gefroren aus der Kammer gestürzt, als der Pilot die Klappen öffnete. Eine Anfrage beim Flughafen bestätigte, dass dies etwa zehn Kilometer vom Airport entfernt geschieht, was mit dem Fundort der Leiche übereinstimmte. Der Körper fiel also ungebremst etwa fünfhundert Meter abwärts, genau in Richtung des wie jeden Morgen proper erwachenden West Palm

Beach. »Diese Höhe«, erklärt Thogmartin, »reicht aus, um einen Menschen auf ungefähr zweihundertsechzehn Stundenkilometer zu beschleunigen. Durch diese hohe Geschwindigkeit hatte die Leiche auch die typischen Verletzungen, die bei Stürzen aus großer Höhe – also ab ungefähr zwanzig Metern – entstehen: viele Knochenbrüche und schwerste Organzerstörungen.«

So war es also um den bereits toten Fußballfreund auf dem Boden bestellt: Außen gefroren, innen noch halb warm, schlug er mit hoher Geschwindigkeit auf. Das war der Knall, den der Anwohner um sechs Uhr früh gehört hatte. Der Körper wurde auf dem Straßenbelag zerschmettert und dann – nun schon in Stücke zerlegt – in die Luft zurückgeworfen. Dabei wurden das Gehirn und andere Gewebeteile zerfetzt und verteilten sich vom Aufprallort aus in verschiedene Richtungen.

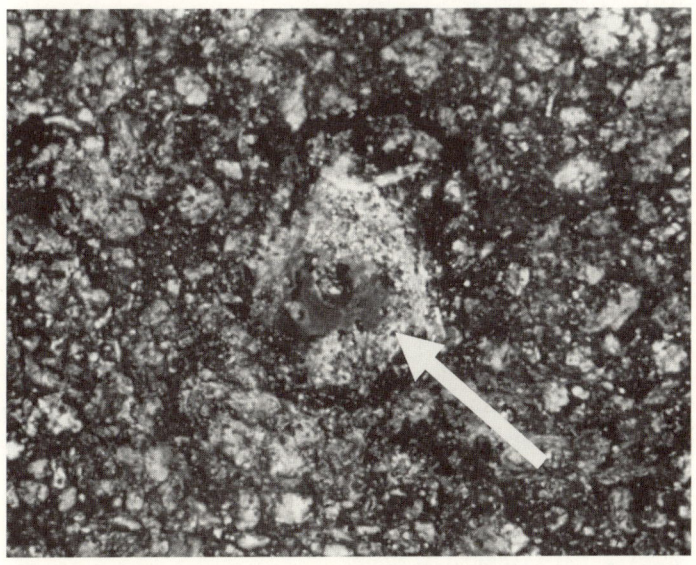

Abb. 55: Abgesplitterte Teile des Schädelknochens hatten eine derartige Beschleunigung, dass sie sogar kleine Krater in den Asphalt schlugen.
(Foto: Jon Thogmartin)

Dass der Körper zuletzt halb unter der Stoßstange des Transporters lag, war reiner Zufall. Sowohl der Aufschlagspunkt als
auch die Endlage der Leiche hätten ebenso gut nur wenige
Meter entfernt im Schlaf- oder Wohnzimmer der entsetzten
Anwohner liegen können. Dass die Wucht des Aufschlags ge-
reicht hätte, um die in den warmen Gegenden der USA meist
recht leicht gebauten Wände oder Dächer zu durchschlagen,
zeigt eine letzte Beobachtung des Chief Medical Examiners:
An mehreren Stellen fanden sich im Asphalt kleine Krater.

Sie enthielten kein Blut, ringsherum waren aber feine Blutspritzer zu erkennen, die von den kleinen Löchern wegführten.
»Ich kann mir das nur so erklären«, sagt Thogmartin, »dass
noch während des Aufschlags Knochenstückchen, wohl vom
Schädel, abgesprungen sind. Sie waren noch so hoch beschleu-
nigt, dass ihre Wucht genügte, um Löcher in den Asphalt zu
schlagen.«

Zwei Tote, kein Schuss

Nicht nur Flugzeuge und deren Passagiere, sondern auch
Schusswaffen können manchmal ein scheinbares Eigenleben
entwickeln. Das gilt natürlich besonders für Gegenden, in denen sie weit verbreitet sind, beispielsweise in den USA. Dort
werden jedes Jahr bis zu tausend Menschen *unbeabsichtigt* erschossen. Zum Vergleich: In Deutschland finden pro Jahr etwa
vierhundert *vorsätzliche Tötungen* statt. Grob gesprochen, sterben in den USA also pro Kopf fast so viele Menschen durch un-
absichtlich ausgelöste Schüsse, wie Personen in Deutschland
mit Absicht auf irgendeine Weise (Stiche, Hiebe, Schüsse usw.)
ermordet werden.

Das liegt nicht nur an den bekanntlich klugen Kindern,
die recht schnell den Schlüssel zum Waffenschrank ausfindig
machen, sondern auch an Waffen selbst, die so unterschiedlich funktionieren, dass es durch Fehlbedienung leicht zu den

verrücktesten Erschießungen kommen kann. Beispielsweise genügt es bei einigen Waffen schon, dass sie herunterfallen, damit sich ein Schuss löst.

Unser Fall begann damit, dass ein Vater mit seinem schon sechsundzwanzig Jahre alten Sohn im Bundesstaat New Mexico im Freien schießen übte. Seine großkalibrige Ruger war daher geladen. Als er sie zur Seite legen wollte, versuchte er, den Hahn aus der gespannten Position in die Ruheposition zu drücken. Dabei löste sich ein Schuss, der nicht nur seine Hand durchschlug, sondern auch die große Baucharterie seines Sohnes traf. Der Sohn wurde schon in der Notaufnahme des Krankenhauses für tot erklärt.

Der Vater, der also seinen eigenen Sohn erschossen hatte, entschied sich, das Unglücksgerät an den Cousin des Sohnes weiterzugeben. Der freute sich und steckte die Waffe in einen offenen Halfter am Gürtel – Cowboy-Stil.

Drei Jahre später fiel dem Cousin die Waffe aus dem Hüftgurt, und es löste sich – erneut ohne erkennbaren Grund – wieder ein Schuss. Der durchschlug aber nur eine Fensterscheibe. Also lud er die Ruger erneut und steckte sie dahin, wo sie hingehörte: an seinen Gürtel. Nur wenige Wochen später, als er gerade in seinen Pick-up einsteigen wollte, entglitt ihm der Revolver erneut. Wieder löste sich ein Schuss, und nun traf er mitten in den Körper – dieses Mal in die Leistengegend des Besitzers. Dabei wurde eine große Vene getroffen. So verstarb auch der Cousin durch einen Schuss aus einer Waffe, die er nicht einmal in der Hand gehalten hatte.

Der Grund für die Unfälle war das altertümliche Design der Waffe. Die verwendete Ruger Blackhawk ähnelt sehr stark den aus Westernfilmen bekannten Armeerevolvern aus dem 19. Jahrhundert. Damals war allerdings bekannt, dass die Waffe ein Eigenleben hatte. Daher lud man häufig nur fünf der sechs Walzenkammern mit Patronen. So eingestellt konnte kein Schuss unbeabsichtigt ausgelöst werden. Denn wo keine Patrone ist, kann auch nichts schießen.

In derartigen Revolvern sitzt der Auslösestift direkt im Rahmen der Waffe. Fällt der Revolver herunter oder wird der Hahn beziehungsweise Daumengriff sonst wie gegen den Stift geschoben, löst sich bei geladener Waffe manchmal ein Schuss. Das ist zwar nicht so vorgesehen, scheint aber auch niemanden wirklich zu bekümmern. Sogar der Originalrevolver der Firma Colt, also das »Wildwestmodell«, ist bis heute in den USA erhältlich – und zwar nicht als Spielzeug oder Ausstellungsstück, sondern als funktionierende Waffe.

Für uns Europäer ist es kaum nachvollziehbar, dass es noch Waffen gibt, bei denen der Hahn nach Benutzung *mit dem Daumen* in seine Ruheposition geschoben werden muss. Es ist also abzusehen, dass sich dabei, wenn man abrutscht, ein Schuss lösen muss. Befolgt man die erste Schusswaffen-Regel – die Mündung niemals auf jemand anders außer ein gewolltes Ziel richten –, dann kann natürlich nichts passieren – außer Unfällen. Die Firma Smith & Wesson baut als eine der wenigen seit dem Jahr 2000 grundsätzlich eine Sperre in die Waffen. Die meisten anderen Firmen verweisen darauf, dass man eben besser aufpassen soll. O-Ton: »Aber das gilt ja wohl für alle Werkzeuge.«

Ein Toter, sieben Schüsse

Es geht auch andersherum: Nicht eine Waffe tötet zwei Menschen im Verlauf von drei Jahren (wie im vorigen Fall), sondern ein einzelner unbewaffneter, harmloser Mann wird von einem Fremden erschossen – allerdings von neun Projektilen, die in nur zwei Sekunden abgefeuert werden. Das Ganze spielt auf einer Halloween-Feier, und der Schütze ist Polizist. Welcher der beiden Tötungsfälle unwahrscheinlicher ist, lässt sich schwer sagen. Immerhin gab es im folgenden Fall eine Untersuchung, die zumindest mir bislang Unbekanntes erbrachte: Manche Menschen können tatsächlich fast so schnell schießen wie ihr Schatten. Nachdem ich davon zum ersten Mal auf der Jahrestagung der US-Forensiker hörte, besorgte ich mir eine Spielzeugpistole (ich habe noch nie in meinem Leben eine echte Schusswaffe in der Hand gehabt) und versuchte, den Fall nachzustellen – vergeblich. Das lag aber nicht daran, dass der geschilderte Ablauf unmöglich ist, sondern eher daran, dass ich eben nicht schnell genug bin.

Halloween, Drogen und Rock 'n' Roll

Anthony Lee war ein Schauspieler aus der vierten Reihe Hollywoods. Er hatte aber immerhin bei einigen Filmchen und Serien – darunter auch einmal bei der Polizeiserie *LAPD Blues* – mitgewirkt. Am Freitagabend vor Halloween besuchte er gut gelaunt eine Gruselparty im schicken Viertel Benedict Canyon in West Los Angeles. Das Haus, in dem die Party stattfand, wurde von den Gästen als »The Castle« bezeichnet. Für deutsche Verhältnisse wirkt es wie ein typisches Bauwerk eines Neureichen. Entsprechend gestaltete sich die Party: laute Musik, teilweise professionell kostümierte Gäste, Alkohol, Kokain und Ecstasy – eben ein Fest unter Freigeistern in Los Angeles.

Obwohl die Nachbarn Bescheid wussten, dass es »ein bisschen« lauter werden könnte, riss ihnen schon um kurz vor zehn das erste Mal der Geduldsfaden. Das Problem war weniger die Musik, sondern die Partygäste, die in Gruppen auf der Straße standen beziehungsweise dort hin und her liefen und Radau machten. Obwohl offiziell eine Streife damit beauftragt wurde, den Krach zu beenden, kümmerte sie sich natürlich nicht darum. Die offizielle Begründung, es sei »zu viel zu tun«, ist in Los Angeles auch vollkommen glaubwürdig. Um 23.53 Uhr ging allerdings der nächste Anruf ein, und um halb ein Uhr nachts erschienen endlich der Polizist Tarriel Hopper und die Polizistin Natalie Humphreys im Yoakum Drive Nummer 9720.

Abb. 56: In diesem nachgebauten Schlösschen in West Los Angeles wurde der Schauspieler Anthony Lee bei einer Halloween-Party erschossen – von einem Polizisten, der fast so schnell schießt wie sein Schatten.

(Foto: AP/Damian Dovarganes)

Am Eingang fragten sie nach den Partyveranstaltern, doch wusste niemand, wo sie waren. Es hätte allerdings auch niemand gesagt. Denn das Verhältnis zur Polizei ist unter »Freigeistern« in Los Angeles oft gespannt, da das LAPD seinerzeit den Ruf hatte, unnötig hart durchzugreifen und zudem Frauen und dunkelhäutige Menschen schlechter zu behandeln als andere. Abgesehen davon war die Stimmung bereits auf einem hohen Fröhlichkeitsniveau angekommen.

Nachdem die Polizisten weitere Gäste angesprochen und immer nur dumme oder unbrauchbare Antworten erhalten hatten, wollte nun auch noch der Security-Mann der Party die beiden warten lassen. Darauf hatten die Polizisten allerdings keine Lust. Es gab Wichtigeres als den Partylärm einer angeheiterten Menge und deren spießige Nachbarn.

Abb. 57: In diesem engen Gang traf der Polizist Tarriel Hopper eine allzu schnelle Entscheidung. Das Ergebnis war ein toter Partygast.
(Foto: District Attorney, County of Los Angeles, Justice System Integrity Division)

Um das Ganze zu beschleunigen, gingen sie einfach um
das Haus herum und schauten, was sich auf der Rückseite tat.
Dabei gelangten sie in einen recht engen Gang, auf dessen lin-
ker Seite sich ein Fenster befand. Es führte zu einem Schlafzimmer, in dem drei Menschen standen. Neben dem Fenster
befand sich eine Tür. Vor dem Fenster stand ein Mann und
linste hindurch. Doch als Tarriel Hopper ebenfalls durch das
Glas schaute, ging auf einmal alles sehr schnell – verdammt
schnell sogar.

Polizist Hopper hatte seine Minitaschenlampe angedreht,
da man in dem Raum fast nichts sehen konnte – es brannte
nur eine funzelige Lampe darin. Die drei verkleideten Menschen im Schlafzimmer schienen sich beim Anblick der Lampe
und des Polizisten fürchterlich zu erschrecken. Einer von ihnen hob sofort die Arme, wich einen Schritt zurück und blieb
so stehen. Allerdings ließ er seine rechte Hand geschlossen –
darin hatte er wohl Drogen, die gerade den Besitzer wechselten
oder wechseln sollten. Ein zweiter Mann war weniger geistesgegenwärtig. Es war der oben erwähnte Schauspieler Anthony
Lee, an diesem Abend eine eindrucksvolle Erscheinung: einen Meter einundneunzig groß, hundertdreiunddreißig Kilo
schwer, bekleidet mit einem schwarzen Kapuzenpullover, einer nach oben gezogenen Teufelsmaske sowie schwarzen Stie-
feln. Was in den folgenden Sekunden passierte, beschrieb Polizist Hopper kurz darauf selbst:

»Der Mann schaute durch die Glastür in meine Richtung
und sah mir in die Augen. Im selben Moment griff er mit seiner rechten Hand nach einer blauen Halbautomatik-Pistole
aus Metall. Ich musste annehmen, dass er auf mich schießen
wollte, da er nun auch noch auf mich zielte. Ich zog also meine
Dienstwaffe. Die Mündung seiner Pistole zeigte die ganze Zeit
auf mich. Während ich schoss, ging ich einen Schritt zurück,
um mich in Deckung zu bringen. Da bemerkte ich, dass ich
meine Waffe leer geschossen hatte.«

Hopper war aber noch nicht fertig. Er ließ das alte Maga-

zin aus der Waffe fallen und schob ein neues ein. Erst jetzt bemerkte er, dass der Mann mit der Teufelsmaske auf dem Boden
lag und sich nicht mehr rührte. Trotzdem setzte Hopper über
Funkgerät und Handy je einen Notruf ab. Allerdings nahm
diesen niemand entgegen – immer noch »zu viel zu tun« und
zudem kein Empfang. Hopper wollte dem Schauspieler nun
Handschellen anlegen, doch das erübrigte sich. Vier Projektile hatten ihn in Rücken, Bauch und Kopf getroffen, fünf weitere steckten in der Wand. Es war kein Puls mehr zu fühlen, die
Hörner der Teufelsmaske waren beim Sturz abgebrochen. Daneben lag die Pistole. Sie war aus Gummi.

Wenigstens hatten die Polizisten nun einen der Partyver-
anstalter aufgetrieben. Er stand neben der Leiche und war der
eigentliche Bewohner des Schlafzimmers. Bevor die Rettungs-
sanitäter eintrafen, die per Festnetz verständigt worden waren,

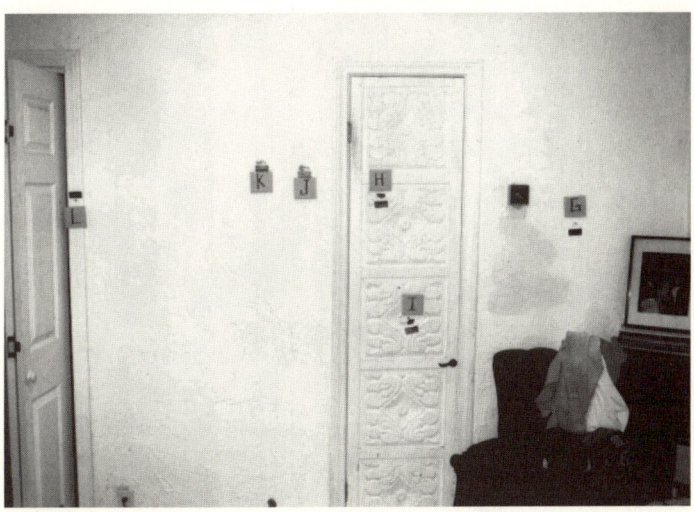

Abb. 58: Die Schüsse durchschlugen den Körper des Partygastes und sind in
der Wand, markiert durch Buchstaben-Kärtchen, noch gut zu erkennen. Der
Polizist schoss tatsächlich fast schneller als sein Schatten, wie auch Tests mit
ihm später ergaben.   (Foto: District Attorney, County of Los Angeles,
                                       Justice System Integrity Division)

wurde er aus seinem Zimmer gescheucht. Was genau geschehen war, hatte er nicht mitbekommen, obwohl er sich im selben Raum wie der nun tote Schauspieler befunden hatte. Das lag an den vier Cocktails, die er sich nach eigener Aussage in der Stunde zuvor genehmigt hatte.

Über eines waren sich alle Augenzeugen des Ereignisses allerdings einig: Lee hatte seine Gummipistole gezogen – und sie sah einer echten Waffe (einer israelischen »Desert Eagle«-Magnum) verdammt ähnlich. Der Schauspieler hatte sie wohl von einem Filmset ausgeliehen. Auch Hoppers Kollegin und ein Mann, der aus dem Gang ins Zimmer geschaut hatte, bestätigten diesen Ablauf: Lee hatte entgegen jeder Vernunft eine Waffe gegen einen Polizisten gerichtet – und das in einem Land, in dem die Polizei zurückschießen *muss*, da sehr viele Menschen tatsächlich eine Schusswaffe besitzen.

Abb. 59: Die aus Gummi täuschend nachgebildete Pistole des Schauspielers Anthony Lee (links oben) und das Vorbild, eine echte »Desert Eagle«-Magnum (links unten). Rechts: die Schusslöcher, erzeugt von den Projektilen, welche die Halloween-Party und das Leben von Lee beendeten.

(Foto: District Attorney, County of Los Angeles, Justice System Integrity Division)

Erste Zweifel

»Ich verstehe das nicht«, gab der Theaterautor Mitch Hale –
noch deutlich unter Schock – zu Protokoll. Er hatte Anthony
Lee bei einer gemeinsamen Produktion kennengelernt. »Anthony war Buddhist, er hasste Gewalt. Wie konnte er da bei
einer Schießerei sterben? Er war ein wirklich begabter Schauspieler und ein guter Mensch noch dazu. Es ist niederschmet-
ternd. Wie kann man jemanden auf einer Halloween-Party erschießen?«

Genauer gesagt hätte die Frage lauten müssen: Wie konnte
jemand auf einer Halloween-Party drei Schüsse *in den Rücken
und einen in den Hinterkopf* erhalten, der dem Schießenden dabei in die Augen gesehen hatte? Doch diese Details wurden
von der Polizei noch einige Tage zurückgehalten. Kein Wunder, denn sofort wurde die Frage nach ethnischen Ungleichbe-
handlungen laut. Anthony Lee war dunkelhäutig, und schnell
meldete sich eine Bekannte des Schauspielers mit dem im
Nachhinein prophetischen Hinweis, das »Anthonys größte
Angst im Leben war, eines Tages von Polizisten erschossen zu
werden, nur weil er ein großer, schwarzer Mann ist«.

Andere Freunde von Lee gingen sogar noch weiter. Sein
Nachbar, mit dem der Schauspieler seit dreizehn Jahren befreundet war, sagte, dass Lee »mit absoluter Sicherheit« niemals auf irgendjemanden gezielt hätte. Auch der Besitzer des
»Schlosses« war verwirrt: »Verstehe ich alles nicht. Wenn Anthony wirklich auf den Polizisten gezielt hat, wieso hat der
sich nicht einfach geduckt?«

Ganz so einfach war es wohl nicht. Aber hatte sich Hopper vielleicht trotzdem von Vorurteilen leiten lassen, fühlte er
sich vielleicht in dem schmalen Gang in die Ecke gedrängt?
Für die Freunde von Anthony Lee war die Sache klar. Sie ließen
sich von Gefühlen leiten und erklärten der Presse: »Es kann ja
wohl nicht wahr sein, dass ein Polizist auf so einer Feier drauf-
losballert. Das war eine ganz exklusive Veranstaltung mit zwei

Sicherheitsleuten. Manche der Gäste verdienen im Jahr sechs-
stellige Summen, und da kommt dieser Polizist und schießt,
nur weil jemand eine Spielzeugpistole bei einer Kostümparty
trägt!«

Doch warum hatte Lee überhaupt die (Gummi-)Waffe
gezogen? Vielleicht glaubte er, dass der siebenundzwanzig-
jährige Tarriel Hopper ein Gast war, der sich als Polizist verkleidet hatte. Lee hatte daher wohl wirklich auf Hopper gezielt – aber nur, um ein gespieltes Gefecht mit einem anderen
Gast anzuzetteln, wie es Kinder und ausgelassene Menschen
eben tun.

Die Frage, wie echt seine Gummiwaffe dabei aussah, stellte
sich schon bald nicht mehr. Auf der Suche nach dem Hersteller zeigte sich, dass es sich um eine wirklich perfekte Kopie
handelte. Der Lieferant berichtete, dass eine derartige Ausstattung nur für Filme verwendet wird. Bei Spielfilmgefech-
ten tauscht man sie gegen die teuren, echten Theaterwaffen
aus, damit diese nicht beschädigt werden. Deshalb müssen die
Gummirevolver bis ins kleinste Detail so wie das Original aussehen. Das tun sie auch: Es handelt sich um Abgüsse der Origi-
nalwaffen. Jeder einzelne Gummihebel liegt daher genau dort,
wo er sich auch an der echten Pistole befindet.

Das sah auch der Chef des LAPD so. »Es war ein tragisches
Ereignis«, sagte er, »und ich spreche den Angehörigen des Toten mein tiefes Mitgefühl aus. Aber wenn jemand mit einer
Polizeiuniform, einem Polizeiwagen und einem Polizeiabzei-
chen vor Ihnen steht, sollte die Situation klar sein. Sie müssen
verstehen, dass wir – egal, ob bei einem Raubüberfall, im normalen Streifendienst oder einer Halloween-Party – nicht immer erst prüfen können, ob es sich um nachgemachte oder
echte Waffen handelt.«

Damit hatte er sicher recht. Ein Problem blieb aber: Wie
konnte ein Polizist einen Menschen, der mit dem Gesicht zu
ihm stand, vier Kugeln in Rücken und Kopf jagen, und wie
konnte das Opfer dabei auch noch stehen bleiben?

Ein Taktiker übernimmt

Die Familie von Anthony Lee nahm sich also einen Anwalt. Nicht irgendeinen, sondern Johnnie L. Cochran, gefürchtet wegen seiner zwar oft theaterhaften, aber auf die Jury wirksamen Taktik und ein steter Kämpfer für die Rechte dunkelhäutiger Menschen – unabhängig davon, ob sie Täter oder Opfer sind. In Deutschland wurde er vor allem durch die Verteidigung O. J. Simpsons bekannt. Dort hatte er sehr clever von den eindeutigen Tatortspuren abgelenkt und sich auf die Frage konzentriert, ob nicht einem schwarzen Mann von einem bekanntermaßen rassistischen weißen Polizisten des LAPD Unrecht getan worden war. Das hatte mit dem Fall zwar wenig zu tun, bewirkte im ersten Gerichtsverfahren aber immerhin einen Freispruch für den Sportler (vgl. M. Benecke, *Mordmethoden*, S. 264–283).

Cochran nahm sich nun der Sache an. Im Dezember reichte er seine Klage auf Zahlung von hundert Millionen Dollar gegen die Stadt Los Angeles ein. Solche Klagen sind bei Anwälten sehr beliebt, da die Städte *deep pockets* (tiefe Taschen mit viel Geld) haben. Das heißt, dass man von ihnen hohe Summen fordern – und manchmal auch erhalten – kann, weil es ja aus Steuergeldern bezahlt wird. Der Vorwurf lautete auf grobe Fahrlässigkeit und stützte sich vor allem darauf, dass kein Mensch derart viele Schüsse abgeben kann, besonders nicht mit einer Flugkurve, die um den Körper des Opfers herumläuft. »Ich sage nicht«, erklärte Cochran, »dass Hopper sich schon beim morgendlichen Aufstehen vorgenommen hat, jemanden zu erschießen. Aber er handelte fahrlässig und beachtete die polizeilichen Grundregeln nicht. Merkwürdig finde ich vor allem, dass das LAPD auch noch der Meinung ist, dass er so gehandelt haben soll, wie es in dieser Situation angemessen war.«

Im April 2002, also etwa eineinhalb Jahre nach der Erschießung, entschied die Staatsanwaltschaft in Los Angeles, Hopper nicht anzuklagen. »Das Ganze geschah so schnell, dass Hopper durchaus Angst um sein Leben haben musste«, hieß es in der Begründung. »Und er hatte nur einen Sekundenbruchteil, um sich zu überlegen, was er tun sollte. Da entschied er sich, seine Waffe zu ziehen und abzudrücken.«

Das sahen Cochran und die Schwester des Toten allerdings anders. »Die Polizisten haben sich doch selbst in Gefahr gebracht«, erklärten sie. »Und ob Anthony Lee gezielt hat oder nicht, weiß auch niemand. Der Fall erinnert an den der obdachlosen, psychisch kranken Frau, die hier im selben Jahr von einem Polizisten erschossen wurde, nur weil sie mit einem Schraubenzieher auf ihn losging.«

Das Hin und Her führte im Februar 2003 zu folgendem Ergebnis: Hopper wurde nicht angeklagt, sondern in den Innendienst versetzt, und Cochran konnte aus dem Stadtbudget immerhin noch 225 000 Dollar für sich und die Familie loseisen. Trotz der für die USA vergleichsweise niedrigen Summe redeten die Anwälte das Ergebnis schön: »Wenn die Stadt Los Angeles nicht der Meinung wäre, dass Hopper etwas falsch gemacht hätte, dann hätte sie auch nicht gezahlt.« Damit war der Fall juristisch erledigt.

Derweil fragten sich die Forensiker noch immer, wie um alles in der Welt die Lage und Anzahl der Schüsse zu erklären war. Diese zumindest für uns alles entscheidende Frage war, ganz im Stil der rein politischen Auseinandersetzung, unter den Tisch gefallen. Erst im Juli 2003 erfuhren wir die Auflösung. Sie entzieht sich dem gesunden Menschenverstand, wenn man die Experimente nicht mit eigenen Augen sieht.

Tom Streed, ein ehemaliger Ermittler, und die Firma Biodynamics Engineering ließen Hopper antreten und stellten die gesamte Szene nach. Sie gaben Hopper jeweils ein Signal und ließen ihn daraufhin auf ein Ziel schießen. Das Ganze wurde mit einer Hochgeschwindigkeitskamera aufgezeichnet. Dabei zeigte sich zur Überraschung aller, dass Hopper höchstens 2,293 Sekunden brauchte, um die Waffe zu ziehen, zu zielen und alle neun Kugeln abzuschießen. In einem der fünf Versuche schaffte er sogar die unvorstellbare Zeit von 1,826 Sekunden für den gesamten Ablauf. Es war also kein Wunder, dass Lee noch im Stehen mehrmals getroffen worden war. Als er erkannte, dass der Polizist echt und alles kein Halloween-Spaß war, hatte er sich zwar noch blitzschnell weggedreht. Doch Hopper hatte ihn schon im Visier und schoss das Magazin in einem Durchgang leer. Sehen konnte er dabei nur wenig, da er durch die berstenden Glasscheiben schoss. Dass Hopper nicht mehr auf den fallenden Lee zielte, erkennt man in Abb. 58. Die Projektile stecken alle auf Höhe des Oberkörpers in der Wand.

Besonders erstaunlich ist die Schussgeschwindigkeit auch noch aus einem anderen Grund. »Eigentlich gibt man erst einmal zwei oder drei Projektile ab«, erklärte Ermittler Streed, »und dann überlegt man, was weiter zu tun ist.« Dass Hopper genau das nicht tat, lag vielleicht daran, dass er einerseits erst seit drei Jahren Polizist war, andererseits wohl wirklich kaum etwas sehen konnte und daher mit so vielen Schüssen wie möglich auf Nummer sicher gehen wollte.

»Polizist Hopper hat in Abwehr von Gefahr, die gegen ihn und andere gerichtet war, gehandelt, als er Anthony Dwayne Lee erschoss«, fassen die Staatsanwälte es noch einmal zusammen. »Wir schließen daher die Akte und werden keine weiteren Maßnahmen ergreifen. Hochachtungsvoll – Der stellvertretende Staatsanwalt.«

Epilog

Der Todesschütze wurde in den polizeilichen Innendienst versetzt. »Disziplinarische Gründe gab es dafür aber nicht«, meldete das LAPD vorsorglich.

Unregelmäßigkeiten im Polizeirevier gab es aber weiterhin. Im Jahr 2001 flog beispielsweise Rafael Perez, einer von Hoppers Kollegen, auf. Er hatte sichergestelltes Kokain aus dem Beweisraum des LAPD gestohlen. Als er daraufhin eine von der Presse als »lächerlich niedrig« bezeichnete Haftstrafe von drei Jahren antrat, begann Perez zu plaudern. Er belastete über siebzig weitere Polizisten, die unschuldigen Menschen Beweise untergeschoben, sie angeschossen und/oder festgenommen hatten. Daraufhin mussten die Gerichte über hundert Kriminalfälle neu aufrollen. Dieses Mal wurden die *deep pockets* der Stadt Los Angeles wirklich beansprucht: Es wurden mehrere Millionen Dollar als Entschädigungen für die angeblich Überführten fällig.

Es blieb allerdings bei der Entscheidung, dass sowohl Hopper als auch der Polizist, der die geistig kranke Person erschossen hatte, »rechtens und in Übereinstimmung mit den Vorschriften« gehandelt hatten. Das Misstrauen von Lees Angehörigen gegenüber der Polizei war angesichts solcher Wirrungen durchaus verständlich.

Der Schauspieler hatte Partys und Partydrogen gemocht und war ein großer, schwerer, dunkelhäutiger Mann gewesen, der einem ängstlichen Menschen vielleicht Furcht einflößen konnte. Trotzdem war Anthony Lee völlig harmlos. Getötet hatten ihn weniger die Vorurteile, die ein einfältiger Mensch gegen ihn gehabt haben mochte, sondern der Halloween-Suff, sein Dummejungenstreich mit einer entliehenen Gummiwaffe – und der schnellste Schütze des LAPD, der an diesem Abend für alle Beteiligten unglücklicherweise am friedlichen Yoakum Drive in West Los Angeles Streifendienst schob.

Ein unmöglicher Verkehrsunfall

Der folgende Fall, den Erich Fritz im Jahr 1939 schilderte, zeigt, dass auch scheinbar »perfekte« Morde nicht nur durch Zufall, sondern auch durch Hartnäckigkeit, Sachbeweise und eine Portion Fingerspitzengefühl aufgeklärt werden können. Wie schon angedeutet, scheint dieses Thema viele Menschen zu faszinieren, zumindest werde ich sehr oft danach gefragt. Daher also noch einmal meine Mahnung: Perfekte Morde werden von Fachleuten durchgeführt, nämlich von Auftragskillern. Laien sollten sich nicht auf ihr Glück verlassen und stattdessen lieber eine unblutige Lösung ihres Anliegens angehen. Erstens ist das besser für die karmischen Schwingungen, und zweitens weiß man nie, ob die Tat nicht doch auffliegt. Damit zum Fall, wie er von Erich Fritz in der *Zeitschrift für die gesamte Gerichtliche Medizin* (Bd. 31, 1939, S. 162–173) dargestellt wurde:

»Beabsichtigte Verschleierungen eines Verbrechens durch mehr oder weniger geschickte Vortäuschung eines Unfalls oder Selbstmordes gehören nach gerichtsmedizinischer Erfahrung keineswegs zu den größten Seltenheiten. Nahezu jedem Gerichtsarzt mit größerer Leichentätigkeit dürften solche, allerdings etwas ausgefallenen Fälle untergekommen sein. Vor allem finden wir Vortäuschungen bei erhängten oder im Wasser aufgefundenen Leichen und bei Eisenbahnüberfahrungen, insbesondere wiederum am häufigsten bei Schwangeren, wenn sich der Schwängerer der Alimentenzahlung entziehen will und dabei mit dem Kind auch gleichzeitig die Mutter opfert.

Bei Auffindung von Leichen mit geringen oder groben Verletzungen ist daher stets die Leichenöffnung zu fordern, da durch die äußere Besichtigung allein nur in den allerseltensten Fällen beziehungsweise niemals – wie jeder Erfahrene weiß – die Todesursache festgestellt werden kann. Abgesehen von plötzlichen Todesfällen aus natürlicher Ursache erleben wir es nur allzu häufig, besonders bei Jugendlichen, dass trotz Einwirkung schwerster Gewalten die äußeren Hautbedeckungen nahezu unbeschädigt sind, während die inneren Organe umfängliche Zerreißungen aufweisen.

So konnte zum Beispiel in einem Falle ein wegen der Haltung und Lage der Leiche vermutetes Verbrechen erst durch die Leichenöffnung als reiner Verkehrsunfall geklärt werden: Eine weibliche Leiche wurde mitten auf der Straße aufgefunden, mit gespreizten, in den Knien gebeugten Beinen, die Kleider weit nach oben gerutscht, die Geschlechtsteile vollkommen entblößt. Die Stellung musste zuerst auf ein Sexualdelikt hinweisen, doch deutete eine Reihe von Abschürfungen und die nachher festgestellten schweren inneren Verletzungen auf einen reinen Verkehrsunfall hin.

Noch viel schwieriger zu beurteilen sind Verschleierungen von Verbrechen mit nachfolgendem Herabstürzen der Opfer aus der Höhe, insbesondere im Gebirge, oder durch Zugüberfahrung. Da die durch die Verletzungs- oder Tötungsabsicht gesetzten Verletzungen in den nachträglichen umfänglichen Zertrümmerungen und Gewebszerreißungen sehr häufig mit einbezogen sind, werden sie gelegentlich nicht weiter beachtet, da sie durch die meist mehrfachen und groben Gewalteinwirkungen ihre Erklärung finden oder aber letzten Endes überhaupt übersehen werden.

Im Gegensatz zu diesen Mordverschleierungen sind vorsätzliche und mit Überlegung ausgeführte Tötungen unter nachträglicher Vortäuschung eines Verkehrsunfalls auf der Straße doch etwas ganz außerordentlich Seltenes.

Einem Zeitungsbericht konnte ich entnehmen, dass im Allgäu ein Fahrradunglück als Mordversuch an der Geliebten aufgeklärt wurde, doch war es mir bis jetzt noch nicht möglich, die diesbezüglichen staatsanwaltschaftlichen Akten zur Einsichtnahme zu erhalten. Nach dem Bericht wurde die Frau am Rand einer wenig befahrenen Landstraße neben ihrem Fahrrad schwer verletzt, in bewusstlosem Zustand aufgefunden. Den Umständen nach musste zuerst mit einem Sturz vom Fahrrad gerechnet werden, doch ergab die weitere Untersuchung, dass die schwangere Frau vom Vater [des Kindes; M. B.] unter dem Vorwand, sie dem Arzt zuzuführen, an die einsame Stelle gelockt wurde, wo er ihr mit der Fahrradpumpe zweimal so heftig auf den Kopf schlug, dass sie zusammenbrach. Darauf demolierte er das Fahrrad der Frau derart, dass man annehmen konnte, die Beschädigungen rührten von einem Sturz her.

Einen in gewisser Beziehung ähnlichen Fall, der gleichfalls vorerst von den Sachbearbeitern als reiner Verkehrsunfall bewertet wurde und erst durch die nachträglich aufgrund der Exhumierung durchgeführte Leichenöffnung als Mordfall durch Erschießen geklärt werden konnte, hatte ich während meiner Assistentenzeit in Münster zu beobachten und zu begutachten Gelegenheit. Wegen seiner besonderen Umstände und der äußerst raffiniert ausgeführten Tat und Tatverschleierung, nicht aber zuletzt wegen der gleichfalls unzulänglichen ersten Zusammenarbeit zwischen Polizei und Sachverständigen scheint mir der Fall auch im Hinblick auf die Seltenheit derartiger Verkehrsunfallvortäuschungen der eingehenden Mitteilung wert.

Nach dem ersten Gendarmeriebericht wurde am 24. November 1936 gegen neunzehn Uhr auf einer nicht sehr verkehrsreichen, etwas abschüssigen Straße eine weibliche Leiche aufgefunden. Sie lag schräg mit dem Kopf gegen den Straßenrand, mit den Beinen gegen die Straßenmitte zu, mehr auf der rechten Seite. Drei Meter von der Leiche entfernt, fand sich ein Damenrad, dessen Vorderrad einen Achter aufwies und auf dessen Speichen Blutspritzer und Blut- und Erdauflagerungen zu sehen waren.

Von den die Straße umsäumenden Prellsteinen zeigte der gegenüber der Leiche eingerammte knapp oberhalb des Bodens deutliche Blutspritzer, die aber eine deutliche Spritzrichtung von unten nach oben aufwiesen. Der in der Fahrtrichtung nächstfolgende Prellstein fehlte und lag etwa drei Meter entfernt im Dorngebüsch der Böschung. Er wies an zwei Seiten Blutflecken auf, von denen es den Anschein hatte, als wäre das Blut aufgeschmiert. Auf der schwarzen Wollmütze sowie im Kopfhaar der Leiche und in nächster Umgebung des Kopfes waren weiße Kalkplättchen zu sehen und am Boden um den Kopf herum eine größere Blutlache.

Bei seiner ersten Einvernahme gab der Ehemann an, er sei seit etwa neun Jahren verheiratet und habe zwei Kinder. Ir-

gendwelche Differenzen in der Ehe seien nicht vorgekommen, außer kleinen Zänkereien, die in jeder Ehe zu verzeich-
nen wären. Am 24. November gegen dreizehn Uhr seien er
und seine Frau mit den Fahrrädern von zu Hause weggefah-
ren, um Hagebutten zu suchen. Gegen sechzehn Uhr dreißig
seien sie zur Heimfahrt aufgebrochen. Am Ausgang des Dorfes L. habe er seiner Frau noch zugerufen – es herrschte zu
dieser Zeit starker Nebel –, ob sie wohl komme, worauf seine
Frau geantwortet habe: ›Ja, fahre nur zu!‹ Sie seien nämlich
übereingekommen, dass er vorausfahren solle, um noch den
Gerichtsvollzieher in S. aufzusuchen. Er sei dann auch voraus-
gefahren und habe seit dieser Zeit von seiner Frau nichts mehr
gesehen und nichts mehr gehört, insbesondere auch keinen
Schrei und kein Geräusch, die auf einen Zusammenstoß hindeuten konnten.

Zu Hause angekommen, habe er mit seinen Kindern die
Hagebutten ausgesucht. Warum er nicht sogleich zum Gerichtsvollzieher gegangen sei, könne er nicht erklären. Auf die
Frage der Kinder, wo denn die Mutter sei, habe er geantwortet, dass sie gleich nachkommen werde. Als sie nun doch längere Zeit nicht erschien, habe er beschlossen, seiner Frau ent-
gegenzufahren.

Unterwegs habe er mehrere Kraftwagen angehalten und gefragt, ob sie nicht eine Frau gesehen hätten, worauf ihm ein
Bekannter zurief, eine Frau liege da oben, aber es sei nicht so
schlimm. Mit dem Ausruf: ›Es wird doch nicht etwa meine
Frau sein!‹ sei er weitergefahren und habe dann seine Frau
in der bereits geschilderten Lage aufgefunden. An die Leiche
selbst sei er von den anwesenden Leuten nicht mehr gelassen worden, da es hieß, es müsse erst die Kommission kommen. Er habe keine Erklärung dafür, wie der Unfall geschehen sein konnte. Das zerstörte Fahrrad deute seines Erachtens
darauf hin, dass die Frau von einem Kraftwagen überfahren
worden sei. Wenn ihm vorgehalten werde, dass er trotz des Ne-
bels seine Frau zurückgelassen hätte, so müsse er sagen, dass

seine Frau immer sehr vorsichtig gefahren sei. Er selbst habe eine elektrische Beleuchtung an seinem Rad, seine Frau sei ohne Licht gefahren.

Der Ehemann wurde vorerst wegen dieses doch von vornherein recht merkwürdigen Verhaltens in Untersuchungshaft genommen, jedoch schon nach kurzer Zeit wieder auf freien Fuß gestellt, da sich Blutspuren an seinen Kleidungsstücken nicht nachweisen ließen.

Auf Ersuchen des Untersuchungsrichters, insbesondere aus dem Umstand, dass die Todesursache nicht sicher feststand, wurde die Mordkommission mit der weiteren Untersuchung des Falles beauftragt. Die Leiche war bereits in die Leichenkammer überführt. Die Bekleidungsstücke wiesen keinerlei Beschädigung auf, waren auch nicht beschmutzt, lediglich ein Handschuh zeigte Straßenbeschmierungen.

Nach Entkleiden der Leiche und Waschen derselben zeigte der Körper keinerlei Verletzungen oder Schürfungen. Lediglich am Kopf fand sich eine Reihe von Verletzungen: an der rechten Kopfseite eine zehn Zentimeter lange und breit klaffende, fetzige Wunde im Haarbereich, unter welcher der Knochen mehrfach gebrochen und gegen das Schädelinnere zu eingedrückt war. Zudem fanden sich am Haarwirbel eine kleinere Wunde, durch die ein Knochenstück durchgespießt war, kleine Schürfungen am Ohr sowie in der linken Schläfenseite eine erbsengroße, runde Hautdurchtrennung mit unregelmäßigen Haurändern und mit geringer Straßenverunreinigung in der Umgebung.

Durch Untersuchung eines hinzugezogenen Arztes der städtischen Krankenanstalten wurde festgestellt, dass der Knochen unter dieser Hautwunde nicht beschädigt war, da der betreffende Arzt bei der Sondierung auf Widerstand stieß und daher nicht in das Schädelinnere eindringen konnte. Nach Ansicht der Beamten der Mordkommission waren die Verletzungen derart, wie man sie in der Praxis sehr oft bei Verkehrsunfällen, bei einem Sturz entstanden, sieht.

Das zusammenfassende Gutachten der Mordkommission lautete: ›Der objektive Befund gibt keinen Anhaltspunkt für die Annahme, dass an dem Tode der Frau ein Zweiter schuld ist, vielmehr lässt der objektive Befund darauf schließen, dass Frau R. durch einen Unglücksfall zu Tode gekommen ist, indem sie auf der abschüssigen Straße mit dem Fahrrad zu Fall gekommen und hierbei mit dem Kopf gegen den Prellstein geflogen ist.‹

Aufgrund dieses Gutachtens der Mordkommission wurde die Leiche vom Untersuchungsrichter zur Beerdigung freigegeben und am 27. November erdbestattet.

Der Ehemann ließ nachstehende Traueranzeige in der Zeitung veröffentlichen:

›Es ist bestimmt in Gottes Rat, dass man vom Liebsten, was man hat, muss scheiden.‹ – Der Herr über Leben und Tod nahm Dienstagabend um sechzehn Uhr durch Unglücksfall meine liebe Frau und treu sorgende Mutter ihrer Kinder, Frau R., zu sich.

Somit hätte dieser ›Unglücksfall‹ sicher niemals mehr seine Klärung gefunden, wenn nicht einem Polizeiwachtmeister nach nochmaliger gründlicher Untersuchung der Unfallstelle der Gedanke aufgestiegen wäre, dass doch eine zweite Person am Tod der Frau die Hand im Spiel gehabt haben musste. Dieser Verdacht wurde noch dadurch bestärkt, dass dem Wachtmeister von zuverlässiger Seite mitgeteilt wurde, das Familienleben der beiden sei kein gutes gewesen, im Gegensatz zur Angabe des Ehemanns, der sich als treu sorgender Familienvater hingestellt hatte.

Aufgrund dieses durch einige weitere Beweise gestützten Verdachtes wurde nach einer neuerlichen Begutachtung durch einen Herrn der Mordkommission von D., die sich in der Hauptsache nur auf die bereits erhobenen Befunde stützen musste, am 4. November die *Exhumierung* der Leiche beantragt und von der Staatsanwaltschaft auch angeordnet, worauf ich gemeinsam mit dem Amtsarzt zehn Tage nach dem Tod die Leichenöffnung vornahm. Die Leiche war, da sie nur sieben Tage im Erdgrabe lag und noch dazu zur kalten Jahreszeit beerdigt gewesen war, in vollkommen frischem Zustand.

Schon bei der äußeren Besichtigung der Leiche fiel der völlige Mangel von Verletzungen und Abschürfungen an den Gliedmaßen und am Körper auf, während der Schädel umfangreiche Zertrümmerungen und die Kopfschwarte mehrfache Wunden aufwies. Letztere war im Haarbereich der rechten Scheitelgegend, wo auch kleinste Kalkplättchen zu sehen waren, auf eine Länge von zehn Zentimeter breit klaffend aufgerissen, der darunterliegende Knochen mehrfach gesplittert und gegen das Schädelinnere zu eingedrückt.

Wenn auch diese Befunde noch keineswegs einen Verkehrsunfall ausschließen ließen – gerade bei Überfahren durch schwere Lastkraftwagen sehen wir derartige schwere Schädelzertrümmerungen nicht so selten –, so musste doch die Beschaffenheit der kleinen Wunde an der linken Schläfe mit dem geschürften Wundsaum und mehreren kleinen Einrissen des

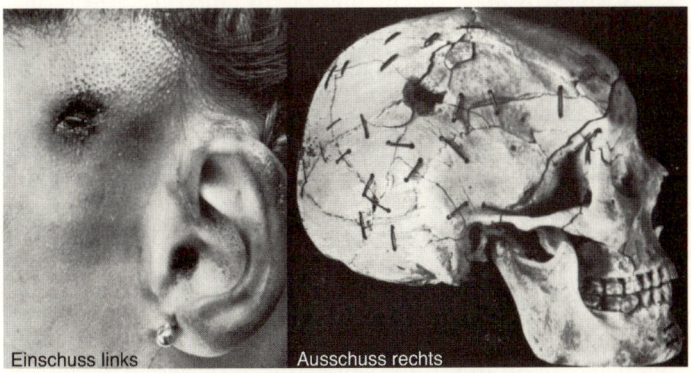

Einschuss links   Ausschuss rechts

Abb. 60: Ein Gattinnenmord – raffiniert, aber nicht raffiniert genug. Was wie ein Verkehrsunfall aussah, war eine Erschießung aus nächster Nähe. Hier die Einschusswunde (links) und der Ausschuss (rechts) am von den Rechtsmedizinern ausgekochten und zusammengeklammerten Schädel der Leiche.
(Repro: M. Benecke)

Wundrandes zumindest den *Verdacht einer Schussverletzung* erwecken. Dieser wurde dann auch durch die weitere Leichenöffnung bestätigt.

Bei Gegenüberstellung des Ehemanns mit der noch nicht sezierten Leiche und bei dem Hinweis, die Leiche weise ja einen Schuss durch den Kopf auf, äußerte er, davon wisse er nichts, da er ja nicht dabei gewesen sei.

Dem Arzt des Krankenhauses, der die Leichenbesichtigung vorgenommen hatte und diese Wunde nicht gleich als Schusswunde erkannte oder wenigstens den Verdacht einer solchen aussprach, darf dabei nicht einmal ein Vorwurf gemacht werden, da er ja in der Beurteilung von Schussverletzungen sicherlich gar keine oder eben nicht genügend Erfahrung besaß und durch das Misslingen der Wundsondierung infolge der hochgradigen Knochenverschiebung in seiner Vermutung der Entstehung durch stumpfe Gewalt bestärkt worden sein konnte.

Die weitere Untersuchung der Leiche ergab eine sechs Millimeter durchmessende, kreisrunde Schussverletzung in der linken Schläfenbeinschuppe mit *Schwärzung des Knochenrandes*, eine geschwärzte Tasche unter dem Einschuss sowie zahlreiche Brüche des Kiefers.

Auffallenderweise ließ sich zunächst der *Ausschuss in der Kopfschwarte* nicht nachweisen. Erst die genaue Untersuchung der Ränder der großen rechtsseitigen Platzwunde deckte sowohl am oberen wie am unteren Rande je einen kleinen, zackigen Einriss auf.

Nach diesem Befund war sichergestellt, dass die große, klaffende Platzwunde *erst nach dem Durchtritt des Projektils* erzeugt wurde, sonst hätte sich ja nicht sowohl am oberen wie am unteren Rande je ein Einriss zeigen können! (Der Schädel wurde zum genauen Studium der Verletzungen mazeriert [vom weichen Gewebe befreit; M. B.] und wieder zusammengesetzt.)

Dass der Schuss nicht etwa erst nach Entstehung der Platzwunde ausgeführt wurde, zeigte sich dadurch, dass es zu Bluteinatmung und Verschlucken von Blut sowie, bedingt durch

die weiteren Verletzungen, zu einer mäßigen Fetteinschwem-
mung in die Lungen gekommen war. Die Verletzungen mussten also zu Lebzeiten erfolgt sein.

Was die *Schussentfernung* anlangt, so konnte aus dem schon
erwähnten Befund einer pulvergeschwärzten Gewebetasche
unter der Einschusswunde mit positivem Nitritnachweis sowie anhand der strahlenartigen Form der Einrisse an den
Wundrändern auf einen absoluten Nahschuss beziehungsweise auf eine Entfernung von nur einigen wenigen Zentime-
tern geschlossen werden. Vielleicht hatte es sich auch bei den
›Straßenschmutzauflagerungen‹ um die kleine Wunde herum
um Pulverschmauch gehandelt, der aber durch das Wischen
und Waschen bei der Sektion entfernt wurde.

Aus der Größe des Einschusslochs im Knochen und aus der
Tatsache, dass es sich um einen Durchschuss gehandelt hatte,
ließ sich ableiten, dass das Geschoss das Kaliber 6,35 Millimeter (Mantelgeschoss) hatte.

Im von mir erstellten Gutachten wurde ausgeführt, dass die
schwere Schädelzertrümmerung keineswegs von der Durch-
schussverletzung allein herrühren konnte. Wenn wir auch bei
Schüssen aus *größeren* Kalibern mit rasanten Geschossen gelegentlich umfängliche Schädelzertrümmerungen sehen, so waren doch die schweren Brüche im Bereich des Gesichtsschädels
mit der Schussverletzung allein nicht in Einklang zu bringen,
ebenso wenig auch eine dachgiebelförmige Aufrichtung der
gebrochenen Scheitelbeine und die große Platzwunde an der
rechten Kopfseite.

Diese Verletzungen konnten nur dadurch entstanden
sein, dass auf den auf einer festen Unterlage – vermutlich der
Straße – ruhenden Kopf eine heftige Gewalt mit breiter An-
griffsfläche eingewirkt haben musste.

Dass der Kopf nach der Schussverletzung etwa von einem
breiten Lastwagenrad überfahren und breit gequetscht wurde,
konnte bei dem Mangel von erheblicheren Abschürfungen
ausgeschlossen werden. Dagegen schien der bei der Tatort-

besichtigung im Straßengraben aufgefundene Prellstein von fast fünfundsechzig Kilogramm Gewicht zur Erzeugung dieser schweren Zertrümmerungen bestens geeignet.

Verschiedene Umstände sprachen für die Richtigkeit dieser Annahme: Vor allem der Nachweis kleinster, vom Prellstein abgebröckelter Kalkteilchen in den Kopfhaaren der Leiche, auf der Straße in der nächsten Umgebung des Kopfes und auf der schwarzen Wollmütze – Befunde, die bereits am Tage der Leichenauffindung erhoben, jedoch nicht richtig bewertet wurden.

Am Prellstein sollen sogar an zwei Seiten Blutspuren gesehen worden sein, die naturgemäß zehn Tage später wegen des in der Zwischenzeit niedergegangenen Regens an dem im Freien gelegenen Prellstein auch mit empfindlichen Proben von uns nicht mehr nachzuweisen waren. Der Befund von Blut an diesem Stein hätte schon bei der Tatortbesichtigung den Verdacht einer gewaltsamen Tötung erwecken müssen. Wie hatte man sich denn die Anwesenheit von Blut an diesem Stein, der vier bis fünf Meter von der Leiche entfernt im Graben lag, zu erklären versucht?

Wenn der Stein auch durch einen anfahrenden *Kraftwagen* in den Graben geschleudert worden sein konnte, dann hätten sich jedoch zum Mindesten irgendwelche Radspuren finden müssen. Die Anwesenheit von Blut wäre aber auch dadurch noch nicht erklärt gewesen. Oder hatte man sich etwa vorgestellt, dass die Frau bei dem Sturz vom Rad an diesen Stein angestoßen und denselben mit ihrem geringen Körpergewicht und der geringen Wucht aus dem Straßenbett heraus und in den Graben geschleudert hätte?

Der Stein soll übrigens, wie der Straßenmeister angegeben hatte, bereits mehrere Tage vor dem »Unfall« umgelegt neben seiner Einbaugrube gelegen sein. Unverständlich bleibt weiter, dass den Blutspuren an dem neben der Leiche stehenden Straßenschutzstein, die als Spritzer beschrieben und in ihrer Anordnung als von unten nach oben verlaufend bezeichnet wurden, keine weitere Beachtung geschenkt wurde. Durch bloßes Anschlagen des Kopfes konnten diese schon wegen ihrer Anordnung nicht entstanden sein, wohl aber, wenn auf den auf der Straße aufruhenden Kopf der im Straßengraben aufgefundene Prellstein fallen gelassen wurde.

Nach dem Leichenöffnungsbefund und der aufgenommenen Tatortbesichtigung konnte man nur zu dem Schluss kommen, dass die Frau erschossen und nachträglich auf die noch Lebende, jedoch bewusstlos am Boden Liegende zur Herbeiführung des Todes der Stein geworfen beziehungsweise fallen gelassen wurde. Diese Reihenfolge der Tathandlungen konnte – abgesehen von der Lebensnähe dieses Ablaufes – auch aus dem Vorhandensein der Blutunterlaufungen an der Leiche erschlossen werden.

Während nämlich der linke Schläfenmuskel mit der Schusslücke ausgedehnte Blutdurchtränkung aufwies, fehlte eine solche im Bereich der rechtsseitigen Schädelsprünge nahezu vollständig. Zugleich musste die schwere Schädelzertrümmerung zu Lebzeiten erfolgt sein, da bei der Leichenöffnung ja festgestellt worden war, dass die nun tote Person Blut eingeatmet und während der Schädelzertrümmerung also noch gelebt hatte.

Besondere Erwähnung zur Aufklärung des ganzen Falles verdient meiner Ansicht nach auch noch das hinter der Leiche aufgefundene Fahrrad, dessen Vorderrad einen Achter aufwies und an dessen Speichen Straßenschmutz mit Blut vermischt in ziemlich dicken Krusten haftete. Bei einem Verkehrsunfall allein konnten diese Spuren nicht an diese Stelle in der Nähe der Nabe gelangt sein! Ihr Vorhandensein konnte einzig und allein nur den Schluss zulassen, dass sie, wenn vermutlich auch unbeabsichtigt, bei der künstlichen Erzeugung des Achters etwa durch Hineintreten mit einem blutbefleckten Schuh an die Speichen gelangten. Ein solches Vorgehen aber konnte letzten Endes wiederum nur dem Zweck dienen, die Tathandlung durch Vortäuschen eines Verkehrsunfalls zu verschleiern, was auch beinahe geglückt wäre.

Unter dem Verdacht, seine eigene Frau getötet und den Verkehrsunfall nur vorgetäuscht zu haben, wurde der Ehemann nun erneut in Haft genommen. In zahlreichen Vernehmungen blieb er jedoch stets dabei, bei dem ›Unfall seiner Frau‹ nicht zugegen gewesen zu sein.

Inzwischen wurde jedoch in Erfahrung gebracht, dass er in Beziehungen zu einer Hausangestellten gestanden, ihr Briefe geschrieben und auch ein Nähkästchen geschenkt hatte, das sich denn auch in ihrer Wohnung fand.

Außerdem hatte sich auch ein Waffenhändler gemeldet, der angab, der Ehemann habe bei ihm Pistolenmunition kaufen wollen. Bei der Gegenüberstellung erkannte er ihn als diejenige Person, die am fraglichen Tage bei ihm Munition für eine Pistole mit dem Kaliber 6,35 Millimeter gefordert hatte.

Aus diesem Verdacht heraus wurden uns noch die Kleider des Mannes, die er am fraglichen Tage getragen hatte, zur Untersuchung auf Blutspuren übermittelt. Dabei konnten neben Flecken auch kleine Blutspritzer an der Joppe und an der langen Hose festgestellt werden, die von menschlichem Blut der Gruppe A1 herrührten. Die Untersuchungen wurden an mehreren Flecken ausgeführt und ergaben stets dasselbe eindeutige Ergebnis. Der Ehemann gehörte nun der Blutgruppe o an, die Ehefrau besaß die Gruppe A1.

Auf Vorhalt dieses Ergebnisses erklärte der Mann nun, er lege Wert darauf, dass ihm das Gutachten des Sachverständigen vorgelegt werde. Es sei ausgeschlossen, dass sich Blut an der Hose fände.

Bei neuerlicher Gegenüberstellung mit dem Waffenhändler gab der Beschuldigte nun plötzlich und ganz unbegründet an, er habe nicht nur die Munition, sondern auch die Waffe bei ihm gekauft.

Tatsächlich wurde sie mit seiner Hilfe in einem Gebüsch, etwa dreihundert Meter von der Fundstelle der Toten entfernt, aufgefunden. Nun schüttete er dem Staatsanwalt sein Herz aus: Er habe an einem Tag *vor* dem Unfall seiner Frau, an dem eine Treibjagd war, die Waffe in das Gebüsch geworfen. Der Waffenhändler blieb aber trotz dieser Aussage dabei, dass sie nicht bei ihm gekauft worden sein konnte.

Am 11. Dezember legte der Mann in der Zelle des Untersuchungsgefängnisses endlich nachstehendes Geständnis schriftlich nieder: ›Fräulein E. (die Haushaltshilfe) ist schwanger. Da ich Fräulein E. gern hatte, habe ich meine Frau erschossen und ihr den Stein auf den Kopf fallen lassen.‹

Am nächsten Tag bat er dann, das Geständnis selbst ausführlich aufschreiben zu dürfen, da er sich dann besser ausdrücken könne:

›Meine Braut (die Haushaltshilfe) war von mir geschwängert. Dieses hat sie mir schon vor zwei Monaten gesagt. In der Folgezeit haben wir öfters gesprochen, was nun werden sollte, und da habe ich ihr versprochen, sie in meinen Haushalt aufzunehmen.

Am 22. Dezember sagte sie zu mir im Hansa-Café, entweder musst du etwas machen oder ich. Ich habe daraus geschlossen, dass sie etwa Selbstmord begehen wolle oder aber dass ich meine Frau beseitigen sollte. Sie hat mir das nicht direkt gesagt, aber ich habe es so aufgefasst.

Ich habe mir jetzt gedacht, dass eine der beiden Frauen beseitigt werden müsste, und weil ich die E. lieber hatte, habe ich mir vorgenommen, meine Frau zu beseitigen. Die Patronen wollte ich mir aber nicht deshalb kaufen. Ich hatte vor, Kaninchen zu schießen. Am 24. November habe ich meine Frau veranlasst, mit in die Hagebutten zu fahren. Ich hatte hier schon den Gedanken der Tötung meiner Frau gefasst. Als wir von L. zurückfuhren, war ich vielleicht achtzig bis neunzig Meter vor meiner Frau, als sie rief: ›Walter, ich habe hinten wenig Luft darauf!‹

Ich bin dann abgestiegen und habe den Reifen aufgepumpt. Meine Frau hielt die beiden Fahrräder und stand zwischen denselben. Nun hielt ich den Augenblick für gekommen und nahm meine Schusswaffe aus der Tasche. Ich habe aus etwa

einem dreiviertel Meter Entfernung (nach dem Befund un-
glaubhaft!; Anm. Erich Fritz) geschossen. Als meine Frau nun
auf dem Boden lag, kam mir der Gedanke, den schweren Stein,
der abgebrochen war, auf den Kopf zu werfen. Ich habe das getan, weil ich damit rechnete, dass meine Frau vielleicht nicht
tödlich getroffen sei und ich weitere Patronen nicht hatte;
denn wenn meine Frau am Leben geblieben wäre, wäre meine
Tat sofort herausgekommen.

Um dies zu vermeiden, wollte ich sichergehen. Ich wusste
wohl, dass meine Frau nun tot war. Ich habe dann einen Verkehrsunfall vortäuschen wollen und habe das Fahrrad dorthin
gelegt, wo es aufgefunden wurde. Mit dem Fuß habe ich auf
die untere Hälfte des Vorderrades getreten und das Vorderrad
verbogen. Den Stein habe ich die Böschung hinuntergeschmis-
sen. Ich habe mich dann schnell mit meinem Fahrrad entfernt
bis zu der Stelle, wo gestern der Revolver gefunden wurde. Ich
muss mich berichtigen, ich hatte *zuerst* die Waffe weggeworfen
und bin dann zur Tatstelle zurückgefahren, um mich zu überzeugen, ob meine Frau auch tot war. Ich habe auch angenommen, dass sie noch lebte, und weiß jetzt, wie ich anhand des
vorliegenden Beweismaterials einsehe, dass ein weiteres Leugnen zwecklos ist. Ich will besonders erwähnen, dass ich während der ganzen Verhandlung anständig behandelt wurde und
dass man mich nicht erpresst hat ...‹

So weit das *wörtliche Geständnis des Täters*, dessen Tatausführung durch die Leichenöffnung und die Tatortbesichtigung
in völligem Gleichklang stand.

Mitte Dezember hat sich R. dann in einer Zelle des Untersuchungsgefängnisses mit herausgerissenen Streifen eines
Leinentuches erhängt. Damit hat ein verabscheuungswürdi-
ges Verbrechen, das in raffinierter Weise durchdacht und ausgeführt wurde, seine wenn auch nicht gesetzliche Sühne gefunden.

Die Mitteilung zeigt, wie wichtig es ist, selbst bei anscheinend ›klar liegenden Verkehrsunfällen‹ – wenigstens bei Lei-

chenfunden auf einsamen Straßen – einen erfahrenen, ärztlich und kriminalistisch geschulten Sachverständigen schon gleich zu den ersten Erhebungen und zur *Tatortbesichtigung* zuzuziehen, der äußere Leichenbefunde richtig zu werten weiß und sie mit den sonstigen Einzelfeststellungen am Tatort in positivem oder negativem Sinne in Beziehung zu stellen versteht.

Die *Sektion* konnte die mit Überlegung ausgeführte Mordtat durch Erschießen und nachträgliches Auffallenlassen des schweren Prellsteines auf den Kopf aufdecken und dadurch eine Tat klären, die in ganz raffinierter Vortäuschung eines Verkehrsunfalls infolge unzulänglicher Zusammenarbeit der ersten Erhebungsorgane mit dem ärztlichen Sachverständigen bereits als ›Verkehrsunfall‹ registriert und nur durch die umsichtigen Nachforschungen eines Polizeiwachtmeisters neuerdings aufgenommen worden war!

Der Fall zeigt überdies mit überzeugender Eindringlichkeit, dass Leichen mit festgestellten Verletzungen ohne vorangegangene Leichenöffnung keinesfalls zur *Einäscherung freigegeben werden dürften*. Gerade im vorliegenden Falle wäre jede Beweisführung durch die Leichenverbrennung unmöglich gemacht worden.«

Der Präparator ist immer der Mörder

Da Sie nun schon darin gestärkt sind, auch den unglaublichsten Ermittlungen zu folgen, möchte ich Ihnen nun einen Fall vorstellen, der wohl selbst erprobte Krimizuschauer erstaunen dürfte. In diesem Fall ist nämlich tatsächlich derjenige der Täter, dem man es als Laie am ehesten zutraut. Das ist diesmal nicht der Gärtner oder der Kriminalbiologe, sondern – wie die Überschrift schon verrät – der Präparator. Der Bericht stammt vom Rechtsmediziner Wolfgang Huckenbeck, der viele Auslandseinsätze durchgeführt hat, darunter auch die Arbeit vor

Ort beim Tsunami (2004) und im Kosovo (ab 1999). Darüber
hinaus war er Herausgeber der inzwischen eingestellten Zeitschrift *SeroNews* von und für Forensiker, die wegen ihrer guten
Lesbarkeit und der vielen Fallbeispiele auch gern von Feuer-
wehrleuten, Bestattern und Richtern gelesen wurde. Das folgende Beispiel aus dem Juni 2000 ist eines der vielleicht besten Beispiele für seine spannende Arbeit. Huckenbeck erinnert
sich in seinem Tagebuch:

»Mitten während einer Sektion der Leiche eines vier Wochen
alten Tauchunfalls aus Ägypten klingelte das Telefon. Frau
Salzmann vom Bundeskriminalamt fragte an, ob es möglich
wäre, ad hoc einen Einsatz, eventuell erst einmal als Vorhut, in
den Jemen zu unternehmen. Von Serienmorden, Leichen und
Leichenteilen, von Organhandel, vom geplanten Sturz des In-
nenministers war die Rede. Insgesamt alles etwas unklar, aber
es lag erst ein Fax der dortigen deutschen Botschaft mit eben-
diesem Inhalt vor.

Das Auswärtige Amt befürwortete die Entsendung eines
deutschen Rechtsmediziners, der ausdrücklich vom Jemen gewünscht wurde. Dann ging es ganz schnell. Freitag war Ab-
flugtag, abends in Paris Treffen mit Toralf Kahl, einem alten
Kosovo-Kameraden vom BKA, dann Weiterflug nach Sanaa
(Hauptstadt des Jemen).

Wir treffen morgens um acht Uhr ein und werden von
Oberst Al Hamdani, Chef der Kriminaltechnischen Untersu-
chungsstelle, empfangen. Er schleust uns gleich am Zoll vorbei, sodass wir das Visum sparen. Dafür sind die Dienstpässe
vier Tage lang verschwunden. Die Tatort-›Koffer‹ (in Wirklichkeit eine große Kiste) müssen wir nicht schleppen: Das erledi-
gen zum Glück Träger. In Polizeibegleitung geht es dann zur
Staatsanwaltschaft.

Dort sammeln sich immer mehr Leute an, und der Raum
ist schnell voll. Es folgt eine freundliche Begrüßung bei Tee
und Limonensaft. Aber was ist mit dem Tatort?

Darüber muss erst noch der Richter entscheiden, der das laufende Verfahren betreut. Er muss aber noch geholt werden. Derweil folgt die Vereidigung als Sachverständige, die wir auch ohne Schwur auf den Koran durchführen dürfen. Plötzlich taucht eine Fotomappe auf: Leichen und Leichenteile, aufgenommen in der dortigen Rechtsmedizin. Mittlerweile hören wir, dass Adam – so heißt der Präparator und Mörder – erst zwei Morde gestanden hat.

Er hat die Polizei aber mittlerweile zu den Verstecken der Leichen geführt: Sie lagen im Obduktionssaal. Später erinnert er sich an mehr, und mittlerweile will er zwanzig bis dreißig Menschen umgebracht haben. Ein präparierter Fötus im Labor sei sein Kind, er habe es der Mutter eigenhändig herausgeschnitten.

Wieder hören wir nebenbei Gerüchte von Hintermännern und vom Organhandel nach Saudi-Arabien. Der Fall passt der politischen Opposition ins Bild. Der Koran verbietet nämlich Obduktionen, im Jemen wird aber obduziert. Kein Wunder, sagen die Regierungsgegner: Eine Politik, die sich so gegen den Koran stellt, muss Geschehnisse wie Serienmorde zur Folge haben.

Der Täter ist Sudanese. Sudanesen werden im Jemen als Zigeuner bezeichnet und bilden einen Teil der Unterschicht. ›Wenn du nicht gehorchst, kommt der Sudanese und holt dich‹, sollen manche Eltern in Sanaa zu ihren ungehorsamen Kindern sagen.

Wirklich sehr befremdend, in was wir da reingerutscht sind. Aber es kommt noch besser: In einer Stunde ist Audienz beim Innenminister. Dem muss ja das Wasser bis zum Hals stehen, wenn er uns extra empfangen möchte.

Das Gespräch läuft über einen Dolmetscher, Herrn Soori von der deutschen Botschaft, der uns die nächsten Tage begleiten wird. Anwesend sind alle wichtigen Männer der Innenpolitik, der stellvertretende Innenminister, der Polizeichef, der Chef von Interpol und wer weiß wer noch alles.

Aus dieser Runde dürfen keinerlei Informationen über den Fall nach außen dringen, ermahnt der Innenminister mehrmals. Er scheint den Fall ja wirklich sehr ernst zu nehmen! Aber wo ist denn nun der Tatort?

Willkommen in der Hölle

Endlich, nach einem Besuch in der örtlichen Polizeidirektion, geht es zur Universität. Die Polizeifahrzeuge halten vor der medizinischen Fakultät. Erst einmal müssen die Schlüssel geholt werden. Vom Empfangssaal gehen einzelne Flure ab, einer führt zum *Department of Pathology and Forensic Medicine*. Wieder eine Zwangspause, denn man muss den Schlüssel suchen. Dann können wir den Ort der Geschehnisse betreten.

Wir gelangen in einen großen Saal mit rollfähigen Tischen und vielen barhockerähnlichen Schemeln: Hier wird der Anatomieunterricht durchgeführt, erfahren wir später.

Auf einem Tisch finden sich menschliche Überreste: abgetrennte Füße und Hände, mehrere Schädelkalotten, Körperstümpfe und Knochen. Ich wende meine Aufmerksamkeit erst einmal diesen Exponaten zu: offensichtlich Anatomiepräparate, teilweise präpariert, mumifiziert und mit Formalin haltbar gemacht.

Im Nebenraum wartet wirklich das Grauen: Sechs schmutzige Becken mit verrosteten Deckeln enthalten teilweise Formalin und sind mit Leichenteilen und Leichen gefüllt. Aus vom Formaldehyd zu Tränen gereizten Augen kann ich erkennen, dass es sich wohl auch um vorpräparierte Leichen handelt, wenn der Vergleich mit europäischen Anatomieleichen auch schwerfällt.

Etwas merkwürdig auch: Teilweise sind die Körper in der Mitte durchgetrennt. Das letzte Becken rechts ist trocken, dennoch gefüllt mit Leichenteilen. Ich erkenne das Unterteil einer menschlichen Leiche, ein halb präpariertes Gesicht, Arme,

Beine, dazwischen schmutzige Kittel und Plastikabfälle. Unglaublich, wie hier mit sterblichen Überresten umgegangen wird.

Ich treffe Toralf im Mittelsaal. ›Dahinten geht das Grauen weiter‹, zeigt er mit der Hand in die andere Richtung. Sechs kleine Räume schließen sich hier an den Saal an: Labor zur Herstellung und Untersuchung von dünnen Gewebeschnitten, Büroräume, eine Präparatesammlung, teilweise trocken im Glas, ein Lagerraum in absoluter Unordnung. Dahinter findet sich die Tür zum Obduktionssaal der forensischen Medizin: das Reich von Adam.

Sieben Kühlschränke, die Aggregate brummen laut. Zwei Obduktionstische, völlig verdreckt. Der Boden voller Bauschutt, am Rand des Raumes zwei Löcher in den Boden gestemmt: Hier fand man die beiden Mädchenleichen beziehungsweise ihre Überreste. In den Kühlfächern mehrere wie Mumien in Leinen verpackte Leichen, offensichtlich Männer, völlig ausgetrocknet, zwei zerstückelte Frauenkörper, zwei Plastiksäcke mit mumifizierten Leichenteilen.

Toralf ist sichtlich angegriffen. Wir sitzen in der Sonne auf einer Treppe vor der medizinischen Fakultät und rauchen eine Zigarette. ›Der Kosovo war nichts dagegen‹, entweicht es ihm. Klar, Anatomieleichen sind etwas Neues für ihn. Der Anblick muss beim ersten Mal wirklich grauslich sein.

Mir scheint aber, dass sich vielleicht doch eine grobe Untersuchung und Aufteilung des Tatorts vornehmen lässt. Aber eins ist auch klar: So wie geplant – rechtsmedizinische Untersuchung durch mich, Dokumentation durch Toralf –, kann der Einsatz nicht ablaufen. Der Fall kann, wenn überhaupt, nur durch rechtsmedizinische und kriminalistische Zusammenarbeit aufgeklärt werden. Folglich müssen wir uns arbeitstechnisch trennen. Aber wie soll bei dieser Menge an Leichen die Dokumentation erfolgen?

Toralf verbringt den Rest des Nachmittags damit, den Tatort sorgfältig fotografisch zu dokumentieren. Ich versuche, eine vorläufige Ordnung in die Leichenteile zu bringen und bereits jetzt alles Interessante auf Video aufzunehmen. Wer weiß, was morgen kommt?

Beim Öffnen der Kühlboxen und Hervorziehen einer Bahre (mit der linken Hand, in der rechten läuft ja die Videokamera) ziehe ich zu weit, die Bahre fällt nach unten, und die Leichenteile fallen mir in den Schoß und dann auf die Füße. Nicht zu viele Sachen gleichzeitig machen, hat man mir ja schon öfter gesagt. Aber hier stört es mich nicht so besonders, der allgegenwärtige Formalingestank macht offensichtlich alles steril, auch den Geist.

Deutsche Ordnung im Leichenmeer

Der Verdacht beziehungsweise die Hoffnung verstärkt sich, dass das Arbeitspensum vielleicht doch geringer ausfällt und in der knappen Zeit noch zu schaffen ist. Dazu müssen wir nur herausfinden, welche Leichen zu Lehrzwecken als Anatomieleichen hier liegen. Diese brauchen wir dann nicht weiter zu untersuchen. Die Polizisten werden also gebeten, die Leichen und Leichenteile aus den Becken zu schaffen und auf die Rollwagen zu legen. Nun hält man es vor Formalingestank allerdings wirklich nicht mehr aus.

Die lieben Kollegen von der einheimischen Polizei, die sich offensichtlich für den Empfang der beiden Experten aus dem fernen Deutschland extra schick gemacht hatten, erledigten die Arbeit, um die sie nicht zu beneiden waren, mit Bravour.

Am Abend sind wir beim Botschaftskanzler eingeladen. Bayerische Speisen, Jever-Bier, ein Obstler: Das wird der letzte Alkohol für die nächsten Tage. (Ich hätte nie geglaubt, dass es so etwas noch gibt: Tatsächlich gibt es selbst im Hotel keinen Alkohol.)

Wir schaffen es, dem Kanzler sein Diktiergerät abzuschwatzen. Zudem will er dafür sorgen, dass alles Diktierte von einer

Sekretärin der Botschaft geschrieben wird. Es sieht schon besser aus. So können wir doch sinnvoll arbeiten.

Die Nacht ist kurz, gegen halb neun Uhr morgens werden wir von der Polizei abgeholt. Auf einem anderen Weg – die Anfahrtswege wechseln von nun an täglich – geht es zur Universität.

Toralf beginnt mit seinen Befragungen. Er ist nicht zu beneiden. Nach minutenlangem Gerede (Herr Ali Soori übersetzt) stellt sich immer wieder heraus, das der jeweils Betreffende alles nur vom Hörensagen weiß, womöglich noch über mehrere Stationen. Immer wenn ich an Toralfs Menschenauflauf vorbeikomme, merke ich, wie schnell er sich in die arabische Welt einarbeitet. Die Frage, woher die Erkenntnisse denn stammen, stellt er immer früher – am Ende fast immer als Erstes. Was er beim BKA gelernt hat, kann er hier in Minutenfrist aufgeben und eigene Vernehmungstheorien entwickeln, denke ich. Er tut mir fast leid, wenn ich sehe, wie seine Kladde Seite um Seite per Hand beschrieben wird.

Da habe ich es eigentlich einfacher. Die Anatomieleichen sind fürchterlich zugerichtet, Präparation kann man es kaum nennen, aber ich muss ja nur eine Bestandsaufnahme machen und kann (muss) meinen eigenen Augen glauben – ob ich will oder nicht…

Falls das Video einmal geschnitten werden sollte, muss der Titel ›Körperwelten, der Antifilm‹ heißen, schießt es mir durch den Kopf.

Man hält es vor Formalingestank wirklich kaum noch aus. Die Augen brennen, Tränen kullern, die Brille beschlägt.

Die einheimischen Beamten sind erstaunlich schnell. Jetzt, wo sie zum Handeln angeleitet werden, klappt plötzlich einiges mehr. Offensichtlich sind sie vor vier Wochen, als ihr Einsatz hier erfolgte, durch das Bild, das sich ihnen bot, einfach völlig überfordert gewesen. In meinem mittlerweile fast formalinfixierten Hirn stelle ich mir vor, wie sie alle schreiend hinausgerannt sind, als hätten sie Scheijtan persönlich getroffen.

Nein, so war es sicherlich nicht, aber Tatortarbeit oder Ähnliches, zumindest eine Bestandsaufnahme, war offensichtlich nicht möglich gewesen.

Nun stehen sie uns aber hilfreich zur Seite und transportieren die besichtigten Leichen wieder zurück in die Becken. Sie drehen und wenden die Leichen, sodass ich fließend meine Befunde diktieren kann. Tatsächlich handelt es sich um Anatomieleichen. Keine artfremden Verletzungen.

Und wenn Adam sie nun alle erwürgt hat und sich nachher die Mühe gegeben hat, sie zu präparieren, als Anatomieleichen zu tarnen? Dann kann ich das natürlich nicht aufklären. Rechtsmedizin allein hilft hier gar nichts.

Krummsäbeliger Besuch

Der Plan, einen BKA-Beamten mitzuschicken, war schon genial, wenn auch sein Einsatz anders geplant war. ›Prof. Bach from the Institute of Forensic Medicine in Düsseldorf and his assistant Prof. Kal‹, stand heute morgen nicht ganz korrekt in der *Jemen Tribune*, einer englischsprachigen Tageszeitung…

Toralf muss die Anatomiedozenten verhören. Als ich ihn darauf aufmerksam machen will, merke ich, dass er auf diese Idee natürlich schon längst gekommen ist. Die Herren sind für morgen einbestellt.

Es sind aber auch jetzt schon genug von ihnen da. Der Dekan der Universität kommt mit krummsäbelbewehrten Männern und besichtigt den Ort des Geschehens, dann kommt der Rektor mit Gefolge. Gut, den Besuch dieser beiden kann man ja noch einsehen. Dann folgen aber weitere Störungen: Prof. X und Prof. Y und so weiter, die alle die Arbeit der ausländischen Experten besichtigen wollen. Der rührige Übersetzer, Herr Soori, stellt sie einzeln vor – jedes Mal das Diktat unterbrechend. Zu allem Überfluss hat eine Reihe der Herren auch noch in der ehemaligen DDR studiert und will nun beweisen, dass sie immer noch Deutsch sprechen können. Ich hoffe, sie haben Verständnis dafür, dass ich so kurz angebunden bin, denn zu einer Konversation über Dresden und Leipzig bin ich zurzeit überhaupt nicht aufgelegt.

Hier hat es Toralf jetzt einfacher. Da er pausenlos reden und Fragen stellen muss, traut sich kaum einer der Herren, ihn zu stören.

Mittags bin ich mit den formalinfixierten Leichen fertig, ebenso mit den vertrockneten Leichenteilen aus dem leeren Becken des Anatomietrakts.

Mohammed, wie wir mittlerweile Oberst Al Hamdani nennen, lädt in die Mensa zum Mittagessen ein. Fröhlich wird mit den Fingern gegessen, es gibt Cola und Sprite. Der Tee ist mir zu süß.

Nach dem Mittagessen kommen die restlichen Leichenteile dran, wieder formalinfixiert: eine ganze Reihe von Knochen, von denen die Weichteile bereits größtenteils entfernt sind. Als wenn sie für die Mazeration vorbereitet wären.

Langsam versagen meine Stimmbänder den Dienst beim Diktieren. Nicht nur, dass bereits fünf Bänder in Eiltempo besprochen sind, auch der Formalingestank fordert seinen Tribut. Hoffentlich versteht Frau Rabe in der Botschaft – die wir zu diesem Zeitpunkt noch gar nicht kennen – überhaupt ein Wort.

Dann hat unser guter Herr Soori eine fantastische Idee: Wir sollten Feierabend machen und uns mit ihm die Altstadt von Sanaa ansehen.

Zwei Mädchen im Kühlschrank

Wir werfen verzweifelte Blicke auf die übrig gebliebenen Leichenteile. Aber eigentlich ist es ja wirklich Wahnsinn, der weite Flug und keine Sehenswürdigkeit ansehen! Ich lege noch eine Geschwindigkeitsstufe höher ein. Wenn ich die Leichenteile hier schaffe, ist die letzte Kassette sowieso voll. Vielleicht klappt ja morgen alles genauso schnell, dann könnte es funktionieren. Das Diktieren müsste eigentlich schnell gehen.

Gemeinsam schaffen es Toralf und ich, auch noch die Büro- und Laborräume an diesem Nachmittag zu untersuchen. Tatsächlich finden wir Blutspuren sowie Färbelösung für mikroskopisch dünne Schnitte auf dem Boden. Letzteres kennt Toralf vom Hörensagen – Protokolle gibt es offenbar nicht – aus den Geständnissen von Adam.

Ab siebzehn Uhr wandeln wir tatsächlich durch die Altstadt. Wirklich beeindruckend, die Gebäude. Allein hätten wir uns in viele Ecken wahrscheinlich gar nicht hineingetraut. Hier werden Nägel von Hand geschmiedet, Hämmer und Beile in Handarbeit gefertigt. Wir kaufen Gewürze, Weihrauch und Myrrhe. Kollege Freudenstein daheim bat mich darum, ihm einen Krummsäbel mitzubringen.

Ich schaue mir in einem Laden einige Säbel an: zu teuer, bei schlechter Verarbeitung. Der jagt mich damit daheim durchs Institut, befürchte ich und sehe den Jambia bereits in meinem Rücken stecken. Ich nehme vom Kauf also lieber Abstand.

Der nächste Tag beginnt wieder sehr früh. Toralf hat Befragungstermine (›feste Einbestellungen‹), ich nehme mir die Kühlschränke im rechtsmedizinischen Trakt vor. Die einheimischen Polizisten unterstützen mich wiederum hervorragend.

In Plastiksäcken finden wir die Überreste von zwei weiblichen Leichen. Ob sie als Anatomieobjekte gedient haben, ist sehr fraglich. Formalinfixierung ist nicht zu erkennen, die Austrocknung verdeckt alles. Die Knochen zerbröseln unter fester Berührung. Wie lange mögen diese Leichen schon hier liegen? Warum im Kühlschrank?

Ordnung müsste sein

Keine Leicheneingangsbücher, keine Leichenausgangsbücher!
Wie oft schimpft man zu Hause über die Bürokratie, über dop-
pelt und dreifaches Ein- und Austragen im Geschäftszimmer.
Hier erkennt man die Vorteile.

Adam hatte wirklich freies Walten in allen Räumen. Nachvollziehen lässt sich nichts mehr. Aber sehr alt sind die Mumien, das steht fest. Zu alt für Adam.

Toralf kommt und erklärt mir, dass sich die Anatomiedozenten geweigert haben, die gestern Nachmittag zuletzt be-
schriebenen Leichenteile als die ihren anzuerkennen. Sie hätten diese Knochen et cetera noch nie gesehen.

Vielleicht haben sie einfach Angst, in diesen Fall hinein-
gezogen zu werden. Hätte ich auch, wenn ich in so einem Sau-
stall erwischt würde.

Wir bleiben bei unserer Meinung, dass diese Knochen und
Leichenteile am ehesten auch Anatomiepräparate sind.

Meine Polizeihelfer haben inzwischen einen der vorhandenen Obduktionstische von Schutt und Dreck freigemacht,
sogar der Wasseranschluss funktioniert, der Abfluss allerdings
weniger. Soll mir egal sein!

Die nächsten Leichen aus den Kühlschränken sind – wie
auch Toralf in seinen Verhören bereits ermittelt hat – Unfall-
opfer. Angeblich Sudanesen, die bei einem Autounfall ums Leben kamen und die nie jemand abgeholt hat. Wie Mumien liegen sie vertrocknet in Leinentüchern. An ihnen finden sich
Spuren äußerer Gewalteinwirkung, wie es bei Autounfällen
typisch ist. Diese Leichen sind wohl auch kaum unserem Präparator Adam zuzuordnen.

Ich denke an unseren Präparator Uli Schmidt in Düsseldorf. Wie gerne wäre er mitgefahren in den Jemen. Dieser Anblick muss ein Höhepunkt in jedem Präparatorenleben sein.
Danach sofort in Rente! Leider wird Uli mit dem Video vor-
liebnehmen müssen.

Die Kassetten von gestern sind schon abgeschrieben. Herr Soori hat die Disketten gleich mitgebracht. Doch es ist Mittag, wir gehen erst einmal wieder zur Kantine. Nach dem Essen diktiere ich am Nebentisch die noch fehlenden Einzelheiten ins Gerät.

Toralf ist mit seinen Verhören erst einmal wieder fertig. Ihm müssen so langsam die Ohren klingeln. Beim nächsten Mal will er das halbe BKA mitbringen, kündigt er an. Anstatt sich etwas auszuruhen, will er bei den nun noch anstehenden Obduktionen weiblicher Leichenteile zur Dokumentation dabei sein.

Die beiden Leichen sind ebenfalls mumifiziert. Die eine in sieben, die andere in drei Teile zergliedert. Überraschend ist die Frische der inneren Organe beim Eröffnen des Brustkorbs der ersten Frauenleiche. Wie lässt sich das mit dem äußeren Zustand vereinbaren?

Das ist schwer zu sagen. Denn wie verhalten sich tote Körper in dieser trockenen, warmen Luft? Europäische Experten in einem Land mit einem völlig anderen Klima... toll! Aber selbst schlaue Institutsdirektoren würden sich die gleichen Fragen stellen, tröste ich mich.

Dennoch, wir sind zufrieden, die Todesursachen noch ermitteln zu können: im einen Fall Schlag gegen den Kopf, gefolgt von Erwürgen, im zweiten Fall Einschlagen des Schädels. Mühselig ist die Feststellung schon, denn die vertrocknete Haut lässt sich kaum abpräparieren. Um die vermuteten Einblutungen in tieferen Körperbereichen aber sicher beurteilen zu können, muss ich an einer ganzen Reihe von Stellen ins Gewebe hinein.

Die Ausrüstung des Tatortkoffers des BKA lässt für diese Zwecke zu wünschen übrig. Er wurde ja auch nicht für einen solchen Einsatz geplant. Die Handsäge ist kaum brauchbar, das Sägeblatt schlägt Wellen. Die abgetrennten Köpfe lassen sich kaum halten. Ich drücke sie gegen meinen Bauch und säge mit der anderen Hand.

Minutenlang sägen und der Toten dabei ins Gesicht schauen: ein weiteres Highlight in der Berufslaufbahn.

Augen starren mich an

Eine der Leichen hat der Täter im Stadium der ausgeprägten Totenstarre zersägt, das ist noch ermittelbar. Denn alle seine anatomischen Kenntnisse haben bei der starren Stellung der Beine nichts genutzt. An der einen Seite wurde durchs Becken, an der anderen durch den Oberschenkel gesägt. Der Genital-bereich wurde dabei zerstört.

Weil Mohammed nachfragt, berichte ich von meinen Beob-achtungen. Seine Deutschkenntnisse führen dabei zu einem Lapsus: ›Wie heißt es in Deutsch, wenn Mann mit Frau schläft und Frau hat wenig Spaß?‹, fragt er mich. Dass er damit das Wort ›Vergewaltigung‹ umschreiben möchte, wird mir erst im zweiten Anlauf klar.

Nachdem die Leichen fertig obduziert, Proben genommen, alle Befunde katalogisiert und fotografiert sind, kommt die Belohnung: Die Polizeibeamten möchten uns einen Felsen-palast ganz in der Nähe zeigen. Wir sind nur zu gerne bereit zu diesem sicherlich netten Ausflug.

Wir fahren etwa eine halbe Stunde, erst über Asphaltstra-ßen, dann kommen Feldwege. Beeindruckende Felsmassive, in der Tiefe ein fruchtbares Wadi mit Qat-Plantagen. Alle Reise-begleiter haben natürlich schon längst wieder mit Qat gefüllte dicke Backen, fällt mir auf.

Natürlich hat man uns das Zeug auch angeboten. Nach kürzester Zeit versuchten wir aber, die Blätter wieder unauffäl-lig loszuwerden, ich fand den Geschmack scheußlich.

Der Felsenpalast ist wirklich sehenswert, auf dem Rückweg können wir noch im Polizei-Shop einkaufen: Gürtel, Polizei-hemden. An das notwendige Herunterhandeln der Preise ha-ben wir uns schon gewöhnt.

Später kommen noch einmal Mohammed und der Polizeichef in die Halle unseres Hotels. Morgen wollen sie alle ermittlungstechnischen Versäumnisse der letzten vier Wochen nachholen. Der Innenminister sei überhaupt nicht glücklich über unsere Abreise morgen, er sei sogar dagegen. Wir sehen uns an: Unsere Pässe sind immer noch weg. Mal schauen!

Die Nacht wird schrecklich: Beim Versuch einzuschlafen, säge ich immer wieder den an meinen Bauch gepressten Kopf auf. Die aufgerissenen Augen starren mich an. So etwas ist mir schon lange nicht mehr passiert.

Am nächsten Morgen nehme ich mir noch einmal die von den Anatomen als unbekannt abgelehnten Knochen und Leichenteile vor.

Toralf hat wieder Einbestellungen zum Verhör, und alle Beteiligten werden zur Speichelprobenentnahme vorgeführt. Ich bitte Toralf auch um die Entnahme bei Adam im Gefängnis. Frau Rabe in der Botschaft hat wieder hervorragend und schnell getippt. Das ist gut, denn ich muss den vorläufigen Bericht für den Innenminister fertigstellen.

Toralf hat die Herrschaften auch auf einen blutigen Fingerabdruck im Labor aufmerksam gemacht, der vorher offensichtlich nicht aufgefallen ist. Plötzlich entsteht Hektik, an Qat-Kauen ist nicht mehr zu denken.

Von mir möchte man eine Untersuchung des Vaginalabstrichs des einen Opfers. Zu meinem Schrecken hat man tatsächlich Objektträger und ein Mikroskop aufgetrieben. Nun ist es an mir, die Labore nach irgendetwas Farbigem zu durchsuchen, um die möglichen Spermien und Hautzellen anzufärben. Ich finde Gentian-Violett. Die medizinisch-technischen Assistentinnen zu Hause würden sich wahrscheinlich kringelig lachen, wie ich mich mit den Objektträgern abgebe. ›Hitzefixation‹ – also das kurze Erwärmen der Objektträger zum Befestigen der Zellen – fällt mir plötzlich nach den ersten vergeblichen Färbeversuchen wieder ein.

Mittags hat Mohammed Fisch und Gemüse bestellt. Wir

haben zwar keine Zeit, denn der Innenminister wartet, aber
die Höflichkeit gebietet es, dennoch zu essen. Wir setzen uns
auf den Boden und essen den fantastisch schmeckenden Fisch
mit den Fingern. Das Fladenbrot wird ins Gemüse gedippt.

Nun aber auf zur Botschaft. Der Bericht muss noch ausgedruckt werden. Doch die Offiziellen kommen uns schon auf
der Straße entgegen. Wir beschließen, dass Toralf versucht, den
Bericht in der Botschaft auszudrucken, und dann nachkommt.
Ich fahre schon mal zum Innenminister vor.

Wir kommen aber nicht weit, denn im selben Moment kehrt
der Präsident ins Land zurück. Man hat für den Empfang die
Hauptstraße gesperrt, und nichts läuft mehr. Gott sei Dank ist
der alte BMW nicht nur gepanzert, sondern auch voll klimati-
siert. Wir sehen den Präsidenten im Korso die Strecke entlang-
fahren und gehen letztendlich zu Fuß ins Innenministerium.

Der Minister ist auch gerade erst angekommen. Er erwartet einen längeren Bericht und stellt gezielt Nachfragen. Mittlerweile stößt auch Toralf wieder zu uns. Der fünfundsechzig-
seitige Bericht (auf Deutsch) beeindruckt die anwesenden Herren sichtlich. (Wir hatten ihn mit einigen Formatierungstricks
noch einmal um zehn Seiten gestreckt.) ›So etwas steht hierzulande für mindestens ein Jahr Arbeit‹, raunt ein Botschafts-
angehöriger uns zu. Nun, der Innenminister bedankt sich sehr
herzlich, übergibt Gastgeschenke und wünscht eine baldige
Wiederkehr für die Fortsetzung der Untersuchung.

Die Aussage, dass unserer Meinung nach von den zwanzig bis dreißig Leichen ›nur‹ zwei als Opfer von Adam infrage
kommen, beruhigt ihn und stärkt seine Position. Es handelt
sich also nicht um einen Serienmörder.

Zum Abschied erscheint noch einmal Mohammed, in Gala-
Uniform und mit dem dazugehörigen Krummdolch. Als uns
in letzter Minute eine Limousine zum Flugzeug aufs Rollfeld
fährt, umarmen wir uns.

Beim Nachtflug gelingt es mir zum ersten Mal in meinem
Leben, im Sitzen zwei Stunden zu schlafen. Man wird wirklich

langsam älter. Nach einer Zwischenlandung in Beirut staune ich: Beginnt bei mir ein Delirium infolge tagelangem Alkoholentzug? Ich sehe ein Wölkchen im Flugzeug! Doch Toralf beruhigt mich. Bei der Fluggesellschaft Jemenia darf noch geraucht werden.

Umsteigen in Frankfurt, morgens um acht Landung in Düsseldorf. Von meiner früheren panischen Flugangst ist wirklich nichts geblieben. Ausschlaggebend war sicher der Flug mit der Transall in den Kosovo, der alles Vorige und Folgende in den Schatten stellte.

Mittlerweile sind einige Wochen vergangen. Toralf hat die mitgebrachten Proben zu mir nach Düsseldorf gebracht, und die DNA-Untersuchungen laufen. Der Innenminister des Jemen hat seine Bitte um erneuten Besuch tatsächlich offiziell wiederholt. Was kommt, bleibt abzuwarten. Der Einsatz, so anstrengend er auch war, hat Spaß gemacht, und die erledigte Arbeit hat befriedigt, vergleichbar mit den Anfangszeiten des Kosovo-Einsatzes.

Die Teamkombination Kriminalist plus Rechtsmediziner hat sich bei diesem Einsatz bewährt und sollte als Minimalbesetzung beibehalten werden. Zweiundzwanzig Leichen und über hundert Leichenteile in der kurzen Zeit sollten bei gleichzeitig anfallender Ermittlungstätigkeit zwar nicht das Regelprogramm für zwei Personen werden, aber es war zu schaffen.

Ich wäre jedenfalls und jederzeit zu einem weiteren derartigen Einsatz bereit.«

Schluss

Mit diesen wahren Worten, die für alle Forensiker gelten, endet die wilde und vielfältige Fahrt durch die Welt der Kriminalistik, wie sie sich in der echten Arbeit darstellt. Der Alltag sieht zwar oft weniger spannend aus, als es hier scheinen mag, und viele Kollegen beschäftigen sich nur selten mit derart extremen Fällen. Doch wer sich, egal, in welchem krimina-listischen Arbeitsbereich, den kindlich-neugierigen Blick für das Ungewöhnliche bewahrt und hin und wieder an den im Vorwort angesprochenen Rand des Randes vorwagt, wird zu der schönen Einsicht kommen, dass die Wirklichkeit nicht nur spannender als jeder Roman ist, sondern auch deutlich zeigt, dass wir zwar vieles wissen, aber noch lange nicht alles ver-standen haben, was Menschen zu dem macht, was sie sind: eine Laune der Evolution, die wir oft genug nur beschreiben, aber nicht begreifen können.

7. NACHKLANG: WAS ICH VON *CSI* HALTE

Kein Wunder, dass manche Praktikantinnen schimpfen und mit dem Fuß stampfen: Die Serie *CSI* lockt sie wie Hannibal Lecters Katzengold in einen Beruf, den sie gar nicht gemeint haben.

Ich habe für den *Stern* zähneknirschend zwei *CSI*-Folgen angeschaut und musste staunen: Die Tatort-Beamten, im echten Leben nur für die Spurensuche zuständig, sind dort gleichzeitig Ermittler. Das verträgt sich aber nicht. Denn wenn wir wie in der Fernsehserie verwaisten Kindern Schwüre schwüren, Tätern hämisch die Todesstrafe unter die Nase rieben oder mit schief liegendem Köpfchen und stechendem Blick »Den Mund aufmachen, na los!« und »Das muss sofort untersucht werden!« bellen würden, könnten wir uns nicht mehr auf das konzentrieren, was ein Kriminaltechniker objektiv auswertet: Blut, Fasern, Haare, Sperma, Kot, Urin und Insekten. Doch niemals Täter – das machen Kollegen aus der anderen Abteilung…

Durch die dramaturgisch gewollte Zusammenziehung der Jobs kommt es wohl auch, dass die Damen und Herren in *CSI* stets in schickem Zwirn auftreten. Unsereins bevorzugt Polyesterhosen und -hemden, weil die häufiges Waschen besser vertragen als Kaschmir und italienisches Leder.

Sind die Figuren doch einmal im Labor, so scheint zumindest eine von ihnen ein fragwürdiges Verhältnis zu Leichen zu haben. In einer der Folgen streichelt sie einer Toten durchs Haar (Spurenvernichtung!) und murmelt: »Kein Leben sollte mit achtzehn enden. Wie tragisch!« Das brachte mich zum Schmunzeln: Wie viele Leben sollten wohl mit fünfunddreißig, achtundvierzig oder fünfundfünfzig enden, ohne dass es tragisch wäre?

Natürlich wollen die Produzenten Emotion in der Serie haben. Doch dabei greifen sie in die Mottenkiste. Weder sind Rechtsmediziner nekrophil, noch können Polizisten alles gleichzeitig und gleich gut: Projektile aus dem Augenwinkel zu einer (noch gar nicht vorhandenen) Glock-Pistole ordnen, Verbrecher überlisten und die Kollegen dabei stets neunmalklug von der Seite anlabern.

Wenn echte Spurenkundler auch nur fünf Minuten so geleckt, sauertöpfisch und wichtigtuerisch durch den Tatort oder das Büro der Ermittler tapern würden, brächen die Kollegen wohl spätestens dann in Lachkrämpfe aus, wenn sich die Tür hinter ihnen schlösse. Vermutlich aber schon vorher. Denn wer das Schicksal der Spurenträger – hier: der Leichen – mit dem Lebensweg der nun toten Menschen verbindet und sich dabei so dicke tut wie die CSI-Figuren, der hat seinen Beruf verfehlt und sollte zunächst einmal Bescheidenheit lernen und dann Priester, Journalist oder Sozialarbeiter werden.

Schön an der Serie fand ich, dass die Requisiteure mal eben einem Flugzeug die Rotoren verdellen dürfen, die Kamera hohe Gebäude nicht scheut und ab und zu auch mal der Mann für Digitaleffekte randarf und eine Tsunami-Welle ins Bild zaubert. Die zahlreichen und blitzschnellen Wendungen der Fälle passen dazu ganz gut. Was bei uns wohl fünf- bis zehntausendmal mehr Zeit in Anspruch nimmt, wird im Fernsehen eben mit Fingerschnippen gelöst. Schön auch, dass sich die Spurenkundler von CSI vor der tödlichen Welle einfach im Tresor einer Bank verschanzen und Minuten später in blütenreiner Wäsche weiterermitteln.

Wer's glaubt, ist selig.

LITERATURHINWEISE
UND QUELLEN

Alexis, W./J. E. Hitzig (1984):
*Das Gelöbnis der drei Diebe.
Kriminalfälle des Neuen
Pitavals*, ausgewählt und
herausgegeben von Werner Liersch, 3. Aufl., Berlin,
S. 313–359.

Anonymus (1874): »A Colorado Tragedy«. In: *Harper's
Weekly*, 17.10.1987, S. 825.

Anonymus (1883): »After nine
years a fugitive from justice, the capture is effected
of the human ghoul who
murdered and grew corpulent on the flesh of his
comrades. Description of
the most revolting crime
of the century. Together
with a brief recital of the
fearful hardships endured
by a party of prospectors
in the early San Juan days«.
In: *Saguache Chronicle*,
23.3.1883, o. S.

Anonymus (1994): »The Colorado Cannibal«. In:
*Real-life crimes ... and how
they were solved, Foren-
sic Mysteries*, London 1994,
S. 44–47.

Anonymus (1998): »The police
were obsessed that I murdered my wife«. In: *Mail
on Sunday*, 18.1.1998, o. S.

Anonymus (2001): »A Scandal's Proper Revival«. In:
Los Angeles Times, 3.12.2001,
S. B10.

AP (2000): »Vigil planned
over police killing at Halloween party«. In: *The
Berkeley Daily Planet*, o. D.,
o. S.

AP (2000): »$100 million
claim filed in police killing of actor«. In: *Berkeley Daily Planet*, 12.12.2000,
o. S.

Aranguren Molina, M. (2002):
192 Niños Asesinados, Bogotá (siehe auch: *http://
www.mauricioaranguren-
molina.com/192NinosFotos.
htm*).

Bächtold-Stäubli, H./E. Hoffmann-Krayer (Hg.):

»Nachzehrer«. In: *Hand-wörterbuch des deutschen Aberglaubens*, Bd. 6, Berlin 1935, Spalte 812–823.

Bailey, D. (2003): »Solving the American West's greatest Mystery: Was Alferd Packer Innocent of Murder?«. In: *Pathways*, Bd. 1, Issue 1, Museum of Western Colorado Publications, S. 1–6.

Balter (1922): *Kniga o go-lode. Ekonomičeskij byto-voy, literaturno-chudožest-vennyj sbornik*, Samara 1922, S. 139 ff.; zitiert nach S. Merl (Hg.): »Sowjet-macht und Bauern. Do-kumente zur Agrarpolitik und zur Entwicklung der Landwirtschaft während des ›Kriegskommunismus‹ und der Neuen Ökonomi-schen Politik«. In: *Osteuro-pastudien der Hochschulen des Landes Hessen*, Reihe I, Berlin 1993, S. 133 ff. (*Gie-ßener Abhandlungen zur Agrar- und Wirtschaftsfor-schung des europäischen Ostens*, GAAW, Bd. 191.)

Bartsch, J. (1973–1976): Briefe. Privatsammlung.

Bauer, G. (1969): »Jürgen Bartsch. Bericht über den vierfachen Kna-benmörder«. In: *Archiv für Kriminologie*, Bd. 144, S. 61–91.

Beauvoir, S. de (1953): *Must we burn de Sade?*, London, New York.

Belfield, T./D. B. Garrioch/ D. Lambert/A. Kramer/ R. Midgley/N. Jack (1991): *Handbuch der sexuel-len Aufklärung*, Frankfurt/ Main.

Benecke, M. (1997): »Techno – Eine verwirrende Party-kultur. Zur Phänomeno-logie einer Zeitströmung«. In: *Kriminalistik*, Jg. 51, S. 475–479.

Benecke, M. (1999): »First re-port of non-psychotic self-cannibalism (autophagy), tongue splicing and scar patterns (scarification) as an extreme form of cultu-ral body modification in a Western civilization«. In: *American Journal for Foren-sic Medicine and Pathology*, Bd. 20, S. 281–285.

Benecke, M. (2002): »Snuff. Filmhistorische Anmer-kungen zu einem aktu-ellen Thema«. In: *Archiv für Kriminologie*, Bd. 209, S. 45–50.

Benecke, M. (2004): »›Schlachtungs‹-Handlungen im sadomasochistischen Umfeld«. In: *Kriminalistik*, Jg. 58, S. 322 ff.

Benecke, M./U. Deml/K. Kreutz/A. Hennecke/M. Risse/M. Verhoff (2004): »Natürliche Leichenerscheinungen als Ursprung des Vampirglaubens«. Frühjahrstagung der Deutschen Gesellschaft für Rechtsmedizin (DGRM) Nord, 4./5.6.2004, Abstract & Vortrag 47, S. 58.

Benecke, M. (2004/2006): »Vampire unter uns. Jugendliche Vampir-Subkulturen«. In: J. Bertschik/ C. Tuczay (Hg.): *Poetische Wiedergänger. Deutschsprachige Vampirismus-Diskurse vom Mittelalter bis zur Gegenwart*, Tübingen, S. 285–302.

Benecke, M./M. Rodriguez/A. Zabeck/A. Mätzler (2005): »Two homosexual pedophile sadistic serial killers: Jürgen Bartsch (Germany, 1946–1976) and Luis Alfredo Garavito Cubillos (Colombia, *1957)«. In: *Minerva Medicolegale*, Bd. 125, S. 153–169.

Benecke, M. (2006): »Der vergessene Kannibale – ›Vater‹ Denke (gest. 1924)«. In: *Kirchschlagers Criminal- & Curiositäten-Cabinett*, Leipzig, Bd. 2, S. 38–64.

Benecke, M. (2006): »Veröffentlichungsgeschichte ›des‹ Calmet«. In: Augustin Calmet (1672–1757), *Über Geistererscheinungen*, Leipzig.

Benezech, M./M. Bourgeois/ D. Boukhabza/J. Yesavage (1981): »Cannibalism and Vampirism in Paranoid Schizophrenia«. In: *Journal of Clinical Psychiatry*, Bd. 42, S. 7.

Berry, S. (2003): »Accord reached in police slaying«. In: *Los Angeles Times*, 6.2.2003, S. B4.

Blackhurst, C. (1998): »My mother taught with the ›Lady in the Lake‹«. In: *The Independent*, London, 11.1.1998, o. S.

Blacklock, M. (2005): »Guilty: Lady in Lake husband got away with her murder for

30 years«. In: *Daily Express*, 29.1.2005, o. S.

Bossi, R. (1975): *Ich fordere Recht. 24 Jahre Strafverteidiger in Deutschland*, Gütersloh, S. 65–114.

Bossi, R. (2005): *Halbgötter in Schwarz. Deutschlands Justiz am Pranger*, Frankfurt/Main, S. 55–73.

Bossi, R. (2005): Persönliche Mitteilungen und Gespräche.

BraveMedia (31.1.2004, 17.51): »Urteil im Fall vom Kannibalen von Rotenburg«. In: *Braveboy, Deine Schwule Jugendcommunity (http://boy.brave-network.de/magazin/)*.

Califa, P. (Hg./1992): *Das S/M Sicherheitshandbuch*, Pullenreuth.

Campbell, D./B. Masters/C. Wilson/R. Persaud (1996): *The Japanese Cannibal Issei Sagawa: Murder in Mind*, Bd. 3, London.

CBS (2003): »Investigators: An Unexpected Turn«. In: CBS News, 25.7.2003, o. S.

Claux, N. (2006): *http://www.myspace.com/nicoclaux*

CNN News International (2005): »40 million vulnerable in recent breach of processing company. Financial Times Intelligence Wire«, 18.6.2005.

Colombo, J. R. (Hg./1982): *Windigo: An Anthology of Fact and Fantastic Fiction*, Saskatoon (Kanada).

Esquemeling, J. (d. i. Alexander Olivier Exquemelin/1684): *The Buccaneers of America*, First Edition, Third Impression, London, New York, S. 195 f. (Nachdruck, um 1920.)

Evangelium nach Johannes, Das, 6,56–58 (in beliebiger Bibel-Ausgabe).

Fritz, E. (1939): »Mord durch Erschießen unter raffinierter Vortäuschung eines Verkehrsunfalls«. In: *Deutsche Zeitschrift für die gesamte Gerichtliche Medizin*, Bd. 31, S. 162–173.

Garavito Cubillos, L. (1999 bis 2006): Persönliche Mitteilungen und Gespräche.

Glaser, H. (1909): »Zur Frage vom psychopathischen Aberglauben«. In: *Archiv für Kriminal-Anthropologie und Kriminalistik*, Leipzig, Bd. 32, S. 307 f.

Gorman, A. (2002): »Cop will not face charges in death«. In: *Los Angeles Times*, 11.4.2002, S. B1.

Gross, H. (1912): »Macht des Aberglaubens«. In: *Archiv für Kriminal-Anthropologie und Kriminalistik*, Bd. 47, S. 158 f.

Henkin, W. A./S. Holiday (1996): *Consensual Sadomasochism: How to Talk About It and How To Do It Safely*, San Francisco.

Holzhaider, H. (2002): »Ein Paar, das den Tod brachte. Mord im Namen des Satans«. In: *Süddeutsche Zeitung*, 30.1.2002, S. 3.

Huckenbeck, W. (2000): »Der Jemen-Einsatz: Der Präparator ist immer der Mörder. Eine Erlebnisgeschichte«. In: *SeroNews*, Bd. 5, H. 3, S. 63–70.

Huff, S. (2005): »Cooking With Nico, Issei, and Jane«. In: *http://blogcritics.org/ archives/2005/04/11/162009. php*

Hutchinson, E. (2002):

»Chief Parks' supporters should back off«. In: *Los Angeles Times*, 20.3.2002, S. B13.

IDEA Spektrum (Evangelische Nachrichtenagentur): »Sterbefälle«. In: *Idea*, Bd. 28, 11.7.2001, S. 17.

Insall, R. (1997): »Mother Superior«. In: *Bizarre Magazine*, London, November/Dezember, Suppl. »Bizarre Banned!«, S. 14 f.

Insall, R. (2006): Persönliche Mitteilungen, September 2006.

Jahn, O./S. Opalka (2004): *Tod im Milliardenspiel. Der Bankenskandal und das Ende eines Kronzeugen*, Berlin.

Jahn, O./S. Opalka (2004): Persönliche Mitteilungen.

Kirchschlager, M./L. Bechler (2001): *Das Sächsisch-Anhaltische Obscurum, Erschreckliche, scheuderliche & gräuliche Geschichten sowie allerlei andere Merkwürdigkeiten aus alten Chroniken*, Arnstadt.

Kirchschlager, M./L. Bechler (2001): *Das Thüringische Obscurum, Erschreckliche, scheuderliche & gräuliche Geschichten sowie allerlei andere Merkwürdigkeiten aus alten Chroniken*, Arnstadt.

Kirchschlager, M./L. Bechler (2005): *Das Obscurum, Mord- und Schauergeschichten aus Chroniken des Alten Europa*, Leipzig.

Knecht, T. (2005): »Kannibalismus als Tötungsmotiv«, T. 1. In: *Der Kriminalist*, Februar 2005, H. 2, S. 69 f.

Knecht, T. (2005): »Kannibalismus als Tötungsmotiv«, T. 2. In: *Der Kriminalist*, März 2005, H. 3, S. 127 ff.

Knobbe, M./D. Schmalenberg/T. Rabsch (2003): »Der Kannibale«. In: *Der Stern*, 2003, Nr. 31, S. 41–56.

Koch, T. (1990): *Lebendig begraben*, Wien.

Köhbach, M. (1979): »Ein Fall von Vampirismus bei den Osmanen«. In: *Balkan Studies*, Bd. 20, S. 83–90.

Königin von England gegen Gordon Park (2005): »Belehrung der Geschworenen und Zusammenfassung des Falles durch Richter McClaw«, Order Nr. T2004/7403, Manchester, Courts of Justice, Crown Square, 26.1.2005.

Krafft-Ebing, R. von (1898): *Psychopathia sexualis. Mit besonderer Berücksichtigung der conträren Sexualempfindung*, 10. Aufl., Stuttgart.

Kreuter, P. M. (2001): *Der Vampirglaube in Südosteuropa. Studien zur Genese, Bedeutung und Funktion. Rumänien und der Balkanraum*, Berlin.

La Rotta, Guillermo Prieto (»Pirry«)/A. Suarez (2006): »Luis Alfredo Garavito Cubillos«. In: RCN (Radio Cadena Nacional) TV (Kolumbien).

Lait, M. (2001): »2nd panel says police slaying was justified. Commission votes 4 to 1 that the officer had reason to fear for his life when actor brandished what turned out to be a replica gun«. In: *Los Angeles Times*, 24.10.2001, S. B3.

Lee, C./K. B. Nolte (2001):

»Two separate unintentional fatalities with the same revolver«. In: *Annals of Emergency Medicine*, Bd. 37, S. 333–336.

Lohr, D.: »Vampire of Paris: The Story of Nico Claux«. In: *Crime Library, http:// www.crimelibrary.com/ serial_killers/weird/nico_ claux/index.html*

Martin, P. (2006): »Stalins geheime Kannibalen-Insel. Häftlinge fraßen sich gegenseitig auf«. In: *Bild*, 29.9.2006, S. 32.

Mendoza, A. (1998): »Cannibalism«. In: *Bizarre Magazine*, September 1998, S. 38–43.

Mielke, M. (2006): »›Besonders perverser Mord‹. Das Urteil über den ›Kannibalen von Rotenburg‹ fiel härter aus als erwartet«. In: *Die Welt*, 10.5.2006, Nr. 108, S. 10.

Moor, P. (1991): *Jürgen Bartsch. Täter und Opfer*, Reinbek b. Hamburg.

Moorhouse, F. (2006): *Satanic Killings*, London.

Moorhouse, F. (2006): »Lesbian Vampire Killers: What could drive four girls to lure a stranger to a secluded lake on the promise of easy sex, only to hack his head almost clean from his body?« In: *Bizarre Magazine*, London, April 2006, S. 94–98.

Nemanitsch, A. (1901): »Ein Kannibale«. In: *Archiv für Kriminal-Anthropologie und Kriminalistik*, Bd. 7, S. 300–311 (hier: Auszug aus S. 305–311).

nz (2006): »›Kannibale‹ an Penis und Muskeln interessiert«. In: *netzeitung.de*, 24.4.2006, o. S.

Oppenhoff, F. C. (1871): *Die Rechtsprechung des Königlichen Ober-Tribunals und des Königlichen Ober-Appellations-Gerichts in Strafsachen*, Berlin (hier: Bd. 12, S. 78 ff.).

Park, J. (Juni 2006): Persönliche Mitteilungen.

Parrado, N./V. Rause (2006): *Miracle in the Andes: 72 Days on the Mountain and My Long Trek Home*, New York.

Pescod-Taylor, D./M. Benecke (1997): »Vampires: The Restless Dead. Vampires & Decomposition«. In: *Bizarre Magazine*, London, Mai/Juni 1997, S. 60 f.

Petrescu, M. (2005): »The long shadow of Dracula: Last week, six men were jailed for ripping out the heart of a corpse they believed was ›undead‹«. In: *The Sunday Telegraph*, o. S.

Pettersen, M./S. Cooley (2006): »Report on the death of Anthony Dwayne Lee«. Justice System Integrity Division, Los Angeles County D. A.'s Office (siehe auch: *http://da.co.la.ca.us/pdf/leeois.pdf*).

Pietrusky, F. (1926): »Über kriminelle Leichenzerstückelung. Der Fall Denke«. In: *Deutsche Zeitschrift für die gesamte Gerichtliche Medizin*, Bd. 8, S. 703–726.

Rabin, J./K. Streeter/J. Merl (2000): »Officer's bullets hit actor in back«. In: *Los Angeles Times*, 5.12.2000, o. S.

Ranft, M. (1734/2006): *Tractat von dem Kauen und Schmatzen der Todten in Gräbern, worin die wahre Beschaffenheit derer Hungarischen Vampyrs und Blut-Sauger gezeigt, auch alle von dieser Materie bißher zum Vorschein gekommene Schrifften recensiret werden*, Leipzig (Neuausgabe, bearb. v. Nicolaus Equiamius, Diedorf 2006).

Reuters (2000): »Police kill actor at Los Angeles Halloween party«, 29.10.2000.

Sacher-Masoch, L. (1870/1921): *Venus im Pelz*, Leipzig.

Sade, D. A. F. Marquis de (1785): *Les 120 journées de Sodome ou l'École du libertinage*, o. O. (dt.: *Die 120 Tage von Sodom oder Die Schule der Ausschweifung*, 2 Bde, Wien 1908.)

Sanchez Hernandez, H./A. Vitas Botero (2002): Persönliche Gespräche (mit den Ermittlern im Fall Garavito aus Armenia).

Scharnweber, H. (2006): »Darf § 216 StGB nur Tätern mit ausschließlich ›hehren‹ Motiven zuerkannt werden?« In: *Krimi-nalistik*, Bd. 60, S. 549 bis 557.

Schofield, W. (2001): »Inter-view with a Vampire: Nico Claux«. In: *Bizarre Maga-zine*, Oktober 2001, Nr. 51, S. 60 f. (mit Kochrezep-ten!).

Schürmann, T. (1990): *Nach-zehrerglaube in Mitteleu-ropa*, Marburg.

Sello, E. (1911): *Die Irrtümer der Strafjustiz und ihre Ur-sachen*, Bd. 1: *Todesstrafe und lebenslängliches Zucht-haus in richterlichen Fehl-sprüchen neuerer Zeit*, Berlin, S. 237 ff. (Fall Bra-tuscha: Freispruch.)

Sierra Rodriguez, A. (2002): Persönliche Gespräche (mit der Sozialarbeiterin Garavitos).

Sigusch, V. (Hg./2001): *Sexu-elle Störungen und ihre Be-handlung*, Stuttgart.

Sigusch, V. (2006): »Der Kan-nibale. Seelisch gesund oder süchtig pervers? Der Sexualforscher Volkmar Sigusch hat massive Zwei-fel an der Arbeit der Gut-achter«. In: *Frankfurter Rundschau*, 23.5.2006, S. 35.

Staatsarchiv Nordrhein-West-falen, Schloss Kalkum: Ge-richtsakten des Falls Jür-gen (d. i. Karl-Heinz) Bartsch, Archiv-Nr. 240-197, Az. d. StA: 3 St R 249/68, 2 KLs 6/67, 2 Js 933/66 u. 5 KLs 4/70.

Steiner, O. (1959): *Vampir-leichen. Vampirprozesse in Preußen*, Abschn. IV: »Der Vampir dringt über die Ostgrenze in Preußen ein«, Hamburg, S. 36–42.

Teicher, M. (1960/1994): *Win-digo Psychosis: A Study of Relationship between Belief and Behaviour among the Indians of Northern Canada*, New York.

Thogmartin, J. R.: »Fatal fall of an aircraft stowaway: a demonstration of the im-portance of death scene investigation«. In: *Journal of Forensic Sciences*, Bd. 45, S. 211–215.

tk (2006): »Bindung durch Einverleiben. Psychiater nennt Kannibalen uneingeschränkt schuld-fähig«. In: *Frankfurter All-gemeine Zeitung*, 25.4.2006, o. S.

Wilfling, J. (2005): »Tod auf dem Inka-Pfad. Ein fast perfekter Mord«. In: *Der Kriminalist*, Mai 2005, H. 5, S. 197–206.

Witt, W. (2004): Persönliche Mitteilung und Gespräch.

Woffinden, B. (2006): »The ›Lady in the Lake‹ case and the conviction of Gordon Park«. In: *True Crime, Magazine Design & Publishing*, London, März 2006 (siehe auch: *http://www.freegordon.com/pressarticle-truecrime0306.html*).

ÜBER DEN AUTOR

Dr. Mark Benecke ist öffentlich bestellter und vereidigter Sachverständiger für kriminalistische Sicherung, Untersuchung und Auswertung biologischer Spuren.

Er ist Gastdozent und -professor an Universitäten in den USA, Kolumbien, Vietnam und den Philippinen sowie Ausbilder an Polizeiakademien mehrerer Länder und Gast u. a. an der FBI-Akademie und der »Body Farm«. Kriminalistische Spezialausbildungen in den USA und Kanada, unter anderem zur Auswertung von Blutspritzermustern; Autor von Übersichtsartikeln zu genetischen Fingerabdrücken und rechtsmedizinisch-kriminalistischer Gliedertierkunde.

Er war als gerichtlicher Gutachter in bekannten Kriminalfällen tätig. Er ist gewähltes Mitglied internationaler Forschungsakademien, darunter der ältesten Naturforschervereinigung, der Linnean Society of London; rechtsmedizinischer Akademien in den USA, Kolumbien und China; Gastherausgeber der beiden gleichnamigen Sonderbände *Forensic Entomology – Special Issue* für *Forensic Science International* (2001) und *Aggraval's Internet Journal for Forensic Medicine and Toxicology* (2003); wissenschaftlicher Berater für zahlreiche Fernsehsender und -serien; Mitglied im Wissenschaftsrat der Gesellschaft zur wissenschaftlichen Untersuchung von Parawissenschaften (GWUP/Skeptiker); silberne Nadel und Ehrenkriminalmarke des Bundes Deutscher Kriminalbeamter (2003).

Umfangreiches Forschungsarchiv zur Kriminalgeschichte des 19. und 20. Jahrhunderts und zu Vampiren; Vorsitzender der deutschen Abteilung der Transylvanian Society of Dracula sowie deren Konsul für die Rheinlande.

Übersetzungen seiner Bücher erschienen unter anderem in

den USA, den Niederlanden, in Korea und Polen. Der Autor ist Mitherausgeber der *Annals of Improbable Research (AIR)*, Cambridge (USA), die an der Harvard-Universität (USA) jährlich die IgNobelpreise verleihen. Er schreibt für die Wissenschaftsseiten unter anderem von *Die Zeit, Süddeutsche Zeitung* und *Frankfurter Allgemeine Sonntagszeitung.*

Für nationale und internationale Forschungssendungen untersuchte er unter anderem Hitlers Schädel und Zähne in Moskau (2003, 2007), Vampire in Transylvanien (2002–2006), Spuren des Piraten Henry Morgan (»Jack Sparrow«) sowie der angeblichen Päpstin (2006) und einen Fall spontaner Selbstentzündung vom Menschen (SHC) in Belgien (2005).

Internet: www.benecke.com

EINIGE NEUERE VERÖFFENTLICHUNGEN DES AUTORS

Neuere Bücher und Buchbeiträge (Auswahl)

The Dream of Eternal Life. Biomedicine, Aging and Immortality, New York: Columbia University Press 2002.

»Leichenbesiedlung durch Gliedertiere«. In: B. Brinkmann/B. Madea (Hg.), *Handbuch gerichtliche Medizin*, Kap. 2.2.7: »Die Leiche. Leichenerscheinungen und Todeszeitbestimmung«, Berlin, New York, Tokio: Springer 2004, S. 170–187.

»Forensic Entomology: Arthropods and Corpses«. In: M. Tsokos (Hg.), *Forensic Path Rev*, Bd. 2, Totowa (NJ): Humana Press 2004, S. 207–224.

Vorwort zu P. Dowling/V. Sherr: *Medical Detectives. Geheimnisse der Rechtsmedizin*, Köln: vgs Verlagsgesellschaft 2005.

»Collection and handling of forensic DNA samples«. In: J. Fuchs/M. Podda (Hg.), *Encyclopedia of Diagnostic Genomics and Proteomics (EDGP)*, Bd. 1, New York: Dekker 2005, S. 500–504.

»Genetischer Fingerabdruck«. In: *Der Große Brockhaus, Enzyklopädie in 30 Bänden*, 21. Aufl., Leipzig: F. A. Brockhaus 2005/2006, S. 449–454.

Vampires among us. Including an interview with a female vampire, 2. Aufl., Fuchstal: XLibri/Sequenz 2007.

»History of Forensic Entomology«. In: L. Gomez (Hg.), *Forensic Entomology*, New York: Springer 2007.

Neuere Zeitschriften- und Zeitungsartikel (Auswahl)

»A Brief History of Forensic Entomology«. In: *Forensic Science International*, 2001, Bd. 120, S. 2–14.

»Child neglect and forensic entomology«. In: *Forensic Science International*, 2001, Bd. 120, S. 155–159 (mit R. Lessig).

»Das sind nicht Sachen, sondern Menschen: DNA-Typisierung von Leichenteilen aus dem World Trade Center«. In: *Frankfurter Allgemeine Sonntagszeitung*, Nr. 42, 21.10.2001, S. 65.

»Coding or non-coding, that is the question: Having solved the last technical hurdles to extract DNA information from virtually any biological material, forensic biologists now have to ponder the ethical and social questions of using information from exonic DNA«. In: *EMBO Reports*, 2002, Bd. 3, S. 498 ff.

»Distinction of bloodstain patterns from fly artifacts«. In: *Forensic Science International*, 2003, Bd. 137, S. 152–159 (mit L. Barksdale).

»Selige DNA-Analyse. Rechtsmediziner überprüfen ein christliches Wunder«. In: *Süddeutsche Zeitung*, Nr. 33, 10.2.2004, S. 9.

»Neglect of the Elderly: Forensic Entomology Cases and Considerations«. In: *Forensic Science International*, 2004, 146, Suppl. 1, S. S195–S199 (mit E. Josephi u. R. Zweihoff).

»Das (angebliche) Blutwunder von Neapel«. In: *Skeptiker*, 3/2004, S. 114–117.

»Two homosexual pedophile sadistic serial killers: Jürgen Bartsch (Germany, *1946–†1976) and Luis Alfredo Garavito Cubillos (Columbia, *1957)«. In: *Minerva Medicolegale*, 125, S. 153–169 (mit M. Rodriguez, A. Zabeck, A. Mätzler).

»Insektenbefall am Leichnam als Wissensquelle in der Gerichtsmedizin«. In: *Zeitschrift für Semiotik*, 27 (4), 2005, S. 389–406.

REGISTER

(*Kursiv* gesetzte Paginas verweisen auf Seiten mit Abbildungen.)

Neues vom Shooting-Star der internationalen Kriminalbiologen

Mark Benecke
DEM TÄTER AUF DER SPUR
So arbeitet die moderne
Kriminalbiologie
Sachbuch
336 Seiten mit
94 Abbildungen im Text
ISBN 978-3-404-60562-0

Während die Rechtsmedizin sich in erster Linie auf die Feststellung der Todesursache konzentriert, ist die Kriminalbiologie eher dem Täter auf der Spur. Mithilfe verschiedener Methoden wie dem »Genetischen Fingerabdruck« und der Analyse von Insekten auf Leichen, von Täterspuren und von Funden am Tatort versucht diese Wissenschaftsdisziplin, wichtige Hinweise für die kriminalistischen Ermittlungen zur Verfügung zu stellen. Mark Benecke erklärt die Arbeitsweise der Kriminalbiologie und geht der Frage nach, warum die DNA-Typisierung so sicher ist wie keine andere kriminalistische Methode – und dennoch viele Menschen verunsichert. Ein Buch wie ein Krimi: spannend, packend, informativ.

Bastei Lübbe Taschenbuch